QUYU JIAOYU FAZHAN
XINYANGTAI SHIJIAN YANJIU

区域教育发展
新样态实践研究

郑州市教育科学研究所　编

新华出版社

图书在版编目(CIP)数据

　　区域教育发展新样态实践研究 / 郑州市教育科学研究所编.
—北京 ：新华出版社，2021.12
　　ISBN 978-7-5166-6071-3

　　Ⅰ．①区… Ⅱ．①郑… Ⅲ．①地方教育－发展战略－
研究－郑州 Ⅳ．①G527.611

　　中国版本图书馆 CIP 数据核字(2021)第 202836 号

区域教育发展新样态实践研究

编　　　者：郑州市教育科学研究所

责任编辑：蒋小云　　　　　　　　封面设计：郭萌萌

出版发行：新华出版社

地　　　址：北京石景山区京原路 8 号　　邮　　编：100040

网　　　址：http://www.xinhuapub.com

经　　　销：新华书店
　　　　　　新华出版社天猫旗舰店、京东旗舰店及各大网店

购书热线：010-63077122　　　中国新闻书店购书热线：010-63072012

照　　　排：天　一

印　　　刷：洛阳和众印刷有限公司

成品尺寸：185mm×260mm　1/16

印　　　张：28.5　　　　　　　　字　　数：572 千字

版　　　次：2021 年 12 月第一版　　印　　次：2021 年 12 月第一次印刷

书　　　号：ISBN 978-7-5166-6071-3

定　　　价：67.00 元

编　委　会

主　任　楚惠东

副主任　王海花

主　编　张五敏

副主编　王艳荣　王　旸　来松涛

编　辑　(按姓氏拼音为序)

陈　晨　陈立婧　崔　莹　胡晨曦　胡利民

胡远明　李　斌　李　敏　李　娜　李　萍

梁　晨　刘香雪　乔跃虹　石　毅　孙彩霞

王海燕　王俊锋　吴彩宏　许芳芳　袁丽娜

张　茵　赵　晶　郑玉洁

前　言

　　近年来,中小学校(幼儿园)的科研氛围日益浓厚,中小学教师科研的积极性也"空前"高涨,这是有目共睹的好现象。这一方面说明中小学教师已经意识到了教育科研的重要性,尤其是科研对学校发展和教师专业成长具有的巨大促进作用;另一方面,也可能与中小学教师的"功利性"需求密切相关,即教师晋级与晋职的客观需要。我们认为,无论是教师专业成长的需要还是"功利性"需求,只要能够促进学校与教师重视科研并积极参与科研,就是一件值得欢欣鼓舞的事情。

　　2021年9月28日,第六届全国教育科学研究优秀成果奖颁奖大会暨2021年中国教育科学论坛在北京召开。教育部党组书记、部长怀进鹏在讲话中强调:"全国教育科研工作者要深入学习贯彻习近平新时代中国特色社会主义思想,坚持科学理论武装,坚定人民立场,围绕立德树人这一根本任务,扎根中国大地开展教育科学研究。要胸怀'国之大者',进一步聚焦国家重大战略需求,研究真问题,真研究问题,发现规律,促进教育高质量发展……要弘扬优良学风,讲求学术品格,坚守科研诚信,涵养风清气正的学术生态。"怀进鹏不仅对多年来科研工作者的教科研工作进行了谆谆教导,同时也指明了今后基础教育的科研发展方向。

　　在过去的一年中,郑州教育科研工作者锐意进取,开拓创新,圆满地完成了各项教育科研任务,有力地推动了我市教育改革和教育教学质量的提升,同时也促进了广大中小学教师的专业成长。为树立典型、总结经验,现将本年度郑州市教育发展课题、部分教育科学研究重点课题一等奖研究成果结集出版,具有较强的实践价值和指导意义。整体上,本年度的教育课题无论是在成果数量还是研究质量上,都取得了较大提升。在总结经验和肯定成绩的同时,我们也要看到,当前郑州教科研工作中还存在问题与不足,有待于我们教育科研工作者进一步努力。在此,结合我市教科研现状以及本学年课题研究情况,本书编写组提出以下几点建议。

　　(一)教科研要聚焦教育教学热点、难点问题

　　信息化时代的到来,各种教育热点、难点问题也随之而至。而教育科研则是解决教育热点、难点问题的重要抓手与有效途径。2020年,市教育局拟定了2020年教育发展重大课题研究计划,重新审视近年来郑州教育发展重点领域所取得的成绩、存在的不足以及发展的瓶颈,希望通过科学、系统、深入的研究工作,聚焦热点、难点和焦点问题,寻求突破的对策与建议。此外,各学校及单位根据市教科研开展的整体思路,针对教育发展中亟须解决的热点、难点问题,采取了科学的研究方法,开展了紧锣密鼓的研究工作,为我市教育发展提出了建设性意见。今后,我们的教

科研工作将继续聚焦教育的热点、难点问题，开展好教育科研工作，这正如教育家李镇西所说："把难题当课题，是最真实也最有价值的教育科研。"

（二）教科研与教育教学工作相结合

教育教学工作是学校的一项中心工作，也是学校赖以存在和发展的基础。没有教育教学工作，就不会遇到问题，研究也就不复存在了。因此，教育教学工作是课题研究的"源头活水"。没有科研，教育教学工作就会出现简单的、机械的重复，难以深入，浅尝辄止，而且枯燥乏味，教师也会缺乏工作的激情和信心。正如苏霍姆林斯基所说："不研究事实就没有预见，就没有创造，就没有丰富而完满的精神生活，就不会对教师工作发生兴趣……如果教师没有学会分析事实和创造教育现象，那么那些年复一年地重复发生的事情在他看来就是枯燥的、单调乏味的，他就会对自己的工作失掉兴趣。而如果教师没有兴趣，那么学习对儿童来说就会变成枯燥的事情。"因此，教科研不能脱离教育教学工作，而教育教学工作也不能离开教科研。在研究中工作，在工作中研究。这是我们中小学教师的一种理想的工作与研究状态。我们希望，广大中小学教师今后把教科研和教育教学工作紧密结合起来，不断提升自身的专业素养。

（三）课题过程性评价和终结性评价相结合

课题的过程性评价，是指加强该项课题的过程性管理，包括课题选题、开题会、中期汇报以及结项等整个的课题研究过程，对其每一个环节都要赋予一定的分值，这样也就基本上保证了课题研究过程的完整性。课题终结性评价，主要是指对科研成果的结项报告和过程性材料进行评审，同时也要关注科研成果的查重率。将课题的过程性评价和终结性评价有机结合起来，其价值和意义在于：一是保证了课题研究过程的完整性，即课题选题、过程和结项的整个过程；二是保证了课题研究过程的扎实性，真正让课题研究工作落地生根、开花结果；三是保证了课题研究的有效性，即真正立足课堂、班级、课程、社团活动等，解决真正问题，进而提高各项活动的效果；四是起到了很好的科研引领和示范作用，让教师真正静下心来，选真课题、做真科研。我们希望，课题的过程性评价和终结性评价有机结合起来，真正让科研工作落地生根，真正促进教育教学工作的改革。

我们理想中的科研，是立足于教育教学工作实际的科研，是基于真实问题、真正落地生根的科研，是充满诚信、风清气正的科研，是与教育教学工作相辅相成而不是"两张皮"的科研。唯有如此，我们的科研事业才会焕发出勃勃生机，科研工作才会真正走入"寻常百姓家"。

编　者

2021 年 9 月

目　录

第一章　教育发展研究

第二章　学校建设研究

第三章　课程开发研究

第四章　教学策略研究

第五章　师生成长研究

第一章

教育发展研究

郑州市中小学午餐供餐政策实施中的问题与对策研究

一、研究背景

长期以来,由于中小学学生的作息时间与家长上下班时间不同步,"午餐难""接送难"的问题困扰众多家长。《2017年郑州市国民经济和社会发展统计公报》显示:郑州义务教育阶段普通初中320所,在校学生约37万人;普通小学922所,在校学生约87.3万人。如此庞大的学生数量,如果按照两成学生有在校午餐就餐需求来算,全市有超过20万的学生"午餐难"的问题无法解决,这样势必导致午托班的滋生,可实际问题是,郑州午托班已经停止批复多年,属于非法机构,午托班的安全问题是摆在我们面前亟待解决的问题。

2019年8月1日,河南省委常委、郑州市委书记徐立毅同志调研郑州教育时提出"中小学午餐供餐及课后延时服务"等五个民生问题,郑州市教育局迅速行动,成立专班开展调研活动。同年8月23日,郑州市召开全市教育大会,明确提出了"高质量建设美好教育"的奋斗目标,并将郑州市市内九区中小学午餐供餐工作作为民生工程、民心工程,予以部署安排。截至2020年年底,郑州市中小学午餐供餐工作实施一年多,为家长们有效扫除了"后顾之忧",是名副其实的"暖心工程"。央视新闻直播间也播出了《河南郑州"官方带娃"服务让家长安心上班》,点赞郑州。

目前,郑州市市内九区中小学午餐供餐服务的模式是学校食堂自主经营、专业化公司托管运营和第三方集中配餐中心供餐,虽然工作在不断完善,但部分家长仍担忧午餐质量、口感和卫生问题。课题组通过不断地深入调研,了解到郑州市中小学午餐供餐工作还存在以下问题:一是运营主体多样,各区各学校各自为政,不利于监督;二是供餐标准不明晰,在食品质量和安全方面存在隐患;三是硬件设施投入过多,不符合国家"放管服"的深化改革方向;四是午餐品种单一,学生满意度不高,食物浪费严重。

二、研究过程

(一)前期准备阶段(2020年3月—5月)

(1)设计研究方案。正式成立总课题组和子课题组,组建课题教研团队,明确课题组人员分工。

(2)开展文献研究。组织研究人员开展文献研究,利用中国知网等学术网站进行相关文献检索。

（3）进行开题论证。举行课题开题报告会，邀请郑州市教科所专家对课题进行再次论证，并在此基础上撰写开题报告。

（二）研究实施阶段（2020年6月—2021年1月）

（1）召开座谈会，开展个别访谈。课题组面向教育行政部门、公办中小学校、第三方集中配餐中心、专业化餐饮公司等相关责任人分别召开专题座谈会。课题组对中小学校教职工、学生、学生家长和食堂从业人员等开展个别访谈。

（2）开展问卷调查。采取随机整群抽样的方法调查中小学学生就餐情况，抽样中充分考虑到随机抽取。问卷内容包含学生午餐供餐方式、在校就餐人数、菜品种类、午餐满意度、营养知识普及等。

（3）开展实地调研。对实施中小学午餐供餐的学校开展实地调研，并对供餐量较大的第三方集中配餐企业进行现场督查，对督查结果进行统计分析。

（4）完成中期报告。根据前期研究进展和出现的问题，邀请郑州市教科所专家开展业务指导，及时调整研究方法和研究重点，形成课题中期报告。

（三）结项申请阶段（2021年2月—3月）

（1）收集研究过程性资料，整理、梳理研究过程，形成有形成果。

（2）总结研究成果，撰写《郑州市中小学午餐供餐政策实施中的问题与对策研究》结题报告，进行结项申请。

三、主要做法和经验

（一）摸清市内九区各区中小学午餐供餐工作相关数据

1.数据统计

表1　金水区中小学午餐供餐情况统计表

类别	辖区内义务教育学校数（所）	中小学午餐供餐实施学校数（所）	辖区内义务教育学生数（名）	中小学午餐供餐受益学生数（名）	中小学午餐供餐餐标情况（元）	学校食堂供餐		第三方集中配餐中心供餐学校数（所）
						自主经营学校数（所）	专业化公司托管学校数（所）	
小学	52	52	74666	56987	14	2	35	15
初中	20	20	48676	21454	16	0	10	10
总数	72	72	123342	78441		2	45	25

表 2　二七区中小学午餐供餐情况统计表

类别	辖区内义务教育学校数（所）	中小学午餐供餐实施学校数（所）	辖区内义务教育学生数（名）	中小学午餐供餐受益学生数（名）	中小学午餐供餐餐标情况（元）	学校食堂供餐		第三方集中配餐中心供餐学校数（所）
						自主经营学校数（所）	专业化公司托管学校数（所）	
小学	71	70	68537	20011	12—14	0	4	66
初中	23	22	22111	12657	14	0	19	3
总数	94	92	90648	32668		0	23	69

表 3　中原区中小学午餐供餐情况统计表

类别	辖区内义务教育学校数（所）	中小学午餐供餐实施学校数（所）	辖区内义务教育学生数（名）	中小学午餐供餐受益学生数（名）	中小学午餐供餐餐标情况（元）	学校食堂供餐		第三方集中配餐中心供餐学校数（所）
						自主经营学校数（所）	专业化公司托管学校数（所）	
小学	47	47	68934	12377	12—15	2	0	45
初中	20	20	18447	6034	14—15	0	9	11
总数	67	67	87381	18411		2	9	56

表 4　管城区中小学午餐供餐情况统计表

类别	辖区内义务教育学校数（所）	中小学午餐供餐实施学校数（所）	辖区内义务教育学生数（名）	中小学午餐供餐受益学生数（名）	中小学午餐供餐餐标情况（元）	学校食堂供餐		第三方集中配餐中心供餐学校数（所）
						自主经营学校数（所）	专业化公司托管学校数（所）	
小学	43	43	58701	24464	13	0	33	10
初中	13	13	13513	9085	13	0	10	3
总数	56	56	72214	33549		0	43	13

表5 惠济区中小学午餐供餐情况统计表

类别	辖区内义务教育学校数（所）	中小学午餐供餐实施学校数（所）	辖区内义务教育学生数（名）	中小学午餐供餐受益学生数（名）	中小学午餐供餐餐标情况（元）	学校食堂供餐		第三方集中配餐中心供餐学校数（所）
						自主经营学校数（所）	专业化公司托管学校数（所）	
小学	38	37	35169	11989	12	6	6	25
初中	7	7	10616	9199	13	1	5	1
总数	45	44	45785	21188		7	11	26

表6 郑东新区中小学午餐供餐情况统计表

类别	辖区内义务教育学校数（所）	中小学午餐供餐实施学校数（所）	辖区内义务教育学生数（名）	中小学午餐供餐受益学生数（名）	中小学午餐供餐餐标情况（元）	学校食堂供餐		第三方集中配餐中心供餐学校数（所）
						自主经营学校数（所）	专业化公司托管学校数（所）	
小学	49	49	57282	55462	12	0	14	35
初中	23	23	18396	17811	15	0	9	14
总数	72	72	75678	73273		0	23	49

表7 高新区中小学午餐供餐情况统计表

类别	辖区内义务教育学校数（所）	中小学午餐供餐实施学校数（所）	辖区内义务教育学生数（名）	中小学午餐供餐受益学生数（名）	中小学午餐供餐餐标情况（元）	学校食堂供餐		第三方集中配餐中心供餐学校数（所）
						自主经营学校数（所）	专业化公司托管学校数（所）	
小学	25	25	33912	15095	15	0	23	2
初中	11	11	14192	13210	22—25	1	10	0
总数	36	36	48104	28305		1	33	2

表 8　经开区中小学午餐供餐情况统计表

类别	辖区内义务教育学校数（所）	中小学午餐供餐实施学校数（所）	辖区内义务教育学生数（名）	中小学午餐供餐受益学生数（名）	中小学午餐供餐餐标情况（元）	学校食堂供餐		第三方集中配餐中心供餐学校数（所）
						自主经营学校数（所）	专业化公司托管学校数（所）	
小学	31	31	24381	11308	12—15	0	4	27
初中	8	8	11388	11388	自主选餐定价	0	8	0
总数	39	39	35769	22696		0	12	27

表 9　航空港区中小学午餐供餐情况统计表

类别	辖区内义务教育学校数（所）	中小学午餐供餐实施学校数（所）	辖区内义务教育学生数（名）	中小学午餐供餐受益学生数（名）	中小学午餐供餐餐标情况（元）	学校食堂供餐		第三方集中配餐中心供餐学校数（所）
						自主经营学校数（所）	专业化公司托管学校数（所）	
小学	70	70	32540	32540	10	47	23	0
初中	13	13	12716	12716	22	0	13	0
总数	83	83	45256	45256		47	36	0

2.数据分析

郑州市市内九区共有 564 所义务教育阶段公办学校,在校学生 62.4177 万名,学校已为 35.3787 万名学生提供午餐供餐服务。各区结合自身实际情况,因地制宜,明确餐标,餐标多集中在 12—15 元。市内九区 564 所义务教育阶段公办学校,供餐学校 561 所,采用学校食堂供餐自主经营的学校有 59 所,占比约 10.52%;采用专业化公司托管的学校有 235 所,占比约 41.89%;267 所学校采用第三方集中配餐中心供餐的方式为学生提供午餐供餐服务,占比约 47.59%。

通过对中小学午餐供餐情况进行统计分析,课题组认为:郑州市教育局以办人民满意的美好教育为出发点,以加快推进实施、确保食品安全为预期目标,督促市内九区政府加大支持力度,强化过程管理,落实主体责任,稳步推进中小学午餐供餐工作全覆盖。但是在推进过程中也存在一些问题,一是体制机制尚未健全完善的问题。中小学午餐供餐工作是一项长期工作,要有专门机构、专门人员负责,统筹安排专项资金,协调各职能部门联动,才能保障工作的计划性和连续性。但教育、市场监管、卫生健康等相关部门的联动机制尚未建立。二是政府投入的问题。中小学午餐供餐工作需要财政资金投入。新建、扩建学校食堂,更换学校食堂设施设备,建设区域性集中配餐中心都需要财政资金给予支持,但尚未明确财政保障途径。三是学校现有食堂数量少,面积不足,且扩建难度较大的问题。大部分学校建成年代久远,且不具备新建或扩建的条件,学校食堂供餐难以实现。

(二)针对中小学午餐供餐工作中第三方集中配餐中心调研

当前,郑州市中小学午餐供餐工作受到全社会的关注,第三方集中配餐中心也逐步发展壮大起来,从 2019 年起,仅郑州市内被市场监管部门认定的第三方集中配餐中心便有 57 家,为市内九区 267 所义务教育阶段公办学校提供午餐供餐服务。

课题组于 2020 年下半年对郑州市内供餐量较大的第三方集中配餐中心进行督导调研,并对督导调研结果进行统计分析。发现以下问题:

1.生产加工人员存在问题

从事午餐供餐的生产加工人员,普遍文化水平偏低,缺乏必要的卫生知识,且卫生习惯有待加强。企业自身忽视健康检查及食品安全卫生知识的培训。从业人员的流动性大,同时,在调研中发现存在无健康证上岗的问题。

2.配送餐过程中的运输问题

参与中小学午餐供餐的第三方集中配餐中心,多数服务半径短、运输线路长,课题组调研的第三方集中配餐中心均存在食品加工生产时间早,分装时间到学生用餐时间超过国家规定(3 小时)的问题。这种情况会导致夏季细菌繁殖,冬季不能保证用餐70℃的要求。餐食在餐盒中时间过长,会失去原有感官性状,影响口感,降低学生食欲。并且配送餐的专用车辆的清洁、消毒问题也令人担忧,清洗、消杀不彻底现象时有发生,易造成二次污染,从而引发食品安全事件。

3.其他问题

中小学午餐供餐服务应严格根据各学段学生身体发育情况来配制平衡营养膳食,但在课题组的实地调研中发现,第三方集中配餐中心多采用大锅炒制,未能根据各学段学生成长过程中所需营养素分制餐食。统一的装餐量并未考虑学生的个体差异,加重了餐饮浪费现象,午餐供餐服务达不到预期。据统计,约90%的企业每日均能收回大量废弃的餐食,这就表明部分学生的实际食用量很可能是不达标的。另外,学生在教室就餐也是当前第三方集中配餐中心供餐的一大弊端,教室就餐缺乏必要的洗手设施设备,学生不能完全做到清洁就餐。

（三）开展问卷调查，摸清学生在校就餐相关情况

1.研究对象

在郑州市市内九区中小学午餐供餐覆盖学校开展学生午餐用餐、供餐情况的调查。共发放问卷 800 份，回收有效问卷 772 份，有效回收率为 96.5%。其中男生 368 人，占比约 47.67%，女生 404 人，占比约 52.33%；小学生 568 人，占比约 73.58%，初中生 204 人，占比约 26.42%。

2.问卷结果

课题组通过对问卷的整理与分析，得出以下结果：

（1）中小学午餐供餐菜品品种问题。

结果显示 60% 的学生对菜品品种持满意态度。28.69% 的中小学生在校午餐有 4 个菜品，荤素搭配合理；59.74% 的中小学生在校午餐有 3 个菜品，荤素搭配较合理；32.17% 的中小学生在校午餐餐后供应奶制品、水果。

（2）中小学午餐供餐学生在校就餐的营养问题。

学生餐食的营养素基本符合国家的推荐量，但仍有部分营养素不达标，例如钙、维生素 B_2 等。学生餐食的能量供应基本符合摄入量的标准，蛋白质的供应超出摄入量的推荐值，但脂肪所占供比偏高，碳水化合物供比较低。

（3）中小学生对午餐供餐餐食的温度、口感等感官性状的满意程度。

学校食堂供餐的学生对中小学午餐供餐餐食的温度、口感等感官性状的满意程度较高，第三方集中配餐中心供餐的学生则满意程度偏低，集中表现在餐食的温度、口感、色泽及味道上。38.63% 的学生认为第三方集中配餐中心供应的餐食色、香、味质量一般，17.33% 的学生对其不满意。课题组认为，第三方配餐中心供餐路程、时间长等原因导致餐食的诸多感官性状发生了变化，从而影响了学生对餐食的满意程度。

四、研究成效

（一）提升郑州市中小学午餐供餐餐食营养量

学校应重视和加强中小学午餐供餐工作，科学配置午餐供餐的学生餐食并教育学生养成良好的、健康的饮食习惯。在午餐供餐工作中，教育行政部门及学校要制定完整的午餐供餐规章制度，确保午餐供餐食品安全与营养，约束学生的不良就餐行为。学校在教育学生的同时，应加强校领导对教师、教师对学生的监督管理力度。学校食堂供餐的学校，在有条件的前提下，应招聘全职营养师，保证食品营养。

课题组通过对中小学午餐供餐食品的分析发现,午餐供餐仍存在不合理性。肉质类食物供给量持续偏高,奶制品、鲜豆类食品和绿叶蔬菜供应不足,主食品种过于单一。

学生及学生家长对饮食健康知识的知晓率较低,因此,课题组认为学校应加强宣传教育,使学生掌握饮食技巧和方法,养成良好的饮食习惯。

(二)加强郑州市中小学午餐供餐企业的管理

1. 严格审批,加强监督

市场监管部门应严肃准入门槛,规范企业生产。严格要求第三方集中配餐中心使用自动化、封闭性好的生产设施设备,如自动洗切菜机、自动分餐机、自动洗消机等,以减少产品受污染的机会。按照餐饮公益流程和卫生规范生产,建立健全卫生制度,严格控制原材料采购、贮藏、加工、分装、运输等各个环节,确保食品卫生安全。

2. 限制生产规模

第三方集中配餐中心的生产规模不宜过大,课题组通过调研认为,受原材料用量、加工环节、制作时间、配送餐时间等相关因素的制约,第三方集中配餐中心生产规模过大,供餐数量过多,势必会导致午餐供餐餐食质量不可控,对餐食的卫生安全构成威胁,一旦出现质量问题,不仅会直接影响食用者的身心健康,还会造成极大的社会影响。

3. 规范、限制企业行为

经常性开展食品安全与营养健康知识培训,举办各类学习班,普及卫生常识,提升从业人员的卫生健康知识水平。针对供餐企业从业人员流动频繁的特点,严肃健康检查,坚持持证上岗制度,使供餐企业从业人员从根本上认识到食品安全的重要性,认真贯彻落实各项食品安全的规章制度,提升自身卫生意识,改掉不良卫生习惯,确保供应的餐食符合食品安全标准。

(三)创新郑州市中小学午餐供餐的模式

中小学午餐供餐是随着国家经济和社会的发展应运而生的产物,是社会文明进步的一个重要标志。午餐供餐的实施,既可以为广大青少年学生普及科学的营养知识,又可以成为学校素质教育的重要内容,从而提高全民营养知识水平和营养意识。

但是中小学午餐供餐具有要求严、风险大、涉及面广、社会效益高的特点,因此,对中小学午餐供餐模式的认定和供餐企业的资格认定管理是必不可少的。

课题组通过对第三方集中配餐中心的调研发现,大型供餐中心的技术和管理水平相对较高,设施设备也较齐全,有部分已经通过了 ISO 9001 认证和 HACCP 食品安全管理体系认证。但是,对比而言,大型供餐中心的午餐供餐餐食剩余率较高。第三方集中配餐中心供餐的优势是统一加工,这样可以达到工业化规模生产,便于管理,且方便学校监管。但因第三方集中配餐中心距离学校较远,午餐供餐餐食从制作好到运送至学生手中需要一定的时间,这样就会造成餐食的感官性状不佳,影响学生对午餐供餐的满意度。长时间的分装与配送,在冬天会导致餐食的中心温度不达标,在夏天有可能出现变质。

根据教育部、国家市场监督管理总局、国家卫生健康委员会第 45 号令《学校食品安全与营养健康管理规定》要求,"有条件的学校应当根据需要设置食堂,为学生和教职工提供服务"。越来越多有条件的学校在学校内部设置食堂,通过学校食堂自主经营和专业化公司托管运营的方式为学生供餐,这样能为学生提供热饭热菜,且菜肴基本具有较好的色、香、味、形等感官性状,能达到营养的综合质量要求。但是此种模式受学校场地因素的制约。郑州市大部分学校建成年代久远,且不具备新建或扩建的条件,学校食堂供餐难以实现。

目前,金水区积极探索午餐供餐新模式,针对学校食堂受制于场地的问题,采用"中央厨房+卫星厨房"供餐的模式为学生提供午餐供餐服务。金水区委、区政府大力提供资金支持,由政府出资推进 13 所中小学新建、扩建食堂,优先考虑"中央厨房+卫星厨房"的供餐模式。金水区率先在全省范围内首次采取"中央厨房+卫星厨房"的模式实现供餐,主要是考虑到大多数学校集中在建成区域内,学生人数多,校内面积小,不具备新建、扩建厨房的条件,依托具有校外配餐资质的企业"中央厨房",建设学校"卫星厨房",由"中央厨房"对食材原料进行初加工,每天配送至由该企业运营的学校后,进行热调理烹饪、餐盒分装,然后送到学生手中。采用"中央厨房+卫星厨房"的模式,既破解了校内供餐难题,又缩减了从饭菜出锅到学生餐桌的时间,让孩子吃上热乎新鲜营养的午餐,真正实现午餐供餐的"减负增质"。以金水区文化绿城小学、金水区丰庆路小学为例:根据《河南省中小学校食堂等级量化标准》中"食品处理区建筑面积≥0.4m²/人"的要求,两个学校分别需要建设 1600 平方米和 2400 平方米以上的食品处理区,才能满足全体学生午餐供餐需求。而在"中央厨房+卫星厨房"的模式中,食材储存和初加工,餐具清洗、消毒、保存均在"中央厨房",文化绿城小学和丰庆路小学校内的"卫星厨房"有效控制在了 550 平方米和 800 平方米内,均有效减少餐厨人员约 50%,两个学校分别能满足7000 名和 10000 名学生就餐。"卫星厨房"餐厨人员按照专业标准,进行热调理烹饪、餐盒分装,并配送到班,极大减轻了学校老师的工作量和压力。主要餐厨垃圾不会在校园内产生、存放,不通过学校运输。校内厨房面积的有效减少和充分利用、餐厨人员的有效精简、餐厨垃圾的大量减少,切实保障了学校、教师有更多的精力用于教育教学工作。

五、存在的问题及下一步打算

从总体来看,在郑州市委、市政府的统一领导下,郑州市中小学午餐供餐工作取得了较为显著的成效,在市内九区形成了比较完善的管理体系和科学规范的卫生监管体系。目前各区所采取的供餐模式基本满足学生的用餐需求,为今后高质量的学校午餐供餐发展打下了坚实的基础。但是,由于大规模、有计划的实施时间较短,在午餐供餐运行模式、财政基本保障、食品安全、满意度及午餐供餐餐食的剩余率等方面还存在一定的问题,因此课题组提出以下几点建议。

(一)要加大政府财政补贴

中小学午餐供餐工作是社会效益较高的一项事业,政府要高度重视中小学午餐供餐工作,加大政府财政补贴或给予财政专项支持,同时增加对供餐企业和学校食堂的技术支持、政策支持。

(二)加大自建食堂建设力度

进一步在有条件的学校新建或改建食堂,尽快研究确定学校食堂建设和基础设施建设所需资金,建立长期稳定的投入机制。鼓励条件较好的学校食堂扩大作业规模,为附近其他学校提供供餐便利,工商、食药、质检部门尽快推出服务保障措施。学校应完善供餐运送配套设施,加快餐食装配速度。

(三)建设区域性学生集中配餐中心

结合各开发区、各区实际,由党委、政府统筹组织,建设区域性学生集中配餐中心。配餐中心可由政府投资,交于政府相关职能部门运营管理,也可由企业投资运营,政府相关职能部门监管。

(四)探索"中央厨房＋卫星厨房"的供餐模式

由于第三方集中配餐中心供餐模式无法解决分装到就餐过程时间过久的问题,因此并不是规模越大越好,学校应积极探索"中央厨房＋卫星厨房"的供餐模式。

(五)合理引导第三方集中配餐中心的地域分布

目前第三方集中配餐中心的地域分布不利于中小学午餐供餐工作的开展,政府应出台相关的配套措施与实施意见,保证中小学午餐供餐工作的顺利、健康开展。

参考文献

[1]张倩,李荔,胡小琪.以标准为基础推进学校营养配餐[J].中国学校卫生,2018,39(5):641-643.

[2]吴琼,吕一舟,周海茸,等.南京市小学生午餐满意度影响因素调查[J].江苏预防医学,2017,28(6):728-730.

[3]王珍珍,李亦文.基于服务设计系统中的小学智慧食堂餐盘探究[J].艺术科技,2017,30(7):15+24.

[4]张倩,胡小琪,赵文华,等.我国中小学生营养现状及改善建议[J].中国学校卫生,2016,37(5):641-643.

[5]张帆.不同供餐模式学生餐的营养学和经济学评价[D].中国疾病预防控制中心,2015.

[6]邓晓君.美国中小学营养服务研究[D].西南大学,2010.

(本文为2020年度郑州教育发展课题研究成果,课题研究单位:郑州市教育局,课题负责人:王克杰,课题组成员:郑伟、陈峻、石毅、宋楠)

郑州市普通高中多样化发展路径选择研究

一、研究背景

《国家中长期教育改革和发展规划纲要（2010—2020 年）》明确提出推动普通高中多样化发展。《国务院办公厅关于新时代推进普通高中育人方式改革的指导意见》提出到 2022 年基本形成普通高中多样化有特色发展的格局。普通高中多样化发展是高中教育由普及性发展到高质量发展的必然要求，是当下新课程改革和高考综合改革的必然结果，是人民群众对高质量高中教育需求的积极回应。

作为国家中心城市之一，郑州市正在积极构建"一校一品，百花齐放"的普通高中多样化发展格局，以高质量发展的"美好教育"为城市建设服务，满足群众需求，回应时代呼声。2013 年郑州市出台《郑州市普通高中多样化特色化建设实施方案》，积极推进学校特色化项目。从 2015 年起，以综合创新、学科特色和普职融通三种类型遴选普通高中多样化发展试点学校，进行三年一周期的项目实验。根据《2019 年郑州市教育事业发展统计公报》，郑州市有普通高中 127 所，已被省市教育主管部门认定为多样化发展示范校、试点校 36 所，其中省级 8 所，市级 28 所。按照多样化发展类型划分，综合创新类 14 所，含省级 3 所；学科特色类 18 所，含省级 3 所；普职融通类 3 所，含省级 1 所；国际特色类省级 1 所。课题组以 36 所普通高中多样化发展示范校、试点校的路径选择为切入口，以期探索出一套可操作、可选择的策略供其他学校借鉴。

二、研究过程

（一）准备阶段（2020 年 3 月—6 月）

成立课题组，设计问卷，对高中学校领导及教师进行问卷调查；收集并整理国内外相关资料及示范校、试点校汇报材料。

（二）实施阶段（2020 年 7 月—12 月）

采用评选示范校、座谈交流、实地考察、听取汇报、印制材料等形式，对郑州市普通高中多样化发展试点学校进行研究，剖析得失，归纳适用于不同层次学校多样化发展的路径。

（三）总结阶段（2021 年 1 月—3 月）

整理相关资料，归纳不同学校确定多样化发展的有效路径，适时推广，指导更多的学校科学发展。

三、主要做法和经验

(一)精心组织调查,分析调查结果

2020年,课题组设计调查问卷一份,涉及学校多样化发展的现状、路径、惠及学生比例、助力因素、制约因素、成果体现、学生社团、学生生涯规划指导、学生社会实践活动、学校课程体系构建、特色课程实施、特色教师培养、课题研究等20个问题。4月21日至28日,课题组面向各高中领导、骨干教师、特色教师分发调查问卷,每个学校至少要提交5份。最终收回问卷480份,其中校长、教学校长53份。通过问卷分析,错位办学、多样化发展的理念已为绝大多数高中学校的领导、老师所接受。学校由满足学生个性发展入手,不断增强特色课程的普适性,惠及更多的学生,以满足学生全面发展的需求。各学校清楚自己的发展瓶颈,也愿意在教师培训、课程开发方面下大力气,在生涯规划指导、五育并举方面通过特色课程实现学校发展迭代升级。郑州市普通高中多样化发展的美好未来可期。

(二)加强顶层设计,进行政策引领

当前,国家层面明确提出推动普通高中多样化发展,推进培养模式多样化,满足不同潜质学生的发展需要,探索发现和培养创新人才的途径,鼓励普通高中办出特色。教育部考试中心发布"一核四层四翼"的高考评价体系保障教育领域综合改革向纵深推进,以新高考改革倒逼普通高中教育教学进行嬗变,从数量扩张走向特色发展、内涵发展。在政策的落地过程中,因学校类型、办学模式、育人方式、不同类型学校间的连通,制约了区域内普通高中多样化发展格局的构建。这需要地方政府认清自身的价值定位,即贯彻落实国家、省相关政策,指导和引领所属高中进行发展路径选择与探索。

1.统筹谋划,加速国家政策落地

根据《国务院办公厅关于新时代推进普通高中育人方式改革的指导意见》《河南省人民政府办公厅关于新时代推进普通高中育人方式改革的实施意见》的精神与要求,郑州市在广泛征求各高中学校以及教科研机构意见的基础上,积极筹划制定符合市情的实施方案,计划创建50所普通高中多样化发展示范校,以此作为推进普通高中育人方式改革的重要抓手。

2.把控入口,优化区域生源结构

根据区域内各学校高中学生的出口流向,需要制定更科学、更适切的中招政策,合理调控特长生招生计划,整合资源配置,优化生源结构,逐步扩大学校招收特长生的自主权,满足普通高中特色化发展需求。从近年市区中招招生计划可以清

晰地看出几乎所有局属公办高中都有特长生招生计划。对于将来新建的20所普通高中，要结合区域需求和错位发展原则，提前谋划，科学布局，以明晰的学校特色引领学校发展，助力全市普通高中多样化格局的形成。

3.路径引领，构建学校发展模型

依据河南省教育厅的要求，郑州市规划了四种高中学校发展类型，即综合创新、学科特色、普职融通和国际特色。为了加快布局，突出特色，市里建构了"特色项目—学校特色—特色学校"的发展模型，并制定"333"的标准。"特色项目"基于学校办学理念、历史积淀或发展需求，基于教师专业发展需要，基于学生个性发展需求。"学校特色"要构建面向全体学生、层次递进的特色课程体系，建设特色鲜明、师德高尚的教师队伍，塑造彰显学校特色的毕业生形象。"特色学校"有清晰的发展规划，有足够的课程、师资、管理资源保障，有显著的辐射力和影响力。

4.示范评选，发挥先进辐射作用

2021年3月，经过三评，13所学校被认定为第二批郑州市普通高中多样化发展示范校。市里每年定期对试点学校进行多样化发展专项督导，挂图作战，压茬推进，以实地考察、查阅资料、座谈交流等方式，围绕学校办学理念、培养目标、教学管理、课程体系、师资培育、组织保障、经费筹措及办学条件改善等情况，肯定成绩，提出整改建议，促进学校多样化、特色化稳步发展。此外，省市层面已经围绕德、智、体、美、劳等内容，开展多届示范校的培育评选活动，探索发现和培养创新人才的新路径，引导学校错位竞争，辐射带动其他学校发展。

（三）搭建交流平台，提供服务保障

郑州市积极搭建各种类型的教育交流平台，举办丰富多彩的评比活动，为学校、教师、学生提供研学、交流、展示、提升的机会，确保在业务指导、技术支持、专项资金等方面服务保障到位。

1.市级研讨，办好三场交流会

为了推进区域教育高质量发展，市层面每年举办三场交流会，即课程与教学工作会、校本教研工作推进会和德育建设工作会。针对学校发展的沉疴痼疾，采用专家引领、同伴互助、榜样激励等方式，把脉问诊，对症开方，深化思想认识，落实方法创新。2020年9月18日，围绕"普通高中多样化发展"开展全市校长研讨活动，郑州市第五中学校长张天佑围绕"灵智课堂"、郑州市第四十四中学校长张松晨围绕"融课堂"、郑州市第一〇六高级中学校长苏芳围绕"美的教育，美的创作"对学校发展做了专题报告，为其他学校提供参考范本。

2.项目驱动,成立指导机构

针对新时代新问题以及学校发展的薄弱环节,郑州市近两年先后成立了中小学生发展指导研究中心、劳动教育研究中心、大中小思政课一体化建设指导中心等机构,以学生发展指导实践联盟校、劳动教育区域研究、思政课一体化建设、育人方式改革专项课题等项目驱动发展,提升学校新的特色点。

3.专项研究,为校长素质赋能

搭建校长素质提升平台,加快"火车头"的迭代升级。以校长工作室培育为抓手,建立校长培训、专题研讨、交流展示的工作机制。学习成果以研究报告专题出版呈现,继《发挥高考内容改革导向作用推进学校育人方式改革》之后,2020年,印制内部资料《郑州市普通高中多样化发展校长报告》,收录多样化发展典型案例37个,供所有高中学校参考学习。

4.专项经费,助力项目实施

为确保普通高中多样化发展项目顺利实施,市层面给予参与实验的示范校、试点校专项经费,用于课程建设、教师发展、教学与实验设施更新等,仅2019年就划拨700万专项资金。

5.数字支持,推进教育现代化

充分发挥数据驱动对教育教学的改进作用,建设全市的学业评价分析报告系统,让每一所学校、每一名教师、每一位学生在公正的环境中健康发展。拟开发课程安排信息管理系统,为下阶段各学校选课走班提供方便。建设并完善"学在郑州"学习平台,提供优质课程资源。

四、研究成效

郑州市两轮实验36所省市级普通高中多样化发展示范校、试点校以积极的态度、卓有成效的工作拥抱变革,依托综合创新、学科特色和普职融通三种类型,在课堂样态探究、课程体系构建、教师素养提升、多元评价实施等方面博观约取,深耕细作,收获诸多有益范式。

(一)聚焦道德课堂,持续创新课堂样态

道德课堂是郑州教育从近20年课改中总结出的实践性教学成果。不给模式给启示,不给方法给原则,充分尊重教育一线的改革自主权,市教育局在2013年、2016年、2019年进行了三轮道德课堂有效样态认定,共有24所高中的课堂样态得到认定。纵观这些课堂样态,无论是市区的主体课堂、思悟课堂,还是县区的自主课堂、135课堂等,都是以道德课堂理念为准绳,在观念认知上均是从重"教"转为重"学",强调学生主体存在的意义,关注学生关键能力和必备品格的培养,关注人的生命与价值。《普通高中课程标准(2017年版)》的颁布,标志着高中教育课程改革进入了新的阶段,"三维目标"凝练为"学科核心素养",高中所有的教、学以及评价都将围绕学科核心素养展开,重组教学内容,设计教学活动,开展教学评价。郑州教育将继续基于道德课堂理念,站在促进学生思维发展的层面,聚焦核心素养,开展课堂有效形态的探索与实践,从改变学生的学习方式入手,提供与学生发展相适应的课堂学习环境。

1.基于道德课堂的课堂样态

道德课堂要求教师具备八大教学素养,采取十大行动策略,实现三个教学转变,即"单向型教学"向"多向型教学"的转变、"记忆型教学"向"思维型教学"的转变、"应试型教学"向"素养型教学"的转变。它强调先学后教、以学为主,鼓励小组学习、合作探究。获得过三次课堂样态认定的郑州市第一中学主体课堂,基本模式是自学、研讨、测评、精讲。获得过两次课堂样态认定的郑州外国语学校的思悟课堂,其授课模式是"引思自悟—展思纠悟—促思助悟—反思明悟"。

2.强调学生学习经历的课堂样态

郑州市回民高级中学在课堂样态上不断尝试,不断创新,从2013年的绿色课堂到2016年的绿色高效课堂,直至发现更有力的抓手——学历案。2017年,郑州市回民高级中学加入"全国普通高中学历案联盟",全面展开以"学历案"为载体的课堂样态。教师基于课程标准,依据"教学评一致性",围绕大主题、大任务、大项目进行大单元教学设计,编制基于学情、适合学生自主学习的学历案;学生依据学历案,经历自主探究、师生对话、生生合作、教师点拨等学习活动,实现高效学习、自主学习、深度学习,进而落实核心素养。

3.基于信息化教学的课堂样态

面对作为数字原住民时代的学生,郑州市第二中学依托信息技术构建移动自主学堂,转变教师教学观念与教学行为,建构学生学习支持服务平台,形成"基础先学课、展示反馈课、点拨思辨课、练习评价课"四课型渐进式自主学堂教学形态,以此促进师生教与学生学方式的转变,提升学生的综合素质。

(二)重视课程建设,构建多样化课程体系

纵观美国、日本、俄罗斯等国高中学校的发展,都在强调在通识教育的基础上关注专业分化,以高中课程多样化为核心,保障学生个性发展。不夸张地说,高中多样化发展的核心就是课程体系的多样化。郑州教育十年磨一剑,利用每年一次的校本教研工作推进会,通过专家引领、同伴互助实现校际的经验分享和研讨交流,推进学校课程建设不断提升。从 2013 年起,郑州市实行全市校本课程建设奖评选,引领各学校走以课程建设为核心的内涵式发展之路。2017 年出台的《关于中小学校本课程开发与实施的指导意见(试行)》,进一步指导和规范学校课程的开发与实施。现在,市校本课程建设奖评选标准已升级至 2.0 版本,从单纯关注校本课程设计的规范完整到强调学校校本课程体系的构建、课程开发与实施的全过程。各高中学校已经基本上从无到有,构建并完善基于学校办学理念和文化内涵的课程体系,开发和实施供学生自主选择的、丰富多样的校本课程。

1. 基于学校办学理念的课程体系

一个完整、成熟的课程体系要符合时代要求、学生需求,体现学校教育理念和办学理念;对于国家课程、地方课程和校本课程的实施有明确的要求;把特色课程有机地纳入学校课题体系之中;可以从丰富性、层次性和综合性三个维度进行评价。如河南省新郑市第一中学秉承"追求卓越、崇尚创新"的办学理念,把"培养适应未来社会发展需要的全面发展的现代人"作为育人目标,对国家课程、地方课程和校本课程进行统筹、整合、拓展、创新,构建了包含基础课程、拓展课程和特色课程在内的三类六层卓越课程体系。

2. 特色课程体系范式

(1)针对卓越人才的培养,郑州市第一中学积极建设三类特色课程。一是卓越课程,为学有余力的同学提供更大的自主学习平台,为教育部"强基计划"贡献积极力量。二是奥林匹克竞赛课程,凭借学校拥有的毕业于知名高校极具核心竞争力的奥林匹克竞赛金牌教练,建设涵盖奥林匹克竞赛五大学科的成熟的奥林匹克竞赛课程体系,为有学科特长的学生提供一流的奥林匹克竞赛学习平台。三是大学先修课程,以由清华大学牵头的九所知名高校计划创新高中高校协同育人机制的试点学校为契机,建立大学实验室,从高一年级开始培养学生的自主发展意识、创新精神、动手能力。

(2)针对某一体育单项的培养,郑州市扶轮外国语学校以学校乒乓特色为支点,构建有知、有方、有长、有为的"四有"乒乓育人课程体系,形成"课程—课堂—活动—评价—文化"五位一体的育人路径。在实施层面,学校建设特色教研团体,开设乒乓课程;成立乒乓球社团,组建两个乒乓球训练队,定期举办乒乓球运动会(已举办 7 届);研发推广乒乓操,培育乒乓精神文化,进行多元化评价。

(3)与第三方合作开发课程方面,郑州市第九中学与 360 集团达成"科技新工科"人才培养战略合作协议,构建实验基地,开设创新课程。目前 360 创新班开设课程有"AI 基础"人工智能之高等数学基础、网络安全法律法规、操作系统安全、编码与密码、Python 编程简介、计算机网络协议安全基础等。

3.普职融通课程体系范式

郑州市第十中学(郑州市信息技术学校)实行"二一分段,高二分流;因材施教,分层教学"的策略,构建"科学文化课程""职业技能课程""综合素养课程"三位一体的课程体系。学校在高一、高二年级植入职业课程。在高二学业水平结业后实行分流:成绩好、有意愿升入综合性大学的同学,学习普通高中课程,参加普通高考;有一技之长,又想升学的同学,转向技能班,经过一年时间强化技能学习,参加对口升学、对口单招等;无意升学的学生,通过技能学习,考取职业技能等级证书,为就业提供帮助。

4.国际理解教育课程体系范式

郑州市第四十七高级中学构建以"培养兼具本土情怀和国际视野人才"为目标的国际理解教育校本课程体系,坚持"课堂、社团、活动"三位一体推进,成立国际特色学生社团 17 个,举办常态化师生国际交流活动 8 项,开设外教特色课程 11 门,出版校本教材 15 种。学校先后有 33 位教师获得美国约翰逊大学现代教育技术硕士学位,向美国、印度等国家选派对外汉语教师 25 名。国际理解课程成果在郑州市其他学校推广使用,取得良好效果。

(三)设计层级攀升,推进教师队伍建设

教师作为教学改革的承担者,肩负着根据校情和学情,整合和开发课程资源、编制和实施特色校本课程、满足学生个性发展需求,促进其全面发展的重任。面对新高考改革、高中多样化发展格局构建过程中存在的特色教师缺乏、课程开发能力不足等问题,郑州市一方面积极引进优质教师,另一方面出奇招、挖潜能、求实效。

1.教师培养基本范式与创新

对于教师的培养,一般采用"走出去"和"请进来"两种方式。郑州市第四中学创新培训形式,从"全员培训"升级到"导师制培养",从"配餐制"升级到"订单式",增强培训针对性。学校与华东师范大学课程所合作,每年聘请 6 位博士生导师,每人带 2 位学员,三年培育了 36 位学科骨干教师。在丰富培训内容方面,学校从专业走向融合,从教育学、心理学到国际经济政治关系、民族宗教文化、生活情趣审美健康等,打通不同学科专业通道,向不同的综合院校取经,打破学科、文理界限。

2.教师梯队培养范式

郑州市第七十四中学设计"教学新星—骨干教师—名师—首席教师—终身首席教师"五个层级攀升制来促进教师成长。学校每两年依据理论测试、课堂教学、教科研、教师量化积分、评教评学、班级评议六项指标,进行评选认定。名师、首席教师实行复核综合评价末两位退级和一票否决制度。连续 4 个周期（8 年）在首席教师复核认定中合格即被授予"终身首席教师"荣誉称号。清晰权利、义务，让教师具有更明晰的目标和更强的内驱力。

3.教师研修共同体范式

在教师研修共同体建设方面，郑州市第十一中学以学术性高中建设为发展目标，成立青年教师研修共同体，推进"青蓝工程"，实施"高级"教师访问学者研修计划，充分发挥教育部中小学名校长领航工程郭勤学校长工作室，贾颖、李小斌两个郑州市名师工作室和杨增勋郑州市名班主任工作室的示范引领、辐射带动作用。以课题、课例、试题为研究对象精准发力，建立完备的"五个优先"助优激励机制，促进教师研思精进，提升学术品位。教师队伍层次之高、名师人数之多，被省市教育部门专家称之为"十一中现象"。

（四）实施多元评价，助力个性发展

如何及时地对学生进行多元评价，用评价促进学生发展，郑州市第十二中学在研究性学习课程评价方面提供了良好的范式。一是科学设计评价的维度。从活动态度、合作精神、探究能力、社会实践交往能力、收集处理信息能力等维度，提出具体、明晰的评价标准，以激励学生在活动不同阶段参与的积极性。二是设置丰富的评价奖项。仅校级的学习小组就有最佳组合小组、最具创意小组、研究展示优秀组、优秀研究组、最佳参与奖和创新大赛成就奖六项。三是拓宽创新成果展示和认定途径。学校举行一年一度的科技节，组织项目组参加各级各类创新大赛，优秀研究成果在报纸、杂志发表，创意较好的项目申报专利。目前，学校申报研究专利 25 项，国家知识产权局一次批准了 8 项国家实用新型专利。

五、存在的问题及下一步打算

（一）新建学校利用后发优势，实现弯道超车

新建高中面临新时代、新高考、新课标、新教材、新教学、新使命的新要求，在学校多样化发展方面，积极借鉴示范校的成功经验，夯实基础，练好内功，依托学校特色化发展模型，迅速建立并积极完善学校文化，通过多种形式，持续强化学校文化认同，实现学校文化入眼、入脑、入心。抓住道德课堂的精髓，扎实推进课堂模式建设，早日形成具有学校特色的课堂样态。加强对学生生涯发展的指导，以丰富多彩的体验性、实践性和探究性活动，探寻学校多样化发展的突破点。加强教师素质的提升，通过有针对性的培训，实现从青年教师到骨干教师，专业人才到 T 型人才的华丽升级。

（二）思考变与不变，实现理念、课程迭代升级

高中改革走向深水区，国家涉及高中教育改革的纲领性文件不断出台。学校要根据这些纲领性文件，实现"办学理念＋"的迭代升级。在此过程中，学校需要思考哪些因素不能变，哪些因素需要变。坚守不变的教育初心、根本任务、教育方针以及学校的优秀传统。围绕"一核四层四翼"的高考评价体系来引导教学，由"核心价值、学科素养、关键能力、必备知识"实现校本课程从"有没有"到"好不好"的跨越，打通"广博"与"精深"界限，实现线上与线下融合。综合创新类高中要在博通多样的校本课程的基础上，积极开发；学科特色类高中要在发展特色鲜明的课程的基础上，积极开发普及性特色课程，惠及更多的学生。

参考文献

[1]国务院办公厅.国务院办公厅关于新时代推进普通高中育人方式改革的指导意见[EB/OL].(2019－06－19).http://www.gov.cn/zhengce/content/2019－06/19/content_5401568.htm.

[2]中华人民共和国教育部.国家中长期教育改革和发展规划纲要（2010—2020年）[EB/OL].（2010－07－29）.http://www.moe.gov.cn/srcsite/A01/s7048/201007/t20100729_171904.html.

[3]教育部考试中心.中国高考评价体系[M].北京：人民教育出版社，2019.

（本文为 2020 年度郑州教育发展课题研究成果，课题研究单位：郑州市教育局，课题负责人：王海花，课题组成员：崔晓勇、董小刚、刘健、刘新新）

郑州市教育发展战略研究

一、研究背景

本课题以习近平新时代中国特色社会主义思想为指导，深入贯彻党的教育方针，聚焦立德树人根本任务，以办人民满意的教育为总目标，紧紧围绕郑州建设国家中心城市、全国区域性教育中心、"学在郑州"教育品牌战略目标，精准把握教育改革发展新常态、新特征，在梳理"十三五"以来郑州市教育发展主要成就和存在问题的基础上，借鉴发达地区先进办学经验，立足郑州实际，提出各类教育的发展对策。

（一）国家发展新的战略地位对教育赋予了新的期待

郑州是国家支持建设的中心城市，航空港实验区、自贸区郑州片区、自主创新示范区、跨境电商综试区、大数据综试区五大国家战略也在此叠加落地。

（二）人工智能技术引领智慧教育新时代，郑州正朝着"智慧教育之城"迈进

近年来，郑州市依托教育云平台，集中部署优质教育信息资源，以加快智能校园和智能教室建设为抓手，推动文化信息资源的共建共享和社会化开发利用，扎实推进开放、共享、交互、协作、泛在的"智慧教育"，积极构建以"智慧教育"为核心的区域教育新生态。

（三）"互联网＋"平台助力共享教育新时代，郑州正在积极打造"乐学商都"

近年来，郑州市政府先后投资 4 亿多元推进全市中小学"班班通"提升工程项目，率先在全国建立了市级"班班通"运行维护服务中心，所有学校实现教育城域网和教学专网并行，全市教育城域网总出口宽带达到 26.5G。

（四）道德课堂深耕十年（2009—2019 年），已经成为郑州市素质教育靓丽名片

近年来，郑州市深入学习贯彻党的十八大、十九大和全国教育大会精神，牢固树立以人民为中心的教育发展理念，坚持以高质量的党建工作为引领，积极在国家中心城市建设中找定位，紧紧围绕办好人民满意的教育的总目标，扩资源、优配置、建机制、提质量、谋发展、促公平，积极践行新课程理念。

（五）创客教育区域性推进卓有成效，郑州市正建设全国区域性教育中心

近年来，郑州市把握要求，围绕国家中心城市建设大局，牢固树立以人民为中心的教育发展理念，加快发展步伐，已基本建成了以人为本、覆盖城乡、布局合理、功能完备、运转高效的高水平教育公共服务体系，圆满实现了"教育现代化进展领先全省，教育总体实力显著增强，基本形成学习型社会，推动我市进入人力资源强

市和人才强市行列"的预期战略目标。

(六)重视教育决策研究,朝着让人民满意的教育发展

"十三五"期间,郑州市政府高度重视教育决策的引领作用,教育系统各级领导带头做教育研究,落实国家、教育部各项要求,高位谋划郑州教育发展;阳光午餐工程有序展开,通过智慧餐饮系统实现对学校和餐饮公司的全面规范管理,确保学生用餐健康、卫生、安全,坚持政府主导、市场补充、家长自愿、费用自理的方式,让午餐供餐成为"民心工程""政府实事";启动了中小学课后延时服务,探索更加科学合理的家庭作业辅导模式,减轻中小学生及家长的负担;高度重视教育科学研究,建立智库机制,促进智力供给,有效发挥教育研究服务于教育决策的功用;重视民意,理性分析,扩办公办幼儿园和普惠性民办幼儿园,解决"入园难"问题,改革小升初,公办民办学校同时招生,解决"择校难"和其他民生热点问题。以政府决策推动教育行业改革,带动学校发展,推动学生全面发展。

二、研究过程

本课题研究从 2020 年 2 月开始,到 2021 年 2 月结题。

(一)课题研究的准备阶段(2020 年 2 月—4 月)

(1)学习有关理论,收集资料,撰写研究方案。

(2)成立课题组。

(3)论证课题方案。

(4)制订阶段研究计划。

(二)课题研究的实施阶段(2020 年 5 月—10 月)

1.第一阶段(2020 年 5 月—8 月)

(1)外出考察国内教育先进省市地区的经验做法,进行分析论证梳理。

(2)根据评估结果,找准研究方向。

(3)制订研究计划并实施。

(4)进行相应的阶段性评价考核。

2.第二阶段(2020 年 9 月)

(1)对前一阶段的研究进行反思、总结。

(2)修订前一阶段的研究目标,并形成课题初稿。

3.第三阶段(2020 年 10 月)

组织课题研讨会,邀请前期考察的省市地区教育专家和课题组全体成员参加,对课题初稿进行分析论证,补充完善。

（三）课题研究的形成成果阶段（2020 年 11 月—2021 年 2 月）

（1）收集研究材料，撰写研究报告。

（2）整理研究成果，准备申请结题。

（3）验收课题成果，接受课题鉴定。

三、主要做法和经验

（一）加大政府经费投入，增加教育公共资源

财政支出优先保障教育，聚焦发展精准发力。政府应增加投入，大力扩建公办院校。加大义务教育学校建设力度，促进基础教育均衡配置。加大初中教育投入，让初中教育适应人口增长需要。加大中职经费投入，合理布局，统筹安排。完善高校多渠道筹措教育经费的投入体制。拓宽社区教育经费投入渠道。

（二）提升教师队伍素质，确保教育质量

科研训一体化，建立教师专业发展长效机制。实现"三教共保"，提高幼儿教师素养。减轻教师负担，让教师潜心教书育人。加强乡村教师待遇，推动教育均衡发展。加强思想政治和师德师风建设，强化各级各类德育队伍力量。改革教育管理体制，提升教师地位。创新人才引进机制，提升教师队伍整体素质。加大中职改革，加快"双师型"教师队伍培养机制建设。培育高水平师资，打造高素质创新型高校教师队伍。

（三）多措并举，创新人才培养

学校应加强幼儿德育培养，促进幼儿多元发展。全面提升初中阶段学生素养，培养合格公民。立德树人，"五育并举"，推进高中育人方式变革。加强创新人才培养，积极建设特色高中。认真落实中职教育校、企"双主体"育人模式，推动人才培养模式改革。实施学校新媒介交互应用工程。高校引培并举，造就高层次人才。

（四）统筹规划，推动教育教学改革

学校应加强教育教研，有力促进教育教学质量提升。强化教育科研，支撑和引领教育改革发展。小学实施教育改革及质量提升工程。强化中小学课堂主阵地作用，切实提高课堂教学质量。改革质量评价监测体系，促进终身学习。统筹规划，完善机制，实施高考综合改革。深入推进产教融合，建立健全中高职贯通、普职衔接的机制。实施职教、产教融合工程。提高民办学校教学质量。完善高等学校分类设置、评价、指导、评估和拨款制度。积极探索不同类型、不同层次高校、学科专业的一流化建设之路。

（五）实施教育均衡，促进区域教育公平

从均衡优质向高质量发展，让小学、初中教育更加符合美好教育的内涵。政府应努力满足特殊学生接受教育的需求。通过区域教育师资建设、设施投入等软硬件的均衡投入，助力实现区域教育公平发展。

（六）加强综合治理，规范教育服务

学校领导干部应坚持党的领导，为教育发展提供坚强保证。加强教育行风综合治理能力，塑造良好教育形象。推进学校办学体制改革，激发薄弱学校发展活力。加强对民办学校的监管与服务，促进民办教育健康有序发展。落实教育减负工作，使师生能有更多个性化学习时间。规范幼儿园的管理，提升幼儿园育人质量。加强对民办幼儿园的管理，引导规范办园。积极推进现代大学制度建设。加强对民办学校的领导，依法规范民办学校的办学行为。

（七）促进高水平高校建设，为城市发展培养高质量人才

高等教育内涵建设和服务经济社会发展能力明显增强。基本建成终身教育体系。积极推进建设高水平高等教育研究机构及产业技术研究院。鼓励社会力量参与办学。支持应用型本科院校建设，努力建设一批高水平职业院校。

（八）加大科技创新，激发教育活力

立足未来国际视野，信息技术深度融合。支持开展科技攻关和成果转化。深入实施高校创新能力提升计划。加强人工智能建设，发挥重点研究机构的引领带动作用。大力推进信息化建设，实现教育信息化水平显著提高。

（九）加大对外交流，促进教育国际化发展

规范国际化办学，促进学生综合素养全面提升。提高职业教育国际化视野，建立对外合作交流机制。积极推进高等教育国际交流。

（十）完善社区教育，建立学习型社会

扩大社区教育的功能和辐射作用，提供更加灵活便利的终身教育服务。实施社区教育终身发展活动中心建设工程。

四、研究成效

（一）保证在经济社会发展规划中优先安排教育发展

我市公共财政教育经费所占公共财政支出比例增长至 18%，达到我省平均水平，财政性教育经费占 GDP 比例增至 4%，达到国家平均水平。

（二）完善政府主导、社会参与、公办民办并举的办园体制

加快学前教育资源建设，把发展学前教育纳入城镇、新农村建设规划。实施完

成第二轮学前教育三年行动计划，加快构建学前教育公共服务体系。继续扩大优质教育资源总量，大力优化资源结构，全面普及学前三年教育。

（三）入学难、择校热等问题得到基本解决

通过新建校、扩校等方式，大力增加公办学校的学位，到2022年全部消除超大班额，2025年彻底消除大班额，使入学难、择校热的问题逐步得到解决。

（四）规划发展提升中等职业教育

坚持全市"一盘棋"和分级分类办中等职业教育的思路，加强各级宏观统筹，坚持中等职业教育布局规划、产业人才规划和产业聚集区规划"三规同步"。按照"学校组团、专业集群、中高衔接、资源共享"的原则，优化中等职业学校布局，鼓励社会力量捐资、出资兴办中等职业教育，拓宽办学筹资渠道。

（五）把社区教育经费列入本级教育经费年度预算

扩大政府购买社区教育、老年教育服务的试点规模。鼓励社会资本支持社区教育发展，逐步形成政府、企事业单位、社会团体、学习者分担学习成本、多渠道筹措经费的投入保障机制。

（六）教师专业化发展显成效

一是加强教师科研意识。建立教科研激励机制，壮大教育科学普及专家队伍，增强教师原创研究能力，聚焦教学中的问题，确定业务提升的方向。二是整合各部门力量建立统一协调的培训机制。改变"培训＋接受"的单向培训模式，建立分层分类培训体系，整合培训资源，优化培训内容，把教师职业理想、职业道德、法治、心理健康等融入培养、培训和管理的全过程。三是切实减轻教师负担。坚持分类治理、标本兼治，严格清理规范与教育教学无关的事项，理顺教师管理方式。四是进一步落实乡村教师保障政策。推动"银龄讲学"计划落实，完善职称（职务）评聘、骨干教师评选向乡村学校倾斜政策，建立城市贫困教师和乡村教师岗位生活补助制度，切实提高教师的社会地位和待遇。五是将师德师风建设作为学校工作考核和教育质量督导评估的重要内容，发挥校长的引领作用，加强教师思想政治工作，加大对优秀班主任的培养。六是建立健全"双师型"教师考核和激励机制，鼓励现有岗位教师自主转型、自主提升。七是优化高校师资队伍关键要素结构，形成梯队持续、层次合理、优势突出、特色互补的格局。

（七）人才培养质量明显提升

一是幼儿教育坚持立德树人，把德育教育融入幼儿一日生活中，进一步建设幼儿多元评价体系。二是加大青少年网络教育、心理健康教育系统化研究。建立和完善德智体美劳全面培养的教育体系,进一步提升初中生身体素质。三是高中阶段教育全面深入实施素质教育,注重"五育并举"德育工作系统性、专业性和实践性。四是改革教学内容、方法、手段,推进学校创新实验室建设,建立创新人才的孵化、创建、评估和支持保障机制,加强学校之间、校企之间、学校与科研机构之间合作等多种联合培养方式,培养学生创新思维和实践能力,形成一批课程特色明显、布局相对合理、充分满足多样化学习需求的特色普通高中。五是中职教育秉持"贴近实际、贴近生活、贴近学生"原则,坚持德技兼修,提升校企"双主体"育人的质量,发挥校企"双主体"育人作用,发挥德育课堂的主阵地作用,重视"双导师"师资团队建设、专业课程体系构建、学生实习实训工作、学生实践考核等人才培养的全过程,把企业标准转化为教学标准,把企业管理转化为班级管理,把企业生产转化为专业教学,把企业评价转化为教学评估,把企业效益转化为课堂效益,把企业需要转化为人才标准。六是大力推进卓越人才教育培养计划,支持高校与有关部门、科研院所、行业企业协同育人,实现资源共享、合作办学、合作育人、合作发展。七是扩大研究生培养规模,重视发展非全日制研究生教育,积极发展硕士专业学位研究生教育,争取发展博士专业学位研究生教育,完善硕士、博士研究生导师遴选办法和管理评价机制。八是充分利用我市"智汇郑州人才工程"政策,重点引进一批顶尖人才、国家级领军人才、地方级领军人才和地方突出贡献人才等高层次人才,实施好顶尖人才(团队)引领计划、重点产业人才支撑计划、社会事业人才荟萃计划、高技能人才振兴计划、青年人才储备计划等专项人才计划,落实政策扶持。

(八)教育教学改革推向深入

一是将习近平新时代中国特色社会主义思想融入中小学课堂,健全落实立德树人机制,围绕如何突出德育实效、提升智育水平、强化体育锻炼、增强美育功能、加强劳动教育等重点问题开展研究。二是加强对课程、教学、作业、学业质量标准和考试评价等育人关键环节的研究。三是创新教研工作方式,因地制宜采用区域教研、网络教研、综合教研、主题教研以及教学展示、现场指导、项目研究等多种方式,提升教研工作的针对性、有效性和吸引力、创造力。四是完善市、区、校三级教育科研管理机制,健全功能分明、三级联动机制,提升教科研协调发展能力。加强教科研部门与国内外知名高校、研究机构、企业的合作交流,合作建立市、区两级美好教育研究中心,建成区域教育改革发展的智库。五是加强对教育教学实践问题的引领和指导,发挥教育科研功用,实现课题研究和日常教学有效结合。六是完善教科研人员的境内外交流学习制度,健全教科研人员到教育行政部门和学校挂职交流制度,提升教科研人员的前瞻性教育政策研究能力和在大数据环境下的教育教学研究能力,着力打造专业化高端智库。七是在小学实施教育改革及质量提升工程,坚持"五育"并举,全面发展素质教育。八是转变教育观念,深入推进教学方式变革。开展学科观摩课、示范课活动,引导全市教师掌握启发式、互动式、探究式教学。九是建立健全学科学业质量标准,准确评价小学生学业完成情况。依据国家义务教育课程标准,根据郑州市少年儿童身心发展水平,制定郑州市义务教育阶段各学科学业质量标准。十是统筹调控不同年级、不同学科作业数量和作业时间,促进学生完成好基础性作业,强化实践性作业,探索弹性作业和跨学科作业,不断提高作业设计质量,深入开展郑州市中小学教师优秀作业设计方案评比活动。

(九)教育均衡持续推进

在 2026 年之前,郑州初中教育要完成资源均衡配置,区域、校际软硬件配置科学,实现城乡一体化发展,进一步提升教育高质量发展。

(十)科技创新提升教育服务含金量

支持郑州人工智能研究院发展,以人工智能、信息溯源、智能制造、区块链等技术为核心,面向大数据与人工智能、智能制造与高端装备、民航服务与人工智能等高新技术领域,在航空港实验区落地"三个研究中心、两个实验室分室、两个工作站、一个孵化器和一个大讲堂"。未来五年实现重大科技成果转化 20 项,孵化科技企业 50 家,引进高端人才 50 名以上,打造成为航空港实验区乃至全市、全省重要的"政产学研金"示范平台,为郑州建设国家中心城市、国家自主创新示范区、国家双创示范基地提供科技支撑。

(十一)提升社区教育品质,打造高质量学习型社会

继续建设开放大学、老年大学、社区学院等一批终身教育机构,在提升劳动者职业能力、市民基本素养和城市文明程度等方面发挥重要作用。加大对外来务工人员城市生活能力和文明素养的培养、培训。将终身教育体系完善计划作为重点项目,建立多主体共同参与的终身教育体系,推进社区教育治理体系和治理能力现代化,建立政府、社会、市场、企业、群众等多方协同治理的体制和运行机制,鼓励学校教育资源向社区教育延伸,统筹搭建市民终身学习的活动平台,建立学习信息共享机制,扩大面向各类人群的终身教育服务。健全市、区、办事处、社区四级继续教育、社区教育与终身学习机构。推进学习型组织建设,广泛开展学习型乡镇(街道)、学习型社区、学习型家庭等各类学习型组织创建活动,加强国家级社区教育示范区建设。积极探索建立完善社区教育学习成果认证、积累和转换制度及激励机制,探索建设社区教育学分银行。建设全市统一的家庭教育网,开发家庭教育微视频,开展学习型家庭评选活动,全面提升家庭教育水平。结合我省作为农业大省对

现代新型技术农民的需求,加大对新型农民的职业培训,培养一大批适应现代农业生产的复合型技术人才。

五、存在的问题及下一步打算

一年来,《郑州市教育发展战略研究》课题组全体成员认真按照课题研究实施方案的相关要求和安排,遵循教育科研的基本规律,保质保量完成了既定目标,取得了预期的效果。未来,课题组成员将做到"结课题不结项目",在工作中全面实践研究成果,用理论指导实践,用实践验证理论,不断丰富和完善研究成果,为郑州市高质量建设"美好教育"、办好人民满意的教育贡献应尽之力。

参考文献

[1]姜伯成,谭绍华,王汉江.区域职业教育主动转型服务长江经济带战略发展的实然趋势与实践路径[J].教育科学论坛,2019(15):15-21.

[2]张力.未来五到十五年我国高等教育发展战略走势[J].清华大学教育研究,2021,42(1):1-3.

[3]谢少华,黄文伟.广州市教育发展整体战略的选择与构建——基于区域教育中心建设的视角[J].广州广播电视大学学报,2015,15(5):22-25+65+108.

[4]高书国.新发展阶段中国基础教育的战略思考[J].人民教育,2021(6):40-43.

[5]朱旭东,刘丽莎,许芳杰,等.论我国"十四五"教育发展战略目标和重点任务——基于复杂多样的国内外环境分析[J].中国教育科学(中英文),2021,4(2):31-44.

[6]高书国.中国学前教育发展战略转型研究:从快速成长到规范发展[J].教育科学研究,2019(6):5-9+16.

（本文为2020年度郑州教育发展课题研究成果,课题研究单位:郑州市教育局发展计划法规处,课题负责人:刘维丽,课题组成员:闫培、曹业敏、王海燕、闫威）

郑州教育（市级财政投入）
改善办学条件资金使用的发展方向研究

一、研究背景

郑州教育丰硕的办学成果，离不开国家持续加大的政策与资金支持。在改善办学条件资金单独设立之前，郑州市各级各类直属学校，每年只有包干经费，仅仅是保障学校的正常运转。需要修缮与购置设备的学校，要另行向上级部门追加改善办学条件专项经费。各级财政和教育部门没有为学校设立固定的专项经费。

随着我国经济的持续发展以及全体人民群众对于美好生活的向往，为了促进"美好教育"的发展，郑州市各级财政都对郑州教育的发展提供了强有力的资金保障。2001年，郑州市直属学校的生均公用经费，中小学、幼儿园仅有230元，高级中学仅有210元。而到了2020年，郑州市直属中小学学校生均公用经费为1902元，高级中学、幼儿园为3144元。改善办学条件也在预算改革中发展，在发展中提高，由追加经费演变为纳入预算编制的专项资金，这样的发展离不开郑州教育的财务工作者努力筹措教育经费，积极改善办学条件做出的具体贡献。

郑州教育改善办学条件主要体现在两方面：一个是修缮专项，另一个是设备购置。郑州市教育局在2003年年初修订和完善了局属学校校舍维修和设备建设的管理意见，在改善办学条件的同时，向郑州市采购办上报投资计划。之后积极配合郑州市采购办开展教学设备的招标工作。从学校进行预算编制，到预算资金申请、专项资金支付、专项资金事后审计等各个环节，郑州市财政局和郑州市教育局都进行了全流程的监控，确保了专项资金的规范使用。

近年来，在郑州市教育局和各县（市）区教育局的努力协调下，在郑州市各级财政资金不断投入之下，郑州市公办中小学和幼儿园的软件和硬件条件都有了明显的改善和提高。郑州市教育系统在改善办学条件中专项资金的使用主要在三个方面：一是对学校的建筑物（教学楼、宿舍楼等）进行修缮和加固。这项工作使得很多学校的教学楼、学生宿舍、学生食堂、操场等得到了很大改变。很多学校的建筑都是20世纪七八十年代盖的，过了三四十年，很多已是危楼。财政资金的持续投入，可以保证学校根据实际需要和重点逐年安排预算，对楼房进行修缮和加固，从而满足基本的教学需要。二是理化生实验设备、图书资料的购置等。这些专业设备的购置，很大程度上提高了学校的基础设备水平，能够培养学生的动手能力，使学生将书本的知识与实践相结合。同时设备的普及为中招理化生考试的顺利实施打下了夯实的基础。三是校园内基础设施的优化和改造。校园道路、宣传廊道升级、绿化增加等为学校师生提供了更加优美的环境。消防通道提升、安保系统建立、摄像头覆盖等有力地消除了部分学校存在的安全隐患。就目前来看,政府财政资金的投入为推动郑州教育的发展立下了汗马功劳。

二、研究过程

在申报课题之后,本课题的研究过程共分为以下三个阶段。

(一)第一阶段:准备阶段

(1)组织课题组成员进行相关理论的学习,掌握国内外相关内容的研究情况及学术信息、前沿动态。

(2)课题组成员逐步达成共识,修订研究方案。

(二)第二阶段:实施阶段

(1)发放问卷,调查了解各个学校对于目前改善办学条件资金使用的态度、问题和建议。

(2)对调查问卷结果进行分析。

(3)结合中国知网上的相关资料和问卷调查结果进行问题梳理和问题解答。

(三)第三阶段:总结阶段

(1)进行课题总结、反思。

(2)撰写结题报告,总结出特色、经验。

三、主要做法和经验

(一)问卷调查,厘清现状

为了全面反映郑州市中小学改善办学条件资金的使用管理情况,我们在参考其他省市的调查问卷的基础上,结合郑州市中小学校的具体情况,设计了《郑州市中小学改善办学条件资金管理研究调查问卷》。

1.调查问卷设计思路及基本内容

本次调查问卷的设计秉承客观、公正的原则,涵盖了高中、初中、小学等不同的教育阶段和教育类型。问卷分为两大部分,第一部分有固定选项,第二部分需要自主填写。

2.调查对象

调查对象为郑州市教育局直属学校的行政校长及区管初中和小学,采用现场发放调查问卷进行填写的方式。经过一周的发放回收,本次共发出调查问卷 50 份,有效回收 50 份,有效率达 100%。

3.调查结果

问题1"您认为您所在的学校是否建立了完善的改善办学条件资金管理制度?"调查结果如下图所示:78％的被调查者认为所在学校的改善办学条件资金管理制度建设完善,22％的被调查者认为所在学校的改善办学条件资金管理制度基本建立。

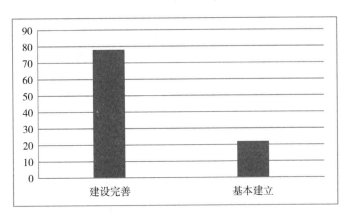

图1　关于是否建立了改善办学条件资金管理制度的调查结果

问题2"您认为您所在学校的一把手是否重视对于改善办学条件资金的管理?"调查结果显示:100％的被调查者认为所在学校的一把手重视对于改善办学条件资金的管理。

问题3"您认为您所在的学校是否配备了专业的财务人员(财会专业技术职称)?"调查结果如下图所示:88％的被调查者认为所在学校配备了专业的财务人员,12％的被调查者反映有教学人员兼职学校的会计工作。

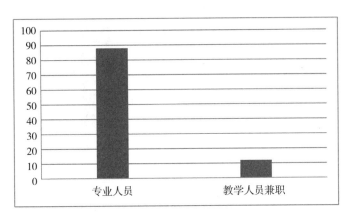

图2　关于是否配备了专业的财务人员的调查结果

问题4"本单位是否设立政府采购专职人员?"调查结果如下图所示:44％的学校有专职人员,22％的学校是会计兼职,34％的学校是固定资产管理员兼职。

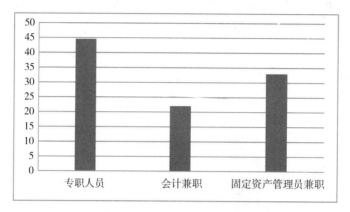

图3　关于是否设立政府采购专职人员的调查结果

问题5"您认为是否应该建立对于改善办学条件资金使用的考核机制?"调查结果显示:100％的被调查者认为应该建立对于改善办学条件资金使用的考核机制。

问题6"请您评价您所在的学校对于改善办学条件资金的使用状况。"调查结果显示:78％的被调查者认为非常好,10％的被调查者认为一般,12％的被调查者认为有待改进。

问题7"在改善办学条件的预算工作中,教学方面(人员)的参与程度是多少?"调查结果如下图所示:12％的学校是全体教职工提交预算方案,88％的学校是教务处、政教处、年级长等代表提交预算方案。

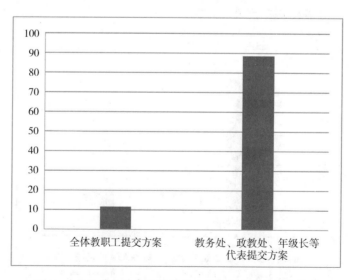

图4　关于改善办学条件的预算工作参与程度的调查结果

问题 8"预算上报批复结果,由教学方面提交的预算方案批复率为多少?"调查结果如下图所示:12%的被调查者认为批复率在 50%以上,66%的被调查者认为批复率在 80%以上,22%的被调查者认为批复率在 95%以上。

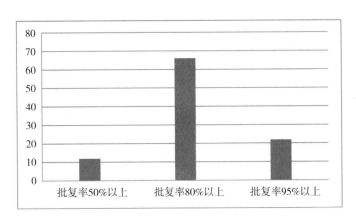

图 5 关于预算方案批复率的调查结果

问题 9"若因市场价格波动,导致本单位预算与实际预算执行存在差异,影响率为多少?"调查结果如下图所示:78%的被调查者认为差异率在 5%以上,22%的被调查者认为差异率在 10%以上。

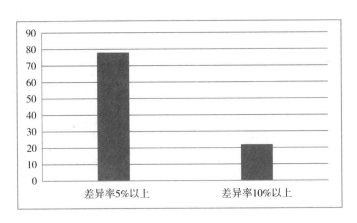

图 6 关于单位预算及实际预算执行的差异率的调查结果

问题 10"财政局要求的预算绩效上报及项目完成后的绩效评价,本单位对这些工作的安排方式是什么?"调查结果如下图所示:22%的学校是会计人员独立完成上报,10%的学校是后勤部门完成上报,68%的学校是后勤部门及教学部门一起完成上报。

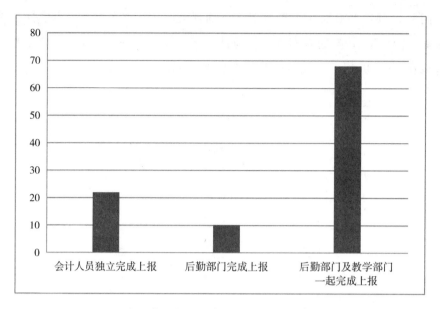

图 7　关于单位绩效评价工作安排方式的调查情况

问题 11"本单位每年做的中期(三年)发展规划(预算),由学校独立完成编制,还是由第三方对预算编制进行询(造)价?"调查结果如下图所示:44%的学校独立完成,56%的学校聘请第三方协作完成。

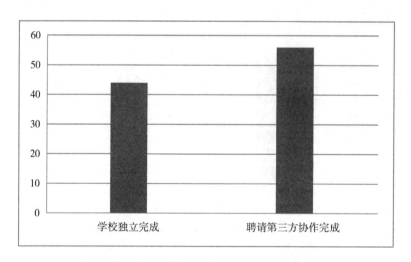

图 8　关于单位预算编制询(造)价方式的调查结果

问题 12"您认为改善办学条件资金申请多长时间较为合理?"调查结果如下图所示:34%的被调查者认为需要 1 天,46%的被调查者认为需要 3 天,10%的被调查者认为需要 5 天,10%的被调查者认为需要看具体情况。

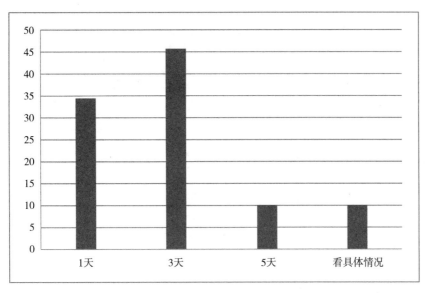

图 9　改善办学条件资金工作调查表

问题 13"您认为单位在使用资金时是否应坚持专款专用、节约高效的原则?"调查结果显示:100％的被调查者认为所在单位应该遵循此原则。

(二)现场访谈,找出问题

1.访谈提纲

①您认为学校在改善办学条件时,哪一部分应该受到重视或者应加大投入?

②您认为在年末改善办学条件时,绩效评价是否有必要,采用绩效评价的方式会取得哪些效果?

③您认为在申请资金过程中,最影响效率的是哪一个环节?

④您认为改善办学条件中,应如何使用结余资金?

⑤您认为对于涉及安全的突发情况(教学楼加固、电缆烧毁等)的改善办学条件资金应该如何安排?

⑥对于学校规划的项目,修缮设备有交叉重叠现象的,比如"功能教室"等,学校在申报预算时有无创新性建议?

表 1　访谈问题结果汇总表

	基础设施	修缮项目	教学投入
问题一	内涵提升(有必要)	学生安全	基础设施
	教学设施	内涵提升	
问题二	有必要,有利于发挥资金使用效益	有必要	有必要

	审批环节	整体比较高效	整体比较高效
问题三	学校申请方案不完善	申报手续的资料整理	申报手续的资料整理
	申报手续的资料整理	审批环节	审批环节
问题四	上级收走	提高部分项目支付比例	培训需求分析要做好
	挪作他用	视情况而定	视情况而定
	建议学校自行调配	建议学校自行调配	建议学校自行调配
	按上级要求		
问题五	特事特办,优先安排	按实际需求进行安排	办公经费垫支
	加急处理	申请追加资金	申请追加资金
	以人为本	查实后,全力保障	专款专用
	特事特办,优先安排	特事特办,优先安排	
问题六	明确功能性	细化项目分类, 按照分类进行上报	按资金比例确定项目类型
	合理规划		

2.访谈结果分析

从访谈结果来看,大部分学校都认为在改善办学条件的资金投入中,应该加大对于内涵提升、基础设施、教学设施以及修缮项目的资金投入。所有学校都对年末的绩效评价给出了肯定的回答,都认为很有必要。在资金申请过程中,学校对于申请资金的申报手续的资料整理是最影响效率的环节。对于改善办学条件的结余资金,学校希望能够自行调节使用。对于涉及安全的突发情况(教学楼加固、电缆烧毁等)的改善办学条件资金,被访谈者大都认为需要特事特办、优先安排。在对于学校规划的项目,修缮、设备有交叉重叠现象的,比如"功能教室"等,学校在申报预算时建议能够明确功能性,细化项目分类,按照分类进行上报,同时按资金比例确定项目类型。

四、改善办学条件中存在的问题分析

(一)预算编制不严谨,内部监管职能缺位

1.预算编制不完善

目前学校基本上都能按照郑州市财政局的要求合理编制预算,在预算编制中,学校对于资金的用途、资金支付时间等都有明确的说明。但是在具体的项目上,编制得还是不够详细,具体项目的资金分配不够详细,执行进度也比较模糊。

2.部分预算项目的申报缺乏有效的论证,把关不严

部分学校存在本位主义思想,认为一定要多争取财政资金才能使自己不吃亏,在预算编制时并没有从实际出发,而是怎样申请资金多就怎样来,导致在改善办学条件资金中所谋划的项目并不合理,同时也缺乏科学的项目论证。这样就会导致"不均衡",很多需要财政资金的学校得不到财政支持,而一些明明已经发展很好的学校却得到了大量的财政资金。

3.内部监管职能缺位

学校在编制预算方案时,都会按照预算编制要求进行分工和分组。每个项目都有对应的小组,每个小组也有各自的职能。但在具体执行中,很多学校完全不按照方案进行,方案形同虚设。往往一个人负责一个项目,而且是从头到尾进行负责,一个人把所有的流程和步骤走完,缺乏监督和检查机制。

(二)预算执行不规范,支出管理机制不健全

1.预算执行不力

部分学校未能严格执行预算批复,在预算执行中为了自己使用方便,经常打报告修改预算,有的学校一年能打十几个报告,导致改善办学条件资金没有专款专用。

2.财务管理不规范

部分学校的财务人员由于专业知识不扎实,在记账时,项目支出下没有设立辅助明细进行专门核算,导致在审计时无法看出项目实际支出。

3.报销时单据审核不严格

报销时,财务人员往往是凭借发票、领导签字等就直接进行支付,没有将此项工作与预算编制文件对照。例如预算批复的明明是购买服务支出,但是发票开的却是购买设备。由于财务人员审查不严,导致部分人员浑水摸鱼,不按预算执行。

4.资金支付不符合相关规定

在预算编制支出方面,对于资金的使用时间要有严格的规定,学校必须按照时间节点进行支付。部分学校为了完成相关支付的时间节点,提前将相关费用支付给施工方。有的是还未开工,学校就已经支付了70%的费用。有的学校连保证金都提前一年支付给对方。这种情况导致项目一旦出现工程纠纷,学校没办法保证自身的合法权益,同时造成了财政资金的浪费。

(三)管理制度缺失,部分学校领导对改善办学条件资金使用和管理不重视

1.改善办学条件资金管理制度的建设不完善

部分学校虽然加强了对改善办学条件资金的管理,但其根本目的不是提高改善办学条件资金的使用效率,而是应付教育局和纪检部门的相关检查。建立的管理制度也是流于形式,一点也没有结合自身的实际情况。

2.学校的财务管理制度不完善

学校的财务管理制度很多都是依照财政局、教育局下发的文件进行执行的,学

校没有根据自身实际情况进行具体修改,导致不适用于自身发展。在国家推行新的会计准则之后,学校应该建立合适的财务管理制度,将预算会计和财务会计进行适当融合。

3.部分领导对改善办学条件资金管理的意识不强

在改善办学条件资金使用上没有进行科学的规划,很多项目属于"拍脑袋"决策,部分项目资金没有详细的使用用途,在预算表述中也很模糊。最后进行事后评价时,往往达不到预期效果。

4.部分财务人员对于改善办学条件资金管理的水平不高

很多学校的财务人员都是从教学一线转岗而来,他们仅仅能够完成日常的报销、记账等基础性工作,对更专业的财务管理工作,如资金支出的合理性和效益分析,则难以胜任。

(四)支出绩效考评滞后,缺乏完善的绩效考评体系

1.项目绩效考评机制不完善

学校以完成项目、完成资金支付为最终目标,没有对项目的完成情况进行事后绩效评估。很多项目仅仅是完成了资金支出,但具体支出是否合理、项目建设是否达标、财政资金使用是否充分等,都未进行充分的事后论证,部分项目出现浪费财政资金的情况。

2.部分学校的相关人员责任心不强

相关人员不重视对于改善办学条件资金的全过程管理,在报销时也缺乏规范,很多没有按照预算执行。很多学校最关心的就是上级资金是否给足、是否按时到账,但对于怎样合理使用资金、怎样有效使用资金,缺乏有效的监督。由于学校属于单独的法人单位,上级部门在把资金分给学校之后,也没办法进行有效的全程监督,只能进行部分事后审计或者部分抽查,这就导致有人会在此钻空子。

3.没有制定可量化的指标,没有对学校改善办学条件资金的使用进行有效的考核

项目在建设期完成后,由上级部门组织相关项目验收专家到学校进行实地验收,验收小组通过看材料和实地察看的方式对整个项目实施的结果进行评价。但在评价上,由于没有制定统一的、可量化的标准,导致评估小组成员都是按照自己的理解进行评估。不同的专家有不同的观点,而且还能自圆其说。在这种情况下,我们不能简简单单地将结论归结于一方,否则会导致最后的评价结果存在较大的差异。

五、改善办学条件资金使用的建议

(一)进行顶层设计

郑州市财政局、郑州市教育局相关资金管理部门应建立完善的资金管理制度,对改善办学条件资金的管理制度进行顶层设计,制度中必须明确资金的使用原则、

资金的管理办法、各个环节的责任等。首先是对申报环节的管理。在项目立项之前,要进行严格的审批,对于项目的立项依据、资金使用范围、资金使用时间、资金使用方式等都要进行科学的审核。其次是在预算的执行过程中,一定要按时足额进行预算拨付,避免学校为了追赶支付进度而不合理地使用资金。最后是监督环节。我们必须树立全程监督的意识,要求学校必须通过郑州市教育局建立的财务综合管理系统进行各个项目的全流程作业。通过对资料审核、用款计划审核、招标审核、工程结算审核等一系列流程,履行好监督职能。

同时,郑州市财政局、郑州市教育局相关资金管理部门要建立奖惩制度,对改善办学条件资金使用好的学校,在下一年同等条件下,优先安排资金;对执行不好的学校,下一年可以适当减少资金的批复,同时追究相关人员的责任。

(二)建立完善的制度体系

学校应根据自己的实际情况,建立符合自身实际的管理制度和实施方案,明确主要负责人、具体负责人、具体执行人,做到专款专用、专人管理。各学校在进行预算申报之前,就要制定相应的管理方案。首先,学校在编制预算时,就必须要求资金申请人与财务人员进行具体对接,预算的编制不仅要满足资金申请人的实际需要,更要满足财务制度的相关要求,同时符合预算编制的相关要求。其次,在资金的使用过程中,校领导、项目负责人、财务人员三方要进行不同阶段的监督和配合,确保项目顺利完成。最后,项目完结之后,学校必须进行第三方独立项目审计,确保各个项目都经得起审查。

(三)加强培训

学校应加强对财务人员的业务能力培训,提高其资金管理水平。一是要组织专门的业务水平培训,提高财务人员的业务水平,每年最少组织一次以上封闭式的培训,要求财务人员必须全员参加。二是培训内容必须做到结合学校的实际,特别是对于专项资金管理、财务监督、如何编制报表、如何进行项目审核等内容进行系统培训。三是要对财务人员进行考核,考核分为两部分:一个是每次培训之后对于培训效果的考核,主要是考察此次培训的效果;另一个是对日常资金管理、财务记账、审计突击检查反馈的考核,主要考核财务人员日常的工作。四是要建立奖惩制度。对于表现优秀的财务人员,进行通报表扬,在今后的绩效考核、职称评审、中层竞聘等方面予以倾斜;对于表现不好的人员,对其校长进行约谈,并对其进行岗位调换或者批评教育等。

(四)建立改善办学条件资金的绩效评价体系

绩效评价体系的建立是为了督促和提供资金的使用效率。前期可以委托专业的绩效评估公司进行一次系统的绩效评估,对目前的使用现状有个初步的了解。后期可以建立教育系统、财政系统的专家库,常态化、系统化地对每次预算中申报的改善办学条件的项目进行评估,评估合格的项目,方可列入预算。

（五）建立完善的监督体系

建立监督体系，保证改善办学条件资金使用合法、合规。对于改善办学条件资金的管理必须实行全流程监督，在教育主管部门监督的基础上，适当聘请第三方机构进行监督和审计，保证改善办学条件资金使用的效率以及合理性。

（六）完善资金管理办法

与时俱进，不断完善资金管理办法。想要将改善办学条件资金使用好、管理好，就必须及时总结经验，根据实际情况不断完善，只有这样，才能够达成"美好教育"的要求，也才能促进郑州教育的不断发展。各学校要加强改善办学条件资金管理的过程管理，精打细算，确保预期建设目标的圆满完成，针对改善办学条件资金申报、使用过程及接受评审、验收等各个环节中出现的问题，及时进行逐条、逐项整改，不断完善本单位的改善办学条件资金管理办法，不断提高改善办学条件资金绩效水平。

六、结论与展望

改善办学条件资金在郑州教育的发展和建设的过程中起着不可或缺的作用，所以加强改善办学条件资金管理尤为重要，郑州市财政局、教育局，各县（市）区财政局、教育局以及各级各类学校要对改善办学条件资金的使用和管理提高重视，在项目的规划、使用、监督、绩效评价等过程中进行有效的监督和管理。财务管理部门要紧密结合教育发展的改革与方向，使郑州教育改善办学条件资金的使用合法、合理、高效，从而促进郑州教育的良性发展。

参考文献

[1]段景田,刘立星.加强财政专项资金管理的几点建议[J].中国农业会计,2008（1）:26－27.

[2]齐红.浅析高校财政专项资金管理中存在的问题及对策[J].北京工商大学学报（社会科学版）,2007(6):63－66.

[3]柏顺林,何继良.财政专项资金管理存在的问题及解决措施[J].四川财政,2002（8）:35－36.

[4]冯祺.中央高校改善基本办学条件专项资金管理研究[J].现代经济信息,2016（13）:420－421.

[5]李金俐.加大教育资金投入努力改善办学条件[J].民心,2015(12):32－33.

（本文为2020年度郑州教育发展课题研究成果,课题研究单位:郑州市教育局财务处,课题负责人:荆改强,课题组成员:孙孝朋、马莉、何涛、马军胜）

郑州市中小学课后服务的路径选择与研究

一、研究背景

随着中国经济社会、中国教育发展到特定阶段,父母准时接送孩子成为一大难题。一方面,随着中小学生减负工作的推进,各级教育行政部门对中小学生在校集中学习时间做出了规定,孩子放学时间较早;另一方面,双职工父母越来越多,下班时间普遍在五点半以后,对于处在事业上升期的年轻家长来说,准时接送学生确实比较困难。

为有效解决"三点半难题",2017 年 2 月,教育部下发《关于做好中小学生课后服务工作的指导意见》(教基一厅〔2017〕2 号),要求各地切实做好中小学生课后服务工作。此后,教育部等九部门印发的《中小学生减负措施》、教育部基础教育司印发的《2019 年工作要点》等文件中多次对全面深入推进课后服务工作,提高课后服务水平提出要求。

为进一步增强教育服务能力,切实解决中小学生课后托管难的问题,促进中小学生健康成长,2019 年,郑州市开始谋划在全市义务教育阶段开展课后延时服务。经过充分的调查研究和精心的谋划部署,10 月 8 日,郑东新区先行先试,在全区范围内开展了课后服务,各区县(市)、开发区选取部分学校进行了试点。2020 年 7 月,郑州市人民政府发布了《郑州市人民政府办公厅关于进一步做好中小学生课后服务工作的通知》(郑政办〔2020〕37 号),明确了课后服务的时间、内容、人员、经费保障等,提出在全市范围内全面启动课后延时服务。

郑州市的课后服务工作高起点建设,在服务覆盖面、服务内容、服务形式、经费保障机制等顶层设计上,在全国属于领先水平。在覆盖面上,2020 年年底前保障全市所有义务教育阶段学校全覆盖;在服务内容和形式上,最大化发挥区域和学校优势,为学生提供多样化的选择;在经费保障上,实行课后延时免费托管,政府设立专项经费,对学校开展课后服务提供经费支持,最大化减少因服务费用激发新的矛盾。总体来说,郑州市课后服务工作覆盖范围广、推进力度大、服务质量高,具有较好的研究基础。

二、研究过程

(一)第一阶段:准备阶段(2020 年 3 月—4 月)

(1)组织课题组成员进行的相关理论的学习,掌握国家、省以及兄弟城市的相关做法及相关学术信息、前沿动态。

(2)课题组成员逐步达成共识,修订研究方案。

(3)明确责任分工。

(二)第二阶段:实施阶段(2020年4月—8月)

(1)召开郑州市课后服务工作研讨会,总结2019年10月以来各区县(市)、开发区课后服务试点经验,找出存在的问题。

(2)各成员根据分工分维度对我市课后服务工作进行分析研究,形成我市课后服务有效路径。

(3)指导各区县(市)、开发区在全部义务教育阶段学校开展课后延时服务。

(4)每月一次对全市课后服务开展情况进行跟踪研究,对发现的问题进行处理,对取得的经验成果进行推广。

(三)第三阶段:总结阶段(2020年8月—12月)

(1)征集汇总各地课后服务开展情况,进行课题总结、反思。

(2)对调研情况进行汇总分析,撰写结题报告。

三、主要做法和经验

(一)文献查找与学习

课题组深入学习领会了国务院办公厅《关于规范校外培训机构发展的意见》,国家、省《关于做好中小学生课后服务工作的指导意见》《中小学生减负措施》等文件精神。研究学习了济南、沈阳、北京、成都、昆明、厦门、杭州、广州、苏州、新乡等地发布的有关课后服务的文件。查阅了江苏省教科院基础教育研究所倪娟的《"课后服务+延时托管"破解"三点半难题"》、吉林师范大学李卓的《学生课后托管服务中的政府责任分析》、武汉大学刘宇佳的《课后服务的性质与课后服务的改进——基于我国小学"三点半难题"解决的思考》等文献以及中国教育报发表的《课后服务成了第二课堂——山东全面开展小学课后服务工作纪实》《解决"三点半难题"各地争相出"妙招"》、新华网等媒体报道的《多地探索中小学生课后服务新举措:"三点半难题"如何破局》。实地调研了金华市课后服务开展情况。

(二)实践探索

本课题是在课后服务工作推进中同步研究进行的。

1.课后服务试点与总结

自2019年10月至2020年上半年,郑州市各区县(市)进行了课后服务工作试点,针对试点情况,面向各地召开了座谈会,了解存在的问题,总结有益经验。主要探讨了课后服务的时间问题、内容问题、服务队伍问题、经费保障问题、安全保障问题等。同时,邀请工作中涌现出的优秀典型——郑东新区负责人做了经验报告,并组织其他各区县(市)前往郑东新区参观学习。

2.研究制定郑州市课后服务指导方案

根据前期试点经验和上级文件要求,课题组配合郑州市人民政府制定了市级课后服务的指导文件,即《郑州市人民政府办公厅关于进一步做好中小学生课后服务工作的通知》。

3.全面推进与经验交流

召开课后服务工作推进会,压实各区县(市)工作责任,明确工作要求和时间节点,要求至2020年年底实现全市公办义务教育阶段学校课后托管全覆盖。召开课后服务经验交流会,再次调研各地课后服务工作,搜集优秀成果,进行研究与推广。

四、研究成效

(一)制定郑州市课后服务指导方案

经过充分的调查研究和精心的部署设计,课题组探索形成了适合我市实际的课后服务指导方案,配合协助郑州市人民政府发布了《郑州市人民政府办公厅关于进一步做好中小学生课后服务工作的通知》,提出在全市义务教育阶段学校开展课后服务,对课后服务工作做出具体要求。郑州市课后服务实行属地管理原则,坚持公益普惠原则,学生自愿参加,家长自愿选择。

1.组织实施

(1)服务对象为有服务需求的义务教育阶段中小学生。

(2)服务时间主要指正常上课日的中午和下午课后,下午服务结束时间原则上为18:00左右。具体时间由各区县(市)、开发区确定,不同季节可适当调整。

(3)服务内容主要是安排学生做作业、自主阅读、参加科普活动、娱乐游戏、拓展训练、开展社团及兴趣小组活动、观看适宜儿童的影片等。严禁将课后服务变相为集体教学或集体补课。鼓励中小学校组织开展学生综合实践活动。

(4)服务队伍主要由在职教师、退休教师担任。可积极发挥家长委员会的作用,鼓励家长自愿参与学校课后服务工作。

2.保障措施

各区县(市)人民政府、开发区管委会要建立课后服务工作机制,制定本辖区课后服务工作方案。

(1)要落实经费保障。课后托管服务实行免费制度,各区县(市)、开发区要将课后服务经费纳入财政预算,设立专项经费,对学校开展课后服务提供经费支持,对承担课后服务的教职工给予适当的劳务补助,补助标准由各区县(市)、开发区统筹确定。

(2)要强化安全管理。要建立健全安全管理制度,制定突发事件应急预案。加强与综治、公安、卫生、市场监管等部门的协调配合,强化校园及周边安全隐患排查,确保学生人身安全。

(3)要做好宣传引导。加强对课后服务工作的宣传引导,及时总结推广课后服务的成功做法和先进经验,推动形成全社会关心、支持课后服务工作的共识,营造良好的社会氛围。

(二)构建"1+15"课后服务郑州模式

在市级1个方案的指导下,郑州市课后服务工作坚持以县为主的属地管理原则,15个区县(市)根据实际情况,制定各自的实施方案。各区县(市)的实施方案以《郑州市人民政府办公厅关于进一步做好中小学生课后服务工作的通知》为依托,加强统筹,大胆研究,深入探索,形成了各具特色的区域特色。

1.灵活安排服务人员——郑东新区

为防止因师资力量不足而影响或制约课后服务工作的顺利实施,郑东新区鼓励各校以学生需求为本,采取灵活的方式统筹安排服务人员。师资力量能够满足学生课后服务需求的,由学校统筹安排本校教师开展课后服务。师资力量暂时不能满足学生课后服务需求的,学校可以临时聘请退休教师、体育教练、文艺科普工作者等校外专业人员,临时聘请人员应具备相应资格。为进一步加强中小学课后服务专业辅导员教师队伍建设,提升服务品质,2019年年底郑东新区举行了首批课后服务特聘辅导员聘任仪式,奥运冠军孙甜甜等20人被聘为课后服务特聘辅导员。

2.统筹实施服务活动——经开区

近几年,郑州经开区创造性地提出了"每天一次活动课,确保锻炼一小时"的阳光体育运动模式,探索出了一套切实可行的运行体系,成为区域体育的特色品牌。自开展课后延时服务后,该区把"每天一次活动课"作为课后服务的主要内容,周一至周五下午放学后的16:00至17:00,各中小学集中开展"阳光体育活动课";17:00至18:00实施多样化课后服务课程,形成了区域统一的课后服务工作形态。切实可行的运行体系、成熟的课程文化、健全的制度保障使经开区的课后服务工作站在高起点上,快速、扎实、有效地推进。

3.集团化推进模式——金水区

为充分发挥集团化办学的管理优势,金水区选择了文化路第三小学长安校区、文化路第一小学金桂校区和翰林校区、艺术小学金科校区作为试点学校,探索与尝试了"总校+分校"的课后服务管理体系。总校主要负责依据学校办学理念及学校文化,整体设计课后服务的规章制度与管理模式,搭建共享课后服务资源和成果平台,并为每个分校培养或调配社团课程师资,从而促使各分校提高课后服务水平。通过参加丰富多彩的社团活动、特色课程,在校学生发展个性特长,课后服务工作真正落到了实处。

4.让课后服务智能化——航空港区

航空港区引入第三方课后服务大数据管理平台——"课程之家",对全区各单位开展课后服务工作进行实时监管。平台从特色课程育人目标确立、课后服务方案制定、具体实施、活动记录、结果呈现等多个维度对课后服务开展情况进行系统管控,做到服务前上报方案、课程表和服务费用,服务中实行参与教师按位置打卡和上传服务过程性记录,服务后系统自动计算教师服务费和生成过程性档案资料,做到参与服务有记录、有签名、有监督,翔实准确,公开透明,切实筑起了民生教育工程的幸福屏障。

(三)呈现出各学校百花齐放的工作样态

在市、区两级教育行政部门的指导和设计下,各中小学校也根据办学特色,"一校一案"稳步推进课后服务工作,形成了"县县有方案、校校有特色、人人有发展"的课后服务发展态势。本课题组抽取了 40 所学校进行了调研,针对各学校课后服务实际开展情况,从以下四个方面进行阐述。

1.服务时间

各学校课后服务时间各不相同。

(1)日时间。

①统一的服务结束时间。多数学校每天下午课后提供两个课时的课后服务,时间为 5:00—6:00。

②分段式服务结束时间。根据家长报名情况将服务时间分为 AB 段,第一课时为 A 段,第二课时为 B 段,学生及家长自主选择离校时间。

(2)周时间。

①每周开展 3—4 天课后服务,剩余 1—2 天为教师集中大教研、例会等教师专业成长活动时间。

②周一至周五每天提供服务。

2.服务内容

总体来说,各学校课后服务的内容主要包括五大板块:一是以辅导完成学科作业为主的课业辅导服务,二是以指导学生自主学习为主的自主阅读观影类活动,三是以学生综合素质提升为主的社团活动类课程,四是以培育和发展学生兴趣爱好为主的特长类课程,五是以贴近学生现实生活为主的实践体验类课程。在实际开

展中,可以进一步归纳为:

(1)基于安全照看的学后托管服务——主要是照管学生完成作业、预习复习、课业辅导、观看影片、自主阅读等。上街区许昌路小学根据学生的年龄特点,在不同年级开展了不同内容的"小耳朵听故事"活动,由陪班老师在教室利用智慧黑板播放学校统一下发的音频,加深学生对中国优秀的传统文化的认识。

(2)基于个性发展的兴趣培养服务——主要是引导学生开展兴趣小组活动、学生社团活动、艺体科创活动、特长类课程等。经开区六一小学精心设计了艺术类、体育类、创客类、学科类 25 门课程,因材施教,激发潜能,让每一个学生都有一技之长。

(3)基于实践拓展的素养提升服务——主要是带领学生开展劳动实践、综合实践、社会实践、拓展训练等活动。金水区文化路第一小学翰林校区的学生,在每周四下午会以班级为单位,轮流到"知行苑"劳动教育实践基地,观察、种植、采摘、耕耘,在真实的劳动体验中,磨炼意志、提升能力、塑造品格,弘扬新时代劳动精神,培育劳动素养。

在此三种基础形态上,各学校根据各自实际进行了排列组合与创新。

经统计,多数学校以"(1)+(2)"的形式开展课后服务,占比约 75%;也有部分学校以"(1)+(2)+(3)"的方式来丰富课后服务内涵,满足学生和家长多样化的选择需求,占比约 25%。

此外,部分学校对服务内容进行了拓展,如让家长自主报名走进学校,走进课后服务课堂,为学生带来一堂堂别开生面的、丰富多彩的生活课程。通过这种方式,不仅有效扩充了课后服务资源,开拓了学生的视野,还促进了家校的协同共育。由金水区黄河路第三小学家长开设的心理指导课,如"跟小情绪说拜拜""相信自己,我能行""不做害羞的孩子""爱自己,也爱他人"等,让学生在心理方面认识自我,接纳不同,逐渐走向成熟,塑造健康心理和健全人格;生活技能课,如"手工巧制作""叠衣小能手""生活小窍门""收纳整理达人"等,让学生爱学习,会生活,乐创造。

3.开展模式

(1)自主选择模式。在开展课后服务的时间里,由学校提供服务课表,学生自主选择参与的内容。如郑东新区众意路小学将课后延时服务纳入学校"星+课程"体系,打破年级和班级界限,让学生根据自己的兴趣爱好,像点菜一样自由选课。诗词创作、英文配音、模拟联合国、合唱、毽球、剪纸、手工制作等 40 多种延时服务课程深受学生喜爱,学生在五彩缤纷的课程中发展特长、彰显个性。

(2)"1+X"模式。将课后服务的两个课时分为两段,其中"1"为整体设计课时,"X"为自主选择课时。此模式包括两种形态。

①"1"为学校结合特色设定的必修课程。如经开区的阳光体育"大课间＋"课后延时。

②"1"为全校的课业辅导,"X"为丰富多彩的音体美文体社团活动。如金水区艺术小学"1"的作业辅导,主要由学校语数教师搭配一名其他学科的教师担任,担任"1"课程实施的教师不再担任"X"课程。"X"课程主要是葫芦丝、阅读、书法、跳绳、形体等社团活动,全部由学校的体音美教师兼任或者协助学校聘请的一些非物质文化遗产传人进行社团课程实施。这样教师能够在进行课后延时服务的同时,有时间和精力进行个人专业成长的规划。

(3)周设计模式。以周为单位,每天设定不同的服务内容。如二七区榕江路小学为更加精准细化设计服务课程,将每周四天的课后服务进行了功能分区:每周一、周四为"基础课后服务日",专注课业巩固、书香熏陶;每周三为"美好社团体验日",让学生尝试走班体验、个性发展;每周五为"红色基因传承日",落实立德树人、春风化雨。

(4)其他创新模式。金水区黄河路第三小学探索实施了"大延时＋小延时"模式,即学校本身的延时服务是到每天下午的五点钟,但考虑到个别情况下有家长仍然不能按时接孩子,学校党员教师和青年教师便组成志愿团队,自觉担负起对延时服务结束后家长还没有来接的这部分孩子的照顾责任,形成了"大延时＋小延时"的爱心接力局面。

(四)形成课后服务四大特色路径

经过一年多的探索与实践,郑州市课后服务已经形成了全覆盖、普惠性、高质量、多样化的推进路径,努力将课后服务工作打造成推进学生身心健康发展、实施素质教育和拓展校园文化的新平台。

"全覆盖",即中小学课后服务覆盖到全市城乡所有中小学,覆盖到每一个有需求的学生和家庭。

"普惠性",即课后服务坚持公益普惠原则,实行课后延时免费托管,严禁全市中小学校以课后服务名义向学生和家长收取任何费用。

"高质量",即服务内容既包括了帮助家长解决接送和照护孩子问题的"托管服务"活动,也包括了针对学生的不同需求开展的兴趣小组活动、素养提升活动、综合实践活动以及对学习有困难学生的帮扶活动等。

"多样化",即课后服务工作推进中形成的"一县一策""一校一案"发展格局。

截至2020年年底,郑州市已实现全市1186所(小学923所,初中263所)公办义务教育阶段学校全覆盖。全市参加课后服务的学生约96.6万人,学生参与率约

83.5%（小学78.4%,初中79.6%）,参加课后服务的教师约6.6万人,教师参与率达到93.6%（小学94.3%,初中92.2%）。郑州市开展的课后服务活动,学生参与率高,家长满意度高,社会认可度高,吸引了省内外多地的专家到郑调研学习,并多次受到《中国教育报》《人民日报》《教育时报》、人民网、央广网等媒体的关注与报道。

五、存在的问题及下一步打算

（一）存在的问题

1.课后服务工作区域差异较大

在推进课后服务工作中,各区县间推进力度、效果差距较大,突出表现在经费保障、服务内容等方面。在经费保障方面,各开发区保障力度较好,郑东新区、航空港区、经开区、高新区均保障每班60元/课时的教师补助标准。市区的二七区、郊县的巩义市、登封市等教师补助标准较低。在服务内容方面,大部分城区的学校均能实现以丰富多彩的社团活动或特色课程为依托,丰富服务内容,促进学生的全面发展。但大部分农村学校仍以课后看护、作业辅导为主,服务内容、形式单一,与工作预期存在差距。

2.教师负担加重

中小学生课后服务是学校在规定课程教学之外开展的便民性举措。学校教师本身的教育任务比较繁重,需要备课、做教研、批改作业,放学后还要参与课后服务,在校时间超过11小时,工作量过大,负担过重。

3.新矛盾冲突可能加剧

目前课后服务工作规范不够明确,部分区域的学校最晚服务时间、学校设施、服务内容无法完全满足家长的个性需求。此外,个别班级以课后服务之名行补课之实,教师积极性不高、培训机构利益受到冲击,都可能让新矛盾冲突加剧。

（二）下一步打算

2021年2月23日,教育部基础教育司吕玉刚司长在介绍2021年春季学期学校疫情防控和教育教学工作有关情况的新闻发布会上强调,切实提高课后服务水平。在时间安排上,要与当地正常的下班时间相衔接,要尽量指导学生的作业在学校内完成,指导学有余力的学生拓展学习空间,积极开展丰富多彩的文体活动、阅读、兴趣小组以及社团活动,尽最大努力使学生愿意留在学校参加课后服务活动。同时,要进一步完善课后服务的保障机制,充分调动教师参与课后服务的积极性。为此,针对课后服务工作中出现的问题,郑州市需持续提升课后服务品质。

　　一是健全课后服务配套管理制度,整体化解课后服务难题。从时间安排、经费落实、安全保障等方面进一步规范工作标准,切实提高教育服务能力,开展适切、多样和高质量的课后服务活动。强化对课后服务的过程性管理,及时发现问题,解决问题,确保课后服务取得实效。

　　二是持续优化课后服务内容、形式,促进学生个性发展。不断丰富和拓宽课后服务的内容和资源,促进课后服务从单一走向多元,从封闭走向开放。在课后服务时段,积极开展高雅艺术进校园、体育艺术团体进校园、科技工作者进校园、家长志愿者进校园、大学生志愿者进校园等主题活动,进一步丰富课后服务内容,提升服务品质。

　　三是构建课后服务协同治理机制,深入推进协同育人。建立学校、政府、家庭和社会四位一体的中小学课后服务教育共同体,协调好学校、政府、家庭和社会四者之间的关系,做到学校组织、政府推动、家庭支持、社会参与,真正实现课后服务提质升级。

　　四是建立课后服务质量评价体系,引领课后服务健康发展。中小学课后服务非义务教育学校应当按照规定、标准完成的教育教学任务。但面对新形势、新任务、新要求,本着以人民为中心的发展理念,学校应探索课后服务质量评价体系,将课后服务工作纳入年度考评范畴,以评促建,真正实现课后服务提质升级。

参考文献

[1]邹敏.破解"三点半"难题,推动中小学课后服务提质升级[J].教育家,2021(1):34－35.

[2]赵亚丽,杨继奎,尚坦.中小学课后服务的实施现状与发展建议——以河南省许昌市为例[J].基础教育参考,2019(21):15－18.

[3]倪娟."课后服务＋延时托管"破解"三点半难题"[J].群众,2020(2):28－29.

[4]李卓.学生课后托管服务中的政府责任分析[J].吉林广播电视大学学报,2019(12):7－9.

[5]吴开俊,姜素珍,庾紫林.中小学生课后服务的政策设计与实践审视——基于东部十省市政策文本的分析[J].中国教育学刊,2020(3):27－31.

　　(本文为2020年度郑州教育发展课题研究成果,课题研究单位:郑州市教育局基础教育处,课题负责人:曹章成,课题组成员:杨晖、刘延茹、周晋娜、徐文杰)

郑州市教育系统修缮项目竣工审计质量控制研究

一、研究背景

为切实满足人民群众对美好生活的追求,郑州市教育开启了建设"美好教育"的新篇章,政府不断加大对教育系统的财政投入。目前,作为改善办学条件预算资金之一的修缮项目,在郑州市教育系统内具有覆盖面广、摊子大、项目种类繁多等特点。如何将财政资金以最大化投入到局属学校及单位的修缮项目,离不开内部审计特别是修缮项目竣工审计职能作用的发挥。

郑州市教育局多年来贯彻执行郑州市财政局、郑州市审计局等业务主管部门政策及要求,采取多种方法开展修缮项目竣工审计工作,既满足了学校及单位的修缮需求,又有效保证了财政资金的合法合理合规使用,充分体现了内部审计加强管理、降低成本、提高效益、保驾护航的积极作用。随着财政部门对预算资金管理措施的不断推出,新的问题随之而来,以往采用的方法及要求已经逐渐不能按照惯例开展审计,比如取消财政局81家审计公司的审计盲选,直接影响了局属学校及单位对竣工审计第三方公司的确认与选择。如何对郑州市教育行业局属学校及单位的修缮项目进行事前、事中、事后的规范审计,如何克服管理体制、人员素质、规范滞后、控制措施等问题对审计工作的影响,有效保证审计质量,是当下审计工作面临的主要问题。

二、研究目标、内容与过程

(一)研究目标

本课题的研究目标确定为:深入调查局属学校及单位修缮项目竣工审计项目需求,合理合规科学完成竣工项目审计程序及要求,探索强化内部审计事前、事中、事后审计的质量,推动学校及单位内部审计人才培养,完善有关审计制度、实施细则及审计程序。

(二)研究内容

本课题主要研究郑州市教育局局属学校及单位的竣工修缮项目审计的主要内容,将已实行的审计程序作为基础,将提高要求及完善细则作为拓展方向。

(三)研究过程

依托郑州市教育局局属学校及单位提交的修缮项目竣工审计报告及过程性取证资料,我们通过查看纸质材料,与试点学校及单位经办人员进行交流,了解已经实行的审计程序优势与现存问题,征求项目所在单位的改进意见,在完善审计有关制度、审计人员配备及组织机构、提高审计重视程度、确定第三方审计公司办法等方面提出具有实用价值的建议。

三、竣工项目内审现状

(一)学校及单位对现有审计程序及资料的取证情况

我们以随机抽取的学校及单位为试点,与审计负责领导和经办人员对接,深入开展调查,掌握了部分学校及单位对现有审计程序及资料的取证情况。

1.缺乏事前审计与事中控制,仅对事后审计资料进行搜集与整理

在对提交审计项目的单位数据统计中发现,局属学校修缮项目的预算书往往都由施工方来完成,没有体现预算与施工的脱离管理,这样有利于节省时间和一些核算造价费用,程序上也有优势,但是失去了对修缮项目的事前控制。施工方提供的造价单与市场实际报价有较大的出入。项目完成后,施工方在对预算造价的基础上,仅仅对清单中的少量购进材料价格进行小幅度修改,学校仅仅是对施工方要求提供决算书,但是对各项材料的价格、数量和质量缺乏过程性监督,没有对项目资源、修缮过程进行事中质量控制。

2.取证资料质量不高,存在较大防控风险

《内部审计具体准则——审计证据》第五条指出"内部审计人员获取的审计证据应当具备相关性、可靠性和充分性"。关于修缮项目提供的过程性资料,有些学校是事后拍摄几张照片,质量不高,不能说明施工开展的具体情况,尤其是隐蔽工程,根本看不出内部是否规范施工;有些学校将施工前与施工后照片进行对比,虽然可以反映施工的结果,但是对工程材料、工程流程等质量失去控制。因此,根据现有取证资料的呈现,现有审计程序存在较大的防控风险。

3.主动取证力度不够,单纯依赖施工单位提交结算材料

局属学校及单位对施工项目的取证普遍存在力度不够的问题。在审计开展过程中,修缮单位对审计报告中的问题不能合理答复,完全依靠施工单位进行解释和补充工程材料。座谈中究其原因,学校反馈是缺乏审计专业人员,没有内部审计组织,临时安排的经办人员仅仅发挥"跑腿"作用,对项目的具体情况不了解、不熟悉。

(二)局属学校及单位审计工作人员和机构设置统计情况

我们结合河南省审计厅及郑州市审计局有关要求,对局属学校及单位审计工作人员和机构设置进行统计,掌握了现有单位开展审计工作的一线情况。

1.缺乏重视，未设立独立的内部审计机构

局属学校对审计工作存在认识偏差，未设立独立的内部审计机构。河南省教育厅审计处虽然对内部审计机构设立有明确的要求，许多学校还是因编制设立限制，未设立独立的内部审计机构，而是交由学校后勤保障部门或者信访纪检部门兼任。

2.学校及单位内从事审计工作人员对审计知识一知半解

在审计过程中，审计处发现有些学校安排纪检干部负责审计工作，这些人员从未涉及审计知识，看不懂审计过程中的原始资料，根本无从下手实施事前、事中和事后的质量控制。有些学校将审计工作交由财务人员，财务人员也往往是重视自身的财务工作，将审计放置一边，失去了财务与审计两条线的相互制约作用。

（三）第三方审计公司对修缮项目的审计情况

我们以提交的审计资料为样本，对审计报告中审计结论的准确性和合理性进行了判断，总结出第三方审计公司对修缮项目审计的真实情况。

对比修缮项目的审计报告，普遍存在如下问题：审计结论宽泛，千篇一律，不能公正客观地给出实际问题描述及结论；报告中数据计算错误，原始资料不完整，预算书、结算书和审计报告中项目对比存在问题；审计公司漠视审计过程中的取证漏洞，对审计项目的质量监督把关不严；个别审计公司认为局属学校修缮项目金额少、规模小，以各种理由不配合局属学校的审计工作。

四、研究成效

（一）更新审计观念意识，建立并不断完善跟踪审计制度

通过更新审计观念意识，建立并不断完善跟踪审计制度，充分发挥审计在修缮项目整体过程中的监督作用，提高审计质量控制。

内部审计是基于服务基础上开展的监督与评价，是对修缮项目全过程质量控制的有效措施与办法。传统观念下，学校普遍认为内部开展审计是对内部工作的制约，只要做好财务工作就行，对内部审计工作不重视，认为没必要，甚至视为洪水猛兽，削减了内部审计及时有效监督和减少舞弊行为的积极作用。局属学校及单位应更新对内部审计的认识，通过建立完善的内审制度确保单位内部审计工作的有效开展。在建立内部审计制度时，要以完善单位组织管理、增强风险防控、提高资金使用效益为根本出发点，以国家有关内部审计法律法规为依据，体现对经办人员和责任领导的管理和约束，保障审计工作的严肃性。同时，

有效结合绩效考核制度与内部审计制度,在财务工作中发挥两种制度的相互促进作用。因此,局属学校的修缮项目内部审计工作一定要做到依法审计,建立相应的规章制度,确保修缮项目内部审计工作的顺利开展,并且实现内部财务工作的规范化和标准化。

(二)完善审计组织建设

完善审计组织建设,组建具有一定审计经验的审计人员队伍,积极发挥审计组织及人员在审计资源、审计现场、审计报告中的及时性与有效性。

修缮项目竣工审计不是单纯依靠第三方审计公司就可以完成的。为实现对修缮项目质量的有效控制,局属学校应组建单位内部审计组织并配备审计人员。将近90%的单位是由单位内部的会计、纪检或其他工作人员临时配合审计公司,完全放手由第三方公司或者施工企业准备审计过程性资料,难以为审计资源、审计现场、审计报告的真实性和准确性提供质量保证。单位相关工作人员对审计报告中出现的问题,往往是一问三不知,推脱其他人员进行解释或依靠审计公司解决。现有情况下的竣工项目审计,已经成为学校项目管理的重要隐患之一,局属学校应在内部有计划地适度适量配置内部审计专业人员,对修缮项目从实施前就跟踪管理,从审计资源介入跟踪,实施全程监督,了解项目进展,及时发现问题,提供解决对策。对已有的内审人员,局属学校要不断优化年龄结构,安排人员参加专业培训,构建内外部审计系统知识体系。由于学校编制限制及经费紧张等多种原因,局属学校及单位可以建立内部审计人才引入机制,以顺利推进修缮项目审计工作。对于将审计工作由财务人员承担的单位来说,应督促财务人员积极向着具备信息技术、数字技术、管理能力等综合素质和能力的多元方向转变。

(三)加强对审计公司的甄选与管理

郑州市财政局对有关第三方审计公司的选择提出要求,制定了具体实施方案并推行,加强对审计公司的甄选与管理。

参照《郑州市政府投资项目购买中介机构评审服务管理暂行办法》,出台《局属学校(单位)校舍维修项目竣工结算审核中介机构管理办法》。对中介机构的准入设立门槛,实行动态管理,如有违规严肃处理,并对中介机构的具体工作提出明确要求;严格审核业务的委托与管理,明确审核业务委托要求与审核业务工作要求;对中介机构最终出具的审核报告内容有具体要求,应包括项目概况、审核依据、审核范围及程序、审核结论、重要事项说明等内容,并对出具审核报告的合法性、合规性、真实性、准确性负责,独立承担相应的法律责任;审核报告须盖有两个造价师(分别为编制、审核)印章以及中介机构执业印章和单位公章;审核报告应附有三方

(项目建设方、施工方、第三方中介机构)盖章的定案表。定期对中介机构的审核质量进行考核,及时公布考核办法;统一审核项目的收费标准。

五、存在的问题和设想

通过与负责审计工作领导的座谈,我们对参与学校及单位对修缮项目竣工内部审计的积极作用有了新的认识,但是实际推进中还存在许多顾虑:内部审计是自下而上、由内而外产生的监督与评价,学校领导班子从更新认识到充分利用还需要积极宣传,依靠制度上的约束与推动;内审组织的设立和人员配备不会一蹴而就,还需要结合学校及单位的实际情况有计划地合理配置;由于市教育局业务处室工作职责的变动,审计工作回归财务处,审计处在将全部资料进行移交后,缺乏对原始资料的二次分析,也对课题研究带来一些不便。

参考文献

[1]王小波.浅议高校基建项目审计质量控制[J].中国总会计师,2008(6):64—66.

[2]魏雪清.建设项目审计质量控制剖析[J].山西建筑,2016,42(2):250—251.

[3]谢卫华.浅议内部审计质量控制与管理[J].科技广场,2010(6):232—234.

[4]杨阿滨,张兴福.对内部审计质量控制问题的分析[J].学术交流,2005(9):125—127.

[5]刘强.工程项目全过程跟踪审计存在的主要问题及对策[J].内江科技,2020,41(12):7+31.

(本文为2020年度郑州教育发展课题研究成果,课题研究单位:郑州市教育局党风行风建设办公室,课题负责人:郝海涛,课题组成员:柴军舰、李静、张丹、赵峰)

郑州市中小学(幼儿园)教师"千人教育名家"培育工程实施策略研究

一、研究背景

随着教育改革的深入推进,郑州市的基础教育水平也得到了整体提升,教师教育也取得了很大进展,在郑州市教育改革方面发挥着重要作用。但是面临新时代郑州"美好教育"的发展需要,教师教育工作仍面临着一些亟待解决的问题,比如梯级名师培养在取得阶段性成果后如何扩大影响力、如何促进更大范围内的优秀教师脱颖而出、如何促进名优教师发展成为具有更大影响力的教育名家等,这些问题如果不解决,教师教育工作就很难再上新台阶。

为了深入贯彻落实中共中央、国务院《关于全面深化新时代教师队伍建设改革的意见》(中发〔2018〕4 号)和教育部等五部门联合印发的《教师教育振兴行动计划(2018—2022 年)》(教师〔2018〕2 号)以及全国教育大会精神,进一步加强我市基础教育领军人才队伍建设,加速推进郑州市现代化教育进程,培育认定一批具有高尚教育情怀、成熟教学思想、独特教育风格、广泛教育影响的中小学(幼儿园)教育家型教师,结合全市中小学教师队伍建设实际情况,2019 年郑州市教育局启动了郑州市中小学(幼儿园)教师"千人教育名家"培育工程项目。本课题就是基于这一工程项目而进行的研究。

二、研究过程

本课题对郑州市中小学(幼儿园)教师"千人教育名家"培育工程方案的形成、培育对象的遴选、培育中的过程跟踪、培育后的考核认定等方面进行研究,研究方法以行动研究法为主,以文献研究法、调查研究法、案例分析法和经验总结法为辅,总结出郑州市中小学教师"千人教育名家"培育工程实施中的经验和方法。

(一)郑州市中小学(幼儿园)教师"千人教育名家"培育工程培育对象遴选方案

(1)教育界相关遴选方案总结。

(2)郑州市往年教育人才遴选方案总结。

(3)本工程培育对象遴选方案。

(二)郑州市中小学(幼儿园)教师"千人教育名家"培育工程培育方式方法

(1)教育界相关培育方式方法总结。

(2)对入选"千人教育名家"的培育对象关于本项目的理解和期望进行问卷调研与访谈。

（3）本工程培育方式方法。

（三）郑州市中小学（幼儿园）教师"千人教育名家"培育工程培育对象考核认定

（1）教育界相关培育对象考核方法总结。

（2）承办本工程项目相关单位和专家意见调研。

（3）本工程培育对象各学段、各学科教师跟踪调查。

（4）本工程培育对象考核方案。

三、主要做法和经验

为全面贯彻落实党的十九大精神和全国教育大会精神,持续深入实施郑州市中小学梯级名师培养工程,全面深化改革,创新体制机制,造就党和人民满意的高素质专业化创新型教师队伍,结合我市工作实际,制定本工程实施策略。

（一）指导思想

高举中国特色社会主义伟大旗帜,以习近平新时代中国特色社会主义思想为指导,深入贯彻党的十九大和十九届二中、三中全会精神,全面贯彻落实全国教育大会精神,深入贯彻落实中共中央、国务院《关于全面深化新时代教师队伍建设改革的意见》(中发〔2018〕4 号)和教育部等五部门联合印发的《教师教育振兴行动计划(2018—2022 年)》(教师〔2018〕2 号)精神,落实立德树人根本任务,加强师德师风建设,坚持教书和育人相统一,坚持言传和身教相统一,坚持潜心问道和关注社会相统一,坚持学术自由和学术规范相统一,引导广大教师以德立身、以德立学、以德施教。

（二）总体目标

我市组织实施中小学（幼儿园）教师"千人教育名家"培育工程,旨在激发全市教师队伍活力,营造良好的教师成长环境,打造一支有理想信念、有道德情操、有扎实学识、有仁爱之心的"四有"好老师队伍,培育认定一批具有高尚教育情怀、成熟教学思想、独特教育风格、广泛教育影响的郑州市中小学（幼儿园）教育家型教师,造就一批基础教育战线的领军人才和教育教学专家,更好地促进我市基础教育事业的均衡优质发展,为郑州教育成为全国区域性教育中心,为郑州全面建设国家中心城市提供强有力的智力支持和人才保障。

（三）主要任务

以郑州市杰出教师、名师为中坚力量,以市级骨干教师、县（市、区）级名师和骨干教师以及我市教育教学一线的优秀中青年教师为主体,遴选 1000 名郑州市中小学(幼儿园)教师作为郑州市教育名家培育对象。其中,幼儿园教师100名、小学教师400名、初中教师300名、高中教师200名。三年为一个培育周期(第一周期为2019—2021年)。每年进行高起点、多方位、多层次的培训提升,不断提高培育对象的政策理论和专业化能力水平。到2021年届满时,对1000名教育家型教师培育对象进行全面考核,对考核成绩突出的,按照一定的比例授予"郑州市教育名家"荣誉称号。

(四)实施原则

(1)分级负责,逐级递升。郑州市教育局统筹负责郑州市中小学(幼儿园)教师"千人教育名家"培育工程实施。各县区教育局、市直属及市属事业学校,要根据市教育局的中小学(幼儿园)教师"千人教育名家"培育工程实施方案要求,遴选推荐师德高尚、专业素质过硬的教师进行申报,并对确定为培育对象的教师进行分级培养,提升培育对象的专业化水平。

(2)统筹兼顾,协调推进。遴选培育对象需兼顾我市中小学(幼儿园)不同学段、不同学科的教师,兼顾职业学校教师与基础教育教师数量。

(3)公平公正,"阳光"操作。严格按照遴选条件和规定程序操作,遴选结果和培育结果均在媒体上公示,接受社会监督。

(五)遴选对象

(1)郑州市中小学(幼儿园)教师"千人教育名家"培育工程遴选对象必须是中小学(幼儿园)在职教师。由于我市开展了《郑州市教育家型校长培育三年行动计划》(2018—2020年),因此,郑州市各级各类中小学(幼儿园)校(园)长不参与遴选。

(2)郑州市的中原名师、河南省名师、河南省骨干教师、郑州市名师、郑州市杰出教师、郑州市终身名师、郑州市名师工作室主持人、郑州市名班主任工作室主持人、市级及以上教师教育专家等,经个人申报,单位可优先推荐。

(六)培育方式

郑州市中小学(幼儿园)教师"千人教育名家"培育工程设立业务管理机构,同时依托国内知名重点大学成立郑州市中小学(幼儿园)教师"千人教育名家"培育工程项目办(培育基地),利用国内外重点高校的优质专家资源,对培育对象进行全过程的管理、指导、培育、考核等工作。

(七)考核与支持

1.考核

(1)考核方式。坚持年度考核与届满考核相结合的原则。

(2)考核结果。年度考核与届满考核的综合成绩按照百分制的方式进行综合评定。

2.支持

(1)政策支持。郑州市中小学(幼儿园)教师"千人教育名家"培育对象所在单位要将培育对象开展的一系列活动记入其工作量,并提升工作量的权重。根据实际,努力改善培育对象的待遇,完善绩效工资发放办法。在职称晋升、评优评先等综合荣誉中,优先考虑培育对象。市教育局将有计划地选派培育对象到国家级培训基地学习,条件允许也可送到国外进行短期进修。

(2)经费支持。郑州市中小学(幼儿园)教师"千人教育名家"培育工程每三年为一个周期,通过培育考核认定"郑州市教育名家"的人选,同时设立培育对象专项经费,主要用于教师的科研经费、交流学习费用、举办教育思想研讨、图书及学习资料购买等。培育对象每人每年按 5000 元的经费标准预算,3 年届满时,由市教育局财务、审计等部门进行检查、审计。

(八)保障措施

1.组织保障

为保障郑州市中小学(幼儿园)教师"千人教育名家"培育工程顺利、高效地进行,设立郑州市中小学(幼儿园)教师"千人教育名家"培育工程组织领导和业务管理机构,实施对培育工程的统筹协调和管理指导。

2.经费保障

为了使郑州市中小学(幼儿园)教师"千人教育名家"培育工程各项工作顺利实施,3 年内每年由郑州市教育局协调安排专项资金用于培育工程的运转。

3.宣传保障

建立宣传引导机制,创新宣传推广方式,坚持边实施、边总结、边宣传的方式,充分利用媒体及网络对郑州市中小学(幼儿园)教师"千人教育名家"培育工程进行报道,努力使郑州市中小学(幼儿园)教师"千人教育名家"培育工程成为我市教育系统的又一张名片。

四、研究成效

本课题组在一年多理论学习、理论研究和调查研究的基础上,以教育名家的影响力为基础指标,以教育名家的被认可度为根本指标,研究成效如下。

(一)郑州市中小学(幼儿园)教师"千人教育名家"培育工程培育对象遴选方案

1.推荐对象范围

郑州市中小学(幼儿园)教师"千人教育名家"培育工程培育对象为我市中小学(幼儿园)在职教师(含职业学校教师和民办学校教师)。

2. 推荐名额

全市共推荐选拔 1000 名中小学(幼儿园)教师为"千人教育名家"培育工程培育对象。具体学科名额为:幼儿园教师 100 名、小学教师 400 名、初中教师 300 名、高中教师 200 名。

3. 推荐条件

(1)基本条件。

要在自觉践行习近平总书记争做"四有"好老师、"四个引路人",坚持"四个相统一"的总体要求基础上,同时满足以下基本条件,方可申报。

①师德高尚,无违犯教师职业道德行为。各县(市、区)推荐对象要提交县(市、区)教育局负责师德工作的师训科出具的证明,市直学校推荐对象要提交学校纪检部门出具的证明。

②有教师资格证,教龄在 10 年以上(2009 年 1 月 1 日以前入职)。

③持有郑州市教育局(同级地市教育局)颁发的在有效期内的中小学教师继续教育登记证书。

④获得郑州市级(同级地市)及以上级别骨干教师证书 2 年以上(2016 年 12 月以前发证)。

⑤年龄在 50 周岁以下(截至 1969 年 12 月)。对于特别优秀的人员,可适当放宽年龄限制。

⑥教育理念先进,教学成绩优异,教学口碑好。

⑦基本功扎实,水平高、能力强,综合素养好,得到同伴和同行的认可。

(2)优先条件。

①具有较强的教改意识和能力。近 5 年在地市级及以上教育部门组织的优质课、公开课、示范课或观摩课评比中,获地市级一等奖及以上奖励。

②具有较强的教育教学科研能力。近 5 年来,主持过省级及以上教育教学改革实践项目的课题研究并结项的;主持市级 2 项课题并已结项的;作为第一作者在国内核心学术期刊或本学科领域公认的权威性学术刊物上至少发表过 2 篇相关专业领域论文的;参与编写国家教材或教育教学专著,并公开出版发行(教辅类、个人论文、讲话等除外)的;获得教育行政部门组织的基础教育教学成果比赛地市级一等奖及以上的。

③获得较高荣誉称号。近 5 年获得郑州市级(同级地市)及以上教育行政部门授予的下列荣誉称号:"省、市级最美教师""师德标兵(先进个人)""优秀教师""学

术技术带头人"等。

④优秀班主任。长期担任班主任工作或任满班主任 5 年以上业绩突出同时又符合基本条件。

⑤中原名师、河南省名师、河南省骨干教师、郑州市杰出教师、郑州市终身名师、郑州市名师、地市级及以上教师教育专家、郑州市名师工作室主持人、郑州市名班主任工作室主持人(含同级地市的相等荣誉)。

4. 推荐和遴选办法

郑州市中小学(幼儿园)教师"千人教育名家"培育工程(2019—2021 年)培育人员的遴选,在 2019 年上半年一次性遴选完成,然后分三年时间进行培育。推荐和遴选办法主要包括个人申报、基层推荐、材料报送、"千人教育名家"培育工程办公室审核、党组研究、公示六个环节。

(1)个人申报。

符合遴选条件中全部 7 项基本条件的教师向所在学校提出申报申请,填写郑州市中小学(幼儿园)教师"千人教育名家"培育工程人员申报表。

(2)基层推荐。

①局属学校推荐。局属学校收到个人申请后,坚持集体研究的原则,召开校长办公会或校党组会研究确定,并在校内公示 5 个工作日后上报。在上报人选时,要附上校长办公会或校党组会会议记录复印件,申报表和汇总表经校长签字和加盖学校公章后汇总统一报市教育局中小学(幼儿园)教师"千人教育名家"培育工程办公室。

②县(市、区)推荐。县(市、区)学校推荐人选在参照以上局属学校上报方法的同时,将申报人员的材料先报到县(市、区)教育局师训科,由县(市、区)教育局师训科将申报人员的资料汇总并在汇总表上加盖县(市、区)教育局公章后统一上报。

③名额分配。各县(市、区)按分配指标推荐:局直属学校,市属事业各初中、高中学校按每校 3 名的名额推荐;市属各民办初中、高中学校按每校 1 名的名额推荐。市教育局"千人教育名家"培育工程办公室按照 1∶1.2 的比例,依据业绩积分最终确定培育对象。

(3)材料报送。

(4)资格审核。

郑州市中小学(幼儿园)教师"千人教育名家"培育工程办公室根据各单位上报人员的材料,组织专家对各单位上报人员的材料进行资格审核,采取优中选优的办法,按照各学段名额,确定 1000 名教师为郑州市中小学(幼儿园)教师"千人教育名家"培育工程候选人。

5.党组研究

在个人申报、基层推荐、材料报送、"千人教育名家"培育工程办公室资格审核的基础上,将确定为郑州市中小学(幼儿园)教师"千人教育名家"培育工程培育对象候选人的人员资料提交郑州市教育局党组会进行研究确定。

6.公示

郑州市中小学(幼儿园)教师"千人教育名家"培育工程遴选出来的培育对象名单在郑州市教育局政务网、郑州市教育信息网上进行公示。

(二)郑州市中小学(幼儿园)教师"千人教育名家"培育工程培育方式方法

按照教育专家要在郑州教育改革发展中发挥智囊和指导作用的层级定位,对郑州市中小学(幼儿园)教师"千人教育名家"培育工程候选人进行培养。通过个人自修、集中研修、跟岗实践、名师送课、名家论坛、课题研究和教学思想凝练等方式分阶段进行培育提高。

1.个人自修

主要采用自修培养、教研培训两种形式。结合教育教学一线实际,进行自学、自练。从自身特点和学校学生实际情况出发,按照"学—讲—思—议"的模式进行,使自修及培训具有针对性、实用性和实践性。

2.集中研修

选择国内部分重点高校作为培育研修基地,分批将培育对象送到培育基地集中研修。集中研修旨在帮助培育对象更新观念,为其终身学习、自我完善和知识更新奠定理论基础。研修内容集中在社会主义核心价值观体系与中华优秀传统文化教育、教育现代化、专业成长、教育改革等基础教育重要主题。

3.跟岗实践

组织培育对象到国内知名中小学校进行实践观摩与跟岗实践。支持培育对象到国外访问学习,到国内高校课程教学研究所和全国名校做访问学者。在实践中发现亮点、剖析问题、反思原因,从实践中凝练真知。

4.名师送课

一是安排郑州市中原名师、河南省名师、河南省骨干教师、郑州市杰出教师、郑州市终身名师、郑州市名师、地市级及以上教师教育专家、郑州市名师工作室主持人、郑州市名班主任工作室主持人,根据不同学段、不同学科到各县(市、区)及部分市直学校送课。二是安排其他入围的培育对象与名师们开展同课异构。三是指导组织培育对象进行校际交流。

5.名家论坛

开展教育名家论坛活动,在培育过程中一是邀请国内外知名教育专家来郑州为培育对象开展讲座,让国内外教育名家走进培育对象中间,影响和带动他们共同成长;二是利用我市部分专业化水平较高的培育对象,参与教育名家论坛讲座,达到共同提高的效果。

6.课题研究与教学思想凝练

要求培育对象在培育工程项目办的专家和市教研室、市教科所的指导下开展课题研究,凝练教学思想。鼓励培育对象围绕教育教学重大关键问题进行选题。引导培育对象系统地凝练教学思想,寻找实践的理论之源,提升其教育理论的系统性与科学性。

(三)郑州市中小学(幼儿园)教师"千人教育名家"培育工程培育对象考核认定

1.考核方式

坚持年度考核与届满考核相结合的原则。年度考核侧重考核培育对象接受培育规划和年度计划的执行落实情况。届满考核侧重全面考核培育对象的师德表现、科研成果产出、送课交流情况、社会影响等。考核采用培育对象个人自评与组织机构综合评价相结合的方式进行。

2.考核认定

年度考核与届满考核的综合成绩按照百分制的方式进行评定。届满后对考核成绩优秀的教师,按照一定的比例认定为"郑州市教育名家",颁发"郑州市教育名家"荣誉证书。

五、存在的问题及下一步打算

(一)存在的问题

由于2020年上半年新冠疫情及其他一些因素的影响,课题组在研究过程中遇到了一些问题和困惑,主要有以下几个方面。

(1)受新冠疫情影响,上半年课题组成员不能对受培育对象实地面对面调研,影响了调研进度和效果。

(2)受新冠疫情影响,上半年未能充分按计划对郑州市"千人教育名家"培育工程项目受委托单位和专家就相关问题广泛征求意见和建议。

(二)下一步打算

郑州市中小学(幼儿园)教师"千人教育名家"培育工程是极具创新的教育名家培养工程,由于前期经过了大量的调研分析与多方沟通,其运作已经有了一个良好的开端。目前,培育对象们已基本确立了今后的努力方向与工作思路。"十四五"规划提出后,我国将从全面建成小康社会向基本实现社会主义现代化迈进,教育被摆在优先发展的战略地位,这将对"千人教育名家"后续的影响力提出新的挑战。

参考文献

[1]丁琦.中学名师成长规律及培养策略研究——以江苏省苏州中学为例[D].苏州大学,2009.

[2]杨翠娥.基于主体间性的教育学教材反思与建构研究[D].陕西师范大学,2018.

[3]张宁宁.基于发展规律的青年教师培养策略研究[J].决策探索(下),2018(12):79-80.

（本文为2020年度郑州教育发展课题研究成果,课题研究单位:郑州市教育局教师教育处,课题负责人:马胜宇,课题组成员:郑磊勇、武宁、孙秀平、马辉）

校园安全管理中安全工作岗位履职现状调查及职能发挥研究

一、研究背景

为深入贯彻《国家中长期教育改革和发展规划纲要（2010—2020年）》，进一步提高中小学安全教育和管理水平，指导中小学校明确并落实安全工作职责，解决中小学安全工作"做什么，谁来做"的问题，教育部组织有关专家在梳理研究现在法律法规和大量学校制度的基础上制定了《中小学校岗位安全工作指南》（下文简称《指南》）。《指南》对学校岗位进行了分解，对安全工作职责任务进行了梳理，归纳整理了学校安全工作领导小组和校长、党支部书记、分管安全工作的副校长等39个岗位的安全工作责任，具有较强的针对性和可操作性，对于广大中小学校建立健全安全管理制度、明确各个岗位的安全职责任务具有普遍指导意义。当前，全市中小学在开展校园安全管理标准化建设中，面临人才短缺、投入不足和重视程度不足等现实矛盾问题，在逐步加强"三防"（人防、物防和技防）建设和提高校园安全管理水平的同时，学校应当突出校园安全工作岗位"人防"建设这个重点工作。校园安全工作岗位是学校安全管理的基本单元，只有每个岗位将校园有关安全生产法律法规、标准校园安全管理制度落到实处，形成"齐抓共管"的群防群治局面，才能完成校园安全标准化建设。

二、校园安全管理中安全工作岗位履职现状

为摸清郑州市教育系统各学校贯彻落实《指南》的情况，进一步做好新形势下的校园安全工作，切实提高中小学校安全教育和安全管理水平，课题组通过召开安全岗位成员座谈会、查阅工作落实台账等方式，对全市16个县（市、区）教育行政部门和83所中小学、幼儿园进行了深入调研，与384名各类校园安全岗位人员进行了逐一座谈，广泛收集了《指南》实施以来教育宣传、贯彻执行等方面的成功做法与经验。

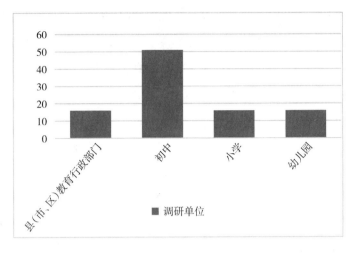

图 1　课题组调研单位分布图

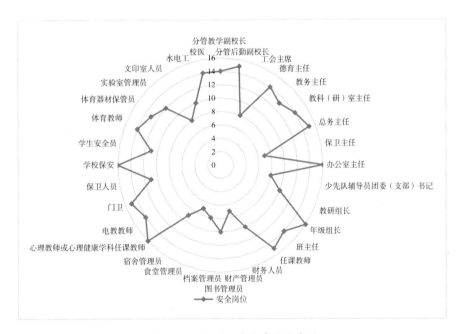

图 2　课题组调研安全岗位分布图

（一）组织体系健全，贯彻实施要求得到保障

近年来，全市各中小学校为深入推进安全岗位制度落实，严格按照《指南》组织建设要求，及时调整充实了校园安全工作领导小组，由学校主要负责人担任组长，其他校级领导为副组长，校级中层人员担任组员，检查督导安全工作"一岗双责"制度的落实，组织开展师生安全宣传教育、培训和演练工作。各学校安全领导工作小组下设了指挥组、保卫组、现场处置组、现场救护组、通讯联络组、后勤保障组、事故调查组等应急小组，参与指导 32 个岗位责任人开展校园安全工作，全体教职员工的安全岗位意

识有了明显增强。课题组在调研过程中还发现,部分学校严格落实《指南》关于成立专职保卫人员规定,成立了安全处(室),配备了专职安全中层骨干。目前,所调研的16个县(市、区)教育行政部门和83所学校均建立了安全领导组织,明确了相应的安全工作职责,对促进校园安全人人参与发挥了较大作用。

(二)宣传教育广泛,安全岗位意识有所提升

调研中发现,全市各学校高度重视安全岗位职责宣传普及教育工作,将安全工作岗位职责纳入各单位安全教育内容,通过培训、安全知识竞赛、问卷答题、专题会等宣传方式,采用横幅、标语、橱窗、墙报、板报等手段,组织教职员工进行以《指南》《中小学幼儿园安全管理办法》等为主要内容的安全法规的学习,不断提高教职员工的岗位意识和工作能力。2019年以来,课题组所调研的16个县(市、区)教育行政部门均采取安全骨干专题培训会的方式,集中开展了不同层级的安全职责培训,参与调研的384名教职员工均参加过上级教育行政部门或学校组织的安全教育培训。通过教育培训,教职员工对安全工作的认同感有所提升,依法办事、依法管理的意识得到增强,广大教职员工积极投身教育事业建设的工作热情和参与学校管理的主人翁思想有了较大提升。

(三)深化专项整治,校园安全环境得到改善

全市各中小学校为切实落实各级安全责任,通过教育行政部门与学校负责人、学校与32个岗位人员逐级签订了《安全生产责任书》,把年度安全任务、目标和执行情况落实到了每个人员,并将安全岗位履职情况纳入个人综合考核,对履职不尽责导致问题发生的教职员工给予"一票否决"和通报批评。课题组在座谈过程中发现,大部分人员对"一岗双责"的认识比较到位,知道除了岗位专业职责,还担负着安全职责,能够认识到安全工作的重要性。在学校的统一领导下,大部分人员经常参与学校的安全教育、应急演练、安全隐患排查等活动。从所调研的学校反馈情况发现,自《指南》实施以来,83所被调研学校因发挥应急安全岗位职能处置安全隐患事故13起,对改善校园安全环境和减少安全事故发挥了较大的作用。

(四)完善工作制度,安全监管机制逐渐建立

全市各学校积极推进安全岗位制度化建设,组织人员编印了实施指导手册下发给教职员工,建立健全了安全生产责任制、巡防检查、隐患治理等安全岗位基本工作制度,制作了安全巡查、隐患整改台账,为落实安全岗位相关要求提供了抓手。为督促教职员工履行安全岗位职责,全市各学校还结合每年春秋两季安全检查和综合考评等活动,对教职员工履职情况进行督导检查,量化各级履行安全职责情况,极大地调动了教职员工参与安全管理的积极性。

三、校园安全管理中安全工作岗位履职存在的问题

从调查了解的情况看,郑州市各学校安全工作岗位履职中还存在着一些矛盾和问题,主要表现在以下几个方面。

一是校园安全认识还有待提高。部分校园安全工作岗位人员对于贯彻实施《指南》的思想认识存在偏差,重教学轻安全的倾向仍然存在,在《指南》贯彻实施过程中停留在口头上、会议上、文件上,对安全工作岗位履行情况关注不多。部分学校缺少考核、激励机制,导致安全工作岗位人员落实岗位要求仅凭经验、靠自觉的情况出现。

二是教育宣传发动还有待深入。部分校园安全工作岗位在贯彻执行《指南》过程中还存有死角,负责安全生产的专(兼)职人员对安全职责掌握较为全面,一些担任教学任务的老师,对安全职责了解不全面,不能系统地陈述相关内容。调研中,抽查的约60%以上的一线教学人员没有掌握自身安全岗位职责,尤其是德育主任、教务主任、教研组长岗位人员,把一般老师的安全职责与中层领导人员的职责混为一谈。还有部分人员,以平时所做的工作代替上级赋予的职责,围绕学校平时开展的工作泛泛而谈,而对自身的职责较模糊。安全职责履职比较好且能熟悉相关职责岗位的人员包括分管后勤副校长、总务主任、财务人员、保卫主任和与安全工作相关的保安、水电工等,其他人员还要进一步熟悉安全岗位职责。

图 3　被调研人员掌握安全岗位职责情况

三是安全骨干配备还有待完善。部分学校安全组织机构不健全,成员范围较小,作用难以发挥;有些学校安全骨干都是兼职,精力无法放到安全工作上来,安全工作难以正常开展;有些已经建立的安全组织受制于主要负责人,只是一个"挂在墙上、写在纸上、停留在口头上"的组织,工作重心未放在校园平安创建上。

四、校园安全管理中安全工作岗位职能发挥方向

（一）细化校园安全工作岗位标准,规范岗位职能作用发挥

中小学校要结合 39 个校园安全工作的性质和特点,依据《指南》所明确的各个岗位的职责要求,进一步细化切合学校安全工作岗位标准,其内容必须具体全面、切实可行。岗位标准主要涉及:一是岗位职责描述;二是岗位人员基本要求,如年龄、学历、岗位资格证书等;三是岗位知识和技能要求,熟悉或掌握本岗位的危险源及其预防控制措施、安全操作规程、岗位重点任务和自救互救及应急处置措施等;四是行为安全要求,严格落实各项安全制度要求,对分管的区域的危险源要逐一进行确认,熟悉各项操作规程,及时发现并整改存在的安全隐患;五是分管区域安全要求,安全隐患点确认安全等级准确,各项安全标准符合中小学安全设施建设要求;六是岗位管理要求,明确工作任务,强化岗位培训,按照日巡查、周巡查和月巡查的标准,抓好分管区域的安全隐患排查,及时研判分析安全事故风险,严格落实安全事故的排查整改制度。

中小学校要定期评审、修订和完善岗位标准,确保岗位标准持续符合学校安全实际要求。学校应在国家法律法规和教育系统行业和教学岗位调整变化后,及时对岗位标准进行修订、完善。

（二）建立岗位职能作用考评制度,激励岗位职能作用发挥

学校要建立岗位职能作用履职情况考评制度,结合学校安全工作岗位标准确定考评结果,明确考评工作的方式、程序、考评结果及处理结果等内容。学校校园安全工作岗位考评可以采取个人自评、年级互评、民主测评和上级对下级进行考评等方式进行。针对考评结果,学校要制定具体的奖罚措施,将职能作用发挥与教职员工薪酬福利、职级评定、评先评优等挂钩,对考评不合格的人员要求限期整改,整改不达标的,采取重新培训、调岗和待岗等措施,激励校园安全工作岗位职能发挥。

（三）树立校园安全工作岗位典型示范,引领岗位职能发挥

中小学校在校园安全工作岗位职能发挥中,积极总结经验,学习借鉴其他学校安全工作岗位职能发挥较好的做法经验,在教育系统内树立岗位典型,鼓励教职员工互帮互学,相互借鉴提升,形成争当安全工作岗位先进个人的局面,进一步推动

校园安全工作岗位职能发挥。学校要建立安全生产奖励制度,对履职尽责比较突出的人员公开进行表彰和奖励,进一步激发各岗位人员参与校园安全工作的积极性。

(四)抓好校园安全工作岗位素质培训,助力岗位职能发挥

各级中小学校要增强岗位教育培训,尤其是加大校园安全工作岗位教育培训,使教职员工具备危险预知能力、应急处置能力、安全操作技能等。有效落实教职员工队伍的安全专题培训工作,采取参观见学、专家授课和理论学习等方式认真学习《指南》要求,进一步提升教职员工抓安全的能力素质。

(五)丰富校园安全工作岗位履职形式,推动岗位职能发挥

当前,郑州市深入推进校园双重预防体系建设,双重预防体系建设的核心思想就是根据安全风险评估认定风险点,按照人人参与安全、人人有安全分工的责任体系,群防群治抓好安全。这与《指南》所制定的 39 个岗位参与校园安全发展的理念是一贯的且相通的。各级中小学要充分利用双重预防体系建设这个平台,搞好安全岗位课题与双重预防体系建设的融合建设,依托校园安全防范平台双重预防信息库建设要求,通过职能履行、人员参与度和活跃度等数据信息,及时分析和掌握校园安全工作岗位履行职责情况,推动校园安全工作岗位职能的发挥。

(六)加大校园安全经费投入保障力度,保障岗位职能发挥

学校要做好校园安全经费的投入和保障工作,为校园安全工作岗位职能发挥提供人员、财物等条件,确保校园安全工作岗位人员的教学环境、安全防范设施、人员安全防护装备等符合国家有关法律法规和教育系统安全建设规范的要求,为校园安全工作岗位及校园安全标准化建设创造良好的外部环境。

五、结论与展望

在下一步工作中,各学校要按照"安全发展、科学发展"的要求,深入贯彻落实好《指南》,充分认识安全工作岗位在创建平安校园中的地位和作用,紧密结合"安全生产月"和其他活动,继续推进各学校安全生产法规、安全知识进校园,继续采取切实有效的措施,加强对《指南》的学习与研究,进一步加大宣传力度,着力抓好对广大教职员工群体的宣传,不断增强各级贯彻实施《指南》的自觉性和积极性。教育行政部门要依法督导各级中小学自觉执行《指南》,落实"一岗双责"责任机制,督促落实赋予每名教职员工的职责要求,建立健全具有各学校不同特色的安全生产责任制和各项规章制度。教育行政部门要督促各学校落实安全工作相关经费,保障安全投入,提高各学校"三防"水平。

参考文献

[1]安宇.校园安全事件致因机理与风险防控[M].北京:煤炭工业出版社,2018.

[2]徐晖.深圳校园安全管理制度创新研究[M].北京:中国社会科学出版社,2018.

[3]方芳.中小学校园安全风险规制研究[M].北京:中国法制出版社,2019.

（本文为2020年度郑州教育发展课题研究成果,课题研究单位:郑州市教育局安全保卫处,课题负责人:徐荣新,课题组成员:邱振、杨俊生、王景义、郭鹏）

第二章

学校建设研究

疫情后家园共育新策略实践研究

一、研究背景

（一）基于突如其来的疫情对幼儿园的影响

突如其来的新冠肺炎疫情，打破了人们的正常生活秩序，孩子长时间居家，一些家长表现出焦虑或束手无策；生性活泼爱动的孩子们不能如期上幼儿园，身心发展、生活与学习习惯养成等方面均会受到不同程度的影响。

（二）基于幼儿园家园共育的现实情况

疫情散去，开学之后的幼儿园从安全角度考虑，暂且不允许家长进入校园，这一措施大大削减了教师与家长面对面交流孩子成长情况的次数，家长不能像往常一样亲身参与孩子们的生活、游戏及教学活动，学校也不能开展大型的家长课堂、家长开放日等专题讲座和主题活动。这些现实问题必然给幼儿教育带来新的问题与挑战。

（三）基于疫情防控常态下家园共育工作的思考

由于疫情的影响深远，疫情后相当长的一段时期也会不同往常，甚至可能会呈现一种新常态。采取疫情防控常态下新的策略和适应新境况的家园共育举措，以此来促进孩子们的身心健康发展、保证家园共育的有效性，就显得十分重要。

基于以上原因，课题组研究拟定了"疫情后家园共育新策略实践研究"这一课题，旨在在疫情防控常态下，从入园离园、"微信课堂"、"1＋1＋1线上互动新模式"等多维度多板块探索出一系列操作性强、行之有效的促进幼儿身心健康发展的家园共育的硬核举措，帮助家长调试好情绪，提升育儿经验，将危机转化为契机。

二、研究过程

（一）明确研究阶段的任务和要求

2020年2月，课题研究小组成立，之后开始全员行动。我们密切关注疫情发展动向，分析疫情带给家长及幼儿的影响，组织教师进行每周一次的教研活动，有针对性地开展网上培训，提出疫情后家园共育工作的前瞻性思考建议。2020年5月，我们提交了课题立项申请书，撰写并反复讨论了课题的实施方案，研究框架基本形成后，我们制定了课题研究方案，完成了课题研究实施步骤的准备阶段工作，并于 2020 年 6 月 23 日进行开题答辩,针对开题答辩会上各位教科所专家提出的建议和意见,我们组织了两次集中会议,按照专家的意见认真对方案进行了修改与完善,最终形成了研究方案。

(二)加强理论和研究方法的学习

1.加强理论学习

我们采用了集体学习和分散学习相结合的方法,通过上网、集体教研、阅读教育教学类刊物等方式学习有关家园共育的理论,写好教育随笔,努力从理论层面引导教师从现实中出现的家园共育问题出发,对课题的产生背景、科学依据、教育思想、实践价值全面把握,实现教育思想、教育观念的转变。

2.加强业务培训

为实现课题研究的总体目标,我们每两周集中开展一次专题研讨活动,每月进行一次课题方案研讨,每学期一次幼儿行为观察案例分享,有效推动了课题研究的进度。为了引导教师更好地进入课题研究状态,我们采取"督导提升"和"实践反思"相结合的方法。半年多来,我们共进行 8 次与疫情相关的演练活动及检查,听取 3 场相关专家的讲座,比如:2020 年 6 月 1 日迎接金水区返园复学督导检查,2020 年 9 月 4 日迎接秋季开学疫情防控督导检查,为秋季开学保驾护航;2020 年 5 月 13 日聆听了北京师范大学夏婧博士的《顺利入学》讲座,2020 年 6 月 18 日聆听了文化路第一小学黄小璐老师的《做好幼小衔接》讲座。实践反思主要体现在每周、每月、每学期的教研活动中,比如 2020 年 6 月 20 日及 2020 年 10 月 27 日围绕课题开展班主任论坛,班主任就疫情后家园共育新策略分享经验、解决困惑,提升并带动整个教师团队的成长。

3.开展行动研究

在课题研究充分准备和对典型案例研究的基础上,我们启动了课题实践的行动研究。首先,我们认真分析目前家园共育的困难及问题。课题组成员围绕目标,通过调查、收集和比较,提供适宜的活动主题,大家围绕专题进行研究评议,初步构建实施方案。其次是班本化实践案例研究。课题组成员围绕每月一主题的教学实践,把握每一个主题活动实施的步骤及要点。研究的技术路径基本是确定活动目标—预设活动教案—小组讨论重难点—活动具体实施—活动后的反思与总结—形成研究案例,由此生成班本化实践案例。最后是"幼儿行为观察"专题教研活动。教师围绕课题研究中有关家园共育的内容进行有效观察,积累案例,汇报经验,有效促进课题推进,同时促进教师的专业成长。

4.做好定期总结与汇报

及时与课题组成员交流研究方案,结合实际调整、修改研究方案。在推进课题研究进程期间,我们开设了几场关于课题研究方法指导的总结与汇报。2020年2月21日,在课题申报初期,我们邀请郑州师范学院的刘颂华副教授对课题进行了前期立项指导,从如何找准问题、如何针对问题有效地制订计划,为课题实施问诊把脉,两位成员的子课题也同时进行。2020年6月23日,我们在市教研室专家的引领下进行了开题工作的汇报与反思。2020年10月27日,全体课题组成员面向所有班主任进行了中期汇报与分享,在此过程中,我们不断调整课题中的问题。2021年1月7日,课题组主持人在郑州市教科所组织下面向郑州市所有学校进行了中期汇报与分享,努力做好课题管理工作。

三、主要做法和经验

为推进课题研究的进程,本课题组围绕"疫情后家园共育新策略"这一研究主题,采取"阶段推进、步步深入"的实施步骤,主要经历四个阶段。

(一)调查了解疫情后家园共育的现状及存在的问题

1.了解疫情后家园共育的现状

我们采用访谈、观察、调查三种方法,了解目前幼儿园家园共育的现状,主要从幼儿入园前及入园后两方面进行。入园前的主要现状:突如其来的新冠肺炎疫情,打破了人们的正常生活秩序。因幼儿长时间居家,一些家长表现出焦虑或束手无策;生性活泼爱动的孩子们不能如期上幼儿园。家园共育工作的落实对幼儿的健康教育有着重要的促进作用,尤其是在疫情防控阶段,教师更要本着"停课不停学、停课不停教"的原则,在家园共育中为幼儿创建一个良好的学习和成长环境。如何做好家庭中的引导与教育,做到幼儿成长不延期是课题研究的重要内容。

如何让家长更放心地送幼儿入园?入园后幼儿园从安全角度考虑,不再允许家长进入校园。第一,家长与老师面对面交流的机会减少;第二,家长参与幼儿园教育的机会也大大减少,不能像往常一样亲身参与孩子们的生活、游戏及教学活动;第三,原来很多由家长做的事情都需要孩子及教师共同完成,比如拿放被褥、取放衣物,收发幼儿的学习、生活用品等。这些现实问题必然给幼儿教育带来新的问题与挑战。

2.分析疫情后家园共育存在的主要问题

(1)家长不能进园,如何对家长进行理念的引领。

（2）家长不能参与教学活动，如何让家长了解幼儿状态，对老师更放心。

（3）家长不了解家园共育，如何让家长更配合做好家园共育共促幼儿发展。

（二）探索疫情后家园共育的构建思路

根据现状及问题，围绕家园共育目标，从入园前与入园后、园级与班级、线上与线下三个维度，探索促进幼儿发展的家园共育的构建思路。

一是分析、认知并明确疫情当下及疫情过后，特殊阶段家园共育的特殊需求及其重要性，做好入园前及入园后两种情况的分析。

二是以教工幼儿园"阳光教育"为宗旨，探索"隔空阳光家长课堂"的途径与方法，做好对家长的不同层级（园级与班级）理念引领。

三是从幼儿身心健康出发，以科学育儿观念为线索，探索错峰入园和离园的举措；探索"亲子游戏、亲子阅读、亲子劳作、亲子实验、亲子运动"五个板块微信云课堂；探索"1＋1＋1互助式家园共育"模式的线上线下互动框架与方法。

（三）促进幼儿全面发展的家园共育实施新策略

只有大家思想上统一且行为保持一致，才能真正达到教育的良好效果。为此我们采取家、园、班三方联动的实施途径，从安全、教育、保育、宣传等板块，介绍幼儿园的各项工作，让家长从思想上认同并了解幼儿园。

1.园级具体实施策略

入园前（疫情期间）：幼儿园在开学初召开全体线上家长会，向家长介绍疫情期间、疫情后幼儿园所做的努力，以及疫情常态化对家长的详细要求，工作的严谨让家长对幼儿园非常放心。幼儿园探索推出"亲子游戏、亲子阅读、亲子劳作、亲子实验、亲子运动"五个板块微信云课堂，帮助家长掌握教育孩子的具体方法，让家长懂得如何教育孩子。以大班幼小衔接为例：大班家长特别关心大班幼儿在幼儿园学什么、怎么学等问题，我们首先进行了网络调查，以大数据的形式了解家长最困惑和最焦虑的问题，一一梳理，通过网络开展北京师范大学夏婧博士的《顺利入学》课程，缓解家长的焦虑情绪，然后邀请小学一年级年级组长黄老师引导家长了解孩子入学后的生活，让家长以更好的状态教育孩子，最后班级在做好疫情防控的情况下召开体验式家长会，让家长以孩子的角色体验了解幼儿园在做什么、怎么做，从而达到"1＋1＋1互助式家园共育"模式的目标。

入园后（疫情常态化）：第一，错峰入园离园。考虑到大班幼儿即将进入小学，我们做好了时间观念的管理，大班入园时间为7：30—7：40，中班入园时间为7：40—7：50，小班入园时间为7：50—8：00。其中，8：00—8：05这5分钟留给有事情没有按时入园的孩子,8:05之后大门落锁。刚开始有两周的试行,家长和孩子适应之后,我们按照规定执行,既避免了人员的密集,也培养了幼儿及家长遵守时间的规则意识。第二,常态化的理念引领。我们考虑到家长不能进园的现实问题,根据疫情常态化管理的情况,及时调整了思路,把理念传递、展示风采、体验互动的班级家长会安排在周六,这样可以避免跟孩子交叉。家长离园后幼儿园组织专业消杀公司进行统一消杀,做到疫情防控与工作安排有效结合。家长严格按照要求做好防疫工作的同时,跟老师有近距离的交流与沟通,同时也能进入幼儿园感受幼儿生活的环境,有效解决了家长不能入园,不知道、不了解幼儿情况的困惑。第三,线下互动策略。针对家长不能参与活动的问题,通过多次教研研讨,我们启动了"线上零距离互动"的新途径。幼儿园采用钉钉直播的方式,针对每个年龄段家长关注的问题,小班如何进餐、中班如何游戏、大班如何教学等,教师现场讲解幼儿常态生活,钉钉直播传递的新型家长开放日,有效解决了家长不能参与活动的问题。

2.班级具体措施策略

首先,教师要做好幼儿离园、入园及教师与家长面对面交流与互动的工作。线下的交流更直接,所以老师们非常珍惜早上晚上错峰入园离园的20分钟时间,与家长一一沟通,针对性地解决个性化问题。为了将工作做到细致入微,书包成为家园沟通的新媒介,老师们会针对每位小朋友的特殊情况和差异,在书包里写好小纸条详细说明。其次,教师应做好线上的展示与沟通,利用网络及时回复家长信息,帮助家长答疑解惑。以小班为例,为了让初入园的家长更了解幼儿在园状态,建立了班级QQ相册,最开始每天分享开学前几天的照片、视频,逐渐到分享重大活动的照片和视频,之后过渡到收集整理有故事、有意义的照片或视频,按月整理上传。最后,线上家园沟通更加频繁、密切,微信、钉钉群同步发送家园配合事宜、幼儿在园的一日情况、班级主题活动、特色活动、幼小衔接、走班课程等内容,老师将需要家长配合的重难点部分录成小视频,并加以文字描述发送给家长。家长虽然被隔绝在院墙以外,但能时刻了解到孩子在园做了些什么,也清楚地知道需要在家配合老师做些什么,同时,家长还可以将孩子在家里的情况反馈到班级微信群,大家互相交流,达到了互相学习和借鉴的效果。

3.家庭的具体措施策略

以活动为载体,幼儿园向家长宣传了家园共育活动的意义、内容,使家长明白活动的教育作用,重要的是结合班级的活动,使家长主动配合,提出建议,通过在微信群中分享视频、照片等方式鼓励孩子循序渐进地形成互相学习的习惯,更好地促进家园融合教育。为了帮助家长走出误区,改变错误观念,幼儿园邀请专家为家长进行家庭教育引领,召开多种形式的线上专题会、经验分享会,帮助家长树立正确的育儿理念。此外,幼儿园启动了家教咨询志愿服务活动,志愿服务站聚集了幼儿园经验丰富的退休教师和幼儿园名师和一些幼教专家,活动通过多种形式向家长推广和宣传正确的家教理念,培养新时代家长正确的家教观,针对家长提出的"幼小衔接如何深入开展""家庭教育中父母双方意见不一致"等问题一一分析并给出建议,帮助家长解决家庭教育中孩子的个体化问题。

(四)家园共育实施的具体活动形式和方法

教师采取的策略和方法,一方面可以使家长了解幼儿园办园理念,了解幼儿园工作,对教师放心;另一方面能调动家长的积极性,积极配合幼儿园,做到家园同步,达到家园共育的有效性。我们结合幼儿园各年龄段教育目标,制定、设计每一个家园活动的具体名称和具体实施方法,每一个互动活动所设计的内容和要求要切实可行,这样才能避免大而空。我们提前构思设计,做好准备,努力构建和谐的园级、班级人文环境,让家长对幼儿园、对老师更放心。具体实施形式和方法如下:

一是介绍、宣传并公布活动说明。通过微信公众号、班级微信群、校讯通、钉钉群,定期公布幼儿园或班级每个活动说明,让家长了解其目标、内容、方法及注意事项。

二是通过网络追踪报道活动的开展情况,让家长了解教学活动。同时会采取家园互动形式让家长参与活动之中,比如开展班级表扬信活动,让家长了解孩子在家庭的表现。幼儿园和家庭同时填写表格操作单,共同督促幼儿按表格中的要求去做,不断强化合作意识。开展亲子活动,家园共同发展幼儿的语言、动手等能力。

三是多元评价让家园共育更有实效。幼儿园围绕每个主题开展专项教育活动,积极进行评价,让家园共育的质量得到保障。如采用个别交流、家园一封信等形式,对家长给予具体指导,进一步增进家园合作;专栏中搭建交流平台;每一个互动活动接近尾声时,以孩子的收获和点滴进步等形式进行教育信息反馈,便于家长与幼儿园之间、家长与家长之间互相交流和相互启发。

四、研究成效

《疫情后家园共育新策略实践研究》课题的探索,促进了教师教学形式改革,打破了传统的家园沟通模式,取得了一些有效的教学效果。

(一)实践成果

1.构建家园共育创新模式

本课题第一时间关注疫情后的家园共育工作,在高度关注疫情安全的前提下,通过反复实践,从幼儿身心健康出发,以科学育儿观念为线索,探索错峰入园离园举措、探索"亲子游戏、亲子阅读、亲子劳作、亲子实验、亲子运动"五个板块微信云课堂、探索"1+1+1互助式家园共育"模式的互动框架与方法,探寻家园共育实施的新路径,从而对家园共育提供完整合理的理论依据,对一线教师有效地进行家园融合教育指导,提供可借鉴的经验,为进一步加强家园的互动与交流提供更直接、更有效的新模式与新方法。

2.提升教师专业能力

在研究实践中,教师努力将教育思想内化为教育行为,并组织丰富多彩的班本化活动,探索"1+1+1互助式家园共育"模式,带领家长参与教育实践,从而达到家园共育提升幼儿能力的目的。同时,通过课题研究,课题组成员的课题意识得到了激发,自我发展的方式也得到了提升,我们一学期围绕家园共育新策略进行一次"班主任论坛",一学期共收集13个活动案例、21篇教学观察反思案例,推动研究并深入开展活动,提升教师的理论素养和科研能力。

3.提升家长育儿观及教育能力

结合当前疫情常态化这一现实情况,幼儿园以网络为媒介,探索园级与班级、线上与线下互动框架与方法,为家长在特殊时期依然能参与到幼儿生活管理、游戏学习中提供平台,帮助家长了解孩子的学习情况,正确评价孩子的发展水平。通过有效的家园共育,帮助家长提高教育能力,改善教育行为与教养方式,提升参与程度,共同构建共育方法,提升家长对幼儿的指导能力,使家庭和幼儿园有效实行同步同行。

4.促进幼儿自理及适应能力发展

疫情后面对新的问题和困境,幼儿园和家庭各自发挥优势,帮助幼儿在特殊情况下照顾自己、管理自己,大大促进了幼儿自理能力及适应能力的发展,提高了家园同步教育的有效性,为幼儿园教育和家庭教育的优势互补带来了更多的机会和渠道,形成了互相支持和密切合作的良好关系。在家园的共同努力下,我们最终看到的是幼儿的成长。

（二）课题成果

1.资料成果

以"课题开展"为载体,我们积累了整套班级主题活动案例,其中包括小中大班家园共育案例、配套活动方案实施表、家园互动表扬信等,家园共育幼儿行为观察案例为一线教师提供实践层面的参考和指导,同时案例的进一步整理也便于在更大范围内推广和使用。

2.论文成果

（1）课题《家园合作培养大班幼儿科学素养的实践研究》在 2020 年立项。

（2）我园获得郑州市金水区"2020 学前教育宣传月活动先进单位"荣誉称号,韩露嘉老师撰写的亲子案例获得金水区一等奖。

（3）我园韩露嘉、张茜楠两位老师在郑州教育信息网上发表的《真善美从娃娃抓起 幼儿园思政课这样上》获得一等奖,胡理业老师的亲子案例在《教育时报》等多家媒体发表。

（4）课题主持人的省级课题《促进幼儿园园本文化建设的实践研究》获省级成果一等奖。

五、存在的问题及下一步打算

一年来我们按照课题研究进程完成了预定目标,通过案例研究和实践总结,积累了一些经验,但也存在一些问题。

一是特殊时期的家园共育工作得到家长的好评,家园同步实施时效果好,如何在后续中持续并在家庭中保持一致,每个家庭有差异,寻求家长有效配合,才能真正推进课题的深入开展。

二是教师实际研究能力有待提高。因实际研究者都是一线教师,比较多地关注行动研究,在课题的支撑理论学习与应用方面显得相对单薄,因此教师需要及时多跟导师沟通,不断提升理论研究素养。

课题组科学有序地推进课题研究进程,在确保高质量完成课题研究任务的基础上,有计划地进行下一阶段工作。

一是在第二阶段的推广实施过程中,深化研究内容,对第一阶段存在的问题进行针对性调整,确保研究质量和研究水平在第一阶段的基础上得到进一步提升。

二是注重有形成果的推广。

参考文献

[1]中华人民共和国教育部.3～6岁儿童学习与发展指南[M].北京:首都师范大学出版社,2012.

[2]孔起英,张俊,华希颖.疫情背景下家园共育的有效支持[J].早期教育(教育教学),2020(4):10—12.

[3]牛文文,吴采红,张胜.疫情期间幼儿园线上家庭育儿指导的新尝试[J].学前教育,2020(4):15—17.

[4]张莉.突发疫情下幼儿园家园联动工作的开展策略探究[J].新课程研究,2020(18):117—118.

(本文为2020年度郑州教育科学重点课题,获科研成果一等奖,课题研究单位:郑州市教工幼儿园,课题负责人:陈春,课题组成员:王向青、李莹、胡理业、姜靖)

深度学习视角下的集体备课实践研究

一、研究背景

(一)问题提出

1.客观上,用深度学习理论指导集体备课是新建校的迫切需求

郑州高新技术产业开发区实验小学是于 2015 年 9 月创办的一所公办小学。现有教职工中,仅有 15 人是有工作经验的老师,其余均为应届毕业的青年教师;现有青年教师中本科学历 100 人,硕士研究生学历 17 人,平均年龄不到 27 岁。我校教师队伍结构呈现出学历高、年龄偏小、工作时间短、中高级职称绝对数量与占比偏低等特点。实践证明,我们需要在新理念的指导下,通过集体备课积累教学经验,促进各年级教学质量优质、均衡提高,而集体备课对于促进新建学校教学质量同步均衡提高有重要意义。

2.主观上,开展有质量的集体备课是解决教师教学经验不足的必然选择

在备课过程中,大部分青年教师还存在依赖教学用书、凭借个人经验备课的现象。这导致在课堂教学实践中,教师的教学目标不够准确,重难点知识把握不到位,课程内容安排不合理,整体教学进度把控不到位。而且在教学评价过程中,教师很难关注到全体学生的学习状态和效果,不能很好做到对学生及时有效评价。集体备课是打造高素质的教师队伍最有效的途径,因此需要学校规范集体备课的流程,将集体备课打造为教师展示与交流资源的平台,提高备课质量,帮助青年教师突破教学经验不足的壁垒。

3.在备课教学品质提高方面,落实"教—学—评"一致性的能力还需要创新

在教师培养的过程中,我们面临着课堂教学品质提升的难题。在把握课标方面,青年教师对于课标的理解不够深刻,不能结合课标的要求对教材进行合理地加工、重组、改造。对课标的整体把握能力较差,不能跳出单篇教材的局限,将某一知识点放置于全单元、全册书、本学段甚至整个知识体系中进行审视。在分析学情方面,多数青年教师不能真正确定学生的"最近发展区"。在确定教学重难点上,新内容与学生已有的认知水平之间存在较大的落差,同一个问题在不同班级的不同学生中表现出不同的重难点,青年教师很难分析落差有多大,搭建合适的台阶,突破重难点。

因此,我们希望通过深度学习视角下集体备课的实践研究,探索规范解决单元整合设计的集体备课方法,打造高效的集体备课模式,集中集体智慧共同研究教材、教学方法,随着学生的需求变化不断调整备课方案,提升青年教师的课堂教学质量,缩短新手教师向专家型教师转变的时间。

（二）概念引入

1. 深度学习与单元整合

深度学习是指在教师的引领下,学生围绕具有挑战性的学习主题,全身心积极参与、体验成功、获得发展的有意义的学习过程。在新时期全国基础教育改革中,深度学习作为由教育部基础教育课程教材发展中心推广的学习形式、教学方式、教研趋势变革的纲领性指导理论,它倡导的单元学习、内容整合的教学改进策略,也指出了校本教研、集体备课改革的新方向。

单元整合是深度学习的主要教学策略,教师需要对课程目标、教学资源、学习形式等进行单元整合。单元学习以单元主题为核心,以特定的目标为中心,组织安排课程内容,这种整合式教学打破了传统的教学模式,注重落实课程的根本属性与核心任务。深度学习视角下的单元整合设计理念指引着集体备课的变革方向。

2. 集体备课与"教—学—评"一致性

集体备课是以备课组为单位,组织教师开展集体研读课程标准和教材、分析学情、制定教学目标、分解备课任务、审定教学设计、反馈教学实践信息等系列活动。

"教—学—评"一致性就是教师的教、学生的学、课堂评价在根本目标上是一致的,都是围绕学生核心素养提升这个目标展开的,它要求教师整体一致地思考"为什么教""教什么""怎样教""教到什么程度"等问题。这种整体的教学理念要求教师设计单元整合的教学策略时,要从单元学习的角度,综合考虑如何设计目标,制定学习策略,开展基于单元目标的表现性评价,提高深度学习质量和学习有效性。

（三）用深度学习理论指导集体备课是促进教师专业发展的必然需求

深度学习是学生基于学科又超越学科的学习,是基于主题的跨学科综合性学习和联系社会生活实际的学习。以核心素养为导向的教学,从关注学科知识获取到关注核心素养提升,从单一考试到持续性评价,对教师素养提出了更多、更高的要求,需要教师主动研究、主动实践,以提升自身洞察问题、研究问题、解决问题的能力和勇气。因此,以深度学习理论为引领,规范集体备课流程与内容,有针对性、实效性、精细化和个性化地引领和指导教师专业发展,是打造一支高素质的教师队伍的最有效的途径。

课题组对研究目标和研究内容进行了新的梳理和调整,从提高集体备课和上课质量,促进教师专业发展的需要出发,将本课题的研究目标确定为两个方面。

（1）解决深度学习视角下单元整合如何"整"的问题。

（2）解决整合背景下集体备课如何"备"的问题。

从课程的专业视角,改变校本教研的形式,以学生的需求倒逼教师教研和教学方式的转变,而这也是本课题的研究价值所在。

二、研究过程

(一)研究思路

在研究周期内,我们按照"理论和实践相结合"的研究原则,主要采用"反思性实践法",设计了"学、研、用、思"四个实践阶段。通过"学"教研理论、操作方法;"研"备课方案、评价指标、操作规程、应用标准;分步、分年级开展集体备课实践应"用",探索深度学习视角下体现"单元整合"特点的集体备课实践策略;在实践中反"思"、改进,形成了部分经验成果。

(1)本课题研究遵循"理论先行、科研领路、注重实践"的指导思想。侧重于教师的素质提升,按照"研究—应用—反思—优化—再应用"的思路,根据不同年级、不同学科教师的实际情况,分类研究,循环往复,螺旋上升,不断提升。

(2)加强教师培养。通过集中培养、专题研讨和外出参观学习等形式,加强全体成员启发潜能教育思想和理念的学习,从思想和行为上促使全体成员更新观念。

(3)严格课题管理制度。在学校严格督导该课题研究的进程,成立课题指导专家组、核心组和各年级教研组,定期开展教研活动,将理论研修、实践研究与教师的教学工作密切结合,自觉将日常工作作为课题研究的任务驱动。

(二)实施步骤

本课题实验采用整体设计、分段实施的方法。

1.组织准备阶段(2020年4月—6月)

①召开课题动员会,分析课题背景,讨论课题方案,明确理论和实践方面的研究任务,以及对学生发展和教师专业成长的价值。(王珂)

②研读相关文献研究,界定核心概念,进一步论证课题的意义、目标、内容、方法,制定科学可行的实验方案。(王珂　苗浩)

③召开开题会,明确研究思路,征求领导和专家的指导意见,完善开题报告。(王珂)

④做课题前的调研和尝试。(苗浩　楚真真)

2.课题实施阶段(2020年7月—2021年3月)

①制订研究计划,分解课题任务,明确子课题研究方向。(王珂)

②定期举办主题研讨活动,确定研讨主题、时间地点、参加人员,并对活动过程、收获及结论及时记录。(王珂　苗浩)

③收集并保存优秀案例,规范基于"教—学—评"一致性的集体备课模式的科学性和有效性。(苗浩 楚真真 陈雅文 杜孝南)

3.总结鉴定阶段(2021年4月—5月)

①深入细致总结研究工作,整理分析研究数据和材料,得出研究结论,撰写研究报告。

②收集课题研究资料,做好研究成果汇编。

③申报课题成果,完成课题鉴定和成果评选工作。(王珂 陈雅文 杜孝南)

三、主要做法和经验

(一)课题组教师从课程哲学视角思考单元整合设计的意义,提升研究视野的宽度和深度

1.整合不单单是教学资源的裁剪,更是学习网络的重塑

深度学习的深,从某种意义上来自学习资料、课程维度的多与宽,课文有限,课时有限,学科核心素养要求却深不见底。要想打破这种矛盾,必须打破定式,对教学资源进行整合重建,建立单元要素的新联系。

2.对于课内学习要素,少既是多

对单元教材进行裁剪,可以实现压缩课时的目的,但这种裁剪是归类集中,融合设计,集中教学,重点突破。课时少,但是效率高,探究深,体验多。

3.对于单元拓展内容,多反而精

紧扣单元主题,教学选点足够精准,补充、拓展的知识越多,学习体验越充分。

(二)"学"——学课程理论,学操作方法,用深度学习理论规范单元整合的集体备课实践

课题组利用区域优势,采用"请进来、走出去、学用结合"的方式,加强集体备课的理论学习。

1.走向前沿,全员参加教育部关于深度学习的理论培训,向顶级专家当面取经

课题组牵头承办了教育部基础教育课程教材发展中心举办的2019"深度学习"教学改进项目实践性培训。全体语数教师参与深度学习工作坊、分组单元教学设计＋研讨汇报"的学习活动,初步掌握了运用深度学习理论进行教学设计的具体方法。

2.请进校园,课题组立足郑州市教研实际,开展"教—学—评"一致性备课、教学、评价实践的专题培训

2019年1月,课题组邀请郑州市教研室正高级教师卢臻到校,以学习目标的叙写和"教—学—评"一致性在教学设计中的应用为切入点,开展深度学习视角下的学习目标的制定与叙写培训活动。2019年8月,课题组邀请教育部级优课得

主、曾担任国务院侨办华文教育名师巡讲团主讲过教学评价专题的王珂老师结合教学实例,为老师们分享了《基于标准的"教—学—评"一致性探索》专题培训,老师们分别参与了评价的意义辩论研讨、教学目标的现场制定研讨、评价任务的设计等现场实践。

3.自学提升,开展大单元整合设计理论、策略自学读书活动,提升课程整合的思维力

为加强教师理论储备,学校开展了一系列有关深度学习理论、单元整合设计和集体备课思想的读书活动。

(三)"研"——采用系统思维,依据现代课程理论研发深度学习视角下单元整合的集体备课方案

(1)制度保障——统整教学工作全过程和诸要素,以课程的眼光梳理出"六认真"常规教学管理制度,作为集体备课的配套保障制度。

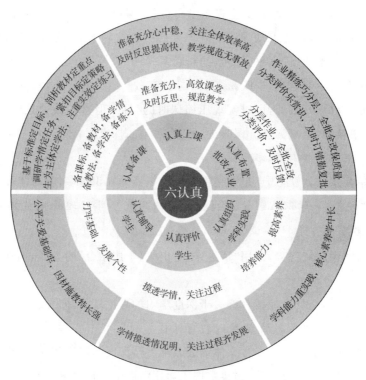

图1 "六认真"常规教学管理制度

(2)聚焦"备什么"问题,在深度学习理论指引下,语数学科研发了一套单元整合教学设计的实践路径和评价标准。

研讨策略一:单元整合整什么? 课题组共同罗列出需要解决的核心问题,即如何确定单元教学的目标和重点? 教材内的教学资源如何进行剪裁、归并、统整? 整合后,需要补充哪些教材以外的教学内容?

图2 语数学科单元整合设计的内容框架

研讨策略二:单元整合如何整? 课题组共同罗列出设计好一个单元需要解决的核心问题,即单元主题和训练点如何整合? 学科素养训练点如何确定? 整合后的教学课时如何分配? 需要设计什么样的实践活动来评价学习效果?

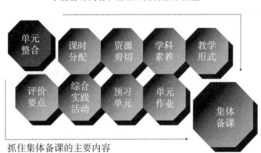

图3 单元整合设计的实践要点

研讨策略三:制定符合深度学习视角下单元整合教学设计的评价指标。我们以图片的形式呈现了单元整合设计的基本内容整合方案。

主题:金秋时节　要素:理解难懂的词语　学习写日记　教学建议:朗读　仿写(2020.8.28)

	课时	内容	语文要素训练点	百千拓展	实践拓展
课程标准	一	单元初体验:学习预习汇报梳理	初步整体感知单元内容,培养群文习惯,梳理学习需求		一次预习汇报会
	二	《古诗三首》+《园地》、书写提示:写好钢笔字	古音今读+多音字/写好钢笔字姿势	拓展两首古诗	关于"秋"字诗词的飞花令游戏
学情诊断	三	《古诗三首》+《园地》+日积月累	积累描写秋天景色的四字词语		
	四	《铺满金色巴掌的水泥道》+《园地》-交流平台	运用多种方法理解难懂的词语:联系上下文/结合生活实际/查字典		
	五	《铺满金色巴掌的水泥道》+《园地》-词句段运用2			观察景色小练笔——训练观察/想象1.0
教材编写意图	六	《秋天的雨》+《园地》-词句段运用1	巩固运用多种方法理解难懂的词语:联系上下文/结合生活实际/查字典		仿写第二自然段——训练总分结构
	七	《秋天的雨》+阅读链接+习作《写日记》			学习写日记——训练观察/想象2.0
	八				
文本特点	九	《听听,秋的声音》	想象画面,有感情地朗读课文	一年中的那个秋天+桂花灯	秋天创意画
	十	百千阅读拓展实践作业(43页)	想象画面,运用多种方法理解难懂的词语	北平的秋秋天的音乐	眼中的秋天秋天是什么

图4 语文三年级上册第二单元整合设计

（3）为解决"怎么备"的问题，在单元整合的理念下，我们研发了一套基于"教一学一评"一致性的集体备课实践规程。

📱 单元整合背景下的集体备课如何"备"

1 确定基础的集体备课的流程

2 明确单元整合背景下集体备课的实践操作要领

🔍 明确基本流程中每个环节的具体任务

🚚 讲求备课组成员的科学分工

🗂 设计备课任务单，明确集体备课的观测点

图5 "教一学一评"一致性的集体备课实践规程

①建立了集体备课管理、运行的组织架构：明确了教学副校长、教务主任、年级主任、备课组长、主备课人、主持人、记录人、教师不同的参与形式。

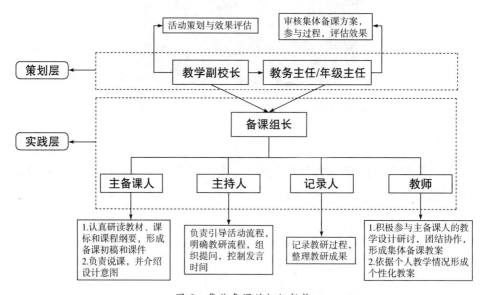

图6 集体备课的组织架构

②制定了清晰的备课实践路径：课题组在原来学校集体备课的基础上确定了"备课—上课—观课—议课—二次备课"的基本流程。

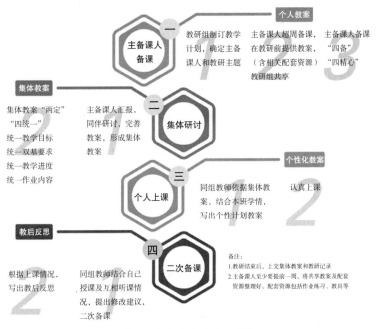

图 7　清晰的备课实践路径

③明确了集体备课各环节的主要任务和实践操作要点。如下表：

表 1　集体备课后各环节的主要任务和实践操作要点

环节	主要任务	实践操作要点
集体备课	准备工作	教研组长负责定时间、定课题、定主备课人
	集体备课	主备课人提供备课初稿和课件,重点阐述备课的教学目标、评价任务、教学环节及作业设计
	提交集体教案	主备课人提交集体备课教案(教案、课件、作业),组内共享
集体听课	主备课人上课团队听课	1.主备课人上课时间、地点、课题、听课目标、听课任务、评价标准 2.主备课人上课,团队听课,提交听课成果
集体议课	二次集体备课	1.确定集体教研时间、地点、内容、主要评课人 2.集体议课 3.主备课人提交二次集体备课教案,评课人提交一份评课稿
反思提升	上反思课团队听课	1.上反思课:组内教师提交个性化教案,分头上课,团队听课 2.上交教学反思:上课人提交一份课堂实录视频、一份教学反思

（四）"用"——以"反思性实践"研究法，在单元整合的理念下，开展基于"教—学—评"一致性的集体备课实践，验证研究成果，边实践边反思，边反思边改进

1.以"四备""四精心"为底色，筑牢教研组常规备课基础

"四备"：一备课标，二备教材，三备学情，四备教法和学法。

"四精心"：精心设计教学思路，精心设计板书，精心设计练习题，精心选择教学媒体。

学校以此作为教导处检测课堂的基本标准，给教研组集体准备了起始备课的"拐杖"。

2.以"叙写教学目标"为主线，提升主备课人备课核心技能

（1）学校开展指向教学目标叙写的集体备课展示活动。学期初和学期中开展教研系列讲座，由不同年级的老师分学段备课展示。通过分享、互评、修改、对比、分析，提高全校教师的实操能力。

（2）每周教研课进行教学目标叙写的练习。主备课人汇报完毕后，组内教师共同研讨，形成集体教案，主备课人根据目标确定研讨课具体实施对应活动，向组内人分享要点，全组老师及时听、评、反思，个人勤练习、常分享，从中汲取经验。

（3）分组制定研讨主题，有针对性地设计单元教学目标。组内教师以核心问题为"拐杖"，将课本零散问题进行整合，形成自己的单元教学目标。

3.以"表现性评价任务"与练习设计为亮色，突破集体备课难点

（1）备课前三问："我要把学生带到哪里去？"（确定教学目标）、"怎样把学生带到那里去？"、"如何相信你的目标已经实现？"（确定教学方法）。

（2）确定"评什么"：以教学目标检测评价任务的合理性，以每个教学活动的最终效果检测教学目标是否完成，形成一个内部小循环，过程中保证方法一致、目标一致。

（3）评价和教材的结合：测学情—制定目标—设计评价—设计教学。备课过程中检测：①是否与文本契合，主题、文意、字词、语句、修辞、结构、情感等都是检测依据；②是否契合编者意图，单元导读、课后练习、课下注释、插图、文中小泡泡等都是教材导向。

4.语数学科定期举行单元整合集体备课实践，完善单元整合设计的操作要点和集体备课的有效循环

（1）六年级数学单元主题设计及重点课时集体备课案例实录。

单元主题：长方体和正方体

准备阶段:教师集体备课是以备课组为单位,组织教师开展集体研读课程标准和教材、分析学情、制定教学目标、分解备课任务、审定教学设计、反馈教学实践信息等系列活动。

第一环节:确定本单元核心概念,罗列知识点。

以"长方体和正方体"单元主题设计为例,单元主题的设计共分为两个阶段:第一阶段是主题设计,第二阶段是核心课例的研磨。

六年级数学组教研组长制作本单元主题设计工作计划,明确每个阶段分工。

第二环节:整合知识点,设计教学策略。

计算所要度量的图形包含多少个度量单位,在长方体和正方体表面积和体积教学中,杜孝南老师提出:如何让学生体会体积单位在测量表面积和体积中的关键作用呢? 如何让学生看到度量的结构呢? 本组教师各自设计出自己的教学规划和活动,以备在教研时进行研讨,最终确定出一个方案。

第三环节:核心课例的设计。

根据本单元的整体设计和前期研讨,有一个知识点的学习至关重要,在本单元的目标达成中,它起着承重墙的作用,这个知识点是"体积和体积单位"。

组长分配任务:李桂秀老师负责整理专家们对这一主题知识的解读内容;张少楠老师负责搜索知网上有关本节课的资料。在教研过程中,老师们以此为基础共同商讨本节课的教学活动,定为初稿,由杜孝南老师来执教。

核心课例《体积和体积单位》集体备课实录:

第一环节,"备":以主备课人为核心进行教学设计。

第二环节,"上":上课并观课。

六年级数学组的三位教师针对两个维度的观测点和提前设计好的观测方法,深入学生中间认真观察。

第三环节,"评":教研组共评一节课。

根据观测结果,老师们说出自己观察到的亮点和存在的问题,开展集体研讨,共同商量出改进策略。李桂秀老师根据自己的观察提出:学生对一眼就能看出结果或解决方法的图形问题能做对,而对稍微需要推理的图形问题,就没有任何思路了,这种情况该如何解决? 这不是个别学生存在的问题,而是班内大部分学生存在的问题。针对这个问题,教研组开展原因分析和改进策略的研究。

第四环节,"再上":集体第二次磨课。

根据上次的修改建议,由杜孝南老师再次进行上课。本次设计杜老师在两个方面进行了调整。

（2）五年级语文单元整合设计集体备课案例实录。

单元主题：自然探秘

重点课例：《太阳》

准备阶段：教师集体备课是以备课组为单位，组织教师开展集体研读课程标准和教材、分析学情、制定教学目标、分解备课任务、审定教学设计、反馈教学实践信息等系列活动。

①准备工作。

开学之初，各学科在教研组长的带领下，进行了以单元为模块的备课活动。五年级语文组陈雅文老师对第四单元内容进行了认真备课。

②集体备课。

第一环节：陈雅文老师首先对《太阳》进行了说课。

第二环节：集体听课。

第三环节：集体议课。主备课人陈雅文老师进行了教学反思，教研组内谈了听课后的收获，并谈了自己的意见和建议，组内修改了集体备课教案。

第四环节：反思提升。2020年11月14日，邢晨昕老师在五年级四班再次执教了《太阳》。组内教师提交个性化教案，并且分头上课，组内教师进行二次听课，形成完善的课堂实录，并上交教学反思。

（五）以"教—学—评"一致性为评价原则，开展教学案例研究，总结单元教学的课例，反思集体备课实践成效

（1）开展学科集体教研展示活动，在公开的观察评价中检验集体备课成效，诊断问题。

为了让各教研组对集体备课有明确直观的感知，五年级语文教研组在教导处的带领下，提前1个月研讨，2020年10月在校报告厅展示集体备课全流程：主持人宣布教研分工及流程—教研组长提前带领组员准备好教研目标和评价任务—主备课人汇报教学目标依据—集体研讨教学目标三个依据（从写字、朗读、如何体会课文中关键词句表达的作用三个方面分析）—其余教研组成员针对目标依据提问或发表意见，记录人记录研讨结果—集体叙写教学目标（大家逐条修改教学目标，开展"换词"活动）—研讨教学设计（主备课人简单介绍教学设计及时间分配，结合目标，老师发言，调整教学环节，最后朗读提升）—教科研主任总结—专家点评。

（2）大量学习、借鉴成功的深度学习与"教—学—评"一致性融合的校本教研经验，积累了大量以单元整合设计下的"叙写教学目标"和设计"表现性评价任务"与练习为核心的集体备课实践案例。

为推进"教—学—评"一致性的校本教研理念，在集体备课中落实单元整合实践研究，2019年9月，学校组织教师参与深度学习教学改进项目下的单元学习学科教学实践研讨活动。为了进一步总结深度学习改进项目的前期教育教学及教研成果，2020年11月，市教研室入区调研深度学习改进项目。课题组成员杜孝南老师作为"深度学习视角下的小学数学课堂教学改进区域"的授课教师，现场展示了《体积和体积单位》一课，课后市教研室连珂主任对教学设计中杜老师独特的创意给予了肯定，对每个环节在细节上的处理方法提出了宝贵的建议。

（3）研发出一套深度学习视角下的"启发式学习"生态课堂模型。

老师们集体学习"深度学习"理论和"启发式学习"文献资料，提出了"如何把握启发的度""如何在课堂教学中体现启发教育特色"等关键问题。在此基础上，大家集思广益，多次完善，最终形成"启发式学习"的基本模型框架。目前，教学模型正在各学科积极实践，课堂教学基本形态的研究让课程改革能够顺利落地。

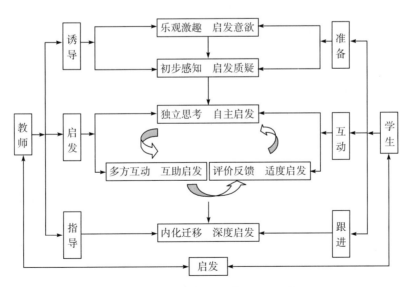

图8　"启发式学习"的基本模型框架

（4）优化评价方案，保证深度学习和单元整合设计的教学效果。

①研发课堂评价使用观察量表。

表 2　基于"教—学—评"一致性的教学评价使用观察量表

时间		班级		授课教师		科目	
课题					评委		
评价指标		评价标准				得分	
教学目标制定 （20分）		是否符合课标要求（5分）					
		是否体现学科素养发展（5分）					
		教学重难点是否突出（10分）					
教学目标达成 （40分）		目标及达成程度（完全/部分/没有）					
		1.					
		2.					
		3.					
		4.					
教学实施（30分）		活动设计及效果（15分）					
		学生参与度（15分）					
教师素养（10分）		教学基本功扎实；教法灵活、恰当；教态自然、大方					
总分							
发现的问题及改进建议：							

评价过程将教师的课堂观摩地点从教室后方转移到学生身边，每组的第一排都安排一位老师观察学生的状态。

②主题教研，以课促评，了解备课效果。

集体备课后的研讨根据课堂上每位学生的表现进行调整。

（5）以"教学问题银行"记录为支撑，建立了集体备课策略库，追踪集体备课实践效果。

①每周一小结。每个教研组每周集体备课时在深度学习教育"教学问题银行"记录表上分类记录下备课时遇到的问题，对问题进行描述，初步讨论解决问题的策略，在下一周集体备课时对上周的问题进行效果追踪，并记录下新的问题，以此循环推进。

表3 "深度学习"教育教学问题银行记录

问题银行存储组			策略与效果	
时间	类别	问题描述	解决策略	效果追踪

②每月一碰撞。在每月一次的全校大教研时,大家进行大讨论,打破组内局限,进行思想碰撞,讨论出相应的解决措施,并进行效果追踪。

③专家常指导。对于悬而未决的问题,学校请专家参与到现场备课当中,及时指导,深入剖析问题存在的原因,解决老师们在备课中的困惑,并提出相应的解决策略。

四、研究成效

(一)通过理论学习,深度学习教学意识深入人心

通过专家讲座和教学实践,教师们对深度学习和"教—学—评"一致性有了更深层次的了解。通过对相关书目的阅读、笔记记录、心得分享、再次反思,教师们的单元意识和目标意识已经形成,并把这些内化于心的理论凸显在备课过程中。部分教师除阅读了学校推荐的书目之外,还阅读了很多其他书目,学习的主动性和深刻性大大提升,理论指导实践的意义得到了实现。

(二)聚焦"整什么、怎么整"的问题,在深度学习理论指引下,语数学科研发了一套单元整合教学设计的实践路径和评价标准,明确了备课的内容

整合不仅是教学资源的裁剪,更是学习网络的重塑。深度学习的深,从某种意义上来自学习资料、课程维度的多与宽,课文有限,课时有限,学科核心素养要求却深不见底。要想打破这种矛盾,必须打破定式,对教学资源进行整合重建,建立单元要素的新联系。大单元统整教学以单元为单位进行教学设计,需要教师对课程目标、教学资源、学习过程、能力诉求、学习情境等进行单元整合。单元学习以单元主题为核心,以特定的目标为中心,组织安排课程内容,这种整合式教学打破了传统教学模式,注重落实课程的根本属性与核心任务,提高了教学效率。对于课内学习要素,少既是多。

(三)在单元整合的理念下,研发了一套基于"教—学—评"一致性的集体备课实践规程

通过研究,课题组建立了集体备课管理、运行的组织架构,制定了清晰的备课

实践路径。集体备课一直是学校新老教师交流备课经验、提高备课效率、明确教学任务的有效途径，也是青年教师快速掌握教学方法、提升教学效果的捷径。课题组在原来学校集体备课的基础上确定了"备课—上课—观课—议课—二次备课"的基本流程。

（四）积累了一个学年完整的集体备课、教学评价案例及实践练习合集

通过学习、探讨，各个教研组已经初步掌握了深度学习集体备课的方法。在这个过程中，形成了一系列深度学习视角下单元教学设计课例、总结、反思，结集成册。

五、存在的问题和设想

（一）教师的单元整合意识不强

在教学进度和教学成绩的压力下，教师缺少足够的二次备课时间。有时二次备课不能完全解决问题，还需要组内进行再次研讨，专家进行方向修正，这就需要教师针对每一单元进行重复备课、多次反思，而学生的学习进度不能耽搁，造成很多教师备课不及时。不同教师对自我的认知水平不同，课堂效果引起的反思深刻程度也不尽相同，出现敷衍、走流程、不与同组交流等问题。

（二）个性化教案过多，集体整合出现困难

学校教研组人数较多，大部分教研组都有 10 人以上，每位老师的教学经验和教学方法各不相同，虽然能拓展集体备课时的讨论思路，但是对于教案的每一环节确定都有很大的争论，如基于"教—学—评"一致性的教学目标设定的切入点不同，课堂中采用的教学方法和教学活动也难以保持基本一致，具体的方向把控需要各组灵活调整，更需要实践检验。

（三）单元教学案例不成熟

深度学习进入我校的时间不长，部分教师对深度学习的实践方法把握不精准，我们在把集体备课的成果运用到课堂上时，出现了很多偏离课标、偏离文本的课例，尤其是单元教学的拓展和单元剩余知识的讲解，很多课堂出现缺失。更重要的是，教师的"教"和"评"都能在案例中明显地展示出来，学生的"学"却没有很好的案例展示方案，这对本课题的方法推广造成了很大影响。

参考文献

[1]胡丹.促进深度学习的教学策略研究[D].辽宁师范大学,2011.

[2]游成田.优化学习方式研究[D].福建师范大学,2007.

[3]宋秋前.新课程教学中应处理好的几个关系[J].教育研究,2005(6):74—78.

[4]刘仁增.语用——开启语文教学新门[M].福州:福建教育出版社,2015.

[5]郭华.深度学习及其意义[J].课程·教材·教法,2016,36(11):25—32.

（本文为2020年度郑州教育科学重点课题,获科研成果一等奖,课题研究单位:郑州高新技术产业开发区实验小学,课题负责人:王珂,课题组成员:苗浩、楚真真、陈雅文、杜孝南）

中小学课堂教学"微研究"的开展路径研究

一、研究背景

"微研究"是以一线教师为研究主体,以改进教育教学实践、师生成长为价值取向,以与教育教学密切相关的各类教育教学问题为研究对象,通过选择合适的研究方法,制定合理的研究过程,从而解决问题,提高教育教学质量,实现师生协同发展的一种研究范式。它是郑州市经开区独创的研究范式。

在开展微研究的过程中,存在如下问题:

(一)教师对微研究的作用和价值认可度不高

(1)约90%的教师做微研究是为了完成学校布置的任务。

(2)在一项"如果没有评职称你会做课题吗?"的问题中,某校85%以上的教师选择"不",某地区80%以上的教师认为"没时间做课题"。部分教师认为课题研究就是"写论文",很多老师的课题研究做成了"假课题"。

(二)教师缺乏聚焦问题的方法和策略

(1)对问题描述片面,对矛盾的主要构成认识不清。

(2)对问题根源的分析带有很大的主观性,想当然、经验型居多。

(3)分析问题根源时眉毛胡子一把抓,主次不分,真伪难辨。

这些都将导致教师无法实事求是地分析判断问题,不利于问题的解决。

(三)教学和研究分离,微研究开展路径不清晰

(1)教学和研究分离。一方面,教学出现问题时,教师没有问题记录意识,没有反思意识,教研时泛泛讨论,对问题的解决束手无策;另一方面,教师在做课题时又找不到问题,"假课题"比比皆是。

(2)教师缺乏思考和研究。比如,教师在对"学生学不会"进行归因时,很多教师归因为"学生不认真听""家长不配合""老师讲得少"等,很难归因到"教师自身课堂教学方式"上。

二、研究过程

(一)第一阶段(2020年4月—5月):深层调研阶段

1.文献研究,奠定理论基础

我们搜集了272篇知网、维普网上相关的论文、研究成果及实践经验,选择47

篇与微课题研究密切相关的文献作为课题组研读的资料,还阅读了徐世贵、刘恒贺两人合著的《教师怎样做小课题研究:高效助力教师专业成长》这本书。

2.调查分析,找出问题症结

(1)调查问卷。

问卷分为个人基本情况、微研究参与意愿、微研究中的难点等部分。

(2)案例分析。

抽取 25 份各校微研究成果进行分析,结果如下:一是微研究动力不足,应付完事;二是教师对现象的本质,或者说是现象背后的学理不清楚。

(3)教师访谈。

主要在郑州市经开区蒋冲小学教师群体中进行。访谈结果如下:

①教师科研方法和具体操作等能力不足是影响教师开展微研究的原因之一。

②教师开展微研究的动力不足。原因是教师工作比较繁杂、微研究没有有效解决教育教学难题、教师有畏难情绪。

访谈的结果和微研究案例分析结果是比较吻合的。

(二)第二阶段(2020 年 6 月—12 月):研究实施阶段

(1)通过微研究优秀成果转化与推广,教师对微研究的内涵有明确清晰的认识,开展微研究的积极性显著提高。

(2)依据经开区微研究的基本框架,通过各学科教师开展微研究的个案追踪,积累案例,发现教师在开展微研究过程中存在的难点并梳理出突破难点的方法策略;细化和丰富微研究路径,让微研究更完善、更实用。

(三)第三阶段(2021 年 1 月—2 月):研究总结完善阶段

梳理归纳、总结提炼微研究开展路径,形成课题结项报告。

三、主要做法和经验

经过研究,对于提升教师开展微研究活动的有效性,我们总结出的策略如下图所示。

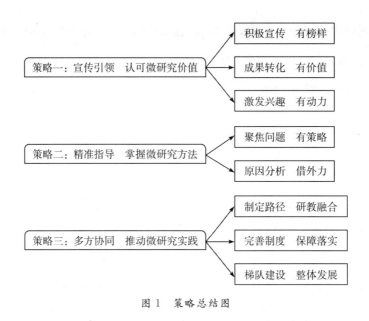

图 1　策略总结图

（一）策略一：宣传引领　认可微研究价值

1.积极宣传　有榜样

（1）公众号宣传，助学习。

2020年的微研究先进个人的评选，区教科室将获奖的54篇微研究成果制作成视频，将投票作为参考指标之一。有的微研究成果投票接近6000票，少的也有三四百票。这一活动，在经开区营造了良好的研究氛围。尤其是54篇微研究成果的转化和推广，不仅让教师对微研究的内涵有了更清晰的认识，同时也给学校转化和推广微研究成果做了示范引领。

（2）学校宣传，有力度。

在区教科室的引领下，各个学校也加强了对微研究的宣传。如郑州市第八十五中学，开展了四方位全面宣传。

①行政干部会议宣传，得支持。教科室主任及时在行政会上向校长和中层干部传达区教科室工作会议内容和精神，实施本校教科研奖励制度及校领导审核通过制度；校教科室举行的活动邀请校领导参与并指导；省、市、区、校四级课题制度校领导人人清晰。同时，对微研究获奖教师和总人数向校领导汇报宣传。

②教研组长会议宣传，营氛围。打印学校教科研制度和教科研奖励制度，教研组长人手一份，做到制度人人熟悉；学期初，公布本学期的教科研工作要点和时间节点，做到教研组长人人清楚；及时将各教研组中微研究获奖教师的人数、等次汇

总,在教研组会议上公布,并请微研究获奖最多的教研组长介绍经验。

③教研活动宣传,促落实。学期初,教科室主任制订计划,学期中,教师有计划地参加各教研组活动,及时总结各教研组开展微研究活动中出现的经验和问题,再通过教研组会议分享经验,解决问题。

④骨干教师谈心活动,得发展。首先,教科室主任对各学科骨干教师名单进行汇总;其次,在参加各教研组会议时,注意骨干教师参加课堂教学微研究的情况;最后,及时找骨干教师谈心,了解他们在微研究中遇到的问题。个性问题,教科室主任给予指导,共性问题,邀请区教科室常立钢主任进行现场讲座和指导。

2.成果转化 有价值

(1)微课题成果汇编成册,共学习。

在经开区微研究评选中获奖的微研究成果,各校大力推广,让该成果在全校范围内共享,达到互相学习、共同提高的目的。

蒋冲小学将获得区级一等奖和二等奖的微研究成果汇集成册,形成微研究成果集《研·教》,封面如下。

图2 蒋冲小学微研究成果集封面

(2)区校网络平台推广,促转化。

经开区"品质教育微研究"公众号,有各校开展微研究活动的新闻报道,篇幅最多的是微研究优秀成果展示,这些成果紧贴课堂教学的真问题,解决的策略简便易学,对微研究成果的转化起到了极大的推动作用。

课堂教学微研究

 品质教育 微研究

【课堂教学·微研究】《穷人》教学中指导学生描写…

【课堂教学·微研究】《黄山奇石》教学中指导学生"熟…

【课堂教学·微研究】《乃呦乃》一课中识谱教学策略…

【课堂教学·微研究】《字母表示数》教学中培养学生…

【课堂教学·微研究】指导学生区分"底"和"纸"的策略研究

【课堂教学·微研究】《加法的认识》教学中模型构建…

图3 "品质教育微研究"公众号优秀成果展示

各校利用公众号和美篇等网络平台,对自己学校的微研究成果一篇不落地进行宣传和推广。

3.激发兴趣 有动力

学校进行微研究优秀成果的课堂展示,让老师们实实在在感受到微研究对课堂的促进作用,同时也让获奖教师获得职业尊严,激发教师开展微研究的兴趣。

蒋冲小学的微研究成果展示课,老师们获得了做研究型教师的成功感和尊严。

(二)策略二:精准指导 掌握微研究方法

1.聚焦问题 有策略

问卷调查中聚焦问题难占比 65.67%,我们的策略是:

(1)建立个人问题库。

江苏省南京市长平路小学的李婷老师《有情·有法·有效·有理——"小课题俱乐部"研究探微》这篇文章中,总结的做法是:在 QQ 群中,鼓励每位教师每周提出一个问题,并建立个人问题库,筛选后建立小团队问题库,然后所有成员围绕这些问题进行研讨。我们借鉴了这一做法。

下面是课题组成员孙国杰解决选题问题的路径:随时记录问题—筛选频率高的问题—确定微研究题目。

小课题研究问题库

——蒋冲小学孙国杰(三二班语文)

①近两周经常有几个学生不交作业,调查原因,多是忘家了,忘交了。有 1 个学生是不写作业,和家长沟通后,了解原因是家长最近忙,没有监督。

②上课提问后,学生窃窃私语,站起来又不会回答问题,是听课习惯还是表达问题?

③小组上课讨论时,学生说一些与讨论内容无关的话题,怎么解决?

④生字默写,"钓""规"多次订正,多次错。

⑤阅读理解题,学生遇到需要稍加总结的题目时,如"三个和尚明白了什么?""小鸟们在争论什么问题?"要么空着不写,要么就是随便写一个短语。

⑥学生的日记中出现大量的病句,主要病因:成分残缺、重复、前后矛盾。

⑦和学生聊天时,对于课外阅读的故事内容,学生讲不清楚。

问题库中记录的"钓"和"规"多次订正的问题,即可作为微研究的课题。另外学校常规的教学反思、课堂观察、教育叙事等都可以成为解决选题问题的方法。

(2)作业反馈中聚焦问题:易错点、典型题型。

课题组史瑞娟的微研究"比喻句的仿写研究"就是平时检测中的易错点。

比喻句仿写研究

——史瑞娟

六年级期中检测卷中有这样一道题:语文是滋味甘醇的美酒,让人回味无穷。(仿写句子)

全班 42 位学生,有 11 人得满分。

失分情况归类整理如下:

①徒具其形,不见其神。写的是比喻句,前后句的语义有联系,但语言无美感的有 11 人。

②事理不通,前后脱节。写的是比喻句,前后缺少逻辑上的联系的有 10 人。

③答题处空白,不会写的有 10 人。

从以上分析可以看出,我班约有 73.8％的学生写不好或不会写比喻句,仿写的能力有待提升。

那么,是什么原因造成这么多的学生都不会写比喻句呢?

基于以上分析,我要研究的目标是"学生仿写能力的培养",我要研究的内容是"仿写比喻句"。因此,我要研究的问题确定为——六年级"试卷讲评课"中仿写比喻句的方法研究。

这个方法对于新手教师是最容易切入的一个方法。

(3)目标达成度中聚焦问题。

整理课堂实录的片段,对照课标、教参、文献、名师做法,加以分析,找出问题。

三年级识字写字"教—学—评"一致性研究

——蒋冲小学司巧艳老师

2019 年 9 月 12 日,我在本校三年级讲授《卖火柴的小女孩》公开课时,在上课时我按照既定的程序,先进行识字写字的教学。按照低年级识字写字教学的惯例,集体识字写字环节占整节课的一半时间,三年级的学生有了一定的识写基础,我预设的教学时间是十分钟左右。可是,整个识字写字过程占用了 18 分钟。

课后,我对识字写字的效果进行了统计,结果如下:

表 1 识字检测结果统计表

认读情况	全会	错 1 个	错 2 个	错 3 个	错 4 个及以上
人数	28	13	6	2	1
占比	56％	26％	12％	4％	2％

基于以上分析,我要研究的内容是"三年级识字写字的'教—学—评'一致性",因此我确定题目为《三年级识字写字"教—学—评"一致性研究》。

2.原因分析 借外力

微研究撰写中原因分析难占比是 48.93％。

通过经开区微研究案例分析,得出结论:原因分析上升不到学理层面——学理分析不正确、不透彻、不规范。

我们的策略是:

(1)借助专家引领。

每一学年,教科室常立钢主任和吴晓云老师会开展近 30 次"微研究进学校"活动,参与省、市、区各级各类课题的开题培训、中期报告培训、结题培训等系列活动,同时也提升了教师开展微研究的能力。

区教科室培养种子教师,获微研究成果一等奖的 58 名教师经过培训成为种子教师,每人结对指导 3 位教师,进行一对一指导,更加精准有效。

郑州经济技术开发区教育文化体育局

关于公布首届微研究种子教师培养对象遴选结果的通知(节选)

各中小学、幼儿园:

经前期初选、集中培训、作业提交等程序,确定姚敏等 58 名教师为经开区首届微研究种子教师培养对象,现予以公布(名单见附件 1),并就有关事项通知如下:

一、培养目标

通过专业研训、成果培育、同伴帮扶、成果转化等途径,培育一批能示范引领、能出优秀成果的微研究种子教师,以提升全区教师教科研能力,深入推进经开区品质教育微研究活动开展,为"提升品质教育、打造品牌经开"服务。

……

附件 1:经开区首届微研究种子教师培养对象人员名单

(2)推进专业阅读。

学习程度决定着研究水平。微研究的原因分析上升不到学理层面,与教师的专业阅读少有直接关系,这是问题的源头所在。

课题研究中,我们总结了两种专业阅读的方法。

第一种:阅读该问题研究领域中重量级专家的著作。比如蒋冲小学史瑞娟老师的微研究成果《基于复学背景下五年级学生人物动作描写方法培养的实践研究》,在原因分析环节,史老师阅读了上海师范大学王荣生教授的《写作教学教什么》,结合自身的教学经验,原因分析的问题迎刃而解。

第二种:到知网、维普网上寻找与该研究主题相关的学位论文,一般阐述比较系统,研究也更深入。

(3)组建研究团队。

以学科组为单位,组建研究团队,为教师的研究性交流创造氛围、情境。平时研究团队共读学科专著,群内分享阅读感悟,相互交流分享阅读所得;原因分析时,大家群策群力,依据个人教学经验和专著阅读所得,进行分析,提供方法,以合作的方式解决问题。

(三)策略三:多方协同 推动微研究实践

1.制定路径 研教融合

遵循"问题即课题,教学即研究"的思路确立微研究课题,确保微研究课题和教学工作紧密结合,研教融合,让微研究成为教师专业成长的抓手,成为提升课堂效率的帮手,成为学业提升的助手。

①蒋冲小学教师微研究开展路径,即公开课(或学生作业、试卷)聚焦问题—学科组开展原因分析—专业阅读寻求策略—结合学情拟定策略—回到课堂进行实践—学科组课堂观察策略有效性—教师修改形成成果。

具体操作如下:第一步开学初第一轮公开课,组织学科组教师听评课,集教研组团队力量找到教师上课时急需解决的问题,确定为微研究课题;第二步教师开展研究,通过查阅资料寻找改进策略;第三步上改进课,教研组跟进听课,进行课堂观察,检测教学效果,鉴定改进后的教学策略是否真正有效;第四步形成微研究成果。

②六一小学教师微研究开展路径,即个人发现问题—教研组解决问题—学科组成果展示—学校经验分享。

期中考试后,学校延续"教学质量分析及微研究推进",语数英体艺各学科组根据实际教学制定出教科研专题,如数学组的《小学生数学信息提取和分析能力的培养研究》、语文组的《阅读效果提升的实践研究》等,老师们真真切切地感受到研究其实并没有那么"高大上"。

2.完善制度　保障落实

经开区教科室为了推进学校"品质教育微研究"活动,下发了《学校校级课题立项评审制度》和《学校校级课题过程性管理办法》,对学校开展微研究提供了制度保障。

根据经开区教科室校级课题管理制度,各校制定了学校课题管理制度和奖励制度,保障了微研究的落实。

六一小学:成立教科室,健全教科研奖励制度,奖励办法如下(节选)。

一、考核办法

(一)本办法对课题研究进行过程考核和成果考核相结合。

(二)过程考核与成果考核相结合,由教导处组织考核后,向校长申请,经校长同意后向有关人员发放证书。

(三)教师每学年的研究情况和获奖情况记入教师个人科研档案,作为教师工作评价、晋升职称、评选先进的重要依据。

二、奖励办法

(一)学校对教科研工作实行定期和随机考核,考核方式是:听课、教案评比、教学反思评选、评优课等。

（二）教师的教科研工作履行情况列入一线教师考核，在区级微研究公众号发表的课题或者主持市级及其以上课题研究并获奖的教师，在学校期末考核评优评先时优先考虑。

3.梯队建设　整体发展

各校在全面推进过程中，方法各异，但殊途同归。

（1）领导示范。

①蒋冲小学：业务校长史瑞娟以身示范撰写微研究，其撰写的《六年级"试卷讲评课"中仿写比喻句的方法研究》《基于复学背景下五年级学生人物动作描写方法培养的实践研究》微研究成果获得经开区一等奖。在史校长的带动和指导下，该校教师多人获微研究成果奖。

表 2　蒋冲小学微研究获奖名单

阶段	序号	成果编号	成果名称	作者	单位	等级
2019 年 8 月微研究第一阶段	1	JKCG191010	六年级"试卷讲评课"中仿写比喻句的方法研究	史瑞娟	郑州经济技术开发区蒋冲小学	壹
	2	JKCG191064	《口算乘法》教学中活动有效设计研究	能长江	郑州经济技术开发区蒋冲小学	贰
	3	JKCG191065	"20 以内退位减法"复习课中小组合作策略研究	秦慧佳	郑州经济技术开发区蒋冲小学	贰
	4	JKCG191066	小学英语阅读教学中学生语言表达能力策略研究	王淼	郑州经济技术开发区蒋冲小学	贰
	5	JKCG191067	三年级英语规范书写的策略研究	刘亚君	郑州经济技术开发区蒋冲小学	贰
	6	JKCG191068	六年级数学计算习惯策略研究	能永利	郑州经济技术开发区蒋冲小学	贰
	7	JKCG191069	小学数学学生审题能力的研究	毛卫娟	郑州经济技术开发区蒋冲小学	贰

阶段	序号	成果编号	成果名称	作者	单位	等级
2019 年 11 月微研究第二阶段	1	JKCG192012	《顶天立地》一课中教学评一致性的策略研究	宋俊娟	郑州经济技术开发区蒋冲小学	壹
	2	JKCG192013	《卖火柴的小女孩》一课中识字写字教学评一致性研究	司巧艳	郑州经济技术开发区蒋冲小学	壹
	3	JKCG192145	提高四年级学生口算能力的策略研究	能永利	郑州经济技术开发区蒋冲小学	贰
	4	JKCG192146	教学评一致性视角下的一年级拼音教学的策略研究	刘聪	郑州经济技术开发区蒋冲小学	贰
	5	JKCG192147	《方程的意义》教学中教学评一致性的研究	张静	郑州经济技术开发区蒋冲小学	贰
2020 年 7 月抗疫情期间微研究第三阶段	1	JKCG201050	基于复学背景下五年级学生人物动作描写方法培养的实践研究	史瑞娟	郑州经济技术开发区蒋冲小学	壹
	2	JKCG201049	农村小学三年级学生语文线上学习参与有效性研究	司巧艳	郑州经济技术开发区蒋冲小学	壹
	3	JKCG201157	线上教学中提高学生有效参与的策略研究——以经开区蒋冲小学二二班语文教学为例	孙国杰	郑州经济技术开发区蒋冲小学	贰
	4	JKCG201158	线上教学中指导学生掌握"退位减法"的策略研究——以《十几减8》为例	秦慧佳	郑州经济技术开发区蒋冲小学	贰

阶段	序号	成果编号	成果名称	作者	单位	等级
2020年7月抗疫情期间微研究第三阶段	5	JKCG201159	返校复学背景下学生英语朗读习惯培养的实践研究	刘亚君	郑州经济技术开发区蒋冲小学	贰
	6	JKCG201160	返校复学背景下指导学生掌握汉字书写笔顺的教学研究——以《树和喜鹊》一课为例	刘聪	郑州经济技术开发区蒋冲小学	贰
	7	JKCG201161	线上教学中教师课堂评价有效性的研究——以《学写日记》为例	李静	郑州经济技术开发区蒋冲小学	贰
	8	JKCG201162	小学低年级仿写句子教学有效性的策略研究——以《动物儿歌》一课为例	陈亚辉	郑州经济技术开发区蒋冲小学	贰

②滨河第一小学：业务校长耿书军、教科室主任王宝川做微研究讲座。

（2）种子先行。

很多学校都采用先行教师带动后行教师的方法开展微研究活动。

最典型的滨河第一小学的做法如下：

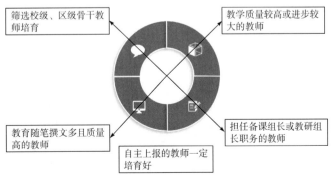

图4　种子教师筛选路径

（3）整体发展。

以学校业务干部为微研究第一梯队，推动教研组微研究开展；以种子教师为第二梯队，带动指导教研组内的青年教师开展微研究。

①滨河第一小学。

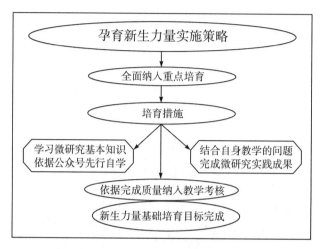

图 5　整体发展

②六一小学：微研究骨干教师李红红、张欢欢、胡梦娜、袁凯歌的微研究成果脱颖而出，引领带动其他教师积极参与研究。2020 年 3 月 29 日，学校对收到的 92 篇作品进行了线上微评选，骨干教师辅导的 13 位老师荣获校级一等奖。

四、研究成效

（一）教师队伍提升

①滨河第一小学微研究参与教师统计情况如下。

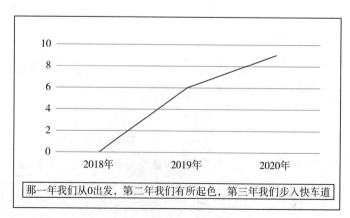

图 6　微研究参与教师统计

从图 6 中可以看出,三年来滨河第一小学有越来越多的教师走向了研究型教师的道路,其专业成长能力也得到了提升。

②蒋冲小学:学校开展微研究以来,2019 年蒋冲小学王淼荣获市级优质课一等奖;2020 年,蒋冲小学教师多人次荣获省级优质课、市级优质课、区级优质课奖项。

(二)学业成绩提升

①六一小学:六一小学 2015 年建校,是从城中村搬迁过来的,当时教学成绩并不乐观,微研究帮助教师重新审视课堂、审视学生、审视工作,其教学成绩从 2018 年开始逐渐好转,在 2020 年暑假的期末学业监测中各年级各学科全部进入全区前十。

②蒋冲小学。

表 3　2018—2019 学年经开区基础教育教学质量分析报告

年级	优秀率	均分率	及格率
原三现四年级	前进 11 位	达标	达标
原四现五年级	前进 8 位	待提高	待提高
原五现六年级	前进 13 位	前进 5 位	达标

五、存在的问题和设想

(一)存在的问题:教师研究水平有待提升

提升教师的研究水平,专业阅读是绕不过去的一个门槛。而教师基于各种原因读书少或者是不读书,是目前普遍存在的问题。如何解决这一难题,提升教师研究的水平,有待进一步研究。

(二)设想:促进微研究的"深耕"

通过实践研究,找到一条把阅读、教学和微研究有效结合的路径,促进微研究的"深耕",让微研究成为骨干教师解决课堂教学问题的思维方式。

参考文献

[1]徐伯钧.微课题研究:县域教科研训一体化的有效途径[J].中小学教师培训,2014(12):22—24.

[2]李彤彤,梁莉.教师微型课题研究现状及需求调查报告——以苏州市吴中区为例[J].广西教育,2018(25):12—14+20.

[3]姚淑卿.微课题研究促进青年教师专业发展[J].北京教育(普教),2014(3):24—25.

[4]唐向茸."问题切入":微型课题研究路径探微[J].考试周刊,2014(82):179—180.

[5]李臣之.中小学教师微课题研究与管理[J].教育科学论坛,2014(1):14—16.

（本文为2020年度郑州教育科学重点课题,获科研成果一等奖,课题研究单位:郑州经济技术开发区蒋冲小学,课题负责人:史瑞娟,课题组成员:徐松彦、王玲玲、孙国杰、王淼）

幼儿园品性养成一体化教育模式建构的实践研究

一、研究背景

《幼儿园教育指导纲要（试行）》（以下简称《纲要》）中指出："幼儿园教育是基础教育的重要组成部分，是我国学校教育和终身教育的奠基阶段。城乡各类幼儿园都应从实际出发，因地制宜地实施素质教育，为幼儿一生的发展打好基础。"由此可见，品性教育是幼儿教育的重点和核心，良好的品德、性格和行为品性是幼儿成才的基础和动力，对于其一生发展至关重要。

为切实开展基于幼儿、融于生活、重在实效的品性养成一体化教育，课题组围绕品性养成一体化教育展开深入研讨，最终确立了"幼儿园品性养成一体化教育模式建构的实践研究"这一课题。

二、研究概况

（一）概念界定

品性养成：指通过环境熏陶、活动渗透、成人影响等方式，引导幼儿养成良好的生活卫生、人际交往、品德修养、探究学习、情绪管理等习惯、品质和能力的过程。

品性养成一体化教育模式：是以"立德树人"为总纲领，以培养幼儿良好品性为总目标，建立"全领域、全过程、全员参与"的一体化品性养成教育模式。全领域是指在幼儿园一日生活的各个领域中渗透品性养成教育；全过程是指品性养成教育涉及幼儿在幼儿园内以及幼儿园外的整个过程；全员参与是指幼儿园内的每位教职人员、幼儿园外家长都参与幼儿品性养成教育，都是幼儿品性养成教育的践行者。

（二）现状综述

课题组成员以"品性""品性教育"为检索词在 CNKI 中国期刊全文数据库进行检索，通过对《儒家道德思想在青少年品性养成中的现代价值》《融和德育，促进学生融和品性养成》《传统文化视角下幼儿"品性养成"课程的实践研究》，以及《美国"蓝带学校"的品性教育——应对挑战的最佳实践》等文章进行梳理、分析，发现当前品性教育的相关研究多聚焦于义务教育阶段，对学前教育阶段的研究较少且多停留在理论分析的层面上；现存研究针对性与普遍性也较弱。

基于此，课题组从本园品性教育实施现状出发，立足本园实际情况，在行动研究过程中探索全方位品性教育的一体化教育模式。

三、研究过程

为使课题研究更有针对性和实践意义,课题组通过理论学习、进班观察、沟通交流、发放调查问卷等形式,对我园教师及家长的品性养成一体化教育理念认知情况进行调查与分析,最终确立了本课题研究的重难点。

(一)第一阶段:前期准备(2020年4月—5月)

(1)2020年4月,成立课题小组,共同商讨课题研究的思路,采用文献法查阅资料,广泛阅读现有研究成果,学习有关品性养成一体化教育的理论知识,统一课题组成员的教学思想,为课题研究提供理论支撑。

(2)2020年5月,向不同层级家长、教师进行抽样访谈及问卷调查,了解家长及教师对品性养成一体化教育理念的认知情况。

(二)第二阶段:实践探索(2020年6月—2021年2月)

(1)2020年6月,召开开题论证会,邀请相关专家对课题进行论证,进一步修改、完善研究方案。

(2)2020年7月,从大中小三个年龄段中各挑选两个班级作为实验班,采用分组进班指导的形式追踪各班幼儿品性养成情况,为下一步课题研究指明方向。

(3)2020年8月,课题组成员分成三个小组梳理《3—6岁儿童学习与发展指南》(以下简称《指南》)中"生活活动、教育活动、户外活动、游戏活动"四个方面幼儿应具备的品性养成目标。

(4)2020年9月—2021年2月,采用行动研究的方式,实践并探索"全领域、全过程、全员参与"品性养成教育实施的有效途径及策略。

①通过进一步细化园所文化、优化幼儿园各项管理制度、美化教师行为规范等策略,全园上下联动,探索、形成"品性养成一体化教育全员参与"推进模式。

②课题组带领实验班采用"每月一重点、每周一习惯、每日一内容"的形式,逐步梳理形成幼儿园品性养成一体化教育课程规划方案,构建"品性养成一体化教育全领域"推进模式。

③实验班借助"家长能量站""习惯打卡表"等形式,探索"幼儿园＋家庭"一体化实施路径,形成"品性养成一体化教育全过程"推进模式。

④2020年11月,开展中期汇报,总结经验,发现不足,调整与优化后续研究计划。

⑤2020年12月—2021年1月,组织教师分享交流经验,汇总教师有关品性养成一体化教育模式构建的教育笔记、课程规划方案等文案资料,提炼经验。

⑥2021年2月,课题组基于以上研究情况,提炼、梳理、总结幼儿园品性养成一体化教育模式模型图。

（三）第三阶段：总结鉴定（2021年3月—4月）

（1）分析整理有关课题研究资料，汇总相关研究成果（图片、录像、照片、文字资料等），形成课题研究报告的各类有形成果。

（2）完成课题研究报告，申请结题鉴定，交流和推广研究成果。

四、主要做法和经验

课题组成员统一理念后，调查并分析当前教师及家长在品性教育认知与实施中的不足。基于对问卷的分析，课题组成员在实践班中展开实践，主要做法和经验如下：

（一）加强理论学习，转变教育理念

为了进一步深化我园教师对品性养成教育的理论思考，最大化地体现品性养成教育的价值和意义，课题组成员重点学习了《守望游戏精神——幼儿行为习惯养成的实践探索》《好习惯成就孩子的一生》《幼儿习惯养成教育实践手册》等书，在交流与分享过程中实现教师理念的统一。

（二）多方开展调研，找准问题根源

课题组成员分别针对教师、家长设计了"关于开展幼儿园品性养成一体化教育的教师调查问卷""关于开展幼儿园品性养成一体化教育的家长调查问卷"，并通过问卷星对全园1019个幼儿家庭、104名教师发放与收集问卷。

1. 教师维度调研分析

在教师维度中，不同教龄、年龄班的教师对幼儿品性养成教育的关注点及策略方法的掌握有所差异，具体表现为：教师实施品性养成教育的途径较为单一，策略及方法不足；教师对不同年龄段幼儿的发展规律及关键期的认识不足；教师对幼儿原有水平与已知经验的分析不足，导致目标制定合理性有待商榷。

2. 家长维度调研分析

在家长维度中，家长对新时代下品性养成教育的关注点不同，家庭成员在教育观念、态度、方法上存在差异，具体表现为：偏重于幼儿卫生习惯、自我认知、个体能力等方面的养成，忽视幼儿自理自立、责任感、团结合作等方面能力的培养；家庭成员对幼儿情感投射的幅度、强度不一致；针对品性养成的教育思想、教育过程有分歧与差异。

（三）基于真实问题，构建目标体系

1. 基于幼儿，分析现状

课题组成员分成三个小组，分别带领六个实验班级教师从"目前班级幼儿已经具备了哪些良好品性？教师用了哪些策略？还需关注哪些方面？"等问题着手，针对班级幼儿品性养成情况进行综合分析、评估与审议。

2.基于《指南》，具化目标

课题组成员分成三个小组，从"生活活动中的品性养成""教育活动中的品性养成""户外活动中的品性养成""游戏活动中的品性养成"四个方面梳理《指南》中幼儿应具备的良好品性，并在此基础上进行分层细化，最终梳理制定出包含各年龄段总目标（各年龄段品性养成重难点）、月目标、周目标的三层级品性养成目标体系。

（四）借助子课题，建构教育模式

为进一步推进课题研究有效开展，课题组关注幼儿完整经验的获得，以"大课题为统领，子课题为推进"的方式，探索全方位（全领域、全过程、全员参与）品性养成一体化教育模式的建构。

图1 "一二四五"幼儿园品性养成一体化教育模式图

1.一个核心思想：一日生活皆养成

陶行知提出"一日生活皆教育"，品性养成教育也应渗透一日生活。本课题以"一日生活皆养成"为引领，各年龄段、各实验班积极开展班级幼儿品性养成教育的落实，将各年龄段总目标进行逐级细化并在班级中实践，将这一思想渗透一日生活、贯穿五大领域，进而探索全方位品性养成一体化教育模式。

2.两大教育阵地：幼儿园和家庭

《纲要》中提道："幼儿园应与家庭、社区密切合作，与小学相互衔接，综合利用各种教育资源，共同为幼儿的发展创造良好的条件。"幼儿品性养成教育需要家园合作，实现对幼儿一致稳定的持续影响。基于此，全园上下联动，探索全体教职工及家长实施品性养成教育的路径及策略，落实品性养成全员参与。

（1）全体教职工共参与，精心打造"微文化"。

①精神文化唤醒园所活力。将品性养成教育融入幼儿园文化之中，课题组从园所文化着手，将"要养成好习惯哟"的园训渗透园所发展、课程改革以及教师队伍建设的各个方面。

②制度文化激发教师潜力。充分发挥园所制度文化的优势，将"以人为本"的原则渗透制度管理层面。将制度的"管"与文化的"理"有机融合，构建和谐的教师共同体。教师团体在制度文化的"管理"下，自主规范自身言行，为孩子树立了良好的榜样。

③物质文化舒展园所张力。在品性养成教育的渗透下，课题组倡导创设富有归属感的空间环境。结合园所文化特色，将品性养成教育落脚于"幸福"这一关键词，带领全体教师创设蕴含幸福的班级文化环境、园所文化环境、区域文化环境等，将品性养成教育潜移默化地渗透园所的各个环境中，提升全园教职工与幼儿对品性养成教育的感知与理解。

（2）多渠道家长齐合作，追求育人"微润德"。

幼儿园通过多渠道开展幼儿品性养成教育的家园合作，从园所与家长、班级与家长、家长与家长三个维度着手，组织丰富的活动。

①园所与家长。幼儿园通过邀请相关专家开展家庭品性养成教育知识讲座，以网络直播的方式让优质的教育资源辐射更多家庭；开通家庭教育咨询平台，通过一对一的咨询辅导，提升家庭品性养成教育的指导针对性。

②班级与家长。各班以班级为单位，通过周三家长能量会，引领其转变观念；借助周末温馨小提醒，将品性养成教育的内容渗透给家长，让其了解幼儿园的具体做法，并告知家长在家里需要做什么、怎么做；设置家长、幼儿两种板块的每周品性养成打卡表，形成幼儿园与家庭的教育合力，共同落实幼儿的品性养成教育。

③家长与家长。依托家委会，组织开展家长教育经验分享与交流。充分挖掘与利用家长资源，为家长搭建"父母说"交流平台，请部分家长通过这一平台为家长分享多样化的经验；定期组织家长走进幼儿园中，参观园区，与其他家长进行研讨交流，通过家长论坛、家长沙龙等平台解答家长困惑，增进家园情感。

3.四种实施途径：生活活动、集体教育活动、户外活动、区域活动

生活活动、集体教育活动、户外活动、区域活动是实施幼儿园教育的四大主要途径，幼儿品性养成教育也是如此，需要这四种途径相互配合、相互渗透，协调一致地促进幼儿行为习惯的养成。

(1)生活活动中的品性养成教育。

品性养成是一个循环往复、不断深化的过程。我们将生活活动按照入园、饮水、盥洗、如厕、睡眠、离园、其他进行划分,充分关注这七个环节的品性养成教育,创设集"教育性、引导性、熏染性、操作性"于一体的环境,培养幼儿的良好品性。例如,通过师幼共同协商制作"我们的约定"常规图示,并张贴在活动室醒目位置,培养幼儿养成正确喝水、盥洗、如厕、睡眠等良好品性。

(2)集体教育活动中的品性养成教育。

在培养幼儿的良好品性方面,幼儿园组织幼儿参与探索、认知、实践表征等主题活动,有意识地渗透品性养成教育的理念和内容;基于"各年龄段幼儿品性养成教育总目标""各年龄段幼儿品性养成教育月目标"等进一步开发园本课程,形成系列品性养成教育纲要,让幼儿在课程中提升意识、养成习惯。例如,通过"走进小学"主题活动,帮助大班幼儿感知与了解学习用品的正确使用、书包的整理、时间的合理安排等,让幼儿养成相关的良好品性。

(3)户外活动中的品性养成教育。

户外活动是保障幼儿身心健康发展的重要途径,不仅能够给幼儿带来快乐的情绪体验,还能使幼儿在参与的过程中提升身心素养。例如,建立以幼儿为主题的活动,和幼儿一起细化活动前、活动中、活动后的游戏常规,培养幼儿的规则意识。

(4)区域活动中的品性养成教育。

区域活动是幼儿实现个别化学习的重要途径,我们充分利用区域活动的创设和开展,将品性养成教育隐含其中,引导幼儿在个别化学习中,潜移默化地养成与同伴友好合作、轻声交流、乐于探究、整理操作材料等良好品性。例如,借助幼儿能够理解的好习惯提示图,制作实物标签粘贴在橱柜内和玩具整理盒上,引导幼儿对材料进行一对一归类整理。

4.五大领域有机渗透融合

幼儿品性养成教育离不开与五大领域的有机融合,课题组依托五大领域中幼儿发展的目标,将品性养成教育与健康、语言、社会、科学、艺术领域的内容有机融合,为教师进一步推进幼儿品性养成教育提供策略。

(1)基于挑战的体育运动,养健康之魄。

通过组织丰富多样的活动,在健康领域中渗透良好品性。例如,2019年我园被评为首批"全国足球特色幼儿园"后,我们将品性养成教育渗透到多样的足球活动中,引导幼儿在春季运动会、情境化体育活动、晨间锻炼大循环等多元的活动中,逐步养成坚持、合作、勇敢等良好品性。

（2）基于主动的语言活动，育表达习惯。

课题组重视品性养成教育在语言领域的渗透，组织了丰富多元的语言活动，为幼儿创设多元的语言环境。例如，为培养幼儿的倾听习惯，我们组织了"你说，我听"系列活动，让幼儿在沉浸式的活动中感受倾听的魅力，发展倾听的能力；组织了"阅读·悦幸福"活动，通过打造专属阅读角、图书漂流等活动，引导幼儿养成良好的阅读习惯；在区域中创设"中原小导游""新闻播报角"等游戏，让幼儿在自主地阅读、倾听、表达的过程中，收获良好的语言习惯。

（3）基于情境的社会性发展，养友爱之情。

将幼儿置于真实的情境之中，为幼儿搭建合作、交往的平台，将品性养成教育渗透社会领域活动之中。例如，通过组织"走进实幼，爱满实幼"系列活动，为小、中、大班幼儿搭建互动与交流的平台，丰富幼儿的社会认知，激发幼儿的社会情感，进而支持幼儿将认知与情感内化为自身的社会行为。

（4）基于操作的探究发现，育创造之趣。

幼儿在感知、发现、探索的过程中，获得良好品性的养成。例如，在"幼儿园来了一群小蚂蚁"主题活动中，我们充分尊重幼儿的好奇心与想象力，为幼儿提供适宜的低结构材料，让幼儿通过摆弄、操作多元化的材料，尽情发挥想象力和创造力，充分体验成功的喜悦；带领孩子们一起走进大自然，通过调查、观察、分享等方式，了解蚂蚁的习性，感受蚂蚁的分工、合作，促进其社会性发展。

（5）基于体验的生命教育，育感恩之心。

开展生命教育活动，发展幼儿的感恩之心。例如，疫情复园后，我们组织开展了以"我的蔬菜宝宝"为线索的主题活动，让幼儿亲身体验种植的整个过程，初步感知生命的发展，感受人与大自然的和谐共生；通过组织"赶走病毒"为线索的主题活动，让幼儿感知人类生命的伟大，懂得保护生命。

五、研究成果及成效

经过近一年的研究，本课题取得了以下成效。

（一）有形成果

1. 建构了幼儿园品性养成一体化教育模式三层级目标体系

经过课题组成员的共同努力，以及六个实验班教师的参与和帮助，我们根据3—6岁幼儿身心发展规律和认知特点，形成了包含各年龄段总目标、月目标、周目标的三层级品性养成目标体系，为我园品性养成一体化教育的实施指明了方向。

2.形成了一套可具体操作的"一二四五"一体化教育模式

课题组以"大课题为统领,子课题为推进"的方式,结合全领域、全过程、全员参与展开研究,梳理形成了包含"一个思想、两大阵地、四种途径、五大领域"的"一二四五"一体化教育模式,为我园品性养成一体化教育的实施提供了支撑。

3.确定了幼儿园品性养成一体化教育模式的课程纲要

课题组梳理出了一套翔实、可行性强、操作性强的品性养成一体化教育模式的课程方案,为我园青年教师开展品性养成一体化教育活动提供了参考依据。

4.制定了幼儿园品性养成一体化教育模式的系列家园共育打卡表

课题组依托各年龄段品性养成总目标、月目标、周目标,从幼儿板块、家长板块两个方面设计了包含大、中、小班三个年龄段幼儿的 96 个品性养成教育打卡表,促进家园携手共同实施品性养成教育。

5.梳理了幼儿园品性养成一体化教育模式教师教育笔记集

课题组积极组织教师针对开展的品性养成教育活动进行反思与研讨,对开展活动中的收获、困惑等及时进行反思。一年下来,通过课题组成员的共同努力,我们共收集整理了多篇优秀的教育笔记,并将其汇编成册,以便为今后开展品性养成教育活动提供参考。

(二)无形成果

1.幼儿方面

通过课程活动的开展,采用隐性教育与显性教育相结合的方式营造良好的氛围,促使幼儿养成良好的品性。例如,在"光盘清亮灯"活动中,孩子们养成了不挑食、不剩饭的好习惯,并能够在用餐后自主打扫桌面和地板卫生;在"早操小达人"活动中,幼儿养成了良好的睡眠习惯以及早入园不迟到的好习惯等。

2.教师方面

课题研究的过程中,班级教师也在潜移默化中养成了物品定位、人走桌空、随手关灯等良好习惯,最主要的是,全园教职员工的主人翁意识更加强烈,已经能将园训"要养成好习惯呦"真正地融入日常带班中,真正地做到了知行合一。

3.家长方面

为了能够有效地促进家长参与进来,达到家园共育,我们每周都会以打卡表的形式鼓励孩子每天坚持养成好习惯,经过近一年的推行,实验班的家长和孩子们已经逐步养成了这种打卡习惯,甚至有的家长还对原有的打卡表进行改编、仿编,使打卡表更具针对性。

六、存在的问题及今后的设想

一年来,我们以"幼儿园品性养成一体化教育模式建构的实践研究"为课题研究主旨,充分挖掘品性养成一体化的教育价值、策略,并梳理形成了一套全方位品性养成一体化教育模式。但在研究过程中还存在一些问题,比如研究者理论与实践的结合不够紧密、品性养成教育纲要的弹性化评价策略还需加强。

此外,我们发现在研究过程中,还要从以下几个方面去不断地探究:

第一,进一步深挖品性养成教育价值,探索更为多元、操作性更强的方式方法,促进幼儿良好品性的养成。

第二,幼儿品性养成教育一体化中涉及全领域、全过程、全员参与,那么除了幼儿园与家庭之外还需要整合社会的教育资源。结合幼儿学习的特点,后续可以联系社区及社会各部门为幼儿提供更加丰富多元的教育途径,让幼儿在真实的生活情境中,汲取品性养成的养料,让优良的品性和美好的生活伴随幼儿成长的一生。

参考文献

[1]中国教育部.幼儿园教育指导纲要(试行)[Z].2001-7-2.

[2]束有鹏.儒家道德思想在青少年品性养成中的现代价值[J].扬州教育学院学报,2005(4):53-56.

[3]张爱娟,马春华.融和德育,促进学生融和品性养成[J].江苏教育研究,2018(Z2):52-54.

[4]束有鹏.家庭道德建设与青少年品性养成[J].江苏社会科学,1997(2):29-32.

[5]华敏.从德国的善良教育看我国儿童善良品性的养成[J].教育探索,2010(1):125-126.

[6]俞文珺.传统文化视角下幼儿"品性养成"课程的实践研究[J].教师教育论坛,2019,32(6):74-76.

[7]邵思渺.幼儿良好习惯形成的方法及策略研究[J].农家参谋,2019(23):257.

[8]戴晨佳.浅谈幼儿良好行为习惯的养成[J].科学大众(科学教育),2019(10):88.

[9]腾鲁慧.我国中小学品性教育研究现状及管理策略研究[D].曲阜师范大学,2011.

[10]梁娅,王小丁.罗素的幼儿品性教育及当代启示[J].文史博览(理论),2014(3):71+72+77.

[11](英)米勒,波格丹诺.布莱克维尔政治学百科全书(修订版)[M].邓正来,等,译.北京:中国政法大学出版社,2002.

[12]（美）Madonna M. Murphy.美国"蓝带学校"的品性教育——应对挑战的最佳实践[M].周玲,张学文,译.北京:中国轻工业出版社,2002.

[13]张静.幼儿习惯养成教育实践手册[M].北京:中国工人出版社,2017.

[14]樊人利,顾兰芳.守望游戏精神——幼儿行为习惯养成的实践探索[M].南京:南京师范大学出版社,2015.

[15]刘晶波.学前教育研究方法[M].北京:人民教育出版社,2007.

[16]陈向明.质的研究方法与社会科学研究[M].北京:教育科学出版社,2000.

（本文为2020年度郑州教育科学重点课题,获科研成果一等奖,课题研究单位:郑州市郑东新区实验幼儿园,课题负责人:马灵君,课题组成员:闫晓琳、赵洁琼、刘慧君、温飞燕）

核心素养为本的"沁润"教育品牌学校建设行动研究

一、研究背景

随着以核心素养为本的新一轮基础教育课程改革启动,深化教育改革的需求进一步要求推进核心素养教育目标的落实以及学校的深度变革。与此同时,学校创新发展中也逐步提出了"一校一品"的发展要求。基于此,立足本土实际,本课题拟在新课程改革的背景下开展学校的品牌建设,以进一步探索落实核心素养为本的教育改革的有效路径和策略。

二、研究过程

(一)课题前的准备

课题立项后,及时进行小组会议,进一步把分工细化到个人,然后准备开题所需要的各项数据、资料。在专家的指导下,首先对课题的核心概念"沁润"进行补充界定;其次将课题研究目标内容进行调整,使逻辑更清晰;最后进一步进行文献的搜集与整理。

(二)开题后的工作进展

明确课题组成员的分工,讨论、拟定调查问卷,编制调查问卷,完成问卷的发放、回收与问卷统计。对具有代表性的问题进行深入研究、分析,并与学生、家长、教师进行交流,共同研究解决问题。

(三)中期汇报活动扎实推进

在市级课题中期汇报会上,课题组对存在困惑的问题进行梳理,确定了研究方向,总结了课题亮点与特色。一是对课题的核心概念"沁润"进行补充界定。二是通过听取专家建议,课题组将本课题分为三个子课题:探索沁润教育视角的学校文化建设路径与策略、基于核心素养的沁润德育体系建设、沁润教育为本的课堂教学创新。三是进行问卷调查。在课题负责人郑校长的带领下,课题组查阅、搜集资料,进行理论学习,借鉴核心素养调查理论成果,结合学校现状,探讨"沁润"品牌学校建设的策略。四是根据学校育人目标和学生特有的四大素养,构建学校沁润课程体系。

(四)课题组成员整理资料,为课题结项做好准备

整理、分析各阶段的资料,完成结项报告。

三、主要做法和经验

（一）对课题的核心概念"沁润"进行补充界定

根据市教科所专家的建议,课题组对"沁润教育"进行了界定,对其内涵有了较为准确的把握。

（二）把课题分为三个子课题

听取专家建议,课题组将本课题分为三个子课题:探索沁润教育视角的学校文化建设路径与策略、基于核心素养的沁润德育体系建设、沁润教育为本的课堂教学创新。

（三）进行问卷调查、统计分析

在课题负责人郑校长的带领下,课题组查阅、搜集资料,进行理论学习,借鉴核心素养调查理论成果,结合学校现状,探讨"沁润"品牌学校建设的策略。

愿景是我们对学生的憧憬,更是我们脚踏实地努力的目标。学校愿景对于学校的成长与发展也更为重要。而学校愿景的影响因素主要来自三个方面:家长、学生、教师。因此,本研究拟通过问卷方式对家长、学生、教师进行调查与分析,以期为我校的愿景设计提供科学的依据。

1.调查设计与实施

了解我校师生及家长的微小愿景,分析、归纳出师生及家长微小愿景的关键词,为我校深化学校愿景构建行动提供决策依据。

2.讨论与分析

我们从发展愿景总体特征、健康发展愿景(心理发展愿景和生活情趣发展愿景)、交往素养愿景(接纳自我、人际交往和认同社会)、求知素养愿景、应用素养愿景、学生发展愿景、教师发展愿景、学校发展愿景方面分别进行了调查和分析,建构出了学校的价值体系。

围绕学校核心文化——"润",学校确立了基于"润"文化的教育哲学"沁润教育",以中原品质教育内涵发展为核心,培育品质学生、塑造品位教师、创建品牌学校。学校的办学理念是"让每一个生命绽放光彩",教育是用生命影响生命的事业,是一个栽培生命的精彩过程。基于此,学校确立了培养目标:培育德高、体健、智睿、行雅多元发展的灵动学子。沁润教育是中原品质教育引领下的淮河教育特色,灵动学子是独具淮河人文气质的中原品质学生。学校形成教育特色——沁润教育灵动学子,即依循天赋,激发潜能,开启智慧,润泽生命,是爱与爱的传递,心与心的启迪。以无声之境涵养生命、润物无声、触动心灵,用情感沁润心灵,用心灵启发思维,沁润教育成就灵动学子。

（四）建设学校沁润品牌，课程项目有效推进

在华南师范大学左璜教授团队及教研室专家的引领下，学校分别围绕整体层面、德育层面、学科层面、教师个人层面制定了淮河路小学课程项目推进措施。

1. 整体层面

（1）沁润课程文化建设——开展校园文化设计活动。

学校课程微团队向全校师生征集动画形象，在此基础上进行设计、优化，设计稿再次征求师生的意见，确定了学校的四大核心素养动画形象，并融入学校各方面的工作中。

鼓励各班级在四大素养的目标指引下，创造性地设计班级文化标识，组织相应的活动。学校的润心、润体、润行、润智四大特色课程编写了一至六年级课程框架。润心组围绕核心价值观，建构基于中国学生发展核心素养框架下的德育主题班队会校本体系，通过以微电影创编制作应用为主要途径的德育主题班队会课程，使学生形成正确的价值观，具备自律、尊重、责任三种必备品格，养成良好的行为习惯与文明素养，成为具有"秉公心、奉爱心、持恒心"等优良品质的淮河学子。团队老师围绕不同主题，与学生共同挖掘素材，学生担任助教和配角，选定相关教师，拍摄相关主题的微电影，进行放映和宣讲，落实德高这一核心素养。润体组开展运动力课程，使学生产生主动运动的兴趣，了解日常的运动习惯，面对挫折能够克服困难，积极进取。在项目式学习的过程中，使体健这一育人目标得到有效落实。以学生运动内驱力的激发这一问题为驱动力，每个年级分为乐运动、恒运动、毅运动课程模块，选定实验班级进行活动实践，编写活动手册。润行组通过对现实情境中的真实问题开展探究与实践，帮助学生增强自主探究意识、提高实践能力、养成良好行为习惯、掌握研究问题的技能、学会有效的行动方法，全面提升学生的行动素养及艺术素养，使学生成为具有行动力的灵动学子。一到六年级学生从学年伊始的九月到第二年五月每月一个主题，如"校园规则""安全意识""感恩的心""环境意识""劳动素养""爱国意识""饮食健康""艺术修养"，按照慎行—笃行—雅行的逻辑顺序进行实践活动推进，使行雅这一育人目标得到落实。润智组紧扣校园文化环境来编写一至六年级课程框架，通过课程的开发与实施，年级、班级活动开展，促进学生各方面能力得以发展，进而成为博闻强识、通达明智、匠心独运的灵动学子。

（2）沁润课程制度建设——成立课题研究中心。

围绕"沁润"设计课题研究申报与管理制度，鼓励教师申报各级课题。学校科研团队带领全校教师申报各级课题，目前学校正在研究的市级课题 5 个、区级课题 5 个。

（3）沁润课程团队建设——组织成立微团队。

学校骨干教师成立微团队，通过读书打卡营造"沁润"的教学环境，通过四大特色课程开发、实施让教师将四大核心素养浸润在课堂中，完成教师教学方式的转变，突破课程变革的难点和瓶颈。

2.德育层面

（1）德育课程建设。围绕四大素养，结合学校常规工作，列出一至六年级的具体活动设计（包括节日活动设计）。

（2）德育评价体系建构。围绕四大素养，将其具体化到日常的行为习惯管理活动中，变成具体指标，进行测评。

（3）班级活动安排。鼓励各班级在四大素养的目标指引下，创造性地设计班级文化标识，组织相应的活动。

3.学科层面

根据语文、数学、英语、科学等不同学科特点开展小学沁润课堂教学形态研究，列出具体计划。

4.教师个人层面

教师应熟悉学校理念，并能进行宣讲；形成沁润的课堂环境，在课堂上，教师注重情感体验，形成课堂形态；展开教学改革研究，在课堂实施中各学科教师形成自己的教学案例，上一节教学示范课；教师应主动参与课程建设，在沁润课程下选择自己的课程建设任务；教师应积极申报个人课程建设小课题；教师应积极参与课程质量评估。

在具体落实过程中，学校又围绕沁润课程、沁润课堂、沁润评价体系三个方面进行了进一步的分解与规划。

（1）沁润课程。

①设计沁润课程图谱。

沁润课程图谱是一棵大树的形象，寓意淮河学子扎根大地汲取营养。四大核心素养用色彩和图案标识。四个特色项目课程图谱通过大树的枝干呈现课程模块及课程逻辑。如运动力课程，学生通过乐运动、恒运动、毅运动三个课程模块的研究性学习加体验式学习，产生主动运动的兴趣，了解运动习惯，形成积极进取的意志品质，养成终身运动的习惯。

②进行特色课程开发。

a.开发搭建项目特色课程框架。

特色项目课程开发是以问题为驱动，以学生为主体的原则提出的问题进行研究开发,也就是围绕学生找问题,针对学习方法、学习策略的开发研究。

第一阶段,微团队通过对四大核心素养的解读,基于学校育人目标确立特色项目课程的课程目标;第二阶段,围绕学生找问题,针对学习方法、学习策略进行开发研究。在多次讨论中,逐步树立儿童立场、找准学生需求、聚焦学生学习方式、着眼学生核心素养培育,来构建、开发出润心、润体、润智、润行四个特色项目课程及框架。

课程框架也处在动态发展中,随着课程实施,在不断思索、不断实践中,进一步明晰课程目标,调整和完善课程内容。

b. 基于课例研讨,编写特色课程活动手册。

根据实际情况,制定推进方法和措施。每个课程组从一个实验年级开始进行课程设计和实施,形成样例,再推广至其他单元模块。课程组对每个主题活动先进行课例研讨,再编写活动手册,并在课程实践中不断修订课程框架。聚焦学生学习方式,采用研究性学习和体验式学习落实学生发展核心素养。

开展课例研讨,编写活动手册样章。课例研讨的目的和意义是统一思想认识。特色项目课程与学科课程不同,聚焦的是学习方式的变革,是跨学科的综合性学习。每个课程组根据选定的实验年级,按照课程框架从第一个主题活动开展课例研讨。

在课堂研讨中发现问题并解决问题。在首轮课例研讨中,各组发现了自己的问题:润体组发现学生的研究性学习不知道怎么开展;润心组的微电影全是老师选题、拍摄,学生缺少主动参与的机会;润行组发现教师的教学目标不够明确、内容太多;润智组发现上的课学科味太浓。各课程组问题、困难、困惑很多,有些是个性的,但大多问题是共性的。这种情况下,微团队确定每周挤出固定时间,周周推进、研讨,集中团队的力量,一一突破难题。

比如:润心组第一次试课后,孩子们遇到的最大困难是围绕主题创编剧本并拍摄微电影,老师面临的抉择是直接指导还是让学生解决问题。小组经过反思和商议,对思维活跃的孩子进行调研,将其周围发生的故事、所思所感作为微电影创作鲜活的素材。把德育教育与信息化、微电影媒介相融合,这样不仅品格得到了沁润式教育,也亲身体验编剧、拍摄、后期制作等一系列微电影制作流程,实践能力和操作能力得到锻炼,媒体素养得到提升。

润体组聚焦学习方式。在集体碰撞时,各课程组给出建议,润体组最后设计出学生自评、互评、教师评的评价量表。实现教师放手后,多主体评价推动学生自主发展。

润行组发现健康饮食涵盖的内容太多,通过学生访谈把问题聚焦。明确课程的目标,即学生通过对不同主题活动的自主探究,按照慎行—笃行—雅行的逻辑螺旋递进,实现劳动教育与美育融合的更高品质的生活。

润智组课堂和活动手册都存在学科性明显、教师讲授过多、学生探究过程少的问题。结合左璜教授给出的建议,将音乐、美术与文化结合起来,弱化学科特点,增加问题研究,尽可能多地给学生提供选择活动情境的机会。

活动手册样章审核与修订。针对各组出现的问题,认真梳理反馈意见,积极讨论明确修改内容。2020年12月初,项目进行阶段小结。各课程组全面梳理总结,在课堂研究的基础上,修订教学设计,编写活动手册。各组人人上课,边上课边研讨,边编写边修改,逐步推进每个活动主题。

每周集中研讨,确保活动手册编写质量和进度。从2020年12月开始,为保障活动手册编写进度和质量,每周四下午集中交流研讨。

特色项目课程开发,四个课程组分别完成实验年级活动手册编写,并整理出教学设计,形成课程资源包。

c.课例实践及完善。

每周四团队汇报研讨,各组呈现的除了活动手册编写,还有好多对应的教学活动设计,有的组一周内还反复进行课堂研讨,德高、体健、智睿、行雅的目标逐步得以落实。老师短短几周时间内实现自我突破,在课例完善中逐步完成教学方式的转变:从怎么教到怎么学,教师融入学生学习小组,成为助学者、参与者。集中研讨中每个团队自我反思,能力不断得到提升。

(2)沁润课堂。

①解读沁润课堂三大元素,制定课堂评价标准。

任何一门课程都要通过课堂来落地。基于沁润文化,左璜教授提出了沁润课堂的三大元素:情感体验、互动交往、动态生成。沁润课堂三大元素与原来课堂形态的五个教学流程有机融合,突出了情感性。

微团队通过对三大元素的解读,初步制定了沁润课堂教学评价标准,评价标准的适用性、合理性及适切性,在课堂实践中不断得到提高。开展课堂实践,形成课例。

如《圆的认识》一课,闫老师在制定学习目标、设计评价任务时突出三大元素。情感体验:通过创设投壶游戏情境、关注互动交流中学生的情感及态度,以及师生、生生间的评价激活学生的学习,积极的情感体验使课堂教学始终处于愉悦的氛围中,学生体验到学习的愉悦感和成就感。互动交往:有价值的学习任务促进小组合作与交流,最大限度地激发学生的智慧,不同层次的学生都有自己的见解和看法,参与度高。动态生成:教师设置了一个开放的"画圆活动",在开放的探究活动中,师生、生生产生多元互动,从而将学习与思考向纵深推进。

②融合教学常规,践行课堂形态。

项目课程的实施,也与学校教学常规相融合,根据沁润课堂评价标准,学校开展了沁润课堂形态实践与研究。根据学科评价标准,教师努力上好四类课:课程纲要分享课、青蓝工程徒弟汇报课、各学科优质课、期末复习课。沁润课堂的三大要素和评价标准,在不同的教师层面和不同课型中开展实践研究,内化于师生教与学中。课堂教学研究成效显著,多名老师在不同层面的教学比赛中获得佳绩。通过课堂形态实践与研究,学校形成了各学科课程评价标准和课例教学设计案例集,以及课例教学视频集。

(3)沁润评价体系。

①制定沁润课程评价体系。

基于学校核心素养和"德高、体健、智睿、行雅的灵动学子"的培养目标,在原有评价体系的基础上完善了学校的沁润课程评价体系。学校把学生发展核心素养六个方面与学校学生四个核心素养结合,学校课程紧扣培养目标,确定课程总目标,经过不断探索,完善了评价标准。

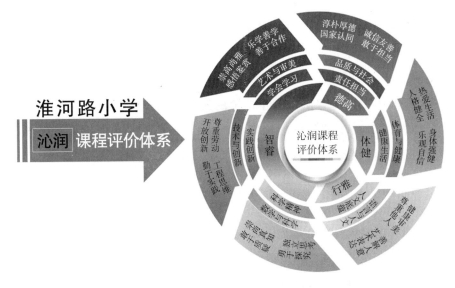

图 1　淮河路小学沁润课程评价体系图

其中,智睿这一核心素养有三大类课程与之对应,分别是艺术与审美、技术与创新、数学与科学,课程门类不断丰富,呈现出学校为培养适应 21 世纪的人才,面向未来的发展思路。

②课程评价的实施。

根据评价体系,学校制定了学生评价表、教师评价表、课程评价表,以及沁润课堂教学评价标准,在日常教学和校本课程活动中实施。根据新开发的项目特色课程,制定评价表,充分发挥评价的激励、促进作用,为课程的实施保驾护航。

四、研究成效

(1)通过学生、家长和教师问卷调查、访谈,再次明确了学校以润文化为核心的办学理念"让每一个生命绽放光彩",确立了"德高、体健、智睿、行雅的灵动学子"这一育人目标,二次征集和审议四大动画形象,使其成为校园文化新标识。

(2)沁润教育是淮河路小学教育思想的高度凝练与概括,在华南师范大学专家团队指导下,课题组成员对沁润教育的内涵、目的再次进行提炼,根据师生的需求,丰富学校培养目标,在原有的"培育德高、体健、行雅的灵动学子"基础上加入"智睿",锁定学生的核心素养"德高、体健、智睿、行雅",确定培育"德高、体健、智睿、行雅的灵动学子"这一育人目标,"沁润教育,灵动学子"的教育特色随着学校环境建设、课程变革项目推进日益突出。

(3)沁润教育,营造和美校园。学校希望全校师生在打牢中华民族底色的同时,具有开阔的国际视野,以自己的创造担当起让世界更精彩的责任。基于此,学校在校园环境文化的设计中凸显了"国际、创意、生态、互动"的理念。一年级所在的"润美楼"以中国文化传承民族精神的环境建设为主题,二至六年级所在的"润真楼"以五大洲的文化精髓为主题,展现世界文化的精彩。无声之"润",无时不在,无处不在,学生时刻沁润于浓郁的文化氛围和优美的校园环境之中,以美育人,以文化人。学校开发的润智特色项目课程,充分利用学校文化环境资源,建构一至六年级课程框架,编写活动手册,并通过课堂实施落实智睿这一核心素养目标。

(4)重构基于核心素养的沁润教育课程和评价体系,学校教育质量综合评价改革成效显著。学校教育质量稳步提升,在区域名列前茅,学校被评为"2019—2020学年中原区教育先进集体""河南省教育科研基地""河南省教师教育实践基地""郑州市文明校园""郑州市美育示范校""郑州市中小学创客教育示范校"等,品牌效应得到彰显。

(5)项目课程开发:润心、润体、润行、润智四个课程组进行特色课程开发,编写课程框架,通过专家论证,编写出实验年级活动手册和教学设计,形成课程资源包。

（6）沁润课堂形态践行：学校的课堂形态经过郑州市课堂形态论证和批准，根据沁润课堂评价标准，开展了沁润课堂形态实践与研究。根据学科评价标准，努力上好四类课。沁润课堂的三大要素和评价标准，在不同的教师层面和不同课型中开展实践研究，内化于师生教与学中。课堂教学研究成效显著，成果累累，形成一批优秀教学案例，多名老师在不同层面的教学比赛中获得佳绩。通过经过实践与研究，学校形成了各学科课程评价标准和课例教学设计案例集，以及课例教学视频集。

（7）教育理念得到更新，教育生态向好发展。基于沁润文化理念下的沁润课堂实践，我们积极落实沁润课堂三大元素：情感体验、互动交往、动态生成。这样的课堂润物无声、触动心灵。教师在教学过程中，以生为本，敢于放手，在尊重学生的主体地位的同时，又发挥教师引导、点拨的作用。

（8）学习方式发生变革，学习生态悄然转变。课程项目推进过程中，学生的学习方式也发生变革，比如在课堂形态实践过程中，学生课前先学、课中交流反馈、课后拓展延伸，在情感体验、交流互动过程中，学生找到学习的内动力，体验到学习的快乐，师生关系、亲子关系也变得和谐。

四大特色课程微团队成员以学生核心素养落实为目标编写特色课程活动手册，站在学生的角度设计活动方案及评价任务。

学习过程中，采用研究式、体验式学习方式开展活动，形成了课前有准备，课中有计划、有落实，课后有评价跟进的学习模式，使学生由被动地学习变为积极主动地学习。

教师更新了教育理念，学生变革了学习方式，让每一个生命绽放光彩的愿景在不远的将来就会真正实现。

五、存在的问题及下一步打算

（1）本课题研究范围偏大，课题组下一步准备以课堂变革为例，通过沁润课堂与信息技术融合的实施策略研究，进行"沁润"教育品牌建设。

（2）品牌的建设离不开教师的发展，以微团队教师成长为范例推动教师发展的方法策略应用是课题组下一步需要研究的课题。

（3）品牌的建设和形成是一个相对长期的过程，学校的"沁润"教育品牌研究今后会持续推进。

参考文献

[1]潘丽琴.初中学校品牌建设的文化途径研究——基于苏州初中友好学校发展联盟的调查[D].苏州大学,2010.

[2]Pepper D. Assessing Key Competences across the Curriculum－and Europe[J].European Journal of Education,2011,46(3):335－353.

[3]连玲.地区性品牌学校建设研究——以虎胜街小学为例[D].山西大学,2013.

[4]林崇德.21世纪学生发展核心素养研究[J].教师,2016(34):2.

[5]崔允漷.追问"核心素养"[J].全球教育展望,2016,45(5):3－10＋20.

[6]钟启泉.基于核心素养的课程发展:挑战与课题[J].全球教育展望,2016,45(1):3－25.

[7]褚宏启.核心素养的概念与本质[J].华东师范大学学报(教育科学版),2016,34(1):1－3.

[8]左璜.基础教育课程改革的国际趋势:走向核心素养为本[J].课程·教材·教法,2016,36(2):39－46.

[9]林崇德.中国学生核心素养研究[J].心理与行为研究,2017,15(2):145－154.

[10]李咪.小学开展品牌活动的个案研究——以锦州市P小学为例[D].渤海大学,2019.

(本文为2020年度郑州教育科学重点课题,获科研成果一等奖,课题研究单位:郑州市中原区淮河路小学,课题负责人:郑晓艳,课题组成员:袁蔚林、李建英、阎丽、张瑜)

初中情感性班集体建设的实践研究

一、研究背景

班集体是学生学习生活的主要场所,在参与班集体建设中,学会用理性处理纷争,学会通过民主、公正、和谐、真诚的心态面对老师和同学,这些是新时期班集体建设有待解决的问题。由此可知,情感性班集体建设尤为重要。但是,目前在情感性班集体建设中存在着一些问题。

问题1	• 班主任个人缺失情感素养
问题2	• 班级文化建设缺乏情感元素
问题3	• 班级活动开展缺乏情感体验

图 1　情感性班集体建设中存在的问题

（一）班主任个人缺失情感素养

大多数班主任在班集体建设中,仅为完成学校任务,在班级管理过程中不苟言笑,没有感染力、亲和力。同时,大部分班主任面临工作和精神压力,内心压抑,甚至有轻度抑郁,没有形成健康乐观、积极向上的心态,班主任自身情感素养缺失。

（二）班级文化建设缺乏情感元素

班级文化建设中更多地追求整齐划一的班级目标、班级标语,单调的梦想卡、座右铭,过多地追求外在的环境文化。班级没有形成积极向上的班风、学风,缺少同学们认同的班集体价值追求,班级文化建设成了冷冰冰的口号和班主任操纵的班规,缺乏情感元素。

（三）班级活动开展缺少情感体验

班级活动过于功利性或任务性,学生疲于应付。调查发现,近60%的学生不愿意参加枯燥的班级活动,师生在活动中没有互动、没有深入交流,缺乏有关自我认知、自我激励、情绪控制等情感体验。

本课题将基于前人的研究,根据校情、班情,以及情感性班集体所固有的特征进行探索实践,并提出了相应的解决策略。

二、研究过程

图 2　课题研究过程

（一）筹备阶段（2020 年 3 月）

1. 理论学习准备，确定选题

对已有的研究成果进行分析，根据班集体建设经验、教育改革及时代发展的需要，结合当前学校现状，确定研究方向。

2. 成立课题小组，明确任务

课题组成员有丰富的教科研水平和德育教育的相关理念及实践经验，为确保课题顺利进行，任务分工如下：

表 1　课题组任务分工

姓名	特长	课题任务
王继亮	科研、组织活动	制订课题研究计划，整体把控课题研究过程
崔随庆	策略分析	制定课题相应的研究方法及策略
芦大帅	调查分析	收集、整理课题过程性材料
周云霞	心理学	问卷调查、师生座谈，在实践中总结
武晓辉	教科研	组织师生进行问卷调查或座谈

3. 撰写开题报告，明确方向

课题组成立后，针对研究课题，通过课题组交流分析，撰写开题报告，列出要探究的主要问题，制订课题研究计划。

（二）启动阶段（2020 年 4 月）

1. 确定研究对象

对确定研究班级、个人进行线上和线下问卷调查。对学生进行线下问卷调查，对班主任进行线上问卷调查。

2.设计完善方案

根据调查分析报告、情感教育理论以及学校的实际情况,设计出初步方案,通过向相关专家请教,进一步完善方案。

(三)实施阶段(2020 年 5 月—12 月)

1.前期问卷调研

为得到翔实的数据,通过对七、八、九年级学生进行抽样调查,对全校班主任及其他学校部分班主任进行网络问卷调查,形成调查分析报告。

根据调查问卷,课题研究方向明确为:注重提升班主任自身情感素养,这是情感性班集体建设的首要条件。情感性班级文化建设是情感性班集体建设的有效途径,在班级活动中应注重学生的情感体验。

2.解决个性问题

结合教育学和情感教育的前沿理论,开展集体讨论,探索个案典型问题的根源;制定针对性的解决方案,并跟踪检验方案效果如何。

3.总结反思提升

进行中期报告撰写,针对研究中出现的问题进行分类整理,制定相应的改进措施并及时跟进。

表 2 课题实施阶段活动安排

时间	地点(方式)	研讨主题	参加人员	指导专家
2020 年 5 月 11 日	郑州市第八十五中学会议室	如何设计调查问卷	王继亮、芦大帅、周云霞、武晓辉	崔随庆
2020 年 6 月 28 日	经开区第六中学报告厅	课题开题培训	王继亮、芦大帅、周云霞、武晓辉	常立钢
2020 年 7 月 16 日	钉钉视频会议	开题报告撰写的注意事项	王继亮、芦大帅、周云霞、武晓辉	戴兴华
2020 年 10 月 15 日	郑州市第八十五中学会议室	子课题研究反馈交流会	王继亮、芦大帅、周云霞、武晓辉	崔随庆
2020 年 11 月 10 日	钉钉视频会议	课题中期报告的修改完善	王继亮、芦大帅	常立钢
2020 年 12 月 7 日	钉钉视频会议	课题中期研讨会	王继亮、芦大帅	常立钢

（四）反馈阶段（2021年1月—2月）

1.反思调整

根据中期评估时专家给出的建议及对师生调查的结果，对情感性班集体建设措施进行调整与完善。

2.成果汇总

对已有的研究成果进行汇总，包括发表的论文、在全国教育论坛上的主题报告、学校情感性班集体建设案例集，初步形成阶段性成果。

（五）结题阶段（2021年3月—4月）

1.汇总研究资料、数据，撰写研究报告

2.做好课题的结题评审鉴定工作

三、主要做法和经验

经过课题组的调研分析，班主任自身的情感素养是建设情感性班集体的前提，情感性班级文化和情感性班级活动是载体。我们从立足成长，提升班主任情感素养；着眼发展，建设情感性班级文化；提升素养，实施情感性班级活动三个方面提出了相应的建设策略。

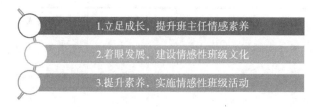

1.立足成长，提升班主任情感素养

2.着眼发展，建设情感性班级文化

3.提升素养，实施情感性班级活动

图3　主要做法和经验

（一）立足成长，提升班主任情感素养

班主任的情感素养不是自然形成的，需要班主任在班级管理中，通过自觉加强阅读写作、名师引领、师生互动等实践活动，来提升自己的情感素养。课题组总结出班主任自身情感素养提升的策略如下。

1.通过图书共读提高班主任情感素养

每学期初，学校列出共读书目，同时举行读书沙龙、撰写读书心得等活动，掀起了班主任共读教育书籍的热潮，为班主任情感素养的提升做好铺垫。

表3　课题组共读活动安排

序号	时间	书目	展示形式	主持人
1	2020年9月	苏霍姆林斯基《给教师的一百条建议》	小组交流	武晓辉
2	2020年10月	彭兴顺《教育就是唤醒》	撰写心得	芦大帅
3	2020年11月	李镇西《做最好的班主任》	主题研讨	王继亮
4	2020年12月	郑英《教育，向美而生》	汇报展示	崔随庆

2.通过导师带徒提高班主任情感素养

学校实行德育导师制，每名德育导师分别负责对6名学生在思想上引导、习惯上培养、学法上指导，促进孩子的全面发展。

班主任从关爱孩子的内心出发，善于调控自己的教育情感，善于从细小的事情上身体力行对学生进行爱的教育，让孩子从小就感受到人情之美、人性之美。

表4　导师带徒谈话记录表

谈话时间	2020年10月20日
谈话地点	学校田径场
谈话对象	张一乐
德育导师	芦大帅
谈话背景	学生张一乐被爷爷奶奶、外公外婆宠溺，情绪控制力极差，有一种他可以享受特权的观念，目中无纪律。在家中，情绪失控严重，稍有不顺心就摔门砸东西。为了达到目的，以不上学威胁父母
制定措施	采取家校合作、个人约谈、读文章并交流心得等个性化措施。如让他参加班级角色互换游戏，让他站在别人的角度思考问题；让他读情绪管理的书籍，并撰写心得；在家中，让他与家长角色互换，体会父母的不易
谈话效果	经过一段时间的努力与沟通，他在家中能帮父母做家务，不再乱发脾气；能与同学正常交往，更好地融入班级生活
教育思考	教育不是一蹴而就的，而是一个循序渐进的过程，在这一过程中，作为班主任要保持耐心、拥有爱心、坚定信心

3.通过研讨写作提高班主任情感素养

班主任每月一篇情感教育案例，每学期一篇情感教育故事，通过写作，促使自省,促进自身情感素养提升。课题组与《河南教育(基教版)》联合,对情感性班集体建设进行专题研究。班主任积极投稿,课题组主持人王继亮的情感教育故事《付出真情,收获真爱》以及两位班主任的情感教育故事在《河南教育》发表。

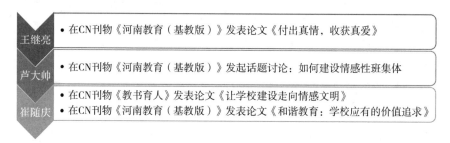

图 4　课题组成员及班主任发表的部分论文统计

4.通过交流分享提高班主任情感素养

自 2018 年起,学校开始探索情感性班集体建设。课题组每学期组织班主任进行情感性班集体建设经验分享,通过交流,取长补短,促使班主任思考有效的情感性班集体建设途径。

学校定期开展每学期一次的班主任经验交流会,班主任围绕情感性班集体建设交流亮点做法及教育故事。同时学校将情感教育故事结集成册:《爱与智慧同行》《诗与远方同在》等。

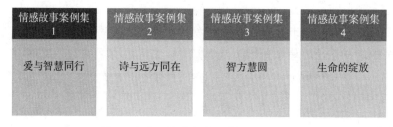

图 5　班主任情感教育故事系列案例集

5.通过心情周记提高班主任情感素养

为增进师生情感,学校实行心情周记法。学生在周末把自己一周的学习及生活体验用文字或绘画表达出来,班主任进行评语批注,和孩子们进行平等对话,为他们分担痛苦,解决困扰,及时给予他们帮助。班主任能够从孩子的心情周记中看到他们的思想波动、困扰所在,在与学生书信交往的过程中,打开心扉,交流情感。

如九(1)班马腾飞在心情周记中写道:"进入九年级后,休闲就是一种奢侈,家长和老师眼中只有我们的分数,而不知道我们内心的苦闷,还说学习是人世间最快乐充实的事,我怎么感觉不到呢?"

九(1)班班主任张晨老师回复:"老师爱的是你们成熟的心智、健康的气魄,爱你们的优点及缺点,在冲刺中考的路上,我们并肩作战,需要老师帮助时,及时交流哈。"

(二)着眼发展,建设情感性班级文化

情感性班级文化是情感性班集体建设的有效途径,班级文化包括环境文化、制度文化,在此基础上催生的精神文化是班级文化建设的内涵。

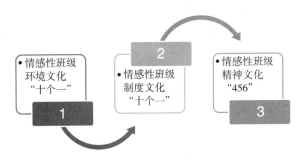

图6　情感性班级文化建设流程图

1. 环境文化"十个一"提升情感性班级文化

环境文化是情感性班集体建设的载体,通过班徽、班旗、公约等情感性元素,激发学生热爱集体的感情。

图7　情感性班级环境文化"十个一"

环境文化"十个一"具体内容:

(1)一个班名凝聚力量。

(2)一个班徽代表形象。

(3)一首班歌激发力量。

(4)一句班训每天喊响。

(5)一面班旗指引方向。

（6）一张公约牢记心上。

（7）一张量表记录成长。

（8）一块板块展示风尚。

（9）一张名片师生共享。

（10）一句话语激励成长。

每学期进行情感性班级文化建设展示活动,学生解说班级各种文化的含义,各个"一"在班级中的落实。班级内每一面墙壁会说话,每一个角落可育人,为孩子们的成长提供温馨有爱的氛围。

2.制度文化"十个一"彰显情感性班级文化

图8　情感性班级制度文化"十个一"

制度文化"十个一"具体内容:

（1）每人一张梦想卡片激励成长。

每个同学制作一张梦想卡片,卡片上设计有目标、梦想、座右铭、父母的一句话、老师的一句话,粘贴在课桌上,激励自己前进。

（2）每人一项班级任务积极奉献。

班级每人都有各自的责任田,人人有事干,事事有人做。

（3）每天一句励志格言点亮心灯。

黑板上每天写一句励志格言激励自己,励志格言鼓励学生原创,在细品励志格言中激发力量。

（4）每天一首励志歌曲唱响青春。

每天下午上课前,一首班歌唱出激情,唱出凝聚力,在歌声中释放自我,体验情感。

（5）每天一次微型班会反思提高。

国事家事天下事，事事关心，每天针对班级情况，学生进行十分钟微型班会活动，涉及观影感受、哲理故事、新闻评论等内容。

（6）每周一篇心情周记见证成长。

为了便于师生交流，每个学生把一周的喜闻乐见写在心情周记上，诗歌散文、绘本故事，形式多样，班主任留言回复，增进师生感情。

（7）每周一次特色班会展示自我。

每周的班会课由学生自己主持，人人能上台，展示自己，快乐成长。

（8）每周一次小组评价学会自治。

每周日下午到校后，小组长召集本组同学召开小组评价会，对表现好的地方进行表扬，不足的地方进行反思，互帮互助，共同成长。

（9）每周一节名著阅读汲取营养。

每周有一节阅读课，老师组织同学们进行图书共读活动，谈感想、写心得，在阅读中感悟成长。

（10）每周一期主题板报彰显特色。

每周一期主体鲜明的黑板报，让每个同学都有展示的空间，丰富学生的精神世界。

3.精神文化操作系统"456"涵养情感性班级文化

在情感性环境文化"十个一"和情感性制度文化"十个一"的基础上，探索出情感性班级精神文化建设操作系统，对情感性班级文化建设进行建模，有规可循，凸显班级特色。

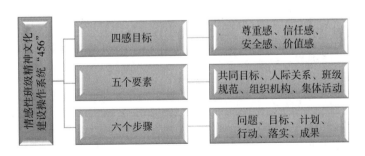

图9　情感性班级精神文化建设操作系统"456"

（1）四感目标：尊重感、信任感、安全感、价值感。

（2）五个要素：共同目标、人际关系、班级规范、组织机构、集体活动。

（3）六个步骤：问题、目标、计划、行动、落实、成果。

（三）提升素养，实施情感性班级活动

在研究过程中，课题组把情感性班级活动分为四个专题活动，即自我意识唤醒、自我激励激发、情绪控制管理、人际交往策略。针对共性问题，我们通过系列班会、丰富的班级活动展开了实践研究。

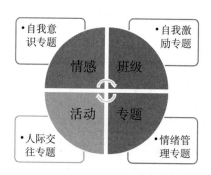

图 10　情感性班级活动专题化

1. 自我意识专题

设计方案：专题系列班会、国旗下演讲。

（1）自我意识培养专题系列班会。

召开主题班会使学生认识自我，反省自我，提高自我意识，进而激发潜能，提升内驱力，在学习和生活中拥有感知快乐和幸福的能力。

表5　自我意识培养专题系列班会活动

自我意识培养专题（2020 年 4 月—5 月）	自我认知专题	说说我自己
		邂逅十年后的自己
	自我负责专题	十四岁我们多了些什么
		青春与责任同行
	自我管理专题	自律是成功的基石
		每天进步一点点

（2）国旗下演讲。

通过《爱出者爱返，助人者助己》《严于律己，宽以待人》等演讲，指导学生提高自我的境界和格局，增强学生的时代责任感，激发学生的内驱力，培养学生的个人激励能力。

2.自我激励专题

设计方案:专题系列班会、辅导学生参与创新大赛。

(1)自我激励培养专题系列班会。

表6 自我激励培养专题系列班会活动

自我激励 培养专题 (2020年6月—7月)	人生格局专题	人生大格局
		思维改变人生
		态度决定高度
	人生境界专题	人生三境界
		净、静、竞

(2)辅导学生参与创新大赛。

芦大帅老师辅导学生参加青少年科技创新大赛,让学生用自己所掌握的知识和能力,为解决社会问题设想谋划,并形成一定的成果。

如学生设计出简洁易操作的悬挂拖把的工具,为学校保洁人员解决物品摆放问题;学生设计立体图形教具,提升了师生立体图形的直观操作。这些设计活动促进了学生自我价值的肯定,增强了学生的社会责任感,提升了学生的情感素养。

3.情绪管理专题

设计方案:专题系列班会、组织辩论赛。

(1)情绪管理培养专题系列班会。

通过本专题活动,学生对自己和他人的情绪有所认知,挖掘和培养学生感情素养、提升控制个人情绪的能力,从而使学生保持良好的情绪状态。

表7 情绪管理培养专题系列班会活动

情绪管理 培养专题 (2020年9月—11月)	认知调适专题	与自己对话,与心灵对话
		正视自己,改变自己
	合理宣泄专题	如何正确地发泄情绪
		批评与自我批评
	积极防御专题	谨防"羊群效应"
		谨防"破窗效应"
	理智控制专题	学会控制情绪的方法

(2)组织辩论赛。

课题组联合思政教研组组织了两次辩论赛:接受老师的批评 VS 不接受老师的批评、隐藏情绪 VS 发泄情绪。通过辩论赛让学生深入了解情绪管理,我们也收集了情绪管理方面的资料,整理出了对中学生有用的材料。学生在辩论中有所思有所悟,在感悟中成长。

如最佳辩手八(2)班周泽宇在周记中写道:"这是我第一次参加辩论赛,感觉很新鲜,有一些收获,也有一丝紧张,同时也有些兴奋。很荣幸参加辩论赛,去锻炼自己,展示自己……"

4. 人际交往专题

设计方案:专题系列班会、以班级为载体的情感教育活动。

(1)人际交往培养专题系列班会。

在人际交往培养专题中,围绕生生关系开展系列班会,通过一些生动的小故事,让学生去感悟其中蕴含的人际交往哲理、技巧和能力。

表 8　人际交往培养专题系列班会活动

人际交往培养专题 (2020 年 12 月— 2021 年 2 月)	师生专题	两位老师的较量
		13×14＝"无限爱"
		班会小品"模仿任课教师"
	生生专题	你若盛开,清风自来
		人性的弱点
	亲子专题	有一个背影叫父爱
		有一种不舍叫母爱

2021 年春季放假前,七(3)班张贺同学的家长给学校送来锦旗,感谢老师们对孩子的教导。张贺父亲说自从孩子上中学后,有很大的进步,回家后知道帮父母干家务活了,父母批评时,孩子当面不再顶撞了,而是事后找父母交流,让做父母的很惭愧。更让父亲感动的是,孩子以前从不记得自己的生日,更别说送生日礼物及祝福的话了,而今年,孩子在父亲过生日时送了一把剃须刀,并祝福自己永远年轻,父亲说到此处,眼圈红了……

（2）以班级为载体的情感教育活动。

我们以班级为载体开展形式多样的活动,让学生在活动中感悟人生、思考人生,全面提升学生的情感素养。如每月一次的生日会,让同学们感受班级大家庭的温馨、和谐,进而提升班级凝聚力。

表9　以班级为载体的情感教育活动项目

情感教育	游戏类	表演猜词语
		合作夹气球
活动项目	生日会	每月举办一次生日会
	师生互动	学生给任课教师写一句话

四、研究成效

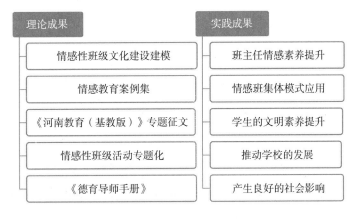

图11　情感性班集体建设研究成果

（一）理论成果

1.情感性班级文化建设建模

系统总结情感性班级文化建设"十个一",完成情感性班集体建设基本模型——班级建设操作系统"456",构建系列班级情感专题活动。

2.情感教育案例整理成册

组织班主任完成情感教育案例集:《爱与智慧同行》《诗与远方同在》《智方慧圆》《生命的绽放》。

与《河南教育(基教版)》联合推出情感性班集体建设专题,主持人王继亮等三位班主任发表论文。

4.情感性班级活动专题开展

情感性班级活动分为自我意识唤醒、自我激励激发、情绪控制管理、人际交往策略四个专题,系列化开展,促进了师生情感素养的提升。

5.情感德育导师制模式完善

构建学生导师制实施的基本模式,面向全体师生印制和使用《德育导师手册》,并积累了一定的经验。

(二)实践成果

1.班主任个人情感素养得到提升

师生沟通的方式发生了变化,以前班主任对学习困难学生批评、训斥不断,师生关系紧张。随着班主任自身情感素养的提升,班主任和学生的笑容多了,师生交流多了,师生关系融洽了,校园的氛围更和谐了。

2.情感班集体建设模式有效应用

班主任利用情感性班集体建设操作系统"456",班级管理有章可循,人人有事做,人人有人管,集体活动的参与度、活动质量有了明显提高。

3.学生的文明素养得到提升

通过情感性班集体建设"十个一",学生的个性得到尊重,兴趣特长得以施展,师生关系融洽,班级归属感提升。学生在演讲中,提高了分析问题、条理表达的能力,经过不断的锻炼,更加自信了。

4.推动了学校的发展

在参与课题实验的过程中,学校先后被评为"郑州市中小学社会实践活动先进单位""郑州市教育系统五星级家长学校",学校班主任累计6人次在全国班主任培训会上作主题发言,师生关系更加和谐,家校联系更加紧密,师生的幸福感指数提高,学生及家长在评教环节对老师的满意度较高。

5.产生了良好的社会影响

学校被评为"全国情感性班集体建设示范校",课题组王继亮、崔随庆被评为"全国情感性班集体建设领跑者"。课题主持人王继亮在全国情感教育大会上作主题报告,得到与会专家及同人的一致好评;班主任王肖梦、鍒留杰等老师作为经开区班主任代表,在中陶会培训会上分享经验。情感性班集体建设的研究成果不仅在学校应用,在经开区推广,在全国都起到了引领作用。

五、存在的问题和设想

（一）存在的问题

1.情感教育与班级模式的结合

情感性班集体建设在一定程度上颠覆了传统的班级管理模式,如何将情感教育与班级管理模式相结合,还有待进一步优化。

2.情感教育与学校环境的结合

目前学校仍以知识教学为主,侧重学生成绩的提升,教师情感素养不高,缺乏情感教育意识。如何将情感教育与学校大环境结合,仍是一个未解决的问题。

3.情感教育与家庭教育的结合

从根源上看,家庭是情感教育的重要场所,家长在面对学生问题时采取简单粗暴的解决方式,不利于问题解决,更容易激化学生不良情绪。情感教育如何化解家庭教育带来的负面影响,仍需研究。

（二）下一步的研究设想

1.继续进行相关研究

本课题组将立足生情,继续跟进课题后续研究,寻求相应解决方案,使情感教育与班级管理模式更好地结合。

2.开展情感性班级活动

在不违背教学计划的前提下,充分利用班级建设开展情感性活动。突出以学生为主体,体验式为基本原则,在参与体验中进行师生、生生的情感交流,激发学生的潜能,提升学生的班集体归属感。

3.开展家长活动

利用家长会、家长开放日、家长共读活动,引导家长遵循教育规律,加强对学生的正面引导,提升家长正确处理学生问题的能力。

参考文献

[1](苏)苏霍姆林斯基.把整个心灵献给孩子[M].天津:天津人民出版社,1981.

[2]李镇西.爱心与教育[M].桂林:漓江出版社,2008.

[3]陶行知.教育的本质[M].长沙:湖南人民出版社,2019.

[4]孟昭兰.人类情绪[M].上海:上海人民出版社,1989.

[5]张大均.教育心理学[M].北京:人民教育出版社,1999.

[6]顾明远.核心素养:课程改革的原动力[J].人民教育,2015(13):17—18.

（本文为 2020 年度郑州教育科学重点课题,获科研成果一等奖,课题研究单位:郑州市第八十五中学,课题负责人:王继亮,课题组成员:崔随庆、芦大帅、周云霞、武晓辉）

小学校级课题管理制度构建的实践研究

一、研究背景

（一）宏观背景

《教育部关于加强新时代教育科学研究工作的意见》（教政法〔2019〕16 号）指出："加强制度建设，强化主体责任，建立目标明确、权责清晰、管理有序、评价科学的治理体系。"《郑州市教育局关于进一步加强教育科研工作的意见》（郑教教科〔2017〕18 号）提到，要进一步规范课题及成果管理的各项规程，切实保证与上级部门的全面对接和有效衔接。2020 年 5 月，经开区教文体局发布《经开区四级课题管理研究制度》指出："各校需参考本制度制定学校校级课题研究制度。"课题研究管理自上而下对学校校级课题的管理提出了一定要求，作为学校只有落实校级课题的管理，才能真正有效地建立"省、市、区、校"四级课题库，完善经开区"省、市、区、校"四级课题管理体系。

（二）现实背景

经开区小学在四级课题管理制度实践中，特别是校级课题管理中存在如下问题：

1. 校级课题申报程序混乱

学校校级课题申报没有规范的程序要求，老师们盲目选题，课题设计没有深思熟虑，申请就立项了，在后续研究中老师不好操作，自己没想清楚要研究什么，导致课题研究中止。

2. 校级课题研究疏于管理

学校老师的校级课题研究过程没有得到监管，老师经常因为工作繁忙，制订的研究计划不进行，活动流于形式，过程不扎实，疲于应付，导致课题研究得不到落实。

3. 校级课题结项没方向

老师们课题研究过程虚设，结项根本没保证，学校没指导，老师没方法，结项糊里糊涂，导致课题结项东拼西凑没实效。

课题组力图通过小学校级课题管理制度构建的实践研究，对小学校级课题申报制度、研究制度及结项制度的建立给予一定指导，提升学校校级课题研究质量，建立经开区"省、市、区、校"四级课题库，完善经开区"省、市、区、校"四级课题管理体系。

二、研究过程

(一)启动阶段(2020 年 3 月—6 月)

组建研究团队,调研、访谈区内小学校级课题管理现状;查找相关资料文献,进行理论学习与研讨;制订课题研究计划,明确分工,做好理论与实践相结合的准备工作。

(二)实施阶段(2020 年 7 月—2021 年 2 月)

结合区内小学在校级课题管理调研的具体情况,针对存在的问题,分析原因,寻找解决问题的方法,开展子课题研究,定期进行阶段性反馈,进行合理化调整。

(三)总结阶段(2021 年 3 月—4 月)

汇总、梳理各子课题的实践研究经验,提炼总结,形成本课题研究成果,构建经开区小学校级课题管理制度,完善学校"省、市、区、校"四级课题库制度。

三、主要做法和经验

通过一年的研究和实践,我们从"校级课题申报""校级课题研究"和"校级课题结项"三个方面,构建经开区小学校级课题管理制度。其中,"申报制度"是校级课题管理的"入口","结项制度"代表校级课题管理的"出口",而"研究制度"代表了校级课题管理的"重点"。本课题的主要做法和经验如下图所示:

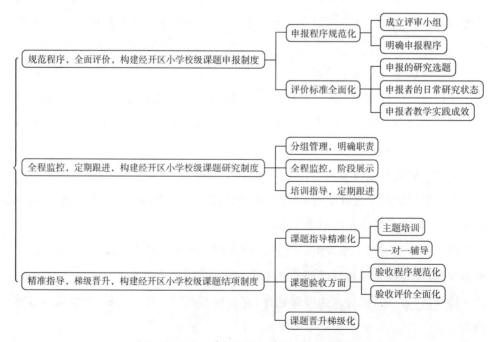

图 1 经开区小学校级课题管理制度构建框架

（一）规范程序，全面评价，构建经开区小学校级课题申报制度

为解决学校"校级课题申报程序混乱"的问题，让老师在申报校级课题时明确程序及标准，我们从"校级课题申报程序规范化"和"校级课题申报评价标准全面化"两大模块进行引导，明细标准，构建经开区小学校级课题申报制度。

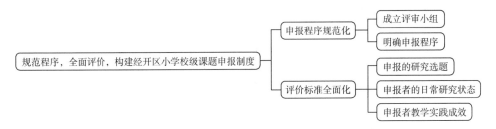

图 2　经开区小学校级课题申报制度构建框架

1.申报程序规范化

为让学校老师明晰校级课题申报流程，学校教科室成立校级课题申报评审组，明确申报程序，让校级课题申报有规范、有要求，不再盲目。

（1）成立评审小组，定办法。

学校教科室成立校级课题申报评审小组，由业务校长担任评审小组组长，教科室主任担任副组长，各学科组长担任组员。

学校教科室制定评审办法，明确评价原则、评审流程、评审细则等细节，评审小组根据评审办法进行严格、客观、公正、经得起查询的评审，并由评审小组签字后，向全校公布评审结果。

比如：经开区六一小学进行校级课题申报时，学校教科室组建评审小组，学校副校长担任组长，教科室主任张冰担任副组长，组员由学科组长李红红、陈梦冉、韩航、宋金利、王志林担任，并制定评审办法。

又如：经开区滨河第一小学教科室评审小组制定的评审办法，其中评审原则要求：校级课题评审不能"全部否定"，而要"优中选优""树立榜样""正面引领"。通过校级课题评审，逐渐树立"既重申报，又重研究""既重材料，又重实效""既重实践，又重总结"的学校课题研究务实之风。

（2）明确申报程序，保规范。

学校教科室提前公示校级课题申报程序，让学校老师明确申报的路径，保证校级课题申报的规范。

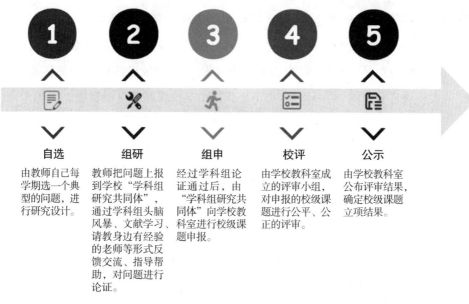

自选	组研	组申	校评	公示
由教师自己每学期选一个典型的问题,进行研究设计。	教师把问题上报到学校"学科组研究共同体",通过学科组头脑风暴、文献学习、请教身边有经验的老师等形式反馈交流、指导帮助,对问题进行论证。	经过学科组论证通过后,由"学科组研究共同体"向学校教科室进行校级课题申报。	由学校教科室成立的评审小组,对申报的校级课题进行公平、公正的评审。	由学校教科室公布评审结果,确定校级课题立项结果。

图 3 校级课题申报程序

第一步,自选,即由教师自己每学期选一个典型的问题,进行研究设计。

第二步,组研,这里的"组"是"学科组研究共同体",即教师把问题上报到学校"学科组研究共同体",通过学科组头脑风暴、文献学习、请教身边有经验的老师等形式反馈交流、指导帮助,对问题进行论证。

第三步,组申,即经过学科组论证通过后,由"学科组研究共同体"向学校教科室进行校级课题申报。

第四步,校评,即由学校教科室成立的评审小组,对申报的校级课题进行公平、公正的评审。

第五步,公示,即由学校教科室公布评审结果,确定校级课题立项结果。

规范的申报程序,不仅可以帮助学校老师论证研究问题的方法是否具有可行性,也为老师们日后开展研究提供了研究基础。

2.评价标准全面化

申报的评价标准全面化,主要解决的是选谁来立项的问题,要树立全面客观的评价标准,引领老师们把课题研究与日常教学相结合,做真研究、真做研究,主要从"申报的研究选题""申报者的日常研究状态"和"申报者教学实践成效"三个纬度进行全面评价。

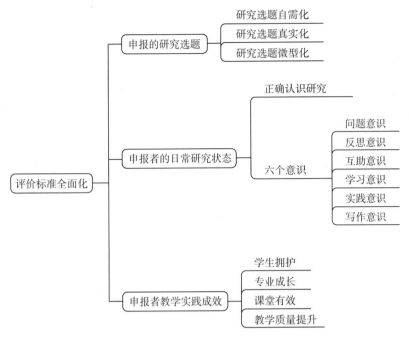

图 4 评价标准全面化框架

其中,评价申报的研究选题从选题自需化、真实化、微型化三个方面来评,这是开展校级课题研究的基础;评价申报者的日常研究状态,申报者不仅要正确认识研究,还要保持日常研究状态的六个意识,这是开展校级课题研究的条件;评价申报者在日常教育教学中的实践成效,从学生拥护、专业成长、课堂有效、教学质量提升四个方面进行评价,这是开展校级课题研究的保障。

(1)申报的研究选题,是基础。

图 5 申报研究选题评价框架

①研究选题自需化。

老师申报的校级课题研究选题必须从自身日常教育教学中的问题出发,是基于自己解决教学中问题的需要,是自下而上的问题需求,而不是因为国家政策要求,上级教育部门或学校给定的自上而下的选题。

比如:经开区锦程小学王姝雅老师,在《剪羊毛》教学中,学生在节奏训练环节出现了反复练习反复错的情况,学习效果不佳,并且占用了大量时间,导致学唱目标未完全达成。经过原因分析,王老师确定了研究问题:《剪羊毛》教学中提升节奏训练效果的策略研究。这是王老师自己在音乐教学中需要解决的问题,可作为校级课题申报。

②研究选题真实化。

校级课题的研究选题必须是老师立足于自己教育教学工作实际的真问题,可以是规律性的、难以破解的真问题,可以是学生在测评中错误率较高的真问题。

比如:经开区六一小学李红红老师,在批改学生的读书笔记时,发现有一位学生没写作业,但他坚持说自己写了作业。针对这种现象,李老师查阅文献,归因分析,为了解决这个问题,确定了研究选题:正面管教 3R1H 在小学生诚信教育中的作用研究。李老师的问题,在学生中间是普遍存在的真实问题,这类真实问题的研究才有价值。

③研究选题微型化。

校级课题的研究不是解决区域教育、学科教学,甚至基础教育教学的宏观问题,而是微观的、一线教师自己遇到的、学生经常出错的问题,这样的校级课题选题起点低、切口小,便于学校一线教师开展研究。

比如:经开区太平庄小学商攀老师,在《寒号鸟》教学中,发现在用田字格进行生字听写时有将近五分之二的学生写错"夜"字,经过原因分析,商老师确定了研究选题:指导学生正确书写"夜"字的教学研究。这就是商老师语文教学中真实存在并亟待解决的关于一个字写法的问题。

校级课题的选题只有是基于自身需求的、真实的、微型的问题,才能保证老师是为了解决问题才进行研究,才能树立学校课题研究的务实之风,营造学校"做真研究、真做研究"的科研氛围。

(2)申报者的日常研究状态,是条件。

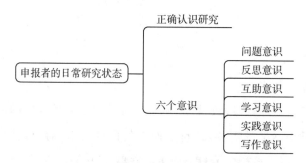

图 6　申报者日常研究状态评价框架

学校老师的日常研究状态也是校级课题申报标准要考察的内容,老师要正确认识研究。比如经开区锦凤小学教科室在校级课题的评审办法中明确学校老师的研究状态应该是：明白研究不是装饰门面，不是涂脂抹粉，不是职评条件；研究是为了探索未知世界，是寻找问题答案的过程，是为了更好地认识自己，让自己变得更美好，并成为真正的更好的自己；研究是不吐不快、下笔有神，既要做出来，也要说出来，不能自娱自乐，还要影响别人。

申报校级课题的老师要具有研究状态日常化的六大意识。具体为：一是有对教学现象保持敏感的问题意识；二是有正视问题和反求诸己的反思意识；三是有积极参与沟通交流的互助意识；四是有善于学习他人经验的学习意识；五是有勇于付诸行动的实践意识；六是有坚持记录和总结的写作意识。

（3）申报者教学实践成效，是保障。

老师的日常教学实践成效也是校级课题申报评价的一个方面，主要从"学生拥护""专业成长""课堂有效"和"教学质量提升"四个方面来评价。

图7　申报者日常教学实践成效评价框架

学生拥护度高、专业素养高、课堂高效、教学质量提升，这些有利条件都为学校老师开展校级课题研究提供了良好的保障条件。因此，申报者教学实践成效作为评价校级课题申报的一个参考条件，不能忽视。

（二）全程监控，定期跟进，构建经开区小学校级课题研究制度

针对"校级课题研究疏于管理"的问题，我们从"分组管理，明确职责""全程监控，阶段展示"和"培训指导，定期跟进"三个方面落实校级课题过程性管理，构建小学校级课题研究制度，保障校级课题研究扎实、有效。

图8　经开区小学校级课题研究制度构建框架

1.分组管理，明确职责

学校教科室负责校级课题全面工作的开展，包括校级课题的过程性管理落实等，若仅依靠教科室主任一人之力完成全校课题的管理是不现实的，我们建议学校教科室要充分利用学科组的力量，成立"学科组研究共同体"，把校级课题按

照学科进行分组管理,任命组长、副组长,组长负责校级课题的日常管理和督查等工作。

比如经开区民族小学教科室,主任录鹤,成立了 4 个校级课题管理组,分别是文科组研究共同体、理科组研究共同体、英语学科研究共同体、综合学科研究共同体。

表 1　经开区民族小学校级课题管理分组一览表

序号	学科组研究共同体	组长	副组长
1	文科组研究共同体	高玉宁	郝志华
2	理科组研究共同体	巴许	李芳
3	英语学科研究共同体	录雁文	袁美茹
4	综合学科研究共同体	方松	高银歌

2.全程监控,阶段展示

在校级课题研究过程的管理中,学校教科室要明确校级课题研究的各个时间节点,"学科组研究共同体"按照时间节点实行全程监控,让课题组进行阶段性展示,及时督查各课题的开题论证、中期汇报等研究活动,做好课题研究过程的阶段性指导,保障课题研究过程扎实、有效。

比如经开区锦程小学的校级课题时间节点安排,具体见下表。

表 2　经开区锦程小学校级课题时间节点安排一览表

时间节点	校组课题活动	参与人员
学期开学(3 月 1 日和 9 月 11 日左右)	校级课题申报活动	全体教师(在研课题除外)
学期初(3 月 20 日和 9 月 30 日左右)	校组课题开题论证	校组课题立项人员
学期中(4 月 22 日和 11 月 14 日左右)	校级课题中期汇报	校级课题在研人员
学期末(6 月 20 日和 1 月 10 日左右)	校级课题结项验收	校级课题在研人员

(1)校级课题开题论证,重问题。

校级课题申报成功,要第一时间召开开题论证会。首先,明确课题立项成功通知;其次,针对校级课题研究的相关事项进行说明,包括校级课题研究制度等;最后,开题重点论证研讨课题中存在的问题,同时明确课题下一步研究思路,为校级课题研究工作明确方向。

（2）校级课题中期汇报，重指导。

校级课题研究周期为一个学期，从学期初课题申报、开题论证，到学期中进行中期汇报，展示教师课题研究的一些阶段性成果，同时重在指导教师中期报告的写作方法。校级课题中期汇报活动，可以请区教科室专家到校进行指导，借助区教科室的力量帮助老师梳理研究经验，提升学校教师校级课题中期报告质量。

3.培训指导，定期跟进

校级课题研究由学校教科室主导，"学科组研究共同体"负责，教科室会针对学校教师实际情况，开展各项培训指导活动，定期跟进并解决教师在校级课题研究中的问题及困惑，提升校级课题研究实效。

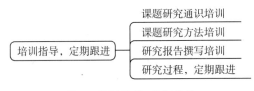

图9 培训指导，定期跟进

（1）课题研究通识培训，提升教师科研认知。

每学期初，学校教科室组织全体老师参加课题研究通识培训，帮助老师了解课题研究的一般过程，重点引发他们的思考，学会发现问题，并把问题转化成课题研究的方法，提升他们的科研认知，引导他们树立正确的科研观念。

比如经开区滨河第一小学教科室在2021年2月28日上午邀请郑州市教科所胡远明主任到学校进行课题讲座培训，旨在帮助老师在培训活动中理解课题的基本知识和如何用研究的思路提高教育教学质量。

（2）课题研究方法培训，提升教师课题研究能力。

学校教科室根据学校老师课题研究方法缺失的情况，组织课题研究方法专题培训，重点学习课题研究中用到的方法，比如文献研究法、调查研究法、个案研究法、行动研究法等，为校级课题开展研究提供方法支持，推动校级课题研究过程的扎实开展，助力教师课题研究能力提升。

（3）研究报告撰写培训，提升教师报告撰写能力。

为提升学校老师撰写研究报告的能力，助力老师学会总结梳理校级课题研究的做法和经验，学校教科室组织研究报告撰写专题培训，为老师撰写校级课题研究报告搭建写作框架。为更好支撑课题研究，还可以选一节节典型课例，按照经开区"课堂教学微研究"的框架即"聚焦问题""寻求策略""付诸实践""获得经验"的四个步骤，撰写校级课题研究的子课题报告。

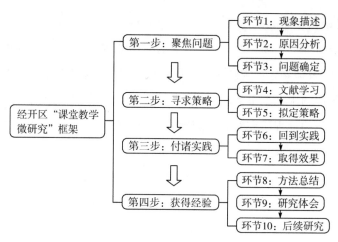

图 10 经开区"课堂教学微研究"框架

(4)研究过程,定期跟进,保障校级课题务实研究。

2020 年 7 月,学校根据区教科室制定的市级课题管理办法、区级课题管理办法,制定了学校校级课题管理办法,旨在推动学校校级课题有效管理。办法明确指出,定期组织学校课题常规检查活动,督促并规范校级课题研究活动持续开展。

比如经开区六一小学每月举行的常规课题汇报活动,每个校级课题负责人不仅要汇报课题研究开展情况,还需提供研讨记录、听课记录等显性材料供学校教科室检查。

(三)精准指导,梯级晋升,构建经开区小学校级课题结项制度

针对"校级课题结项没方向"的问题,我们从"精准指导""结项验收"和"梯级晋升"三个方面来进行突破,"精准指导",即对校级课题研究报告撰写进行主题培训、一对一辅导,为校级课题结项寻找方法指导;"结项验收",即明确校级课题结项程序及验收评价标准,方便老师们为校级课题结项做好准备;"梯级晋升",即校级课题成功结项就可以晋升为区级课题,为校级课题结项后下一步如何做找到"出口"。

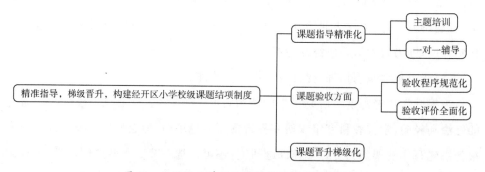

图 11 经开区小学校级课题结项制度构建框架

1.课题指导精准化

为提升学校老师校级课题结项报告的撰写能力,学校教科室对他们进行专项指导,一是结项验收前组织"研究报告撰写"主题培训;二是充分发挥学校科研骨干教师的作用,实行承包制,进行一对一指导。

比如经开区六一小学将学校的 6 位科研骨干教师,分配给学校每一个"学科组研究共同体",全程跟进,具体如下:

表3 经开区六一小学科研骨干教师辅导分工一览表

序号	学科组研究共同体	科研骨干教师
1	文科组研究共同体	李红红、袁凯歌
2	理科组研究共同体	张冰、何墨晶
3	英语组研究共同体	韩航
4	体、音、美研究共同体	张欢欢

培训指导的精准化,有效帮助老师们学习了撰写结项报告的方法,提升了老师撰写校级课题研究报告的能力,学会了总结、梳理课题研究的做法和经验。

2.课题验收方面

(1)验收程序规范化。

老师个人整理出结项报告,经学科组老师研讨认可后上报学校教科室。学校教科室对其"研究状态""研究成效""研究报告"进行综合评价后,即可"结项"。

(2)验收评价全面化。

校级课题结项验收包括课题研究者要保持研究姿态、做出研究成效、总结做法经验、分享研究成果。这样有利于实现校级课题结项验收评价全面化,不仅看研究结果,还要看研究过程,不仅看文字总结,还要看研究成效,即能有效清晰地表达,也能脚踏实地真正解决实际问题。

比如经开区锦程小学校级课题结项申评书上的三栏内容:一是从已取得成果主要内容、成果创新性等写出对本课题结项质量的鉴定意见,并由"学科组研究共同体"组长签字;二是写出课题主持人在校级课题研究中日常研究状态的鉴定意见,并由学校教科室主任签字;三是从学生拥护、课堂有效和教育教学质量提升三个方面,写出课题主持人在校级课题研究中研究成效的鉴定意见,并由学校业务副校长签字。

3.课题晋升梯级化

学校老师从校级课题立项到结项即可实现梯级晋升,即由校到区,再由区到市,最后由市到省,实现梯级晋升。申报上一级课题,需从下一级课题库中产生,这样不仅为校级课题研究找到了"出口",而且保障了课题研究活动扎实、有效,完善了学校校级课题库的建立。

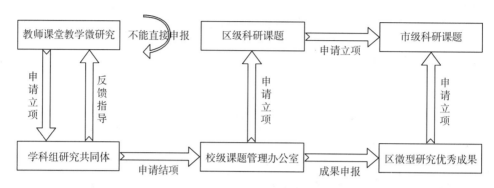

图 12　校级课题晋升流程图

经开区小学的老师每学期选一个典型的问题向学校"学科组研究共同体"申报校级课题,经过学科组反馈交流、指导帮助后,开展校级课题研究。学期末老师以学科组为单位向校级课题管理办公室申请结项。获得校级课题结项的主持人,将具备区级课题申报资格;获得区级课题结项的主持人,将具备市级课题申报资格。

比如经开区锦程小学王姝雅老师的校级课题《〈剪羊毛〉教学中提升节奏训练效果的策略研究》结项,成功申请经开区 2020 年度区级课题。王老师并于 2021 年2 月完成区级结项,现在已成功申请 2021 年度市级课题,不仅完成了校级课题向区级的晋升,也完成了从区到市级的晋升,实现了课题晋升梯级化。

四、研究成效

经过对小学校级课题管理制度构建的实践与研究,经开区小学在校级课题立项、过程管理和结项方面都有很明显的改善。校级课题管理不仅呈现了规范化、程序化的态势,也营造了经开区各学校浓厚的"做真研究、真做研究"的研究氛围。对研究问题的解决是课题组所希冀的,但研究过程让我们收获更多。

(一)构建了经开区小学校级课题管理制度

1.构建了经开区小学校级课题申报制度

针对因学校日常工作的繁杂与忙碌,学校在校级课题申报上不重视,没有规范,缺乏要求,我们研究出了一套程序化、标准化的可供学校参考的校级课题申报制度,为经开区小学校级课题的申报提供规范要求,学校老师在校级课题申报中有了明确的目标,在选题时也不再盲目,是深思熟虑,在后续研究中也不会再出现茫然无措的状态。

同时,那些"假大空"的课题没办法钻空子,学校老师都要从自己的真问题开始校级课题研究,并且是经过自己长期思考、学科组论证过的才能申报,这样规范的申报流程,不仅避免了一到课题申报季就突击填写课题申报书的尴尬,也保证了课题申报的质量,营造了学校乃至全区做真研究、真做研究的科研氛围。

2.构建了经开区小学校级课题研究制度

原本的校级课题过程管理形同虚设,或是应付大于实施,形式大于实效,经过课题组的不断尝试、实践,通过分组管理、明确职责,全程监控、阶段展示,培训指导、定期跟进,构建经开区小学校级课题研究制度,有效、有序的监管,保障了校级课题研究过程扎实、有效。

3.构建了经开区小学校级课题结项制度

课题组通过主题培训、一对一精准指导,提出了结项验收程序规范化、验收评价全面化、课题晋升梯级化的要求,构建了经开区小学校级课题结项制度。不仅为校级课题结项寻找到了方法,还为校级课题的晋升找到了"出口"。课题结项有了方法保证、晋升保证,老师们的校级课题研究实效也就随之呈现。

(二)完善了经开区小学"省、市、区、校"四级课题库

经过规范的申报、过程性管理,再到课题结项、梯级晋升,学校校级课题库逐渐完善,落实了经开区"省、市、区、校"四级课题管理制度,完善了经开区"省、市、区、校"四级课题库的建立。

对比经开区2020年与2021年市级课题申报,符合从校级到区级、从区级到市级晋升标准的课题数量稳步提升;对比区级课题申报数量,由校级课题到区级课题的数量也在稳步提升。

表4　经开区市、区两级课题申报数量一览表

时间	课题类型	数量
2020 年 3 月	2020 年度市级课题	165 项
2020 年 5 月	2020 年度区级课题	172 项
2021 年 3 月	2021 年度市级课题	165 项
2021 年 4 月	2021 年度区级课题	245 项

(三)提升了经开区教师的课题研究能力

经过校级课题管理制度的推进、落实,精准指导,全程跟进,学校老师的课题研

究能力稳步提升,课题研究成果的获奖情况就是最好的说明。

2021 年经开区共 73 项课题参加郑州市教科研结项鉴定和成果评审,73 项获郑州市优秀教科研成果,课题结项率是 100%,获奖率是 100%。其中一等奖 27 项,较去年提升了 17.4%。

五、存在的问题及下一步打算

课题组在开展课题研究的过程中,受课题组老师本身的知识结构、研究水平及研究任务复杂性等多方面的影响,也遇到一些问题。

(1)个别学校的领导对校级课题研究不重视,导致校级课题研究制度的落实效度有待提高。

(2)部分学校老师开展校级课题研究的积极性有待提高,开展研究的意识薄弱。

课题组通过对这一年研究过程的回顾与梳理,下一步会更加关注两方面内容。

(1)对全区学校校级课题过程性管理的落实有效性持续跟进。

(2)为有效激发学校老师开展校级课题研究的积极性,积极给学校提供更多的建议和支持。

参考文献

[1]常立钢.像做课题一样研究教学——中小学教师"课堂教学微研究"实践探索[J].基础教育课程,2020(1):28-33.

[2]周翠萍.关于改进中小学教育科研现状的研究[D].华东师范大学,2006.

[3]董屹敏.区域中小学教育科研管理研究——以上海市闵行区为例[D].上海师范大学,2010.

[4]孙丽英.小学教育科研现状的个案研究——基于 W 小学的调查研究[D].华中科技大学,2009.

[5]张秀丽.学校科研管理制度创新研究——基于长春市宽城区的调查与思考[D].华东师范大学,2009.

(本文为 2020 年度郑州教育科学重点课题,获科研成果一等奖,课题研究单位:郑州经济技术开发区教育文化体育局,课题负责人:吴晓云,课题组成员:常立钢、王宝川、李红红、王姝雅)

第三章

课程开发研究

学生发展指导视域下中小学心理导师成长课程体系的建构研究

一、研究背景

随着社会经济的高速发展,人们生活节奏加快,竞争压力增加,学生的心理卫生问题日益突出。目前,众多发达国家与地区现代学校教育的三大职能包括教学、管理、指导,而专职心理健康教师人数较少,因此培养更多的教师成为心理导师,对学生进行心理指导,是我们急需解决的重要问题。

(一)落实国家文件精神的需要

2019年国务院办公厅印发了《关于新时代推进普通高中育人方式改革的指导意见》,其中明确指出要"加强学生发展指导",建立包括心理健康教师在内的专兼结合的指导教师队伍。在学生发展指导视域下,促进教师走向更专业化的道路——"心理导师",符合国家发展的需要,符合时代的要求。

(二)深化区域心理健康教育的需要

关于心理健康教育,国家近年来发布了一系列相关文件,广东、浙江等地心理健康教育教师A、B、C三级认证早已开展,郑州一直对心理健康教育很重视,区域教研在全国也有一定知名度,但与先进地区还有一定差距,其中专兼职心理教师队伍的专业化发展是制约瓶颈,因此落实学生发展指导,建构和完善"心理导师"成长课程,以"心理导师"课程为新的生长点,以点带面促进区域心理健康教育深入发展刻不容缓。

(三)教师专业发展的需要

当前教师的工作环境也充满压力和挑战,同时教师在面对学生出现的问题和与家长沟通的过程中,有时也会感到无助,导致教师个人易产生职业倦怠、自我效能感低、情绪困扰、缺乏胜任力等问题。为了使教师保持良好的心态,促进学生健康而幸福地成长,对教师来说,掌握一定的心理健康知识和技能,提升心育能力是非常必要的。

(四)学生健康成长的需要

在我市连续进行的区域教育质量健康体检中发现,学生的心理健康状况总体是良好的,但出现了学生感到学业压力大、出现焦虑等情绪困扰、人际关系紧张等问题。因此学生也迫切需要有人能够对他们进行专业的指导,构筑健康心理,更好地学习和生活。

综上所述,为落实国家教育方针,满足师生心理健康发展的需求,推动区域发展,建构学生发展指导视域下心理导师成长课程,已经成为迫在眉睫的任务。

二、研究过程

本研究分为五个阶段:

1.前期准备(2019年3月—2020年2月)

在学生发展指导视域下重新定位、审思心理健康教育,对近20年郑州市中小学心理教师的教育教学工作进行梳理,结合文献、国家文件及心理教师发展需求,确定研究思路,做好相关准备工作。

2.体系建构(2020年3月—8月)

对区域内中小学教师进行问卷调查、访谈研究,对心理健康教育示范区、特色校、基地校等进行调研,构建心理导师胜任力模型,并初步建构心理导师成长课程体系框架。通过反复研讨、专家指导,对模型及课程体系进行修改完善。

3.组织实施(2020年9月—2021年3月)

根据心理导师课程体系,组织编写部分课程内容,并对中小学教师进行培训。

4.评价反馈(2020年12月—2021年2月)

对培训结果进行反馈,邀请有关专家对实践过程和研究成果进行评价,修改完善研究内容。

5.形成有形成果(2021年1月—3月)

对成果进行最终修订,形成课题研究报告。

三、主要做法与经验

为了落实学校学生发展指导职能,建构和完善"心理导师"成长课程,本课题组进行了以下研究工作:

(一)探索构建心理导师胜任力模型

1.文献梳理

自研究开始后,课题组共查阅学生发展指导、教师专业发展、心理导师、心理健康教师专业发展、心理教师胜任力、课程建设等方面的文献150余篇,查阅江浙、广东、四川等地心理健康教师职业资格认证方面的图书10余本,归纳、整理了郑州市近20年心理教师专业成长研究和实践积累的成果和经验。课题组对这些内容梳理分析后,总结如下。

(1)教师专业发展。

教师专业发展是指教师在整个专业生涯中，依托专业组织，通过终身专业训练，习得教育专业知识和技能，实施专业自主，表现专业道德，逐步提高自身从教素质，成为一个良好的教育专业工作者的过程。关于教师素质结构，不同学者有不同的看法，具体总结见表1。

表1 不同学者关于教师素质结构的研究

研究者	教师素质结构
叶澜	1.专业理念,2.知识结构,3.能力结构
艾伦	1.学科知识,2.行为技能,3.人格技能
林瑞钦	1.所教学科的知识,2.教育专业知能,3.教育专业精神
饶见维	1.教师通用职能,2.学科知能,3.教育专业知能,4.教育专业精神
姚志章	1.认知系统,2.情意系统,3.操作系统
唐松林	1.认知结构,2.专业精神,3.教育能力

(2)心理健康教育教师胜任力。

关于心理健康教育教师的胜任力国内外的研究非常广泛，但是并未达成一致。方晓义等提出了从事心理咨询工作的中小学心理教师应该胜任的基本能力，主要包括理论知识能力、咨询实践能力、自我成长能力、遵守职业伦理道德的能力。邓林园、王美璇通过对资深心理教师的访谈，将中学心理教师的胜任力划分为三类十项特质：自身素质(亲和力、个人品质、思想、创新能力)；工作态度(上进心、包容度、责任心、踏实)；工作技能(专业技能、发展技能)。对现有胜任力模型的归纳和整理能看出，国内对于心理健康教师胜任力模型的研究已经从单层级发展到多层级、从宏观转向细化，逐渐丰富和深入。

(3)心理健康教育教师培养。

国内关于心理健康教育教师培养已有实践，比如浙江省中小学将心理健康教育教师上岗资格证书分 A、B、C 三个等级，其中 A 证认证内容包括心理辅导的现场处理能力、心理辅导专业技能的应用能力与水平,B 证认证内容为心理健康教育教师的职业道德、岗位职责与实践操作能力,C 证认证内容为心理健康教育教师的个人素养、心理辅导的基本理论与技能的应用水平。

2.调查研究

除文献梳理外,我们还广泛开展了调查研究,对心理健康教育示范区、特色校、基地校等进行调研,并进行了问卷调查、访谈研究等,了解了一线教师真实的想法。

对两千余名教师进行开放式问卷调查,发现在工作中教师对学生进行心理健康指导需要具备的能力,总结出心理导师胜任力。

图1 "对学生进行心理健康指导需要具备的能力"词云图

同时对区域内优秀心理健康教育教师进行访谈研究,或者通过上交的个人成长报告进行分析研究,进一步明确心理导师胜任力。例如,一名教师提到心理导师要具备专业性、良好的职业态度、自我成长等。

3.构建心理导师胜任力模型

根据对文献的归纳和整理,结合教师专业发展阶段的客观需求、心理教师培养的实践经验以及调查研究的结果分析,本课题组对心理导师胜任力的理论模型进行了初步构建,最终将其形象化为"人形模型"(如图2所示)。胜任心理导师这一岗位,核心是具有大爱,具有自我关怀的可持续成长的内在动力,用心理工作的理念武装头脑,以专业技能和专业知识为工具,立足于良好的职业态度和人格特征。这一"人形模型"既包含了心理导师胜任力的六个方面,又象征心理指导工作助力自己成长的同时,指导学生朝着全面发展方向行进。

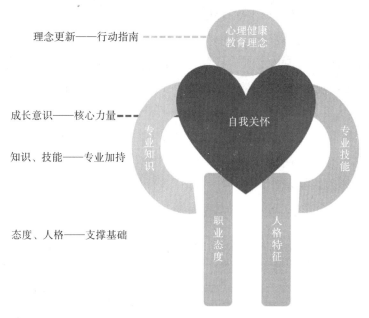

理念更新——行动指南

成长意识——核心力量

知识、技能——专业加持

态度、人格——支撑基础

图 2　心理导师胜任力的人形模型

(二)中小学教师心理指导水平现状及需求分析

为了解中小学教师对学生进行心理指导的水平现状及需求,更好地构建心理导师相关课程体系,为教师提供更贴近现实需求的相关指导,本研究结合心理导师胜任力模型,编制了"中小学教师心理指导水平现状及需求调查问卷",调查结果如下。

1.中小学教师基本情况

调查问卷在本市中小学教师中发放,共收回有效问卷 2490 份,涵盖了各学段、各生涯阶段等的教师,具有相当程度的代表性。

在调查中班主任和学科教师占比较多,心理教师有 161 人,但只有 48 人为专职心理健康教师,大部分都兼职其他工作;共有 93 人教授心理健康课程,表明了还有一部分学校未开设心理健康课程,心理指导的课堂主阵地缺失。

在所有被测教师中,毕业于教育学、心理学相关专业的共占 65.38%,在教育学的专业学习中,也涉及一部分心理学知识,因此大部分老师是具备一定的心理学基础的,这也为心理指导的培训学习奠定了良好的基础。

在所有被测教师中,持有二级心理咨询师证的有 106 人,三级心理咨询师证 130 人,其他相关资质 59 人,总人数远高于心理教师人数,表明一部分非心理健康教师也考取了相关资格证,越来越多的人意识到了在教育教学中心理指导的重要性。

2.中小学教师心理指导水平现状

在"您认为在教育教学工作中具备心理健康教育能力的必要性"一题中，68.76％的教师认为非常有必要，30.28％的教师认为有必要。这足以证明，在学生心理问题频繁的现在，各级各类教师都意识到了对学生进行心理健康指导的重要性及必要性，这也为心理导师指导培训提供了理念基础。

在实际教育教学工作中要对学生进行心理指导，根据《中小学心理健康指导纲要》，主要包含六大方面，其中82.57％的老师会对学生"学会学习"进行指导和培养，有79.52％的教师会对学生"情绪调适"进行指导，只有37.71％的老师会对学生"生涯规划"进行指导，这一方面的指导亟待加强。

表2　实际教育教学工作中教师对学生进行的心理指导

选项	小计	比例
学会学习	2056	82.57％
情绪调适	1980	79.52％
认识自我	1909	76.67％
人际交往	1668	66.99％
生活和社会适应	1286	51.65％
生涯规划	939	37.71％
其他	114	4.58％
本题有效填写人次	2490	

在心理健康教育理念方面调查结果表明，教师目前在"以促进学生发展为目的""尊重每一个个体"方面做得相对较好，有近五成教师能够完全做到；在"体验学生内心世界"方面最为欠缺，仅有两成教师能够完全做到，而教师如果不能很好地体验学生的内心，就很难走近学生、理解学生，也就容易产生冲突和误解，不利于学生的心理健康发展。

表3　实际教育教学工作中教师在心理健康教育理念方面工作开展情况

题目/选项	完全不能	比较不能	一般	比较能够	完全能够	平均分
以促进学生发展为目的	64 （2.57％）	13 （0.52％）	212 （8.51％）	957 （38.43％）	1244 （49.96％）	4.33
尊重每一个个体	65 （2.61％）	13 （0.52％）	206 （8.27％）	991 （39.80％）	1215 （48.80％）	4.32

题目/选项	完全不能	比较不能	一般	比较能够	完全能够	平均分
真诚地面对自我和学生	78 (3.13%)	21 (0.84%)	225 (9.04%)	971 (39.00%)	1195 (47.99%)	4.28
以学生服务为导向	64 (2.57%)	13 (0.52%)	267 (10.72%)	1032 (41.45%)	1114 (44.74%)	4.25
对学生保有热情	84 (3.37%)	20 (0.80%)	265 (10.64%)	1112 (44.66%)	1009 (40.52%)	4.18
关注学生积极的心理品质	59 (2.37%)	15 (0.60%)	355 (14.26%)	1153 (46.31%)	908 (36.47%)	4.14
以学生为本	90 (3.61%)	18 (0.72%)	316 (12.69%)	1171 (47.03%)	895 (35.94%)	4.11
体验学生内心世界	74 (2.97%)	43 (1.73%)	598 (24.02%)	1219 (48.96%)	556 (22.33%)	3.86
小计	578 (2.90%)	156 (0.78%)	2444 (12.27%)	8606 (43.20%)	8136 (40.84%)	4.18

在心理专业知识和技能方面,平均得分明显低于上一题目。教师整体表现最好的方面是"了解学生心理发展特点和规律""能够识别和应对学生常见心理问题"。危机干预在心理健康教育中是属于难度非常高的一项工作,但是有约45%的教师认为自己能够进行此项工作,表明很多教师对危机干预并不是很了解,从而觉得能够做到,这也需要我们对此类知识进行普及,避免在实际教育教学工作中酿成不良后果。

表4 实际教育教学工作中教师在心理专业知识和技能方面工作开展情况

题目/选项	完全不能	比较不能	一般	比较能够	完全能够	平均分
了解学生心理发展特点和规律	42 (1.69%)	52 (2.09%)	871 (34.98%)	1115 (44.78%)	410 (16.47%)	3.72
能够识别和应对学生常见心理问题	44 (1.77%)	65 (2.61%)	852 (34.22%)	1109 (44.54%)	420 (16.87%)	3.72

题目/选项	完全不能	比较不能	一般	比较能够	完全能够	平均分
结合学科内容培养学生心理品质	61 (2.45%)	100 (4.02%)	912 (36.63%)	1005 (40.36%)	412 (16.55%)	3.65
开展个体心理辅导	71 (2.85%)	127 (5.10%)	950 (38.15%)	943 (37.87%)	399 (16.02%)	3.59
了解心理学基础知识和经典理论	48 (1.93%)	115 (4.62%)	1057 (42.45%)	922 (37.03%)	348 (13.98%)	3.57
对学生进行危机干预	98 (3.94%)	217 (8.71%)	1036 (41.61%)	843 (33.86%)	296 (11.89%)	3.41
对心理方面的班会进行指导	99 (3.98%)	239 (9.60%)	1036 (41.61%)	798 (32.05%)	318 (12.77%)	3.40
建立、管理学生心理健康档案	103 (4.14%)	225 (9.04%)	1075 (43.17%)	763 (30.64%)	324 (13.01%)	3.39
开展团体心理辅导	116 (4.66%)	260 (10.44%)	1047 (42.05%)	778 (31.24%)	289 (11.61%)	3.35
对家长或老师进行心理培训	117 (4.70%)	282 (11.33%)	1055 (42.37%)	738 (29.64%)	298 (11.97%)	3.33
进行心理调查与测验	115 (4.62%)	280 (11.24%)	1066 (42.81%)	739 (29.68%)	290 (11.65%)	3.32
设计、开展心理健康教育课程	124 (4.98%)	307 (12.33%)	1044 (41.93%)	734 (29.48%)	281 (11.29%)	3.30
规划心理健康教育工作	119 (4.78%)	309 (12.41%)	1074 (43.13%)	711 (28.55%)	277 (11.12%)	3.29
对心理社团进行指导	142 (5.70%)	363 (14.58%)	1033 (41.49%)	684 (27.47%)	268 (10.76%)	3.23
进行心理方面的科学研究	154 (6.18%)	359 (14.42%)	1059 (42.53%)	658 (26.43%)	260 (10.44%)	3.21

题目/选项	完全不能	比较不能	一般	比较能够	完全能够	平均分
小计	1453 (3.89%)	3300 (8.84%)	15167 (40.61%)	12540 (33.57%)	4890 (13.09%)	3.43

在教师自我成长方面,得分整体差别不大,相对较低的是"拥有职业幸福感",这也是当前教师普遍面临的困境,因此在心理导师的培训过程中,提升教师本身的幸福感,也是我们需要格外关注的内容。

表5　实际教育教学工作中教师自我成长方面自我评价情况

题目/选项	完全不能	比较不能	一般	比较能够	完全能够	平均分
正确地认识自我	45 (1.81%)	18 (0.72%)	435 (17.47%)	1214 (48.76%)	778 (31.24%)	4.07
自我接纳	46 (1.85%)	23 (0.92%)	446 (17.91%)	1185 (47.59%)	790 (31.73%)	4.06
拥有良好的人际关系	43 (1.73%)	23 (0.92%)	448 (17.99%)	1244 (49.96%)	732 (29.40%)	4.04
能进行情绪调节	39 (1.57%)	28 (1.12%)	468 (18.80%)	1246 (50.04%)	709 (28.47%)	4.03
拥有职业适应能力	42 (1.69%)	23 (0.92%)	489 (19.64%)	1215 (48.80%)	721 (28.96%)	4.02
善于沟通交流	45 (1.81%)	22 (0.88%)	566 (22.73%)	1160 (46.59%)	697 (27.99%)	3.98
拥有职业效能感(对自己达成某项任务所需能力的信念)	42 (1.69%)	31 (1.24%)	537 (21.57%)	1193 (47.91%)	687 (27.59%)	3.98
抗压抗挫折	45 (1.81%)	36 (1.45%)	530 (21.29%)	1221 (49.04%)	658 (26.43%)	3.97
能进行自身职业发展规划	45 (1.81%)	35 (1.41%)	565 (22.69%)	1207 (48.47%)	638 (25.62%)	3.95

（续表）

题目/选项	完全不能	比较不能	一般	比较能够	完全能够	平均分
拥有职业 幸福感	48 (1.93%)	48 (1.93%)	607 (24.38%)	1124 (45.14%)	663 (26.63%)	3.93
小计	440 (1.77%)	287 (1.15%)	5091 (20.45%)	12009 (48.23%)	7073 (28.41%)	4.00

3.中小学教师心理指导需求

在中小学教师的需求方面,有六成教师认为要在"体验学生内心世界"和"关注学生积极的心理品质"方面加强学习,这就需要从积极心理学的视角出发,培养以人为本、全面发展的学生观,更好、更深刻地去理解学生。

表6 教师在心理健康教育理念方面成长需求情况

题目/选项	完全不能	比较不能	一般	比较能够	完全能够	平均分
体验学生 内心世界	83 (3.33%)	157 (6.31%)	756 (30.36%)	968 (38.88%)	526 (21.12%)	3.68
关注学生积极 的心理品质	98 (3.94%)	184 (7.39%)	751 (30.16%)	938 (37.67%)	519 (20.84%)	3.64
学生服务导向	114 (4.58%)	187 (7.51%)	784 (31.49%)	899 (36.10%)	506 (20.32%)	3.60
以促进学生 发展为目的	121 (4.86%)	199 (7.99%)	757 (30.40%)	894 (35.90%)	519 (20.84%)	3.60
尊重每一个 个体	143 (5.74%)	216 (8.67%)	754 (30.28%)	864 (34.70%)	513 (20.60%)	3.56
以学生为本	126 (5.06%)	207 (8.31%)	823 (33.05%)	856 (34.38%)	478 (19.20%)	3.54
对学生保有 热情	147 (5.90%)	222 (8.92%)	803 (32.25%)	821 (32.97%)	497 (19.96%)	3.52
真诚地面对 自我和学生	165 (6.63%)	243 (9.76%)	787 (31.61%)	817 (32.81%)	478 (19.20%)	3.48
小计	997 (5.01%)	1615 (8.11%)	6215 (31.20%)	7057 (35.43%)	4036 (20.26%)	3.58

在心理学专业知识和技能方面，教师对各项的需求程度相差不多，平均得分较高的为"学生常见心理问题的识别和应对""个体心理辅导""对家长进行心理健康培训"等。不同教师在心理指导方面的需求是不同的，需要我们在实际指导过程中针对不同群体选择不同的培训内容，以更适合教师专业成长。

表7 教师在心理学专业知识和技能方面成长需求情况

题目/选项	完全不能	比较不能	一般	比较能够	完全能够	平均分
学生常见心理问题的识别与应对	39 (1.57%)	73 (2.93%)	610 (24.50%)	1079 (43.33%)	689 (27.67%)	3.93
个体心理辅导	38 (1.53%)	69 (2.77%)	633 (25.42%)	1065 (42.77%)	685 (27.51%)	3.92
对家长或老师进行心理健康培训	36 (1.45%)	72 (2.89%)	669 (26.87%)	1043 (41.89%)	670 (26.91%)	3.90
危机干预	39 (1.57%)	60 (2.41%)	695 (27.91%)	1031 (41.41%)	665 (26.71%)	3.89
结合学科内容培养学生心理品质	36 (1.45%)	73 (2.93%)	671 (26.95%)	1060 (42.57%)	650 (26.1%)	3.89
团体心理辅导	39 (1.57%)	66 (2.65%)	709 (28.47%)	1019 (40.92%)	657 (26.39%)	3.88
心理学基础知识与经典理论	37 (1.49%)	78 (3.13%)	656 (26.35%)	1088 (43.69%)	631 (25.34%)	3.88
学生心理发展特点和规律	41 (1.65%)	74 (2.97%)	664 (26.67%)	1070 (42.97%)	641 (25.74%)	3.88
对心理健康主题班会进行指导	35 (1.41%)	76 (3.05%)	716 (28.76%)	1023 (41.08%)	640 (25.70%)	3.87
设计、开展心理健康教育课程	32 (1.29%)	80 (3.21%)	696 (27.95%)	1043 (41.89%)	639 (25.66%)	3.87

（续表）

题目/选项	完全不能	比较不能	一般	比较能够	完全能够	平均分
对心理健康教育进行规划	33 (1.33%)	75 (3.01%)	711 (28.55%)	1034 (41.53%)	637 (25.58%)	3.87
心理科学研究	41 (1.65%)	77 (3.09%)	718 (28.84%)	1013 (40.68%)	641 (25.74%)	3.86
对心理社团进行指导	32 (1.29%)	81 (3.25%)	730 (29.32%)	1015 (40.76%)	632 (25.38%)	3.86
建立学生心理健康档案	38 (1.53%)	77 (3.09%)	713 (28.63%)	1031 (41.41%)	631 (25.34%)	3.86
心理调查与测验	40 (1.61%)	77 (3.09%)	725 (29.12%)	1021 (41.00%)	627 (25.18%)	3.85
小计	556 (1.49%)	1108 (2.97%)	10316 (27.62%)	15635 (41.86%)	9735 (26.06%)	3.88

在教师自我成长方面，各选项之间差别不是很大，在沟通交流、自身职业发展规划、人际关系、职业幸福感、自身情绪调节、抗压抗挫折能力、职业效能感等方面都有六成及以上教师选择了"比较需要"及"非常需要"，这也是今后进行心理导师培训的可参考内容。

在"心理导师应具备的特质"一题中，中小学教师认为最重要的是有宽容心、自信心、亲和力、感染力等，而心理健康教师认为最重要的有同理心、亲和力、表达沟通能力、真诚等，还是存在一定的差别的，同理心在所有教师的选择中并不靠前，但在心理健康教师看来却是最重要的，这就需要我们在对教师进行指导的过程中，更新观念，培养相应的特质。

从问卷调查结果可以看出，教师对心理指导的需求还是非常迫切的，急需进行专业培训，帮助自己在教育教学的过程中对学生进行有效的心理健康指导。此外，问卷调查结果也为已有模型提供佐证和修正依据。根据对不同角色、不同级别的教师的结果交叉分析，为心理导师分级分类提供了依据。通过了解不同教师心理指导现状、需求，为心理导师成长课程内容框架提供了参考。

（三）构建心理导师成长课程体系框架

学生发展指导要求全员育人，心理导师也不例外，我们希望能通过专业培训及专业成长，让中小学教师都能具备心理指导能力。因此心理导师课程培训对象就包括心理健康教师、班主任、学科教师三类。

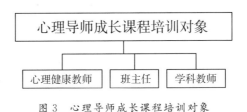

图 3　心理导师成长课程培训对象

由于专业性、岗位角色、工作阶段和经验等的不同，教师在心理指导能力方面存在差异，需要成长的内容也不尽相同，为此我们建立了心理导师两级分类课程体系，包括基础篇和提高篇。基础篇主要面对班主任、学科教师及初入职的心理健康教师等；提高篇主要面对专职心理健康教师、有能力及需求的其他优秀教师等。当然，教师也可根据自己的需求进行自助餐式选择。

在如何研究课程方面，美国学者泰勒提出了方法论，认为课程研究要关注四个基本问题——目标、内容、实施、评价。根据课程论和课程研发技术，我们将从课程目标、课程内容、课程资源、课程实施、课程评价等方面构建心理导师成长课程。

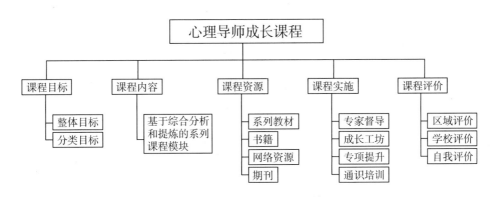

图 4　心理导师成长课程要素

课题组相关成员在 2015 年结项的省级课题"中小学心理健康教师基本功和专业素养提升研究"中已经提炼出了六大模块学科能力，并具体划分为三级。

表8 心理健康教师能力构成要素

一级指标	二级指标	三级指标
A 心育专业能力	A1 咨询能力	A1.1 理论储备
		A1.2.1 诊断技能
		A1.2.2 咨询技能
		A1.2.3 测量技能
		A1.3 咨询工具箱
	A2 教学能力	A2.1 教学设计
		A2.2 教学实施
		A2.3 教学评估
	A3 指导能力	A3.1 心理委员
		A3.2 心理社团
B 心育融合能力	B1 规划能力	B1.1 自我发展
		B1.2 课程规划
		B1.3 学校规划
	B2 科研能力	B2.1 校内科研
		B2.2 市级科研
		B2.3 省级科研
C 心育拓展能力	C1 培训能力	C1.1 家长培训
		C1.2 教师培训
		C1.3 专业培训

经过实践检验,根据以上能力模块开展系列教研,对教师专业成长有着强力支持。

本课题组以心理导师胜任力模型为基础,结合指导水平现状及需求问卷的调查结果、心理健康教师能力构成要素和郑州市心理健康教师培养的实践经验,建立了心理导师两级分类课程体系。基础篇和提高篇中含有一些相同的模块,只是内容深度由浅入深。除可根据自己归属范围阅读外,教师也可以根据自己的需求,在两级课程体系中,自由选择合适的模块进行"套餐"组合。

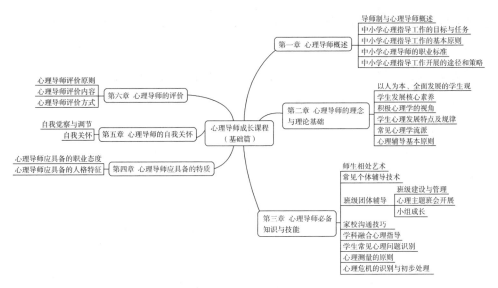

图 5　心理导师成长课程（基础篇）

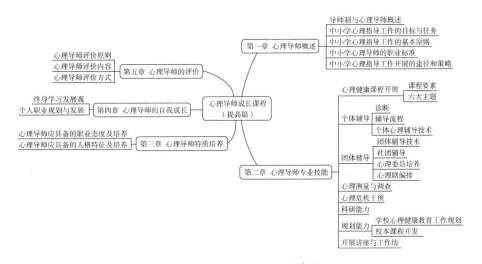

图 6　心理导师成长课程（提高篇）

（四）同步实践和发展心理导师成长模式

郑州市近 20 年的心理教师专业成长的研究和实践积累了丰富的经验，不断创新教研方式，在分类教研上有分区、分层、分段、分类教研；在教研方式上有探究式、研训式、竞赛式、观摩式、指导式，并形成了主题驱动、任务驱动、项目驱动、成果驱动的"四驱动"教研模式；在教研渠道上有线上教研和线下教研等。

对于心理导师的成长，不同群体采用的方式也不尽相同。心理教师可以继续使用上述多种教研模式，根据需求获得最大化成长；班主任和学科教师可以通过个体、小组、团体等不同组织形式，采用专家督导、通识培训、专项提升、成长工作坊、

181

教师互助、实践应用等方式,借助系列教材、推荐书籍、网络视频、课件等资源,不断提高胜任力。

为此,我们根据心理导师成长课程体系,以任务驱动的方式组织课例编写。我们招募了一批优秀的教师,他们是郑州市各学校的班主任或心理教师,还有部分心理教师兼任班主任工作,对教师心理指导工作的实际需求非常了解。在编写的过程中,教师对已有经验进行梳理总结,更新知识体系,从而促进能力提升,加快自我成长速度。

同时依托于学生发展指导总课题组的资源,在实践校中,课题组成员以开设讲座、成长工作坊等形式,将心理导师成长课程中的部分课程内容应用于实践,根据实际效果及教师反馈对课程内容进行调整和完善。在此过程中,课题组成员也在不断进行研讨,思考如何建立科学、完善的心理导师成长课程评价方式,期待以评促教,更好地促进心理导师成长课程的推广,发展更多样且有效的心理导师成长模式。

四、研究成效

在学生发展指导视域下,以心理导师成长为核心,经过文献梳理、调查研究、框架建构、实践探索等,本课题的研究取得了以下成效。

(一)为中小学心理导师培养提供了理论参考

本课题组通过问卷调查,对中小学教师心理指导水平现状和需求有了全面的了解,在实际中对心理导师进行培养能够有的放矢。通过访谈研究和成长报告,我们总结了区域优秀心理健康教师的成长经验,为心理导师培养提供了一定的参考依据。我们构建了心理导师胜任力"人形模型",包含心理健康教育理念、专业知识、专业技能、职业态度、人格特征、自我关怀六大模块,内涵丰富,提纲挈领。同时我们还构建了心理导师两级成长课程体系,两级内容由浅入深,不同群体、不同能力的教师可以根据需求进行模块化选择。模块之间相互联系又各自独立,更具有包容性、扩展性和选择性,不仅能满足群体的共性需求,更能满足不同群体的个性化需求。

以上内容为心理导师的培养提供了方向和理论参考,有助于在实际工作中开展相应模块的培养。

(二)建构了心理导师成长课程内容

目前并无成体系的心理导师成长课程,这让希望得到心理健康工作指导的教师无资料可参考。为此本课题组根据心理导师成长课程体系，进行了课例编写。为了更好地服务广大教师，争取所授内容和形式贴近教师教育教学实际，我们的课程设计兼顾教师自我学习和后期培训，课程整体设计偏向情景性、体验性、实践性，增强可读性的同时，让教师能够真正在教育教学中加以实践。以此为指导方向，课题组设计的课程体例结构，分为情景再现、一键导航、开卷知新、延伸阅读、拓展训练五部分。

（三）促进了教师专业成长，有助于实现全员心育

在课题研究和实践的过程中，本课题组成员进行了大量的理论学习、研讨交流、实践探索等，对个人自身成长有很大的推动作用。对于招募的编写教师，也进行了相关专业培训，每周进行课例研讨，可以博采众长，学到相关知识和经验，是一个非常好的成长过程。

通过不同形式的心理导师成长模式，将心理导师课程体系中的内容加以培训学习，有助于教师掌握心理导师胜任力模型的六大方面，提升心理指导能力。本课题组成员组织的讲座、成长工作坊培训等，得到了教师的一致好评，他们认为这些讲座、活动等贴近实际工作，有较高的指导性和实际应用价值。

心理导师成长课程对象涉及全体教师，模块化课程的开发更具针对性和自由选择性，让教师能够通过系统性的学习和实践，成为优秀的心理导师，有助于实现全员心育，使心理健康教育得到普及，推动全市心育工作的开展，让心育工作深入每一所学校、每一位教师，继而使得更多学生受益。

五、存在的问题及下一步打算

（一）心理导师评价体系有待完善

通过研究，我们构建了两级心理导师成长课程体系，其中也涉及了心理导师的评价，虽然经过文献查阅和经验梳理，对评价的原则、内容、方式有了一定的了解，但是对于心理导师如何进行评价，还未形成科学、完善的评价体系，这也是我们今后要进一步探索的方向。

（二）心理导师成长课程资源有待进一步扩充

目前我们开发出了一部分心理导师成长课程内容，在课例中为老师们推荐相关的知识链接、精选内容，包括文章、书籍、电影、网站等。同时，郑州市心理健康团队前期也出版了全程心理辅导系列丛书，借助心理剧、故事赏析、影视赏析、生涯教

育、智慧家长等系列工具箱书籍,以及课例、公众号等众多模块化课程资源,指导心理健康教师成长。但是对于心理导师成长来说,还存在一定欠缺,后期我们也将不断拓展课程资源,为教师提供全面的理论与实践指导。同时制作相关课件、录制相关视频等,为教师自学及开展培训提供资料。在下一步研发和实践中,以丰富的课程资源促进全员心育的实现。

参考文献

[1]方晓义,袁晓娇,邓林园,等.构建适合我国的普通高中学生发展指导制度[J].北京师范大学学报(社会科学版),2013(1):42—50.

[2]沈贵鹏.教育学视域中心理健康教育模式的转型[J].教育科学研究,2020(3):62—67.

[3]邓林园,王美璇.中学心理教师的胜任力探讨:经验型教师与新手型教师的对比分析[J].教育学报,2015,11(6):60—68.

[4]蔡素文.实现心理健康教师的4C专业成长[J].江苏教育,2019(96):6.

[5]曾文雄.中小学心理健康教育教师专业构成及成长路径探析[J].中小学心理健康教育,2013(24):7—9.

[6]乐中保.美国NBPTS优秀教师专业标准与评估[J].天津师范大学学报(基础教育版),2008(2):48—52.

[7]柏灵.论我国中小学教师专业标准体系的构建[J].当代教育科学,2010(24):11—13+48.

[8]王光明,张楠,李健,等.教师核心素养和能力的结构体系及发展建议[J].中国教育学刊,2019(3):81—88.

[9]肖观仁.区域性促进专职心理辅导教师专业成长的有效途径[J].中小学心理健康教育,2010(16):31—32.

[10]杨海荣,邝翠清.积极心理学视角下心育导师成长工作坊模式初探[J].中小学心理健康教育,2012(9):44—45.

(本文为2020年度郑州教育科学重点课题,获科研成果一等奖,课题研究单位:郑州市教育局教学研究室,课题负责人:尚新华,课题组成员:王陆静、马歆源、柳杏娟、石希娟)

基于图形化编程语言的初中程序设计课程实践研究

一、研究背景

（一）宏观背景

2017 年 7 月 20 日，国务院印发《新一代人工智能发展规划》，指出"实施全民智能教育项目，在中小学阶段设置人工智能相关课程，逐步推广编程教育，鼓励社会力量参与寓教于乐的编程教学软件、游戏的开发和推广"。伴随着规划的出台，郑州市第二十三中学在"一切为了人的发展"的办学理念指引下，培养学生的计算思维能力，提升学生的计算思维水平，基于学生学习兴趣和信息技术学科师资优势，开设 Scratch 图形化编程社团课。

2018 年 1 月 16 日，教育部公布的《高中信息技术新课程标准》明确提出：高中信息技术课程目标旨在全面提升全体高中学生的信息素养，通过学科学习逐步形成正确的价值观念、必备品格和关键能力；高中信息技术学科核心素养由信息意识、计算思维、数字化学习与创新、信息社会责任四个核心要素组成；为落实高中的新课程标准（简称"新课标"），必修课程"数据与计算"模块中明确强调掌握一种程序设计语言的基本知识，使用程序设计语言实现简单算法。通过解决实际问题，体验程序设计的基本流程，感受算法的效率，掌握程序设计调试和运行的方法。由于高中信息技术新课标的公布，郑州市第二十三中学基于图形化编程平台的程序设计课程方向更加明确：将我校学生培养成在未来社会中具有计算思维和编程能力的"数字化公民"。

国家层面的顶层设计，坚定了郑州市第二十三中学开发程序设计校本课程的决心和信心。

（二）微观背景

"信息技术"学科作为一门年轻的学科，具有理念新、创新多、兴趣高等优势，但同时也存在一些问题。

（1）初中信息技术学科使用的教材是河南音像出版社出版的省编教材，是由省教研室组织全省优秀的信息技术教师编写的，质量非常高。它是全省通用的教材，具有普适性。我校地处城乡接合部，学生成分复杂，农民工子弟众多，信息素养相对较低，学生的计算思维和逻辑思维能力也偏弱。省编教材程序设计部分采用了 VB 程序设计高级语言的教学，在课堂教学中，由于语法复杂、调试难度大等，信息技术学科教师倾尽全力，程序设计部分的教学目标达成度依旧很低。

（2）信息技术学科的部编教材，程序设计模块用一章的内容来呈现，并且是简单的普及型教育，缺乏深度和广度。而《普通高中信息技术课程标准》（2017年版）、《中小学综合实践活动课程指南纲要》（2017年版）中对学生计算思维的培养，对程序设计能力都提出了很高的要求。在这种情况下，如何对部编教材进行校本化，适应新的课标要求、适应本校校情是我们遇到的另一个问题。

（3）初中生由于年龄较小，心智尚不成熟，对信息技术学科的学习，更多的关注点在好玩上。因此，对应用软件的学习，如WPS办公软件、Flash动画制作软件、Ps图像处理软件等一概不知。而对计算机硬件、程序设计模块的学习，部分同学缺乏兴趣，或停留于表面，或愿意学习但认为难度大，不愿深入钻研，持续学习；部分学生在程序设计学习中找不到乐趣，不愿学习，更谈不到提升计算思维水平了。

基于国家对信息技术学科顶层设计及郑州市第二十三中学情，我们决定开发基于图形化编程平台程序设计课程——Scratch校本课程，让学生掌握程序设计方法、熟悉程序设计语言、理解程序设计基本结构，在用计算思维视角解决问题的过程中，激发程序设计兴趣，培养逻辑思维能力，进一步理解计算思维的内涵，提高数字化学习与创新素养，增强信息意识和信息社会责任。

二、研究过程

（一）申报阶段（2020年3月）

2020年2月，随着郑州市教科所课题立项文件的发布，课题组成员学习文件，了解课题申报流程，查阅文件，收集素材，撰写课题可行性论证报告，填写立项申报表。

（二）准备阶段（2020年4月—5月）

召开课题组成员会议，进行课题组成员分工，并明确任务。组织课题组教师学习《普通高中信息技术课程标准》（2017年版）、《中小学综合实践活动课程指导纲要》（2017年版）等信息技术学科纲领性文件，梳理前期程序设计课程已有成果。

（三）实施阶段（2020年6月—2021年2月）

（1）课题组成员进行图形化编程文献检索，并学习图形化编程顶层设计相关文件，设计2023届学生的调查问卷。

（2）对2023届学生发放调查问卷，汇总调查结果，并对问卷调查结果进行分析，设计图形化编程校本课程的课程目标、课程内容，并确定校本教材编写目录及样节；以撰写的校本教材为蓝本，采用集体备课、课后集体研讨等多种形式，让Scratch校本课程走进课堂；根据学情，设计合适的评价方式。

（3）根据图形化编程校本教材进行课堂实践，初步确定图形化编程课堂教学模式。

（4）进行校内信息技术组教师基本功大赛，并进行优秀程序设计课例的评选，优秀课例教师交流、分享经验等。

（5）通过对前期完成的课题资料的整理，形成课题的中期报告。

（6）通过参与郑州市创意编程大赛，进一步提升学生的程序设计水平和教师的程序设计教学能力。

（7）通过优秀课例分享和课堂观察，将教学设计进行优化、梳理，形成程序设计课程课堂教学模式。

（8）课题组成员在研究过程中，积极撰写教学设计、教学案例、教学反思，提升课题组成员专业素养。

（9）课题组成员在研究过程中，定期召开座谈会，分享交流，统一思想，提高认识，为课题顺利开展提供保障。

（四）总结阶段（2021年3月—4月）

对课题研究资料进行总结与梳理，完成结题报告，整理课题研究成果，进行深入思考，确定下一步研究方向。

三、主要做法和经验

根据中国学生发展核心素养要求，教师应将学生培养为"全面发展的人"，这为Scratch程序设计特色课程开发提供了理论依据。依据郑州市第二十三中学的校情，在开发和实施Scratch程序设计特色课程过程中，形成如下做法：

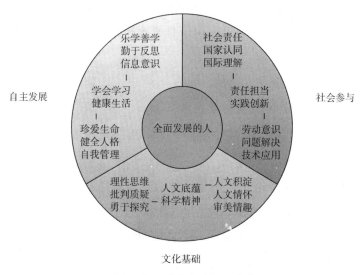

图1 中国学生发展核心素养

(一)制定课程目标

1.校情分析

郑州市第二十三中学多年来坚持将"学生培养为'人格独立、身心康健、思维活跃、能力突出'的负责任的公民"作为办学目标,在开发 Scratch 校本课程中遵循"做中学"的教育理念,关注学生的核心素养提升,关注培养学生的信息意识和实践创新能力,让学生在"做中学、学中思、思中悟"。

2.学情分析

为精准制定 Scratch 课程目标,课题组成员多次研讨,多次修改,设计了"郑州市第二十三中学 Scratch 学习障碍调查问卷",对 2022 届学生开展问卷调查。通过问卷数据分析和归纳,寻找 Scratch 课程发展方向。数据分析如图 2 所示:

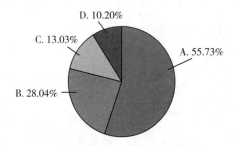

- ■ A.知识较难理解,独立操作较困难
- ■ B.学习和练习时间不够,不能及时复习巩固
- ■ C.家人和同学不会,遇到问题得不到帮助和及时解决
- ■ D.老师和家长担心影响学习成绩,不支持

图 2 郑州市第二十三中学 Scratch 学习障碍调查问卷结果

调查结果显示:55.73％的学生认为 Scratch 课程知识较难理解,独立操作困难。针对调查问卷结果,结合《普通高中信息技术课程标准》(2017 年版)对程序设计模块的要求,制定如下课程目标:

(1)提升初中生的计算思维。

(2)帮助学生掌握数据、算法等学科大概念。

(3)学会运用计算思维识别与分析问题,建模与设计系统性解决方案。

(二)撰写校本教材

确定课题目标后,课题组成员分工协作,设计教材样节,确定教材结构,编写校本教材。校本教材以培养学生的计算思维、逻辑思维为主,按照知识体系分为顺序结构、选择结构、循环结构及综合应用四个板块,共设计十五节课。在每节课中,教师按照引言、任务描述、探究活动、评价拓展四个环节进行。四个环节环环相扣,让学生真正做到"做中学、学中思、思中悟",层层递进,提升自身能力。校本教材目录如图 3 所示：

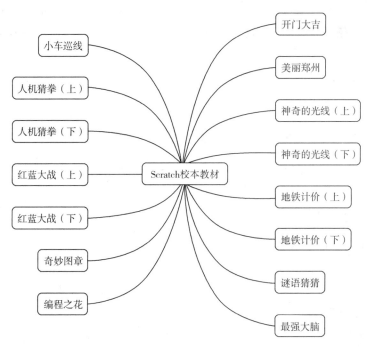

图 3 Scratch 校本教材目录

（三）开展课程实施

"做中学"最早由杜威提出，之后陶行知先生提出"教学做合一"。"教学做合一"充满着辩证统一思想，使教师的主导作用和学生的主体作用在"做"这个实践过程中得到良性的运作，组成了一个有机的整体。

依据杜威和陶行知的理论，课题组探索出了适合郑州市第二十三中学 Scratch校本课程"做中学"的教学模式，其结构如图 4 所示：

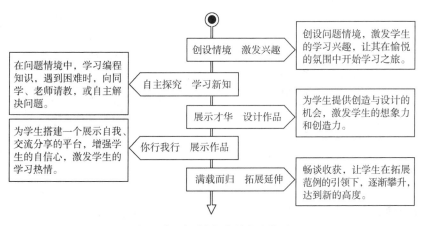

图 4 "做中学"教学模式结构图

在课程实施过程中,采用"做中学"教学模式开展新课,通过"创设情境　激发兴趣""自主探究　学习新知""展示才华　设计作品""你行我行　展示作品""满载而归　拓展延伸"五个教学环节,让学生感悟学习的快乐,逐步提高计算思维能力。

在《正多边形之美——Scratch 循环结构应用》一节课中,教师首先进行第一个教学环节——创设情境　激发兴趣。在该环节,教师播放由正五边形旋转不同次数形成图形的视频,并设计"让我们一起出发,走进 Scratch 世界,使用循环结构来创造美,演绎正五边形之美!"的导入语,在学生直观感受使用重复执行积木制作作品的基础上,点燃学生的学习兴趣,激发学生的探索欲望,进行"做中学"。

此时课堂顺利进入下一步教学环节——自主探究　学习新知。在该环节,学生首先独立绘制正五边形和圆形,如图 5、图 6 所示。

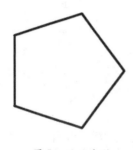

图 5　正五边形　　　　　　　　　　　图 6　圆形

在独立完成正五边形和圆形绘制的基础上,绘制正五边形的旋转图形,如图 7、图 8 所示。

图 7　正五边形的旋转图形(1)　　　　图 8　正五边形的旋转图形(2)

本节课的难点是"旋转角度的设置",学生需要通过小组合作,进行小组讨论或借助向老师求助等方式解决本课难点。

在突破本节课难点的基础上,再进行"展示才华 设计作品""你行我行 展示作品"两个环节。在这两个环节,学生发挥聪明才智,绘制各种组合图形,然后以小组为单位,进行展示、分享、评价。在评价过程中,既要剖析技术难点,也要欣赏图形之美,让学生在"学中思"。该环节部分学生作品如图9、图10所示。

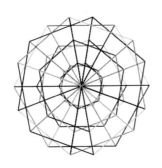

图9 学生作品(1)

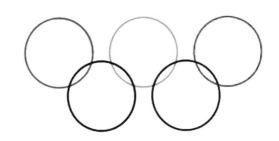

图10 学生作品(2)

此时,学生的学习热情高涨,因势利导,进入"满载而归 拓展延伸"环节,师生共同总结本节课的收获,教师展示拓展作品(如图11、图12所示),让学生在"思中悟"。

图11 拓展作品(1)

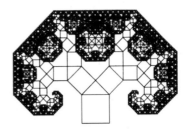

图12 拓展作品(2)

在课堂的最后,设计如下结束语:"从正多边形到蝴蝶曲线、玫瑰曲线等,Scratch展示的美俯拾即是。让我们在Scratch中品味程序设计的简洁美、逻辑美,欣赏其形之美、数之妙!"

在"做中学"教学模式下,整节课跌宕起伏,真正做到"文似看山不喜平",每一个环节都有亮点和点燃学生情绪的燃点,学生在对下一节课的无限畅想中结束课堂,真正做到了"做中学、学中思、思中悟"。

"做中学"教学模式的实施,提升了学生的思维品质,锻炼了学生的表达能力、协调能力等,学生的综合素质得到提高,教师的教学设计和教学实施能力也得到提高。课题组核心成员之一胡志强老师在金水区编程教育推进会上以"长风破浪会有时,直挂云帆济沧海"为题,进行了郑州市第二十三中学编程教育校本课程开发与实施分享,2022届2班的杨浩同学做"程序设计在路上"Scratch学习经验分享。杨浩同学在发言中深情说道:"学习程序设计这一段旅程真的带给了我很多。首先,从我自身来说,拓展了我的兴趣面,学习了程序设计的知识,收获了成绩,对未来自身的发展也有了一定的方向,这也带动了我其他学科的发展,例如数学学科,我的考试成绩也有所提升;其次,我觉得我们班信息技术课的学习氛围也有所提升,班上的同学们看到了我们在比赛中获得的成绩,十分羡慕,在课上学习编程的动力十足,学习热情十分高昂;最后,是学校和老师,前者带给我们机会、先进的硬件设施、完善的场地和外出比赛的机会,后者辛苦的耕耘、利用课余时间对我的辅导、在我学习出现困扰的时候给予的关心和鼓励都是我宝贵的财富,我一定不会辜负学校和老师的殷切期盼,为学校增光添彩!"

(四)课程评价方式优化

Scratch课程评价中坚持"以生为本"的原则,以"促进学生全面发展"为目标,评价采取即时性评价、过程性评价和总结性评价相结合的方式。从课程内容设计和学生学习表现两个方面可分为过程性评价和总结性评价,从评价方式上可以采用教师评价、学生互评、学生自我评价等多种方式相结合,从而达到最佳效果。

1.即时性评价

每节课设定学习目标,在学习过程中通过观察学生的学习状态、任务活动中的表现、任务的完成程度等对学生达成学习目标的完成度进行评价。在评价方式上,即时性评价采用学生互评、自评和师评的方式,并根据学习目标达成度、学生在课堂中的表现等设计了即时性评价量表,如表1所示。

表1 即时性评价量表

评价项目	评价标准	权重(分)	自评(分)	互评(分)	师评(分)
学习目标达成度	能够达成本节课的学习目标,理解主要的概念、作用,掌握基本的操作过程	15			
	能够用所学知识完成教师安排的本节课任务	10			
	能够将所学知识与实际生活联系起来,增强信息意识	10			

评价项目		评价标准	权重（分）	自评（分）	互评（分）	师评（分）
课堂表现	探究能力	认真学习,积极思考,主动回答教师提出的问题	10			
		主动探究所学内容,完成教师给出的各项任务	10			
		对于新知识有自己的见解和看法,并敢于尝试和表达	15			
	交流能力	善于与他人交流合作,在遇到问题时,主动向教师或同学寻求帮助	10			
		积极参加小组讨论,并主动承担小组分配的各项工作	10			
		主动展示自己的作品,并能够给他人讲解清楚自己的创意和思路	10			

2.过程性评价

过程性评价是一种在学习过程中所进行的评价,具有反馈的功能,主要考查学生一段学习之后的学习效果。对照整体知识的评价点,评价学生对于知识掌握的程度。同时教师也要从学生主体出发,从学习态度的变化、学习能力的提升程度等方面评价学生的主观学习表现,从而更全面地了解学生的学习效果,如表2所示。

表2　过程性评价量表

评价项目	评价标准	权重（分）	自评（分）	师评（分）
学习态度	学习兴趣增加,积极回答问题,课堂表现力增强	10		
	树立积极向上的信心,遇到问题会主动寻求帮助,努力克服学习上的困难	10		
	主动利用课余时间对编程内容进行自主学习,提升知识的广度和深度	10		
学习能力	编程中遇到问题,能选择独立思考、实验测试、寻求教师或同学帮助等多种方式解决	10		
	积极参与小组合作,清楚自己在小组中的定位和分工,并高效完成自己的任务	10		
	乐于帮助其他同学,在完成自己任务的同时也能协助小组成员完成本组任务	10		

评价项目	评价标准	权重（分）	自评（分）	师评（分）
过程性学习目标达成度	掌握本层级基础的编程内容,能独立运用各基础知识完成任务	5		
	对所学内容深入理解,在任务中体现出本层级中难度较高的编程水平	15		
	能够利用所学的知识完成教师指定的综合性案例,逻辑清晰,体现出较好的逻辑思维和计算思维	10		
	能够逐渐在完成的编程作品中融入自己的思想和创意,且与实际生活紧密联系	10		

3.总结性评价

总结性评价是针对学生对课程知识学习之后的综合性评价。

（1）设计评价量表进行总结性评价。

在实践中,课题组成员以学期为单位,以提升学生信息核心素养为目标,从 Scratch 知识掌握、信息意识、信息素养的提升等维度设计了总结性评价量表,如表 3 所示。

表 3　总结性评价量表

评价项目	评价标准	权重（分）	自评（分）	师评（分）
知识掌握度	熟练掌握一个学段所学的知识内容	10		
	对编程学习有更深入清晰的认识,能够自我建立编程知识之间的新旧关联,归纳总结,形成自己的知识体系	10		
	在知识范围内给出一个任务需求,能够利用所学知识自行设计程序,满足任务需求,体现出较高的综合能力,并在作品中融入个性化创意	10		
	学会总结利用编程平台解决问题的过程与方法,并能够迁移到与之相关的其他问题中	10		

评价项目		评价标准	权重 （分）	自评 （分）	师评 （分）
信息意识	合作意识	积极参与合作学习，能够完成分配的各项任务	5		
		乐于助人，积极帮助有困难的学生	5		
		乐于交流和分享成果，并能够对他人的作品给予公正客观的评价，实现学习的更大价值	5		
	探究意识	对所学习的内容敢于质疑，能够对内容的准确性做出合理判断	5		
		善于思考，能够根据问题的需要，自觉、主动地寻求恰当的方式解决问题	10		
信息素养的提升		认真观察生活中的各种现象，并能够积极尝试利用编程手段模拟生活场景	10		
		树立编程思维，主动用编程解决学习和生活中出现的问题	10		
		善于分析并找到编程与其他学科之间的联系	10		

（2）举办年级程序设计大赛。

学期末，以年级为单位，举办程序设计大赛，让学生彰显个性，展现特色。对评出的一、二、三等奖学生给予奖状、奖品，通过在年级大会上、家长会上公开表彰等多种形式，激发学生的 Scratch 学习积极性。

四、研究成效

（一）探索出独具特色的信息技术学科校本课程开发与实施模式

历经五年的培育、两年的开发与实施，形成了以课程目标为核心，以 Scratch 校本教材为载体，探索"做中学"教学模式的课堂生态，构建了 Scratch 校本课程在我校从零到有、从有到优的发展模式。经历了研究—推广—优化等过程，逐步进行了促进课程、学生、教师发展的实践，形成了一套可供同类研究借鉴的校本课程开发模式。

（二）促进学生核心素养提升

据不完全统计，参与实践学生 330 人，其中有 3 人获得全国信息技术创新实践大赛全国一、二等奖,有16人参与郑州市创意编程大赛,获得二等奖,有20人参与河南省郑州市中小学电脑制作活动,分别获得省、市二等奖,有10人参与创客嘉年华活动,获得"最佳创意奖""最佳设计奖"等不同奖项,有7人参与河南省信息学奥赛,获得二等奖。尤为可喜的是,课题组对编程社团的20位学生进行了两年的跟踪分析,发现他们的文化课成绩均有不同程度的提高,其中一位同学在全校歌唱比赛中担任主持人,三位同学是所在班级班长。Scratch校本课程的实施,提高了学生的综合素质和核心素养。

图 13　荣誉证书

（三）促进教师专业素养提高

参与课题研究的教师,专业能力获得提升,其中邹嘉琦老师辅导的杨浩同学获得郑州市创意编程大赛一等奖,本人在郑州市第二十三中学青年教师基本功大赛中获一等奖,宋强老师、胡志强老师的研究性学习项目《程序设计视角之数学美探究》获郑州市二等奖,宋强老师被河南省教育厅确定为2020—2022年"中原名师培育对象",信息技术组教师得到领导和同事的广泛好评。

（四）促进学校特色发展

开设Scratch学校特色校本课程,获得社会认可,上级单位认可,郑州市第二十三中学获得郑州市创意编程及智能设计大赛优秀组织奖,并获得"河南省创客示范校""金水区信息技术学科新入职教师培育基地"等称号。通过编程教育,提升学校内涵,彰显学校办学特色。

（五）社会认可度高,获得广泛好评

本成果多次在郑州市教研活动和金水区教研活动中做经验交流,效果良好。家长和社会更新了对编程教育的认识,编程教育对学生发展的重要意义得到认可。多家媒体报道了郑州市第二十三中学编程教育开展情况,活动得到了广大师生和社会的认同和支持,并取得广泛的社会影响。

五、存在的不足及反思

在团队的共同努力下,课题组虽然取得了一些成绩,但是在推进编程教育的过程中,仍然存在一些问题和不足。

(一)对核心素养的落实不够细化

在推进编程教育的过程中,课题组虽然一直强调要基于学科核心素养,但是在落实方面不够细化、不够聚焦。怎样在编程教育实施中更好地落实学科核心素养,目前还缺乏一个有效的指导策略。因此,这是课题组在后续工作中需要加强和改进的地方。

(二)制定的编程评价体系不够细致

目前郑州市第二十三中中学虽然给出了编程课程的整体评价方案,但在编程评价体系的研究上做得不够细致,评价的指标各不相同,特别是在学生能力提升和创新、创意方面不够细化、明确,学习效果的评价中主观性更多。在下一步的推进过程中,课题组还需要进一步研究更为细致、多元的编程评价体系,关注学生的发展,而不是拘泥于学生某一次的创作。

(三)编程教学缺乏软硬件的结合

郑州市第二十三中学校本课程教学主要在图形化编程方面,代码编程涉及较少,特别是有关算法的程序设计涉及更少。而且学校当前更多的是软件方面的编程教学,缺乏软件和硬件相结合的编程资源和编程案例。

参考文献

[1]陈露遥.例谈基于计算思维的图形化编程教学策略[J].中国信息技术教育,2021(8):41—43.

[2]王敏.基于问题视角的小学图形化编程教学实践与思考——以《花朵缤纷》一课为例[J].中国信息技术教育,2021(7):39—40.

[3]刘卫星,刘凤娟.国内编程教育研究的可视化分析——基于2016—2019年中国知网的期刊分析[J].教育信息技术,2021(3):20—24.

[4]唐上观.初中编程猫教学中计算思维培养的策略[J].教育信息技术,2021(3):28—30.

[5]赵旭辉.谈信息技术课程标准中的程序设计[J].辽宁高职学报,2021,23(5):66—70.

[6]邹荣惠.关于《信息技术课程标准》教学的反思[A].//四川省科教创客研究会. 2021年科教创新学术研讨会论文集:第一期.2021:2.

[7]郑清青.把握新课程核心素养标准,用项目导学单优化信息技术课堂[J].文理 导航(中旬),2021(4):97－98.

（本文为2020年度郑州教育科学重点课题,获科研成果一等奖,课题研究单 位:郑州市第二十三中学,课题负责人:宋强,课题组成员:胡志强、杨晓东、邹嘉琦、 翟彦培）

小学道德与法治学科中表现性评价的设计与实施研究

一、研究背景

2019 年,习近平总书记在全国思想政治理论课教师座谈会上明确提出,在大中小学循序渐进、螺旋上升地开设思想政治理论课非常必要。2020 年秋,部编版小学道德与法治学科 1—6 年级教材全部投入使用,新教材更关注学生在分析情境、提出问题、解决问题、交流结果过程中表现出来的综合品质和关键能力,更关注社会主义核心价值观、法治教育、中华优秀传统文化等教育内容的实施,可见,小学道德与法治学科已经成为落实立德树人根本任务的关键课程。

在这样的大背景下,各级教育行政部门、学校和老师们越来越重视本学科的教学教研工作,但在实际教学中,很多老师对于学科性质、课标、教材等的研究和解读不够,产生了许多问题,特别是评价问题。评价驱动着教学,如果评价不清晰、不科学,必然会造成教学的混乱和低效,具体来说,本学科的评价主要存在以下几个方面的问题。

(一)评价内容宽泛、不聚焦

从《品德与生活(社会)课程标准》以及新教材来看,小学道德与法治学科在对学生进行德育教育的同时,包含了思想政治教育、法治教育、安全教育、家庭意识、国家观念等诸多内容,教学内容宽泛,导致老师们在进行评价设计的时候无法很好地紧扣课程标准来进行,这样就造成了评价内容宽泛、不聚焦。

(二)评价标准不完善

目前本学科的评价方式主要包括过程性评价和终结性评价两种,但无论学校采取的是哪种评价方式,从评价标准来看,老师们制定的评价方式都缺少对知识内容的科学分析,缺少对学科标准的解读,大部分是笼统的学生日常表现,甚至有些学校没有评价标准,全靠师生的经验性判断。这样的评价标准将直接导致本学科评价工作的非科学性和评价结果的虚假性。

(三)评价实施走过场

目前学校终结性评价方式主要有传统的纸笔测试和学校自组织评价。很多学校的纸笔测试无法达到本学科的试题要求,而自组织评价通常就是教师根据本学期学生的表现划分不同等级,或者是用一节课的时间创设情境组织学生进行演讲、讨论或者表演,根据学生表现进行等级评价。可以说,学生即使不参与本学期课程的学习,也可以正常参加本次期末测评。学科评价形同虚设,根本无法很好地检测出学生本学期的学习成果。

造成以上问题的原因是多方面的,如部分教师是兼职教师,缺乏专业的学科知识,再如课程本身就存在一定的综合性和复杂性,很难对其进行科学和客观的评价。但如果想要切实提升本学科的教育教学质量,评价又是必须改革和重视的,因此,表现性评价进入我们的研究范畴。进行小学道德与法治学科评价改革,以评促教,实现本学科的"教学评"一致性,对于小学道德与法治学科的教学来说十分重要。

二、研究过程

(一)理论研究阶段(2020 年 1 月—6 月)

在此阶段,验证表现性评价与小学道德与法治学科的可能性。

本阶段,我们重点完成了课题研究的实施方案设计以及开题报告,并且一起开展了理论上的研究,重点研读了表现性评价,学习表现性评价理论,研读小学道德与法治学科课程标准和教材,分析实施表现性评价的可能性和必要性。

(二)设计与实施阶段(2020 年 7 月—2021 年 2 月)

在此阶段,设计适合小学 1—3 年级的表现性评价方案,并在实践中去实施。

本阶段,我们在理论研究的基础上,结合《品德与生活(社会)课程标准》,分析本学科的单元内容与课标要求,进而梳理出本册书的"大概念",在"大概念"的基础上分析表现性评价目标的内容。然后依据评价目标,结合教材内容,制定评价任务,并研制详细的评分规则,最终形成 1—3 年级的表现性评价操作手册(包含评价目标、评价任务、评分规则和操作手册)。

在系统设计的同时,采取个别试验点,对所设计的评价方案和内容进行实践演练,同时对操作手册进行不断的调整和完善。

(三)总结梳理阶段(2021 年 3 月—4 月)

在此阶段,对课题研究内容进行总结梳理,同时规划下一阶段研究方案。

本阶段主要对一年来的研究内容进行梳理和总结,结合开题报告、中期报告等阶段性研究成果,对研究内容和成效进行进一步的提炼,形成结题报告。同时开展课题研究的反思和研讨,搜集更多的关于 1—3 年级自组织评价手册的意见,并规划下一阶段 4—6 年级的研究计划。

三、主要做法和经验

(一)表现性评价在小学道德与法治学科中运用的可能性和必要性分析

1.表现性评价的理论背景及原理

表现性评价在根源上指向的是学生的学习,建立在人本主义和建构主义的基础之上。

(1)人本主义的理论基础。

人本主义强调以学生为中心的教学,认为教育的最终目的是培养全面发展的人。人本主义的教学观认为教育的目的要以学生的成长为核心,要多采用一些学生自主探究式的教学方式,秉持一种自由、平等且能让学生自由成长的教学理念。

(2)建构主义的理论基础。

建构主义认为知识的学习不是对已有知识的简单重复,而是主体和客体在不断作用中,通过情景、模拟、互动、合作等环节,不断建构和发生的过程。建构主义的教学观认为学生应该是教育教学工作的主体,教师只是辅助者、协助者。

2.小学道德与法治学科的课标要求及内容特点

从 2017 年开始,国家将小学道德与法治学科教材纳入全国部编三科教材范畴,2019 年秋季学期,小学道德与法治学科的教材全国统一。部编教材的使用进一步提升了本学科教育教学的时效性,同时也增强了本学科在中小学思政课教学中所起到的重要作用。

《品德与生活》《品德与社会》中分别对低段和中高段的小学道德与法治学科性质进行了明确的规定。低年级的小学道德与法治课程是以儿童的生活为基础,以培养品德良好、乐于探究、热爱生活的儿童为目标的活动型综合课程。中高段的小学道德与法治课程是在小学中高年级开设的一门以学生生活为基础,以学生良好品德形成核心,促进学生社会性发展的综合课程。整体来说其具有活动性、社会性、综合性、开放性等特征。

具体来说,小学部编《道德与法治》教材编写的主要特点主要体现在以下几个方面。

(1)内容选取上更加贴近学生生活。教材在内容和板块的选取上注重对学生已有经验的利用和拓展。

（2）编排方式上更加强调活动性、生成性。教材在编排方式上，改变了过去重说教的内容，强调了活动园模块的设计，并且活动园的内容既有在课堂上进行的活动，也有需要学生课下或者课后来完成的活动，充分调动了学生的积极性。在低年级还增加了绘本栏目，以学生喜欢的形式引入，师生可以通过绘本导入课程，或者拓展延伸到自己的学习和教学中。

（3）编写逻辑是以学生发展为主线的单元主题式编排。教材的编排逻辑分为明线和暗线两个线索，明线主要以学生的成长和生活的变化为线索进行编排，每册书一个大主题，每单元一个小主题，通过单元内的课时进行学习。整体按照我与自我、我与家庭、我与学校、我与社会、我与国家、我与世界等逻辑编排。此外，还有几条暗线穿插其中，如时间线索、专门的传统文化单元、专门的法治教育专册等。总之，采取的是单元主题式的编排方式。

（4）侧重增加了传统文化、法治素养等内容。教材编排除依据课程标准之外，还参照了《青少年法治教育大纲》《完善中华优秀传统文化教育指导纲要》，如小学五年级上册《传统美德 源远流长》、六年级法治专册。

3.表现性评价在小学道德与法治学科中的可能性和必要性分析

表现性评价主要是指在一种近乎真实的情境中，运用科学的评分规则对学生完成复杂任务的过程表现或者结果做出判断。

（1）表现性评价的具体特点。

一是真实性。表现性评价要求发生在真实的情境之中，即便是纸笔测试，也需要为学生创建一种真实的、与学生的实际生活较为贴切的生活情境，是学生在真实的情境中所体现出来的生成性的知情行意方面的表现。

二是指向"大概念"。表现性评价的评价目标所指向的不是单个知识的获得或者技能的习得，而是学科中最为核心的"大概念"，即学生在学科教学中所应该获得的最关键的能力和学科素养。

三是评分标准的客观性。表现性评价与以往注重知识的评价不同，没有固定的答案与评价标准，而是根据学生在整个情境中的具体表现，依据科学而有效的标准，由评价人依据自己的经验和判断，科学运用评价标准，对学生的学习结果表现进行评价，所以标准的客观性是表现性评价科学性的最有力保证。

（2）在小学道德与法治学科中使用表现性评价的可能性和必要性。

首先，小学道德与法治学科综合性学科特点，与表现性评价所指向的"大概念"

有着内在的一致性。本学科的学习不能局限于道德知识的习得或者生活技能的习得,而更多指向学生道德认知、道德情感的形成,以及道德行为的践行,三者缺一不可。而这与表现性评价的"大概念"理念是存在内在一致性的,所要求的也基本类似。

其次,小学道德与法治学科的育人性与表现性评价的人文性具有一致性。习近平总书记提出要实现"大中小学生思政教育的一体化",本学科作为国家思政课程,对于落实立德树人的根本任务起着主力军的作用。而表现性评价的人本主义理论基础,也强调以学生为主导、为中心,注重培养全面发展的人,强调德智体美劳全面发展,而这也正是进行中小学思政教育,完成国家立德树人根本任务的主要内容。

最后,小学道德与法治学科的活动性与表现性评价的建构性具有一致性。本学科的教学绝不能成为单纯的道德说教,而是要让学生在实践活动中感悟辨析道理,进而指导自己的道德行为,最终的目标是要求学生能够学以致用,在真实的情境中感悟道德认知,在实际生活中践行道德行为,这与表现性评价背后的建构主义理论所强调的学生为主体、主客体的相互作用,以及学生自我成长经验的不断发展基本要求是一致的,能够很好地体现表现性评价的相关要求。

（二）小学道德与法治学科表现性评价任务的设计

在理论研究的基础之上,我们发现小学道德与法治学科的学科特质、教学要求与表现性评价的内涵和基础是一致的,所以在充分挖掘本学科的内容要求和课标要求的基础之上,我们开始尝试设计小学道德与法治学科的表现性评价任务,具体形成了如下图所示的设计路线:

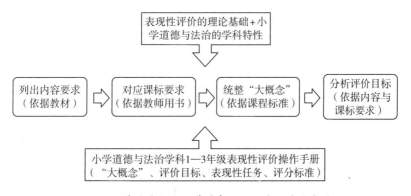

图1 小学道德与法治学科表现性评价设计路线图

在以上路线的引领下,我们分别形成了以下几个方面的成果。

1.1—3年级小学道德与法治学科的单元目标梳理及核心"大概念"

(1)1—3年级小学道德与法治学科的单元目标梳理。

表1　1—3年级小学道德与法治学科的单元目标梳理表

年级	单元	内容要求(依据课时)	课标要求
1—3年级	单元主题内容(依据不同年级的单元主题进行梳理与总结)	依据教师用书以及教材内容,对每一单元的主要内容要求和标准进行梳理与总结,依据课时,进行每单元汇总	结合每单元的相关内容要求,找到对应的课标要求,将其列出并标明相关位置

(2)1—3年级小学道德与法治学科的核心"大概念"。

在内容要求和课程标准要求的双重基础之上,针对整理出的单元目标,结合课程标准中的课程性质与课程设计逻辑体系,打破单元限制,梳理出每一册教学内容的核心"大概念"。这个核心"大概念"是紧扣课程标准的。

表2　1—3年级小学道德与法治学科的核心"大概念"表

年级	核心"大概念"
一年级上册	健康、安全地生活;愉快、积极地生活;负责任、有爱心地生活;动手动脑、有创意地生活
一年级下册	健康、安全地生活;愉快、积极地生活;负责任、有爱心地生活;动手动脑、有创意地生活
二年级上册	健康、安全地生活;愉快、积极地生活;负责任、有爱心地生活;动手动脑、有创意地生活
二年级下册	健康、安全地生活;愉快、积极地生活;负责任、有爱心地生活;动手动脑、有创意地生活
三年级上册	我的健康成长;我的家庭生活;我们的学校生活;我们的社区生活;法治教育
三年级下册	我的健康成长;我的家庭生活;我们的学校生活;我们的社区生活

2.1—3年级小学道德与法治学科的评价目标梳理

按照单元目标内容和不同年级的核心大概念,梳理出每一册书的表现性评价目标。但我们在研究过程中发现,如果要进行表现性评价任务设计,单纯紧扣课程标准进行目标梳理,会造成一些内容不够深入或者遗漏,因此,在表现性评价目标的基础上,我们又结合每一单元的课程内容要求以及已有的核心"大概念",梳理了不同册书核心"大概念"的一级维度和二级维度,基于此梳理出了内容角度的表现性评价目标设计"大概念",具体路线如下图所示:

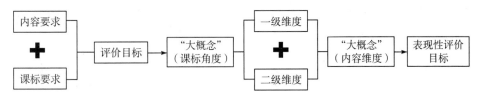

图2 二级维度表现性评价目标设计"大概念"图

经过以上路径的梳理,最终确定1—3年级的"大概念"(内容维度),并依据此来设计表现性评价目标。

表3 1—3年级"大概念"(内容维度)表现性评价目标表

年级	"大概念"(内容维度)
一年级上册	在自我、在家、在学校、在社会
一年级下册	养习惯、与自然、与同伴、与家人
二年级上册	爱集体、爱家乡、爱社会、爱祖国
二年级下册	游戏、学习、环保
三年级上册	在自我、在家、在学校、在社区、法治教育
三年级下册	在自我、在家、在学校、在社会、法治教育

3.1—3年级小学道德与法治学科的评价任务设计

以一年级上册部分表现性评价任务为例。

第四关:我长大了

活动背景:这学期末就是新年了,欣欣觉得自己上了一年级后就是大人了,也想做一些事情来庆祝新年。你有什么好办法吗?

针对目标:(在自我)能在成人的帮助下开展新年活动,自己动手制作一些信念小礼物,庆祝新年习俗,能看到自己的成长和进步,为此感到高兴。

你的任务:请为欣欣规划一个新年庆祝方案。

你需要考虑的问题:

(1)欣欣要向大家汇报一下上一年级以来自己的成长和进步。

(2)欣欣要自己动手,为庆祝新年制作一个小物品,和家人一起庆祝新年。

评分规则:

水平1	能够列出自己上小学以来的收获和成长,并想到新年可以做些什么
水平2	能够列出自己小学第一学期以来的成长收获和不足,并了解新年的习俗
水平3	能够说出自己小学第一学期以来的成长进步和不足,并为自己的进步感到高兴。可以结合新年习俗制作一些小物品
水平4	能够看到自己和身边的同学这一学期以来的成长和进步,并为自己和大家感到高兴。同时能够理解中国新年的一些基本习俗,在成人的帮助下,能够结合新年习俗制作一些小礼物

（三）小学道德与法治学科表现性评价任务的实施

在进行表现性评价任务设计的同时,我们以课题组成员所在学校为主要试验点,也同时进行了1—3年级的表现性评价的实施研究,具体经验和做法如下:

1. 与学校期末自组织评价工作结合进行

一直以来,二七区小学道德与法治学科都属于以学校为主的自组织评价学科,为更好地在实践中验证本研究成果,1—3年级表现性评价方案的实施主要在每学期期末进行,以学校为主体单位进行设计和实施,个别学校将本方案进行了完整投放使用,还有的学校是依据本方案中的内容,将其进行了整合。如二七区大学路第二小学在本课题组成员的带领下,在2020—2021学年上学期期末中,完整地在1—3年级所有班级中实施了本研究成果。在实施之前,以课题组成员为主,对该校全体道德与法治学科教师进行了培训,然后分班进行并全程跟踪记录。再如二七区长江西路小学,虽然不是本课题组成员所在校,但该校参照研究成果,将其与学校的全学科游园式自组织评价相互结合。总之,本研究成果的使用主要结合学校的评价工作安排,很好地融入了学校的常态评价工作中。

2. 以道德与法治学科教师为主体进行

因为评价实施过程中涉及的班级和学生人数过多,所以本研究成果的实施主要是以各班道德与法治学科教师为主。在实施之前,学校会召开不同年级的教研会议,以自组织评价为主题进行教研,决定采用哪种评价方案。在此阶段,课题组成员会带着本课题的研究成果参与其中,一方面介绍成果内容和操作细则,一方面听取老师们的建议,及时做出调整。等评价方案确定后,开始进行以班级为单位的实践,最终搜集相关的评价意见和评价结果。

3.形成"行动研究"的实施循环

在整个实施过程中,我们形成了"设计研发—实践实施—反馈总结—修改设计—再次实践"的一个闭循环系统,以"行动研究"的方式不断推进研究过程。

在实施过程中,我们发现了许多问题,如表现性评价设计的问题与学生的生活经验相离较远,在实施过程中需要耗用大量的人力,有时候一个年级的评价可能需要两节课,甚至更多的时间。教师虽然制定了评分标准,但在实践中可操作性并不强,学生的表现和老师制定的评价标准之间缺少一定的匹配性。鉴于此,结合"行动研究"的循环系统,我们不断设计与调整评价方案,以便实践的时候更具有可操作性。

四、研究成效

本课题虽然研究时间为一年,但本主体的研究是从 2019 年年初便已开始,为此区域特别成立了学科评价骨干教师团队,定期进行研讨和交流。经过这两年多的研究,取得了如下成果:

(一)理清了如何在小学道德与法治学科中实施表现性评价的思路

在一次次的研讨与交流中,我们不断提出想法,然后去尝试梳理,在遇到问题的时候又对之前的想法进行否定,在多次自我否定和重新开始的基础上,我们基本确立了"列出知识点—找出"大概念"—设计表现性评价目标—设计表现性评价任务"的理论研究思路,然后一边研究一边实践。在这样不断尝试错误的过程中,带领 20 余名骨干教师逐渐明晰了本学科评价研究的基本思路——紧扣课标与教材,科学设计和有效实施。

(二)为区域内学校进行评价研究提供了一个可供借鉴和参考的路径

由于时间关系,我们虽然只进行了 1—3 年级的表现性评价研究,但将相关方案下发给学校后,几个实验校的教师纷纷表示对于本学科的评价标准和评价方向有了更清晰的认识。同时在这个过程中,老师们为了在实践操作环节更好地进行评价,也在本方案的引领下,认真研读了课标的要求和教材的基本内容,因此,本研究的开展为区域内学校进行本学科的评价研究提供了一个可供借鉴和参考的路径,也充分调动了教师研究学科课标、研读教材的积极性,加深了老师们对课程的理解,提高了教师的评价设计和实施能力。本研究团队的教师在过去的一年中,共获得省级优质课一等奖一项,省级"一师一优课"一等奖一项、二等奖一项,区级优质课一等奖 4 项,并有 3 位教师参加了本届市级优质课的评选。

(三)提升了小学道德与法治学科教学的实效性,促进了学生的德育发展

"以评促教、以评促学"是本成果研究的最终目的。破解小学道德与法治学科最难的评价问题,最终目的也是为了促进教师的教和学生的学。老师们知道了期末的评价内容和评价标准,在日常的教育教学中就也清晰地知道了该如何进行教学与评价,这样可以大大促进学生的学习效果,实现学生思想品德均衡发展。因此,本研究的开展在一定程度上提升了小学道德与法治学科教学的实效性,促进了学生的德育发展。

五、存在的问题及下一步打算

当然在研究的过程中,我们也发现了一些问题。

我们只进行了 1—3 年级的研究与实践,虽然进行了 1—6 年级的设计和构想,但由于 4—6 年级的新教材开始使用时间较晚,之前的设计主要针对北师大版本的教材,因此,研究的重点调整为了 1—3 年级,但由于本学科的很多内容主题具有一定的梯度性,是一个纵向的过程,所以在研究中可能对有些研究内容造成了割裂。

另外,操作环节的研究还不够。目前研究还主要停留在理论和设计层面,我们只是在个别实验校进行了实践演练,并没有在全区范围内铺开使用。这样的样本代表性有限,可能会在将来使用的时候出现无法适用全体学生的情况。

因此,下一阶段,我们将继续进行 4—6 年级的研究,同时加强实践层面的尝试,尽快将评价手册进行完善,以期尽快在全区范围内铺开使用。当然,由于学科课程标准目前正在修订中,一旦新课程标准出台,可能还面临着研究内容和标准的调整,届时又是一个不小的挑战。所以,4—6 年级的研究将紧扣学科核心素养和新教材进行开发与设计,以等待最新课程标准的出台。

参考文献

[1]中华人民共和国教育部.义务教育品德与生活课程标准[M].北京:北京师范大学出版社,2012.

[2]周文叶.中小学表现性评价的理论与技术[M].上海:华东师范大学出版社,2014.

[3]王亚珍.表现性评价核查表的开发与设计——以统编教材《道德与法治》(二年级上册)"这些是大家的"为例[J].中国德育,2018(16):40—42.

[4]苏超举,刘佳.表现性评价在学生道德评价中的应用[J].教学与管理,2019(27):73—75.

(本文为 2020 年度郑州教育科学重点课题,获科研成果一等奖,课题研究单位:郑州市二七区教学研究室,课题负责人:刘宾花,课题组成员:刘凌、秦雪艳、孙淼、赵柯)

演讲课程实施中初中生语言建构与运用能力培养的研究

一、研究背景

《基础教育课程改革纲要(试行)》明确提出:"实行国家、地方、学校三级课程管理。"校本课程可以为学生提供发挥个性特长的多样选择。《郑州市教育局2019年工作要点》中指出:"创新校本课程设置,丰富校本课程教学形式,着力培养学生的信仰、信念、信心问题,促进学校特色形成和学生全面而有个性的发展。"为此学校的校本课程建设应以促进学生发展、终身成长为主要目标。演讲课程的学习可以促进对学生语言素养的培养。故而,在经开区各中小学实施演讲课程的背景下,笔者所在学校重点推进演讲课程的开发与实施,着力提升学生的口语表达、自信品质等综合素养。

我们在一年以来的演讲课程教学工作中发现大量学生存在不敢说、不会说、不知道如何提升表达能力等问题,没有实现预期的课程效果。

(一)在语言建构方面,学生欠缺积累与语感能力培养的训练

日常的演讲课程比较注重对学生听说能力的训练,而忽视了前期的积累与语感的培养,学生缺少丰富的语言材料积累过程,缺乏实实在在的言语活动经验,欠缺清晰、有感染力的表情达意的基础。

(二)在语言建构方面,学生欠缺整合与语理能力培养的训练

学生不清楚语理以及整合语言材料的方法,对于语言系统内部机制缺乏规律性的认识,没有形成相应的语言逻辑思维,不会对已经获取的语言材料进行逻辑化处理,因此,学生的日常学习经验并没有转化为具体的语言组织方法和策略。

(三)在语言运用方面,学生欠缺在具体语境中进行交流的训练

日常的演讲课程教学以理论学习为主,由于课堂时间有限,每节课仅有个别学生可以进行课堂展示。同时,学生也没有真实接触不同情境进行个性展示的机会,以至于缺少在具体语境中进行口语训练的途径。

本课题旨在通过实践研究,立足课内外教学活动,在演讲课程中对提升学生的语言建构与运用能力进行深入探讨,帮助学生真正掌握语言文字的运用能力,提升口语表达能力,为学生的全面发展奠定语言素养基础,并能为学校演讲课程的发展提供有价值的参考。

二、研究过程

（一）申报阶段（2020 年 2 月）

经过教学反思、学生访谈、文献学习，我们确定了在演讲课程中以提升学生"语言建构与运用"能力为核心的研究方向，明确课题内容，填写立项申报书。

（二）准备阶段（2020 年 3 月—4 月）

（1）2020 年 3 月，成立课题研究组，制定了初步的研究方案，撰写开题报告，明确课题组成员的任务与分工。

表 1　课题组成员分工

陈爽	刘晨沛	黄鹏媛	吕娜	王颂
负责课题组的协调管理、定期组织研讨小结、撰写结项报告	子课题：注重语言积累，为演讲语言建构提供语言储备的研究	子课题：强化语感训练，为演讲语言建构增加言语经验的研究	子课题：立足语理学习，为演讲语言建构开展整合活动	子课题：利用多元语境，为演讲语言应用打通交流平台

（2）2020 年 4 月，查阅国内外相关文献并进行梳理，组织课题组成员与授课教师集中学习，提取有效策略。

表 2　文献资料学习情况

文献资料类别	学习情况
语言积累类	整理出相关文章 29 篇，提取有效策略 20 种
语感提升类	整理出相关文章 25 篇，提取有效策略 17 种
语理整合类	整理出相关文章 10 篇，提取有效策略 8 种
语用实践类	整理出相关文章 10 篇，提取有效策略 6 种
语言建构与运用综合类	整理出相关文章 32 篇，提取有效策略 15 种
演讲类	阅读相关书籍 15 本，提取有效策略 10 种

（三）实施阶段（2020 年 5 月—2021 年 1 月）

（1）2020 年 5 月至 7 月，调整了演讲课程纲要，将提取出的可操作性策略加入教学方案，在教学中进一步挖掘提升学生语言建构与运用能力的有效方法。

（2）2020 年 8 月至 9 月，汇编语言素材积累手册，组织学生参加系列化演讲比赛和校外语言实践活动。

（3）2020 年 10 月至 11 月，将上学期总结的成功经验推广至其他年级，并随时梳理活动开展中的成效与问题，对教学策略和教学设计进行调整。

（4）2020 年 12 月至 2021 年 1 月，组织学生体验博物馆讲解员、东风日产解说员、话剧小演员、电视台小主持人等语言类工作。

（5）2021 年 2 月，根据分工梳理出研究成果，相互交流，互通有无，并调整下学期的工作安排和研究方向。

（四）总结阶段（2021 年 3 月—4 月）

（1）2021 年 3 月，对整个课题的资料进行整理，课题组成员根据自己的分工形成相应的小论文。

（2）2021 年 4 月，完成课题研究，撰写结项报告。

三、主要做法和经验

通过一年以来的实践与研究，我们总结出在演讲课程中提升初中生"语言建构与运用"能力的方法，将其命名为"语言建构与运用"能力提升四步曲，如下图。

图 1　"语言建构与运用"能力提升四步曲

（一）注重语言积累，为演讲语言建构提供语言储备

我们通过"营造良好氛围—提供方法指导—建立管理机制"的模式确保学生语言积累有序进行。

图2　语言积累建构图

1.为学生积累语言素材营造良好氛围

教师要引导学生充分重视语言素材的积累，洞悉语料积累的意义和价值。例如，我们通过演讲班优秀学生现身说法，谈自己通过积累语言素材达到旁征博引、震人心魄的"雄辩"之力；通过分析央视《主持人大赛》选手的作品，了解这些精彩的发言都源于日复一日的积累等多种方式，使学生重视积累，并采取行动。

采取"任务驱动＋分层设置"的方式设定积累的目标。教师根据学生间的差异性，贯彻欲高先低、欲深先浅，因材施教的原则，使每位参与的学生都能感受到积累的成就感和满足感。例如，对于程度较弱的同学，引导其从教材中寻找适合的语言素材；而程度较好的同学，则引导其尝试迁移课外，在课外寻找相关的社科类文章、影音材料等作为演讲的补充材料。

同时，分层之后，每位学生找到的材料不尽相同，沟通交流时可以互相补充，资源共享，班级整体便营造出良好的氛围。

2.为学生积累语言素材提供方法指导

（1）指导学生学会利用学校现有资源博览广记。

我们结合本校既有资源，制作"语言积累来源统计表"，为学生提供了三条积累路径：教材积累、语言活动积累、课外阅读积累。通过圈画批注、分类摘录、粘贴并标记出处、写积累日志以及听读训练等方式，让学生对优质素材进行巩固。

表3　语言积累来源统计表

路径	来源	内容	入选原因
教材积累	八年级下册语文第四单元(人教版)	《最后一次讲演》《应有格物致知精神》《我一生中的重要抉择》《庆祝奥林匹克运动复兴25周年》	1.出自教材学习演讲词单元,具有权威性和针对性2.四篇演讲词各有特点,可以借鉴其写法
语言活动积累	学校文学社团	大型演讲比赛中的获奖作品	获奖选手的作品经过打磨,质量相对较好
	学校团委	每周国旗下的演讲稿	1.针对节日、校园文化等进行主题演讲,材料丰富2.年级推选,讲稿质量佳
课外阅读积累	学校演讲社团	学校为其订购的《演讲与口才》(学生版)杂志	专业性强,参考价值大
	学校电子阅览室	《我是演说家》《奇葩说》央视《主持人大赛》	1.热门的语言类综艺,素材新颖,又含有理性思考2.符合青少年兴趣追求点,乐于积累

(2)要指导学生学会对素材进行分类,优化积累方法。

随着时代的发展,学生们日常可以接触到海量信息,这就需要在鉴别素材优劣(见表3)的基础上,对有价值的素材进行归类积累,使积累更加高效。学生通过"1＋X"的方式将素材进行系列化整理,最终汇编成《演讲词经典篇目集》,形成丰富的演讲素材资源库。

表4　"1＋X"系列语言素材表

"1＋X"系列	1	X	语言素材
青春与成长	《梦想就在脚下》	《少年与成长》《奋斗的青春》……	少年杜小康的成长之路……

"1+X"系列	1	X	语言素材
我的家风	《家风我传承》	《诫子书》 《妈妈的"传家宝"》 ……	诸葛亮"静以修身，俭以养德"……
雷锋精神	《雷锋精神伴我行》	《中华好少年》 《校园里的雷锋站》 ……	小张的"日行一善"；门卫的贴心故事……
……			
积累意图	运用"1+X"的方式，通过一篇文章，积累一类文章，统计并整理一类语言素材的方法，可以使学生快速掌握同主题、同情感的多样素材，便于筛选出最典型的例证组成文章，快速成文，提升积累的广度，训练思维的敏捷度		

（3）要养成留心生活、随手记录的习惯。

语言的积累不是一朝一夕的速成品，而是在漫长的语言积淀中慢慢由量变到质变的过程。及时记录生活里真实的精彩瞬间，素材才带有创作者的真情实感，写成的文字也更有生命力，更能打动读者。学生要随身带着能够记录语言材料的工具，每当看到一处精言妙语，或是想起一个绝妙的演讲思路等，都要随手记录。

3. 为学生积累语言素材建立管理机制

设定相对应的管理机制可以保障积累的有序进行。利用小组管理对学生的积累进程进行监督与管理，抑制学习惰性；对优秀同学进行表彰，激发积累动力。

表 5　组员积累评价标准

类别	评价标准
积累之星	每天积累三则材料，每则不少于 100 字，积 2 分，每多一则加 1 分。不够，或不符合要求，每则扣 1 分
阅读之王	每天利用阅读课、自习课或者其他课余时间，在校阅读 20—30 分钟，积 5 分

类别	评价标准
分享达人	学生互评,对学生分享的内容、呈现的方式综合评价即可,为喜欢的选手点赞,每 1 人点赞,积 0.1 分
优秀小组	以上三项人均积分最高小组

（二）强化语感训练,为演讲语言建构增加言语经验

经过一年来的实践,我们摸索出"泛读——品读——演读"的语感训练方法,可以有效地增加学生的言语经验。

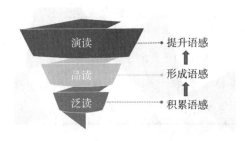

图 3　语感训练建构图

1.通过泛读,积累语感

泛读,是指在大量阅读的基础上,加深学生对文本语言的理解程度,进而使其获得语感。学生在泛读中,要有意识地积累语感。

演讲词因其本身的独特性,适用于不同的场合,故而语言呈现的方式差别很大。学生在泛读演讲材料时可以对"同类异文"（即"1＋X"系列文本）集中阅读,快速形成对同类型语言材料的理解,有针对性地积累语感。学生还可以对"同材异情"（同类描写对象,但作者情感不同的文章,是"1＋X"的另一种形式）类语言材料集中阅读,感受不同情绪的语感变化。比如,《我有一个梦想》《最后一次讲演》等都属于布道式演讲,语境都是庄严肃穆的,学生要慷慨激昂地读出使命感,不能读得俏皮幽默。有了这些经验,学生在处理不同的讲稿时,才能游刃有余地应对和变换。

2.通过品读,形成语感

在书写演讲词时,创作者都会有意无意地追求锤炼语言文字。故而,我们在品读时,也要有意识地品味语言文字的含义和情味,关注富有表现力的词语、句式的变化,关注作者的表达技巧和情感等,这样才能在诵读时做到恰当的停连,设计合

适的节奏,把握字句间的轻重缓急,辅以合适的语气语调、表情动作。例如,在《最后一次讲演》中,作者连用七个"他们",强烈地批判了反动派的恶劣行径;紧接着用十个"你们",怒斥对方,发出警告;还用了十个"我们",表明自己的立场和必胜的信念与决心。这种人称上的变化,巧妙地反映了作者的立场和态度,自然而然地阐明了演说的意图。经过这样的品读,学生才能调动思维认知,加深对语言材料的理解,进而形成语感。

3.通过演读,提升语感

演读是一种创造性阅读,是指在品读的基础上,拥有自己的思考。学生在阅读时可以配上相应的停连设计,加上相应的表情、动作等肢体语言。学生在品读后,要拥有自己的见解和观点,更可以有质疑精神,对文章的部分文字进行修改,为后续的演读服务。比如,在演讲词《颂赞黄河》一文中,开篇讲道"我们要像你一样伟大坚强",因为是对黄河母亲的歌颂,情感上要读得愉悦深情,表情自然也要带上微笑;因为是刚刚开篇,情绪应该在高昂中相对平缓,读得略慢一些。在这个过程中,学生和文本进行深度对话,从而快速地提升语感。

同时,语感在初始形成阶段又是很容易淡化和消逝的,为巩固学生的既得效果,我们在班级外的文化长廊处专门设置演讲角,营造出沉浸式演讲交流体验的氛围,学生可以在这里通过演读增加言语训练经验,提升演讲语感。

(三)立足语理学习,为演讲语言建构开展整合活动

这里我们以整合《谁是最可爱的人》一文为例,详细讲述这一阶段如何探究语理,整合重组,而后形成一篇适合演说的演讲稿。

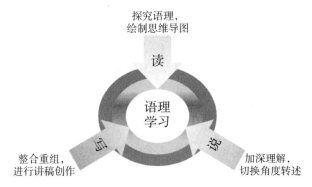

图 4　语理学习建构图

1.读:探究语理,绘制思维导图

语理是对语言结构、系统与规律的认识。语理教学是让学生对汉语"从直觉的认识上升到自觉的认识",从而更好地指导学生进行听、说、读、写的实践。带领学

生在演讲课上探究语理,可以使学生理清材料间的逻辑关系,使其在创作演讲稿时做到有节奏、有章法。

《谁是最可爱的人》一文中的三段故事就是一套非常好的演讲素材。那么,如何才能将这些材料整合成一篇演讲稿呢?

带领学生梳理这篇文章的语理逻辑表,以更好地把握文章的逻辑关系和艺术架构。

表6 《谁是最可爱的人》语理逻辑

段落	描写内容	写作意图	语理逻辑
1—3	从自身感受提出志愿军是"最可爱的人"	开门见山,亮明情感	1.人物:英雄群体—英雄个人—英雄所思所想
4—14	松骨峰战斗 火中救小孩 防空洞谈话	表明志愿军的崇高品格,具体阐述为何志愿军是最可爱的人	2.时间:作战时—行路时—休息时 3.地点:战场上—朝鲜老乡家—防空洞 4.情感:恨—爱—忠
15	联系我们的幸福生活,号召大家热爱志愿军战士们	运用议论和抒情的表达方式,升华主题	5.主题:抗美—援朝—保家卫国 6.赞颂:英雄主义—国际主义—爱国主义

然后我们利用思维导图对文章的语理进行梳理,使学生更好地把握行文脉络,领略语料背后的丰富内涵,为之后的语言建构与运用服务。

2.说:加深理解,切换角度转述

学生的创作都是从模仿开始的,仿写和转述是两种比较好的技术手段,既可以让学生从中模仿,又能考查学生对内容和结构两方面的习得情况。演讲课更多地考察学生的语言敏锐度和思维准确性,我们选择更具考察作用的"转述"这一方式进行训练。

这里我们从魏巍的视角转为一名志愿军战士的视角,将文本材料以"参战的志愿军战士"的口吻进行转述。

学生要先为自己选定一名特定的战士身份,可以从三场战斗中任选,但要清楚选择的原因。我们选择松骨峰战斗中的一名战士作为陈述者,进行转述,这就便于以"第一人称"起笔,以亲历者身份展开陈述,避免转述时出现逻辑混乱的现象。转述时要抓住原作者的写作意图,要给听众留下较为真实的转述感受;注意转述的完整性,尤其不能缺失表现文本主题的关键要点。

表7　《谁是最可爱的人》转述梳理表

讲述者　　　事件　　　人称	人称变化		
松骨峰战斗中的一名战士	松骨峰战斗	火中救小孩	防空洞谈话
	"我"	我的战友"马玉祥"	我的战友们
转述意图	志愿军援助朝鲜,抗击侵略者	友好的邻邦,和平的信念	保家卫国的决心
使命与担当	语理逻辑及妙处逻辑:①亲历者:自己经历➝眼中世界;②歌颂:行为美到心灵美 妙处:以第一人称开篇,便于转述,避免出现逻辑错误		

3.写:整合重组,进行讲稿创作

我们常用的演讲稿整合方法有两种:经典创作"五段式"和即兴演讲"四步曲"。

表8　经典创作"五段式"

段落	内容	逻辑关系		结构关系
第一段	中心论点		提出观点	
第二段	分论点一	并列 递进 对比 ……	证明观点	总➝分➝总
第三段	分论点二			
第四段	分论点三			
第五段	强化号召		重申观点	

表9　即兴演讲"四步曲"

步骤	关注点	路径
第一步	不要平铺直叙地展开	引用恰当的小故事,或结合当下时事热点,锁定听众的目光
第二步	说明为什么演讲	结合听众的需求和现实存在的问题展开演讲
第三步	举例论证	用鲜活的事例让听众清楚你在讲什么,认同你的观点
第四步	号召与呼吁	结尾要有感染力,最好起到号召作用

想要利用整合重组创作一篇精彩的演讲稿,就要巧用写作方法将素材内容梳理整合。比如,以一名当年参战士兵的身份,来为初中生们做一场关于爱国主义教育的演讲,就可以选用上表中的"四步曲"来创作演讲稿。

第一步:"寻常巷陌,华灯初上,身处和平年代,回望那些年的战火硝烟……"采用这些具有画面感的话语开场,很容易带动听众的情绪。

第二步:"不久前看到中印边境冲突中舍身护国,寸土不让的新时代士兵们……"结合现实社会背景,阐明自己的观点。

第三步:"想当年,我在一次战斗中……"转述抗战经历,将听众带回当年的场景,使其感同身受。

第四步:"铁骨铮铮的民族气节必将代代相传,绵远流长!"用极具感召力的语言结尾,使听众受到一场爱国主义的洗礼。

(四)利用多元语境,为演讲语言应用打通交流平台

我们在日常授课中要为学生提供多元语境,为其建立语言学习与生活交流之间的联系。我们利用课内外的各类语言活动,为学生量身定制系列化演讲比赛、多样化校外实践、生活化交流平台,以期真正提升学生的语言运用能力。

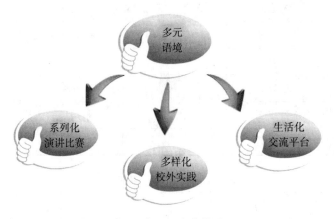

图 5　多元语境建构图

1. 坚持举行系列化演讲比赛

每学期举行系列化演讲比赛,从横向和纵向两个维度为学生创设不同的语言情境,为学生提供展示的平台。

纵向:每天一次班级早演讲,每周一次国旗下演讲,每月一次年级演讲比赛,每学期一次校级演讲比赛,阶梯式提供演讲平台。

横向:根据德育、美育等要求挑选不同的主题,定期开展主题演讲:歌颂最美逆行者、畅谈青春与理想、歌颂建党 100 周年、歌颂黄河母亲、缅怀先烈等。

2.开展多样化校外实践

日常的演讲课即使留足时间让学生在课堂上进行展示,也很难让每位学生在每节课都能有机会展示,并得到一对一的指导。为此,我们积极开展多样化的校外实践,让学生能够在真实语言情境下进行更多的语言训练。比如,我们和博物馆、邻近企业、电视台、话剧团等取得联系,为学生提供形式各样的语言实践机会,使学生登上更大的舞台,拓展其视野。

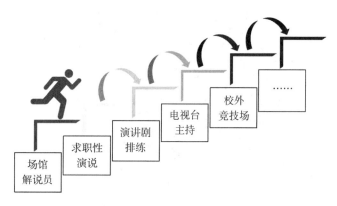

图 6　多样化校外实践展示图

3.搭建生活化交流平台

我们结合初中生的心理需求和兴趣爱好,融合多元活动,为其搭建了富有生活化的语言交流平台。比如,上学期举行"该不该崇拜偶像"辩论赛,组织排练《我和我的祖国》演讲剧等活动;这学期开设校园"百家讲坛",增加电影推介课等。以实际行动做到多元共赏,用生活化的语言活动为学生的语言运用提供更广阔的空间,从而使学生体会演讲语言准确简洁、质朴通俗、感染共情的特点,进而发展学生的言语智慧,形成言语思维,提升学生演讲水平和语言实践能力。

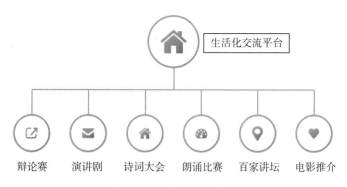

图 7　生活化交流平台展示图

四、研究成效

（一）建构了初中演讲课程"语言建构与运用"能力培养模式

我们结合本校的教学、研究实践经验，构建了初中演讲课程"语言建构与运用"能力培养模式，如下图。

图 8　初中演讲课程"语言建构与运用"能力培养模式图

（二）学生养成了积累语料的习惯，增加了丰富的演讲语言储备

师生们将搜集到的语言材料进行整理，汇编了青春成长系列的语料集《幸福里120》7 本、校园演讲系列合集《云溪》7 本、家校成长系列语料集《共生教育》9 本、家风传承系列语料集《我的家风》1 本、教师美文选编语料集《红烛》《拾玉》《书韵》各 1 本，购买了专业期刊《演讲与口才》，为学生们的语言素养提升增加了丰富的语言储备。

（三）学生提升了语感的敏锐度，获得了广泛的演讲言语经验

大量的校内外语言学习活动，为每一位学生都或多或少提供了语感培养的机会，尤其是各种比赛和语言类活动，学生们在积极参与中获得了广泛真切的言语经验。这些实实在在的亲身体验要远远优于那些纸上看来、耳中听来的浅层经验。同时，这些言语经验又为我们的课堂注入了新鲜的血液，学生的朗读更加声情并茂，日常谈话语调也更富于变化。演讲课上，最初不会诵读的同学，现在也可以根据文本内容将演讲稿读得抑扬顿挫，还会自己加上一些手势、表情，赢得了同学们的掌声。

（四）学生汲取了必要的语理知识，掌握了整合语言素材的方法

学生学会了梳理文章脉络的方法，学会了绘制行文思维导图，学会了使用"五段式"和"四步曲"整合素材、快速成文的方法。演讲社团学生创作出许多优秀的文字和有声作品。

其中,曹伟佳同学的演讲作品《藏在生命里的精彩》选编入《意读》杂志 2020 年第 8 期;赵晴等 6 名同学在 2020 年河南青少年电视春晚中获得"最佳小主持人"称号;张令钰、郑抒淼的朗诵作品获得了 2019 年郑州市美育比赛一等奖。

(五)学生能够根据不同情境进行得体的语言表达与交流

演讲课的课堂氛围更加活跃,学生更乐于表达和交流,敢于在表达中试错,勇于表现自我,呈现出更多的乐观与自信。更多的同学在日常交流时思路清晰、语言流畅、用词精准。上学期,学生们自己创作、排练了演讲剧《我和我的祖国》《烈火中永生》;这学期自编自导了朗诵剧《黄河黄河》,演出后在校园引起了强烈反响。家长开放日,学生们争着去当校园解说员。学生利用周末时间录制的电影推介视频被学校公众号转发。学校的升国旗仪式主持人由演讲社团的成员担任,学生们的交流与表达能力在校园内外受到广泛认可。

(六)促进了学校课程的发展,激发了成员们的科研热情

从 2018 年学校开展演讲课程以来,课程老师一直在教学中进行着相关研究。学校先后获得 2019 年、2020 年"演讲课程先进校"荣誉称号;被选定为河南广播电视台"最佳小主持人选拔基地";获得第四届"曹灿杯"全国朗诵大赛郑州赛区"优秀组织奖"。陈爽老师获得河南广播电视台"优秀编导"奖,并获得郑州市美育比赛"优秀辅导教师"、第四届中传花少语言能力展示活动河南总展演"优秀辅导老师"等荣誉称号。

课题的持续研究激发了成员们做科研的热情,在本课题研究过程中,我们尝试将"体验式学习法"融入演讲课程,形成了一篇名为《体验式学习模式在初中情境演讲课中的应用研究》的微研究。

五、存在的问题和下一步打算

(一)存在的问题

(1)在校进行有效语言建构学习、语用训练时间相对较短。

每周一节校本课,时间只有 1 小时,学生在校进行语言训练学习的时间相对较短。演讲课程作为校本课选修课,为部分感兴趣的同学提供了学习平台,但还不能满足所有学生的需求。

(2)目前还无法兼顾语言素养基础不同的学生。

学生的语言素养基础不同,如何兼顾不同程度的学生,使演讲课上语言建构与运用发挥更大的效果,还值得进一步实践与研究。

(3)校外语言实践活动可变性因素大。

因为种种实际条件的制约,我们还不能保障校外语言类实践活动的持续性和稳定性。

(二)下一步打算

(1)将演讲课程融入语文课程,做好学科融合,为学生的语言建构与应用能力的提升提供更多的窗口。

(2)开通演讲课程班级微信群,学生可以在周末时间分享自己的演讲作品,辅导教师可在线点评,保障反馈的及时高效。社团成员也可以在群内自评、互评,相互交流。

(3)拓宽课外语言类实践渠道,为学生争取更多的真实语境锻炼机会。

参考文献

[1]郑国民,关惠文,任刚.基于学生核心素养的语文学科能力研究[M].北京:北京师范大学出版社,2017.

[2](英)格雷厄姆·肖.学会演讲[M].北京:人民邮电出版社,2020.

[3]严虹焰.教师如何进行学法指导[M].天津:天津教育出版社,2008.

[4]徐安辉.品味审美表达,落实"语言建构与运用"核心素养培养[J].语文教学与研究,2020(3):121—125.

[5]刘净微.核心素养下学生语言建构与运用能力的培养[J].小学教学参考,2021(12):81—82.

[6]唐成军,王梓睿.核心素养视域下的语言建构与运用[J].教育与教学研究,2018,32(12):85—91+116.

[7]王宁.谈谈语言建构与运用[J].语文学习,2018(1):9—12.

[8]吴冬菊.让语感培养在"读"中闪亮[J].内蒙古教育,2015(30):41.

[9]孙振坤."语言建构与运用"素养在初中语文教学中的实施策略[J].语文世界(教师之窗),2018(Z1):136—137.

[10]郑后秀.基于语文核心素养的演讲辞教学研究[D].四川师范大学,2017.

(本文为2020年度郑州教育科学重点课题,获科研成果一等奖,课题研究单位:郑州经济技术开发区实验中学,课题负责人:陈爽,课题组成员:吕娜、王颂、黄鹏媛、刘晨沛)

新时代德智体美劳一体化培养体系的构建研究

一、研究背景

习近平新时代中国特色社会主义思想阐述了"培养什么样的人、如何培养人、为谁培养人"等重大理论和问题,明确我们要坚持"立德树人""德智体美劳全面培养"的中国特色社会主义教育道路。小学教育是教育的基础,在新时代政策及理论的指引下,应把立德树人融入思想道德教育、文化知识教育、社会实践教育各环节,以促进学生德智体美劳全面发展。

郑州市郑东新区康宁小学是 2012 年投入使用的学校。为落实我国学生核心素养发展理念,康宁小学在对个性化教育实践的整体思考、系统总结与理性提炼中生成了"童真"教育理念;在"童真"教育理念的指引下,确立了"培养好学、乐群、健美、面向未来的真我好少年"的育人目标。几年来,学校不断推进教育改革,在构建"真彩课程体系"、打造"本真课堂有效形态"、推进"德育品牌建设"、提升"学校文化"等方面不断实践,为培养德智体美劳全面发展的社会主义建设者和接班人不懈努力。

在促进德智体美劳全面发展的具体实践中,出现了以下三个问题。

1. 学校现有的"真彩课程体系"不够完善

在课程的实施中,国家课程凸显智育、体育、美育、德育、劳动教育;社团课程凸显体育、美育、劳动教育;德育课程凸显德育;活动课程凸显体育、美育。在课程的具体设计与实施上,我校的德育课程不够系统化,缺乏劳动教育相关课程。在德智体美劳一体化的培养过程中,如何把德育课程系列化,怎样建立学校的劳动课程,从而构建完善的"真彩课程体系",显得尤为重要。

2. 没有把德智体美劳看成一个有机的整体,处于相互割裂状态

受传统教育观念的影响,语数英三科老师在教育教学中更注重智育的发展,班主任老师更注重德育的发展,体育老师更注重体育的发展,音美老师更注重美育的发展。学校现有的教育活动实践在设计初期,缺乏五育融合的整体思维,导致活动开展内容单一,不能有效促进学生的全面发展。此后,我们需要将五育融入教育实践活动全过程,以达成育人目标。

3. 学校现有的综合素质评价体系不够完善

学校现使用"真彩课程认证手册"和"班级优化大师"对学生进行综合素质评价。"真彩课程认证手册"陪伴学生六年,对学生智育、体育、美育方面的评价较为丰富和全面,但缺乏德育和劳动教育相关评价;在学科评价上发挥了重要性,但在

综合评定学生时缺少活动相关评价。"班级优化大师"能够实时对学生的各方面表现进行评价,且能生成多维度的评价报告,但受软件功能制约,缺乏过程性评价依据。

通过反复查阅资料、研讨,我们确定了《新时代德智体美劳一体化培养体系的构建研究》这一课题,开展研究。"五育"是指德育、智育、体育、美育、劳动教育;"一体化"从国家政策层面来说是五育并举,这是新时代教育要达成的目标;"五育融合"是在教育实践过程中让学生德智体美劳融合发展,这不只是达成育人目标的育人途径和策略,更是育人理念和育人思维。

那么在新时代背景下该如何构建德智体美劳一体化的培养体系呢?预设从以下三个方面展开:一是完善"真彩课程体系",以达成五育并举。二是将五育融入教育实践活动全过程,以达成"培养好学、乐群、健美、面向未来的真我好少年"的育人目标。三是丰富评价维度及内容,制定完善的综合素质评价体系,配合课程实施。2020年3月,我们成立了研究小组进行深入研究,研究小组由校长、学校德育处主任、教学部主任、美术及体育教研组组长等组成。

二、研究过程

(一)课题申报阶段(2020年3月)

成立课题组,学习德智体美劳五育融合相关文件资料,确定研究课题,明确研究的内容、目标、步骤等。填写课题立项申请书,准备课题申报工作。

(二)实施阶段(2020年4月—12月)

(1)进行理论学习。课题组成员学习相关理论,召开小组会议对相关政策进行解读;撰写开题报告;进行合理分工,制订研究计划。

(2)结合相关理论、学校实际、学生核心素养等,为构建康宁小学的新时代德智体美劳一体化培养体系提供有力保障。

(3)阶段小结,梳理问题,制定新时代德智体美劳一体化培养体系策略。

(4)理论学习,从课程入手,梳理完善"真彩课程体系",组织课题研究人员学习,力争让本课题的开展更加具有实效性和广泛性。

(5)从评价、管理入手,促进德智体美劳一体化均衡发展,梳理总结,找到问题及方向;进行中期成果汇报活动。

(6)形成德智体美劳一体化的培养体系。组织交流活动,让更多的人参与其中,广泛收集意见,及时完善研究方案,进行阶段小结。

（三）结项阶段（2021 年 1 月—3 月）

（1）进行数据分析处理，进行总结，并进一步研究。

（2）整理过程性资料。整理总结结项申请书、论文、研究报告、课例、反思等课题研究资料，为课题的研究成果推广和进一步的研究奠定基础。

三、主要经验和做法

课题组成员学习五育并举融合的相关文件，经过多次研讨，结合学校实际情况，设计方案并进行实践，决定从以下三个方面进行我校德智体美劳一体化培养体系的构建。

（一）五育并举，完善"真彩课程体系"

1.依据培养目标，厘清课程改革新思路

课题组成员学习相关文件，根据国家育人目标和新一轮基础教育课程改革（以下简称"新课改"）的要求，首先厘清我校课程的薄弱环节，确定研究方向。通过校领导和课题组成员的研讨，提出课程改革的思路是以五育并举为指引，继续完善"真彩课程体系"，深化课程改革，促进学生全面发展。

2.分析课程问题，制定五育一体化培养课程新策略

根据我校现有问题，依据国家教育方针和新课改要求，课题组成员实践探索出完善德智体美劳一体化的"真彩课程体系"策略。

（1）用大观念整合国家课程，基础课程校本化。

根据校情、周围的教育资源和环境、学情等，围绕学科整合课程资源，形成具有学科特色的、学校特色的、鲜明独特的校本课程，以适合的课程最大限度地促进学生发展。

（2）德育课程系列化。

依据《中小学德育工作指南》，通过课程、文化、活动、实践、管理、协同六大育人途径，对学生进行理想信念教育、社会主义核心价值观教育、中华优秀传统文化教育等。

（3）开发劳动课程。

准确定位，突破薄弱环节，加强劳动教育。基础课程：1—6 年级开设劳动与技术课。拓展课程必修：编程、Office 办公软件等。拓展课程选修：陶艺、立体绘本、纸雕等。活动课程：劳动技能竞赛、志愿服务活动、班级劳动活动等。

（4）丰富项目学习课程，创新设计系列化。

学校自 2017 年起从"学科＋""生活＋"两个维度进行实践，形成了以项目学习促进学科融合的策略，有效促进了教师的教学观念和学生的学习方式的转变。从

"学科+"维度开发了"学科探宝"项目学习课程,从"生活+"维度开发了"生活魔方"项目学习课程。

表1 项目学习课程体系

学科探宝		生活魔方	
语文	古老的汉字	研学课程	爱心者联盟
数学	小金融家	劳动课程	康康宁宁劳动乐
英语	小外交官	实践课程	一起帮垃圾找家
科学	大自然色彩之谜	节日课程	我们的节日
道法	我爱黄河	仪式课程	遇见最美的你
体育	民间传统游戏	生涯课程	康宁小镇
音乐	乐之声	创客课程	真彩童创
美术	纸世界	养成课程	毛毛虫变蝴蝶

3.形成"真彩课程新体系"

国家教育方针要求五育不能厚此薄彼,德智体美劳齐头并进。我校要认真落实国家教育方针,培养出德智体美劳全面发展的"好学、乐群、健美"的康宁好少年。课题组成员在康宁小学校长刘炜的亲自带领下,遵循五育并举的原则,利用课程构建策略进行课程构建,最终形成并完善了"真彩课程体系"。

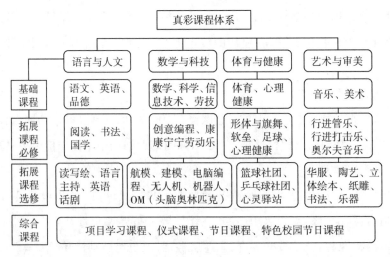

图1 真彩课程体系

(1)五育并举的"真彩课程体系"概述。

严格执行国家课程设置,依据实际情况开发校本课程,不断完善构建我校"顺应自然,科学发展"的"真彩课程体系"。我们将课程分为:语言与人文、数学与科技、体育与健康、艺术与审美四大学习领域。语言与人文侧重培养学生有效运用语言和书写文字的能力;数学与科技侧重培养学生的数字运用能力、推理能力、科学创新能力,以及这些能力在劳动操作中的应用;体育与健康侧重培养学生身心健康和社会适应能力;艺术与审美侧重培养学生的艺术美感和设计能力。每一个领域又包含三类:一是基础课程,二是拓展课程(拓展课程必修:国家课程校本化,拓展课程选修:社团课程),三是综合课程。本课程体系力图在课程设计中反映出学校办学理念的完整性,提升学校整体办学质量。

(2)五育并举的"真彩课程体系"的具体构成。

①德育——全面渗透,立德为先。

德育工作组主要通过以下几个方面完善我校德育方面的课程:

a.深挖德育素材,形成"真我"德育课程。

b.扎实开展德育基础课程。

c.丰富德育社团课程。

d.开展德育主题活动课程。

e.开展德育实践课程。

②智育——以智为重,提升质量。

智育着力培养学生的认知能力,促进思维发展,激发创新意识。智育工作组按照国家方案设置智育课程,保证学生的学业质量。主要体现在:

a.整合基础课程,加强校本研修。

b.开发拓展课程,国家课程校本化。

c.设计项目课程,多门学科融合化。

③体育——体育为本,勤练常赛。

体育工作组通过认真落实体育新课程标准和郑东新区大单元体育课程试点学校实施计划,制订大单元体育课程实施总体规划和年度课程纲要,构建具有康宁特点、较为完善的、科学的学校体育课程体系,推进学校体育课程改革。具体如下:

a.依据课标整合体育大单元课程。

b.依托大单元内容设计大课间课程,充分利用"阳光大课间"。

c.结合学校特色开发比赛课程,搭建平台常赛。

d.体育社团课程化,形成运动专长。

④美育——美育为根,熏陶教育。

美育工作组认真落实政策要求,通过课程提升美育行动,形成美育课程体系,具体做法是:除了开设音乐、美术、书法等课程外,我校还开设美育类校本课程。美育课程覆盖面广,内容有梯度,符合学生的发展需要。

⑤劳育——以劳为荣,丰富课程。

a.基础课程:根据《劳动与技术》教材,结合学生年龄特点,重新整合教材,设计适合本年级学生特点的大单元劳动课程。通过基础课程,每周一主题一实践为学生奠定劳动的基础。

b.校本课程:结合学生在校午餐午休的真实情况,设计并开展"康康宁宁劳动乐之午餐劳动"项目,让学生明白劳动的价值、体会劳动带来的光荣感。

c.社团课程:将与劳动相关的社团课程进行整合,在社团的课程目标、课程内容、课程评价部分融入劳动元素。

d.活动课程:结合劳动活动课程的建设要求开展活动,让学生在活动中提升劳动意识并锻炼劳动能力,培养热爱劳动、尊重劳动者的品质。

(二)五育融合,贯彻教育实践活动全过程

我校通过建构新时代德智体美劳一体化课程体系,将五育融入教育实践活动全过程,其主要做法是:

1.综合育人,提升教师融合教学能力

一线教师是"五育融合""五育并举"的实践主力,"五育融合"与传统教学模式最大的不同在于其育人过程的关联性和整体性,它要求教师具备融合教学能力。

2.扎根课堂,情境化大单元教学实现五育互育

构建德智体美劳一体化培养体系归根结底是要深入课堂教学,找到课堂中五育融合的点,才能有效达成五育并举。如付亚慧老师的语文课堂——《花钟》一课,切实将"德、智、体、美、劳"五个方面融合在学生的学习实践中,通过有机的渗透,潜移默化地影响了学生。

3.项目学习,多学科融合促进全面发展

项目学习可以帮助学生形成整体感知力和完整的知识结构。此前,我校通过"学科+""生活+"两个维度进行综合实践的项目学习,开展了五育融合、学科融合、项目整合方面的实践。"学科+"项目学习以一个学科为主,其他相关学科为辅,聚焦主学科核心知识和关键能力,以真实问题为驱动,在探究过程中不断建构核心知识,并将情境进行迁移以解决新的实际问题,提升关键能力。"生活+"项目学习指向真实世界的非结构性问题,整合、运用多学科知识和能力,进行连续性探索并解决实际问题。

4.活动促融,开展各项活动促进五育融合

为了促进学生德智体美劳全面发展,我校每年会开展各类活动,从五育融合角度出发,体现活动的综合性。下面以郑州市郑东新区康宁小学"童心抗疫,童趣六一"主题活动为例来说明活动中如何促进五育融合。

我校围绕"童心抗疫,童趣六一"这一主题,有计划、有目的、有指导性地开展六一儿童节活动。通过"1＋N"模式的主题活动,培养学生的理财观念,提升学生的语言表达能力、协调能力以及热心公益的品质。本次活动采用"1＋N"模式,"1"为必选项目,"N"为自选项目。通过多种形式的活动,将五育融合,培养学生的综合素质。

5.氛围熏陶,创设五育并举的校园文化

为了营造良好的学习氛围,促进学生五育全面发展,每个班级均配有班班通教学设备和班级文化墙,班级文化墙用来展示五育成果。计算机教室、科学实验室、室内体育场、舞蹈教室等功能教室一应俱全。我校图书馆现有各类藏书 68000 多本,为广大师生的课外阅读提供了丰富的图书资源。教学楼南北走向的长廊分为四个主题:德育长廊、艺术长廊、文学长廊、科技长廊,所有设计均是为了让学生在校园里体验到学习与生活的快乐。

(三)以评促融,探索德智体美劳一体化培养评价体系

课题组成员根据"真彩课程体系"和"促进学生全面发展"的评价理念,整合学校现有的综合素质评价工具,完善德育和劳动教育相关评价内容,借助信息化手段,利用"班级优化大师"生成学生的评价报告,利用"班级圈"搜集学生在教育活动中的过程性实践材料。丰富评价维度及内容,构建康宁小学完善的综合素质评价体系,贯彻五育融合教育实践的始终,调控教育教学达成育人目标。详细内容可见评价体系模型和综合素质评价标准。

图 2　评价体系模型

表 2 "康宁好少年"一年级综合素质评价标准

一级目标内容	二级目标内容	三级目标内容
道德品质	爱祖国、爱人民、爱劳动、爱科学、爱社会主义,遵纪守法、诚实守信,维护公德、关心集体、保护环境	1.认识国旗、国徽,会唱国歌、校歌、队歌 2.参加升旗仪式穿校服,少先队员佩戴红领巾 3.关心班级、校内大事 4.同学之间互相关心、互相帮助、互相合作,自己能做的事自己做 5.熟读《小学生日常行为规范》《小学生守则》的基本内容
公民素质	自信、自尊、自强、自律、勤奋,对个人的行为负责,积极参加公益活动,具有社会责任感	1.积极参加学校、班级组织的活动 2.学会整理书包,每周帮助家长做一两件家务 3.知道最基本的交通安全知识,认识红绿灯、斑马线,在马路上靠右行,排队不拥挤,过马路不乱跑 4.不带危险玩具进校园,课间不做危险游戏 5.关心弱势群体,每学期至少参加一次公益活动
学习能力	有学习的愿望和兴趣,能运用各种学习方式来提高学习水平;有对自己的学习过程和学习结果进行反思的习惯;能够结合所学不同学科的知识,运用已有的经验和技能,独立分析并解决问题;具有初步的研究与创新能力	1.上课能做到专心听讲,回答问题声音宏亮,积极回答老师提出的问题 2.能认真、按时完成作业,书写干净、整洁 3.具有丰富的想象力,初步养成独立阅读的习惯 4.会向书本、同伴学习 5.各学科等次达到良好及以上

一级目标内容	二级目标内容	三级目标内容
交流与合作能力	能与他人一起确立目标并努力去实现目标,尊重并理解他人的观点与处境,能客观评价和约束自己的行为,能综合运用各种交流和沟通的方法进行合作	1.能在老师的指导下进行学习 2.能做到认真倾听老师和同学的观点,并能客观评价和约束自己的行为 3.在班上学会和同学进行交流,能在家里和父母交流
体育与健康	热爱体育运动,养成体育锻炼的习惯,具备锻炼健身的能力,有一定的运动技能,形成健康的生活方式	1.能参加课外活动,上好体育课,有锻炼身体的意识 2.会做一些简单的体育游戏,会跳绳、短跑等,坚持早晚刷牙、洗脚,爱吃蔬菜,不挑食 3.能够正确认识自己,相信自己,增强自信心
艺术与审美	能感受并欣赏生活、自然、艺术和科学中的美,具有健康的审美情趣,积极参加艺术活动,用多种方式进行艺术表现	1.会欣赏家乡的名胜古迹 2.会画简单的家乡风景画,会唱一两首赞美家乡的歌曲 3.勤剪指甲,勤洗头,衣着干净整洁,课桌椅、桌斗、柜子物品摆放整齐
劳动素养	以个人生活起居为主要内容,开展劳动教育,注重培养劳动意识和劳动安全意识,懂得人人都要劳动,感知劳动乐趣,爱惜劳动成果	1.完成个人物品整理、清洗,进行简单的家庭清扫和垃圾分类等,树立自己的事情自己做的意识,提高生活自理能力 2.参与班级集体劳动,主动维护教室内外环境卫生等,培养集体荣誉感 3.进行简单手工制作,爱护身边的动植物,关爱生命,热爱自然

下面将具体介绍本评价体系的操作使用方法。

(1)本评价体系和"真彩课程体系"配套使用,遵循四大原则:全面性原则、发展性原则、多元性原则、过程性原则。

(2)本评价体系涉及多元评价主体,体现了多元性原则和发展性原则。

(3)本评价体系借助多样的评价工具,体现了过程性原则和全面性原则。

四、主要成效

(一)本课题的主要收获

"大道至真,求道必致真。"在新时代德智体美劳一体化培养体系的构建研究中,我们有以下收获。

(1)课题组成员通过完善德智体美劳一体化"真彩课程体系",积累了丰富的课程构建经验,构建出促进学生德智体美劳全面发展的"真彩课程体系"。

(2)通过在学校教育各个环节进行德智体美劳一体化课程实践,课题组成员积累了促进学生全面发展的课程案例、活动经验、教学课例、学生反思集、教师反思集等,根据各学科的特点、各班级学生的特点,探索更适合学生学情的德智体美劳一体化培养策略。

(3)课题组成员通过德智体美劳一体化评价研究,探索出德智体美劳一体化评估模型,利用信息技术平台开发"班级优化大师"评价工具,进行过程性评价,并通过平时观察、访谈等多种评价方法,把过程性评价与终结性评价结合起来,形成了康宁小学德智体美劳一体化的评价体系。

(4)学校教师积极探索并开展该课题下的子课题研究和校本课程的开发。2020年郑州市教育科学研究专项课题申报中,我校申报与该课题有关的专项课题五个,2020年郑东新区校本课程设计评比活动中,我校申报与该课题有关的校本课程三个——《康宁真彩民间体育活动》《运动康宁 活力软垒》《小学生探寻黄河文化》。

(二)本课题研究的效果

本课题的研究过程与成果能够促进学生的全面发展,使学生在德智体美劳各个领域实现自我价值,获得成就感,从而更加热爱学校、热爱生活;能够转变教师固有的教学观念,共同助力学生成长;能够使学校的"童真"教育理念真正落地,使教师能够关注学生的个体差异,因材施教;学生能够主动探索、勇于实践,成为好学、乐群、健美、面向未来的真我好少年。全体师生在和谐共生的校园氛围下,成长为更好的自己,迎接美好的未来。本课题的研究,不论是对学生、教师、家长,还是对于学校本身,都有丰富而深刻的影响,现实而深远的意义。

具体表现在以下几个方面:

1. 学生方面

通过本课题研究,学生能够明确志向,经过近一年的努力,学生在德智体美劳各育中有了很大的转变,特别是德育和劳动教育。德育表现为日常行为习惯、礼仪越来越规范,爱国情怀更加浓厚。劳动教育表现为在学校时通过劳动课和午餐午休劳动实践,学生的劳动能力和动手能力增强;在家庭中通过家务提高了自理能力。美育方面主要表现为:积极参与创作优秀艺术作品,参加文艺节目,丰富校园文化生活,在各类比赛中获得优异成绩。体育方面:通过大单元课程实施,学生技能掌握更加牢固,体质增强,学校体质健康测试数据达标率逐年上升。智育方面,在"五育并举,融合育人"的课堂教育教学改革中,改变了教师教的方式和学生学的方式,各年级期末检测平均分都较上学期有明显提高。

2. 教师方面

在"立德树人"根本任务的指引下,全体教师能够把"培养德智体美劳全面发展的社会主义建设者和接班人"这一目标融入学校教育工作全过程,落实到日常管理服务各环节,明确使命,在理论上强起来、业务上硬起来,当好少年儿童健康成长的引路人。课题组的教师提高了科研水平,并在这一年的研究中获得了可喜的成绩,刘炜校长和林丛老师的《项目学习在小学多学科融合实践研究》获省成果一等奖;课题组成员共同撰写的项目学习案例《小楼梯 大行动》获全国项目学习案例一等奖;刘炜校长和邓娟老师的《康康宁宁劳动乐之午餐时光》获郑州市劳动教育校本课程一等奖;蒋赏老师参与的课题《小学中段学困生转化策略研究》获郑东新区一等奖,研究性学习成果《关于远离"夺命玩具",丰富学生课间生活的调查与研究》获郑东新区三等奖,撰写的创新应用类成果《利用信息技术践行"本真课堂"线上教学》获省级二等奖;赵丹老师获得中小学美育活动小学组"优秀辅导老师"称号,获郑州市教育信息化优秀成果二等奖,获郑州市创客校本课程一等奖。

3. 学校方面

在这一年的课题实践中,学校的课程结构及育人模式有了新的方向,有效促进了课程架构、学校管理、教师教学方式、学生学习方式的改变。与此同时,德智体美劳一体化培养体系的构建,使我们找到实现"好学、乐群、健美"的育人目标的路径,有效促进了学校的发展。仅 2020—2021 年度,学校获得的体育荣誉有:区级"最美大课间"评比一等奖;作为足球全国示范学校,我校校长被评为"示范学校优秀校长";被郑东新区教体局评为"区级体质健康监测先进单位"。美育方面:《光影纸雕》校本课程研究成果在第四届郑州市中小学美术学科校本课程研究成果展示观摩活动中荣获二等奖;《基于核心素养的小学立体书校本课程开发与实施》课题立项;《立体书的奇思妙想》获郑州市创客校本课程一等奖。德育方面:我校被郑州市评为"德育工作先进集体";荣获"河南省德育工作先进集体"和"平安校园建设先进单位"称号;被授予"全国中小学人工智能教育实验校"荣誉称号。劳动方面:我校被授予"河南省中小学劳动教育特色学校"荣誉称号。学校在课堂教学方面及教育科研方面取得了一定的成绩:我校田丽老师获得省级优质课一等奖;郭艳红老师、赵丹老师、蒋赏老师获得市级优质课一等奖;刘炜校长和林丛老师获得省级成果一等奖,区级成果二等奖 3 项。2021 年我校立项类课题 16 项:2 项省级课题,2 项省级课题待结项,5 项市级课题,7 项区级课题。多篇论文在 CN 期刊上发表。

五、存在的问题和设想

（一）课题研究中存在的问题

五育融合是我们课题组一直在探索和努力追求的,虽然在德智体美劳一体化培养体系的构建方面取得了一些成果,但是在具体实施中还存在一些困惑。

（1）要提升所有老师全面育人、全科育人、全方位育人的意识还比较困难,教师受传统评价机制限制,还是会将主要精力放在学科教学上。

（2）五育融合需要整体构建,以达到协同育人的目标,比如幼小衔接、小初衔接、家校和社会衔接等。如何做好衔接、整合资源,发挥教育的最大效能,是一个系统的问题。

（3）评价体系还比较细、碎,不够完整,关于评价平台的建设,还需要继续努力。

（二）课题研究的下一步计划

（1）通过完善教师评价机制,发挥评价的作用,助推教师形成新时代教育理念。

（2）通过走出去、请进来的方式,广泛利用家长、社会等多方资源,做好衔接、整合资源的工作,发挥最大效能。

（3）邀请第三方,共同开发康宁小学学生综合素质评价平台。

（本文为 2020 年度郑州教育科学重点课题,获科研成果一等奖,课题研究单位:郑州市郑东新区康宁小学,课题负责人:刘炜,课题组成员:邓娟、蒋赏、林丛、赵丹）

借助县域地方资源推进国家课程实施的研究

一、研究背景

"生活即教育，社会即学校。"为真正落实素质教育，让教育回归生活，需要教育教学工作者深入思考课程的价值与意义。部分教材内容与本地学生实际生活脱离，生活经验与书本学习不能较好衔接，读书空洞，缺乏有效的实践，是当下素质教育实施中的突出问题。

我市处于河南省中部，豫西山地向豫东平原的过渡地带，有山地、丘陵、平原等地貌类型，特殊的地貌造就了独特的自然风光。丰厚的自然资源孕育了时间跨度6000多年的文化，文物古迹星罗棋布，历史文化资源丰富，除此之外，还有丰富的土地资源、矿产资源等。这些独特的地方资源为我们的研究提供了有力保障。

近几年，我市校本课程的开发与实施积累了大量的结合生活的学习资源，很多学校把家乡资源融入学生的学习，在研究性学习、主题学习等活动中做了很多有意义的尝试。但是在课程调研中，我们发现还存在以下问题：

（一）开发意识淡薄

部分学校只认教材和教辅资料，忽视对身边生活资源的开发与利用。

（二）开发内容单调

教师只关注知识本身的学习，没有从核心素养的角度关注学生的发展，教与学方式的变革尤为迫切。

（三）开发形式单一

对当前地域资源的开发只停留在知识层面，或者简单的实践层面。

（四）开发能力不足

课程理念落后，缺乏主动开发地域资源的能力。

针对以上问题，为了让学生的学习更接近真实的情境、接近真实的生活，我们确立了"借助县域地方资源推进国家课程实施的研究"这一课题。

二、研究过程

（一）课题启动阶段（2020年3月）

1.现状调查

通过问卷和访谈调查了解了教师对地域资源的认识程度和对地域资源融入国家课程研究的参与兴趣，以及对开展此次研究的意见和建议。

2.理论知识学习

对相关教育理论、当地资源、外地经验三类文献进行了深入的理论研究,从理论层面全面把握课题的由来、研究的科学依据以及研究的实践价值。

《有效教学》一书对于如何促使学习者将中小学的课程标准、教材、教学、学习、评价进行一体化的思考进行了深入解读,为基于县域资源问题情境的主题活动设计方案提供了有力的理论支撑。

当地资源相关文献研究对地方资源的文化价值、历史价值进行了深入解析,为资源的调查、统整、遴选提供了真实有效的理论依据,解决了研究中县域资源筛选内容空洞、研究者视野狭窄、研究视角单一、研究深度不够等问题。

拉萨实验中学的"走进西藏自然科学博物馆"综合实践活动、合肥市蜀山小学的"魅力蜀山我来探"系列校本课程、北京大兴区团河小学编写的《大兴——我的家》教材等外地资源充分利用当地自然、社会、文化资源,将地方资源课程化实施,将教育与社会相联系,为本研究中地方资源如何支撑国家课程,如何开发出符合学生身心特征、注重学生体验、教育生活化的案例提供了切入点。

(二)课题实施阶段(2020年3月-2021年2月)

1.开展县域资源调查及遴选

以新郑区域内的资源为研究范围,以新郑市学生成长、生活的时空中的自然、地理、人文、历史、科学、经济、社会等现象及文化为研究内容,通过查阅文献、拜访地方专家、实地走访等方式,深入了解真实情况,筛选出合适的资源。

2.编制"县域资源—课标"双向对照表

在对县域资源有充分认识的基础上,进行了相关课程标准的解读,找到了县域资源与课程标准的融合点。

3.设计主题活动模型

在优化县域资源库的基础上,开发了主题学习活动,设计了主题活动模型。

4.扩大学科案例

在主题学习活动模型成型的基础上,扩大学科范围,从初中历史、生物、美术学科课程标准中筛选出与地域资源相融合的内容,编制出项目学习手册。

5.推广试验

采用行动研究法选取三所学校为试验基地,邀请初中语文学科骨干教师杨洁、冯慧莉、张瑞娟参与试验,采取同课异构的形式进行课堂实践。

(三)课题总结阶段(2021年3月—4月)

(1)总结研究过程中的成果、经验与存在的问题,对成功经验、失败教训进行梳理。

(2)总结课题研究成果,撰写结项报告。

三、主要做法和经验

（一）结合课程标准与课程内容梳理县域资源

1.建设县域资源库，结合实地考察了解资源

课题组通过资料搜集、实地走访、研讨与整理，从人文和科技两个层面把资源划分为九大板块：城市荣誉、行政区划、区位交通、自然环境、教育基地、历史沿革、文物古迹、历史文化、历史名人，并先后走访多处历史遗迹，为深入了解并用好县域资源打下了基础。

2.阅读课标、教材，结合课标、教材梳理资源

筛选原则：

（1）以课标、教材为基础，遴选鲜活、熟悉而亲切的县域资源真实实例支撑教学活动。

（2）遵循学生认知规律，充分考量地域资源的可操作性、教学内容的切合性因素，为优化知识结构、加深知识理解、开拓学习视野提供有效的旁证。

（3）融入教学资源的乡土资源要具有时空接近性、亲和性，容易使学生产生心理共鸣，提高文化自信。

依据筛选原则，课题组对资源进行"二次筛选"。拜访本地专家学者，结合实地走访调查的真实情况，筛选出更加精准、更有价值的县域资源。

3.细化课标，资源与教学进行匹配

（1）课标解读，找到县域资源与课程标准的融合点，编制"县城资源—课标"双向对照表。

参照郑州市教研室卢臻主任《教—学—评一体化教学：策略与实践》课标解读原则：让课程标准着陆于课堂教学，将课程标准具体化为教学目标，上明白课；让教学目标引导课堂教学，使教学目标可操作、可评价，上有效课。对《初中语文课程标准》中与县域资源相匹配的课标相关领域进行了解读。在课标解读基础上编制出"初中语文学科资源—课标"双向对照表。

表1　初中语文课程标准综合性学习板块对照表

课标内容	课标解读	学习目标	可用资源
1.自主组织文学活动，在办刊、演出、讨论等活动过程中，体验合作与成功的喜悦	"自主"是由学生群体进行策划、实施	能描述自主组织文学活动的原则和策略，能实施这些原则和策略组织，例如办刊、演出、讨论等活动；在活动过程中能感受合作与成功的喜悦	七上综合性学习"文学部落"，可筹建文学团体（社团或兴趣小组）

课标内容	课标解读	学习目标	可用资源
2.能提出学习和生活中感兴趣的问题，共同讨论，选出研究主题，制订简单的研究计划；能从书刊或其他媒体中获取有关资料，讨论分析问题，独立或合作写出简单的研究报告	"选出"转化为选择；"制订"就是设计；"分析"转化为分解整合；"写出"即生成	能提出学习和生活中感兴趣或能进行共同讨论的问题的思路和方法，能运用这些思路和方法提出问题；能够从问题中选出研究主题，能设计关于研究主题的研究计划；能从书刊或其他媒体收集和解读有关资料分解问题，整合解决方案，个人独立或者小组讨论生成研究报告	建设文学园地（文学角、社刊）、开展文学活动等；七下"天下国家"，可通过讲新郑名人故事、朗诵爱国诗歌、展示名人名言等活动积累知识，陶冶情操；八下"古诗苑漫步"，通过声情并茂诵古诗、别出心裁品古诗、分门别类辑古诗等活动感受与新郑相关的经典诗词的魅力
3.关心学校、本地区和国内外大事，就共同关注的热点问题，搜集资料，调查访问，相互讨论；能用文字、图表、图画、照片等展示学习成果	"关心"是能主动发现问题、自主分析问题，发表自己的见解；"关注"是能通过不同的途径和方式与他人交流	能聚焦学校、本地区和国内外大事；能设计针对共同关注的热点问题进行探讨的方案；能实施这一方案，搜集资料，调查访问，相互讨论，并能生成用文字、图表、图画、照片等表述的研讨结果	
4.掌握查找资料、引用资料的基本方法，分清原始资料与间接资料的主要差别，学会注明所援引资料的出处	"掌握"是运用正确的方法对阅读材料进行梳理	能举例说明查找和引用资料的原则方法；能区分针对某一课题的原始资料和间接资料；能概括注明引用资料的基本方法，会运用这些方法注明所引资料的出处	

（2）形成主题学习活动模型。

以《初中语文课程标准》综合性学习板块为例，结合课程标准核心概念，按照优化县域资源库—寻找课标相关内容支撑点—开发主题学习活动—形成实践模型顺序开展。

①优化县域资源库。

把县域资源按照课程要素和体系进行二次开发，进一步理清资源的从属位置和对学习活动的支撑作用。

②依据县域资源与课程标准相关板块的融合特征，确定开发主题课程。

③设计基于县域资源与课程融合主题活动方案，形成主题活动模型。

表 2　"千古风流人物——欧阳修"主题活动方案

课程类型	语文主题学习——演讲				
授课对象	八年级学生				
次数	4 次				
基于课程标准解读	国家课程标准	课标解读	学习目标	案例	实施途径
	1. 自主组织文学活动，在办刊、演出、讨论等活动过程中，体验合作与成功的喜悦	"自主"是由学生群体进行策划、实施	能描述自主组织文学活动的原则和策略，能实施这些原则和策略，例如办刊、演出、讨论等活动；在活动过程中能感受合作与成功的喜悦	名人文化：春秋小霸郑庄公、政治家子产、思想家韩非、军事家张良、诗人白居易、建筑学家李诫、思想家许衡、政治家高拱、唐朝名相裴度、宋朝名相陈曾、宰相吕夷简、一代文宗欧阳修等	七年级上册综合性学习"文学部落"，可筹建文学团体（社团或兴趣小组）、建设文学园地（文学角、社刊）、开展文学活动等；七年级下册"天下国家"，可通过讲郑名人故事、朗诵爱国诗歌、展示名人名言等活动积累知识，陶冶情操；八年级下册"古诗苑漫步"，通过声情并茂诵古诗、别出心裁品古诗、分门别类辑古诗等活动感受中华诗词与新经典诗词的魅力
	2. 能提出学习和生活中感兴趣的问题，共同讨论，选出研究主题，制订简单的研究计划；能从书刊或其他媒体中获取有关资料，讨论分析问题，独立或合作写出简单的研究报告	"选出"转化为选择；"制订"就是设计；"分析"转化为分解整合；"写出"即生成	能提出学习和生活中感兴趣或能进行共同讨论的问题的思路和方法，能运用这些思路和方法提出问题；能够从问题中选出研究主题，能设计关于研究主题的研究计划；能从书刊或其他媒体收集和解读有关资料分解问题，整合解决方案，个人独立或者小组讨论生成研究报告		
	3. 关心学校、本地区和国内外大事，就共同关注的热点问题，搜集资料，调查访问，相互讨论；能用文字、图表、图画、照片等展示学习成果	"关心"是能主动发现问题、自主分析问题，发表自己的见解；"关注"是能通过不同的途径和方式与他人交流	能聚焦学校、本地区和国内外大事；能设计针对共同关注的热点问题进行探讨的方案；能实施这一方案，搜集资料，调查访问，相互讨论，并能生成用文字、图表、图画、照片等表述的研讨结果		
	4. 掌握查找资料、引用资料的基本方法，分清原始资料与间接资料的主要差别，学会注明所援引资料的出处	"掌握"是运用正确的方法对阅读材料进行梳理	能举例说明查找和引用资料的原则和方法；能区分针对某一课题的原始资料和间接资料；能概括注明引用资料的基本方法，会运用这些方法注明所引用资料的出处		

活动目标	1.围绕一个主题，能够自信积极地表达个人的观点 2.利用多媒体演示（PPT）等工具辅助演讲 3.利用合适的言语提示和眼神交流吸引观众的注意力 4.参与小组活动时能积极发表自己的看法 5.倾听、分享、支持同伴的工作，增强小组的凝聚力
学习资源	欧阳修故里风光宣传片视频，中外名人演讲视频，关于欧阳修的著作、相关的文学记载、欧阳修陵园碑刻等资料
活动评价	主要采用表现性评价方式，借助评分规则，采用教师评价、学生互评、学生自评相结合的方式，促进教师、同伴对教学的反馈指导和学生自己的反思提高，并授予学生"超级演说家"的称号
活动实施	1.创设学习情境，化解活动任务 2.确定学习方向，制定学习方案 3.观看名人演讲，设置评价标准 4.明确演讲规则，撰写演讲文稿 5.组织演讲比赛，评选演讲达人

（二）借助县域资源，丰富学习路径，提高学习效率

结合我市县域资源及教学实践综合分析，县域资源融入国家课程教学活动，有单科学习和跨学科学习两种途径可以选择。

（1）利用县域资源进行单科学习的路径——任务链式学习方式。

任务链式学习方式是课程实践中常用的一种操作模式，对一个单元或者活动主题来说，每一节课就是一个链节，一节课可以分为多个链节，从学生已有的知识储备入手，逐步递增，使各个环节相互链接成为一个主体。以初中八年级语文学科综合学习板块演讲活动为例，步骤如下：

①创设学习情境，化解活动任务。

活动一：启动演讲活动；组织交流汇报；梳理活动；修订活动方案。

②确定学习方向，制定学习方案。

活动二：深入思考，制订计划；组内交流，修订计划；班级交流，重新分组。融合计划，明确分工。

③搜集阅读资料，小组研讨交流。

活动三：交流研究成果；阅读优秀演讲文稿；总结演讲稿的特点；自主撰写演讲稿；自主修订。

④确定评价标准,实践操作检验。

活动四:观看视频,自主思考;组内研讨,班级交流;小组研讨,制定规则;组内演讲,试用规则;全班交流,提炼规则;修订文稿,练习演讲。

⑤组织成果展示,规划实践活动。

活动五:依据标准进行组内演讲;小组推荐,班级演讲;全班交流,总结经验;总结评价,颁奖证书;策划"走近欧阳修"——欧阳修陵园宣讲活动,完成宣讲计划;小组汇报,班级审核。

操作要领:任务清晰明确;学生要有具体、可测评的反馈(学习成果);有依据课程标准制定的明确的评价标准。

(2)利用县域资源进行跨学科学习的路径——PBL项目制学习方式。

基于项目的学习也称专题学习,是根据学生的兴趣,让学生围绕项目的真实学习任务,综合运用各学科知识,在合作学习的环境下,设计并实施一系列的探究活动,并把探究成果进行表达和交流的教学模式。以初中八年级美术学科下册《设计纹样》为例,步骤如下:

①引入主题,小组讨论,构思布局,设计草图。

以青铜莲鹤方壶引入主题,探讨春秋时期的时代风貌及工业科技水平发展,鉴赏青铜之美,了解纹样构图特征及组织形式,设计草图。

②实地考察,修改草图。

参观青铜莲鹤方壶发掘地新郑郑公大墓遗址区、新郑博物馆青铜复原模型、郑风苑公园雕塑模型,修改草图。

③动手制作,撰写报告。

制作模型,撰写作品说明。

④呈现报告,指导点评。

呈现模型报告,老师点评,同学互评。

⑤制作迭代作品,完善报告。

在原型基础上进行模型再创造,完善作品报告。

操作要领:任务清晰明确;学生要有具体、可测评的反馈(学习成果);有依据课程标准制定的明确的评价标准。

(三)灵活运用县域资源,丰富课堂教学

在尊重教材的基础上,利用合适的县域资源重构课堂教学,有助于学生更好地理解和体悟知识,并且在很大程度上可以提高教师教学的有效性。

1.课堂导入环节

利用地域资源进行课堂内容导入,可以激发学生的学习热情,是实践教学中有效的课堂导入方法。以初中八年级语文学科《蒹葭》一课为例,教学设计步骤如下:

(1)歌曲导入,创设情境。

欣赏由新郑市文化馆创作,取材于《诗经·郑风》中的《溱洧》《出其东门》《野有蔓草》等诗歌组成的歌舞剧片段《溱洧踏歌》。

(2)简介常识,自学检测。

(3)反复诵读,读出韵律。

(4)译读诗歌,生动描述。

(5)个性赏读,深研文本。

(6)拓展延伸,升华情感。

①简介《诗经·郑风》相关知识,渗透地方区域资源。

②实地参观新郑郑风苑公园,寻找《诗经·郑风》相关诗歌石刻遗迹。

③课外阅读《郑风·子衿》《郑风·风雨》《郑风·溱洧》等诗歌。

2.课堂精讲环节

在课堂精讲环节利用学生熟悉的县域资源,降低知识的习得难度,扩大学生知识面,帮助学生把教材知识与实际生活相联系。以高中历史学科《石器时代的古人类和文化遗存》一课为例,教学设计步骤如下:

(1)导入新课。

教师展示两幅图片:《元谋人门齿化石》《元谋人在打制石器》。

(2)讲授新课。

①旧石器时代。

②新石器时代。

a.教师出示收藏在新郑市博物馆的新石器时代石器、陶器、骨针等图片。

b.观察器皿特点:精细尖锐。

c.借助本地出土文物资源总结新石器时代人类的生活方式。

d.出示中国新石器时代文化遗址分布示意图,提出问题:遗址分布有何特点?

e.通过观看新郑出土的裴李岗文化、仰韶文化、龙山文化、二里头文化、商周文化遗址图片,总结不同时期的发展特点:通过使用陶器、饲养家畜到修建村落,能够看出人类已经走向了定居生活。

③原始人群到氏族社会。

（3）总结。

①系统归纳。

②布置作业。

3.课后练习环节

借助县域资源展开课后练习，可以把抽象的知识生活化，使学生的课下学习更加轻松，变依赖教材知识为在生活中主动习得知识，真正让学生体会到学以致用的乐趣。以初中八年级语文学科上册第三单元学习描写景物为例，教学设计步骤如下：

(1)图片展示，引入新课。

欣赏美景视频，引入主题——写景作文。

(2)研学例文，掌握方法。

活动一：研读例文，总结方法。

活动二：片段展示，指导学法。

①调动多种感官写景。

②灵活变换观察角度。

③注意融入个人情感。

(3)牛刀小试，片段练习。

活动一：我们的新郑北区发生了翻天覆地的变化，轩辕湖公园成为大家休闲娱乐的好去处，请以"新郑的轩辕湖公园真美"为首句，进行写景片段练习。要求：150字左右；抓住景物特点，注意描写顺序，至少运用一种修辞手法。

活动二：学生展示练习成果，互相点评。

活动三：修改自己的练笔。

(4)课堂小结。

(5)课后练习。

任务设计：利用周末时间，再次实地游览观察轩辕湖公园，用所学到的描写景物的方法，描写自己眼中的轩辕湖公园，800字左右。

依据实践经验，为了有效促进课堂教学，在课堂中使用县域资源时，课题组总结出三个原则：第一，尊重学生的认知规律和兴趣；第二，挑选典型、具有代表性的内容；第三，能够有效支撑课程标准的达成。

四、研究成效

本课题的研究，给学生、教师带来了可喜的变化。

（一）给学生带来的变化

通过本课题的研究,学生对地域资源的了解程度加深,培养了学生了解家乡、热爱家乡的乡土情怀;激发了学生的学习热情,学生的学习方式也在发生着积极的转变,有益于学生核心素养的全面提升。

（二）给教师带来的变化

（1）通过本课题的研究,教师对课程的开发意识增强,真正意识到借助地域资源优化课程资源、助力课堂教学、提高学习效率的必要性与可行性。

（2）通过本课题的研究,教师在一定程度上对教学方式有了新的认识,这对他们转变教学观念、稳步提升自身专业素养、实施新课程改革起到了良好的推进作用。

（3）本课题的研究,为构建科研型教师队伍、稳步帮助教师开展教科研工作提供了更加宽广的思路。在课题研究的参与过程中,一批子课题研究相继立项,这些即将开展的课题研究都在试图探索如何借助地域资源助力国家课程的实施,助力新型教与学方式的变革。

五、存在的问题及下一步打算

（一）存在的问题

（1）课题研究的资料比较粗浅,缺乏系统、规范的整理。

（2）目前课题组设计的案例还需进行准确的分析和解读,还需在实践中检测。

（二）今后设想

（1）在广泛听取教师课堂试验的基础上,总结经验,对已取得的研究成果进行进一步梳理完善。

（2）对如何利用已优化完善的县域资源进行进一步的思考和研究。

参考文献

[1]崔允漷.有效教学[M].上海:华东师范大学出版社,2009.

[2]Richard J. Stiggins. Student-Involved Assessment for Learning[M]. Englewood: Prentice Hall,2004.

[3]王允庆,孙宏安.课堂教学目标研究[M].北京:人民教育出版社,2015.

[4]郭老庄.黄帝故里文化之旅[M].郑州:中州古籍出版社,2014.

[5]卢臻.教—学—评一体化教学:策略与实践[M].郑州:河南科学技术出版社,2017.

[6]王允庆,孙宏安.基础教育课程标准的教育目标研究[M].北京:北京师范大学出版社,2015.

(本文为 2020 年度郑州教育科学重点课题,获科研成果一等奖,课题研究单位:新郑市教育局基础教育教学研究室,课题负责人:沈晶,课题组成员:张德庆、肖子惠、张艳红、高书芳)

小学武术课程开发与实施的研究

一、研究背景

中国武术文化源远流长，是中华民族宝贵的文化遗产。目前，武术作为我国优秀传统体育项目，具有强身健体、健全人格之功能，尤其对广大青少年的身心健康及全面发展有十分重要的作用。

2017年，教育部将武术进校园工作列为国家战略，明确提出学校体育（包括武术教育）是国运昌盛、国脉传承的基础。党的十八届三中全会要求，我们要全面贯彻党的教育方针，坚持立德树人，加强社会主义核心价值体系教育，完善中华优秀传统文化教育。

作为传统体育文化的重要组成部分，武术在体育课程教学中有着独特的表现形式，为促进学生体育学科核心素养的形成起到了不可替代的作用，这充分说明传统文化教育在学校教育中的重要性。

我校地处郑州市中心城区，学校外来务工子女占比较高，这些孩子具有吃苦耐劳、勇于拼搏的优秀品质。课改以来，我校以弘扬祖国传统文化为主线，不断开发适合学生发展的课程，并将武术体育引入校园，社团化开展，并进行了一定的探索实践。

近几年，为全面贯彻国家教育方针，进一步推进体育精神，结合文武教育的办学理念，立足让每一个生命都全面发展，我校不断探索以武术运动为特色的体育课程。通过课堂普及、课间展示、社团提升、活动推进，取得了一定的成效，更多的学生喜欢上了武术运动，达到了强健体魄、锤炼意志、陶冶情操的目的。

但在实施过程中，我们也发现一些问题。

一是课程设置大统化。老师只是依照国家规定的有限内容开展教学，没有考虑学生的实际年龄特点；教学内容不丰富，缺乏系统性。即便是创新教学内容，也多是以展示表演为主，技巧含量低，花拳绣腿者多。

二是教学方法陈旧。生硬的动作要求，不能很好地激发学生习武的兴趣。

三是评价方式单一。老师只是看学生训练的态度是否端正、动作是否规范，而没有利用更好的方式对学生进行有效评价。

综上所述，我们认为，只有深入开展研究，不断开发适合小学阶段不同年级的武术运动体育课程，并有效实施，采取科学评价，才能更好地将武术这一民族的优秀传统文化根植于校园。

二、研究过程

要有效地开展和推动武术特色课程的开发与实施，必须以学校为主阵地，加大学校教育的投入，整合学校、家庭和社会三方的力量，为学生打造出适合成长的空间。

（一）重视组织建设，做好组织保障

学校领导对本课题的申报给予了高度重视，成立了以杨关群校长为组长，体育组教师为组员的课题研究小组。课题组成员团队力量强，选用了年轻有活力、工作认真扎实的一线体育教师。根据课题研究进展，课题组成员围绕武术课程开发与实施进行深入思考，进行文献综述，定期开展活动，交流相关经验，加强理论学习，广泛收集资料，对成绩突出的同志的做法及时给予宣传和推广，切实提高教师的教育科研能力。

（二）加强师资培训，提高课程开发和实施的软实力

为了保证课题顺利开展研究，我校加大教师培训力度。课题组成员多次参加省市级的关于武术校园推广等一系列培训，并与武术专家进行深入交流。参与课程开发的成员都是一线教师，能够深入课堂，对课程的开发和实施进行深入研究，通过一次次学习和深入交流，教师的专业素养得到了明显的提升。在团队合作研究中，老师们互相学习，共同交流，相互借鉴经验，促进课题研究的有效实施。

（三）加大学校财力投入，保障硬件设施

为了课题研究的顺利实施，学校提供了强有力的资金保障。先后建成习武堂、训练馆，购置武术器械和设备，如棍、朴刀、长枪、盾牌、剑、双节棍、红扇等，为学生学习武术提供了有力保障。

由于学校的重视和大力支持，课题组教师才顺利地对课题研究达成共识。在探讨和交流时，针对学校武术课程建设的需求、校园体育锻炼的发展方向，因地制宜、扬长避短地制订了较为科学合理、便于操作、便于监测的课题研究计划，不断地进行经验总结。

最后我们对研究过程进行梳理。对课题研究过程中的资料进行整理归类；对课题研究过程中的调整、修订进行总结；对课题研究过程中的经验、做法进行总结，为形成研究成果提供资料。

三、主要做法和经验

课题组教师在进行武术课程开发与实施的过程中，多次运用有效的策略进行武术课程开发。在基于学生技能学习的过程中，形成了如下的武术课程开发的有效做法和经验。

（一）编写武术特色教学资料

教育部制定并印发的《中小学开展弘扬和培育民族精神教育实施纲要》指出，要把弘扬和培育民族精神贯穿学校教育教学的各个环节、各个方面，这一政策对武术教育课程的开发与实施又提出了新的要求。学校体育教育是实现立德树人这一根本任务，是提升学生综合素质的基础性工程，是加快推进教育现代化、建设教育强国和体育强国的重要工作，而校园也必将成为传承中华优秀传统体育文化的热土。

结合学校实际情况，课题组成员经过一次次的讨论、交流、实践总结，最终确定了金水区黄河路第一小学武术特色课程教材资料的教学目标、教学内容以及教学实施要求，强调课程注重衔接，聚焦提升学生核心素养，使学生身体素质和综合素养明显提升。

1. 教学目标

基于《体育与健康课程标准》目标，根据"体育品德、运动能力、健康行为"三个学科核心概念，结合我校实际情况，明确了学校武术特色课程目标。

表 1　黄河路第一小学武术特色课程总目标

体育品德	热爱体育运动、勇争第一的精神，刻苦训练，精益求精
	有不怕困难、坦然面对挫折的勇气，有果敢、顽强的意志品质
运动能力	学习体育运动知识，掌握运动技能，体验运动的乐趣与带来的愉悦感
	在小组合作学习的模式下，提高自学、自练的能力
健康行为	掌握基本的健康知识，塑造良好的身体形态和身体机能
	提高机能水平和适应环境的能力，提高自我保护意识

2. 教学内容

为实现武术特色课程目标，依据学生的身心发展规律，重点突出武术课程在小学体育教学中的独特地位和作用，完全遵循学生身心发展特点以及简单易学的原则，满足大多数学生的需要，经过一次次集中讨论—实践—反思—改进，最终确定水平一以武术基本功为主、水平二以武术套路和基本功为主、水平三以武术套路和双节棍为主,课程内容从武术基本动作到武术套路,再到武术器械功夫扇和双节棍,课程呈螺旋式上升,保证课程内容设置面向全体学生,难易程度遵循循序渐进的原则。实现了有内容教,有东西学,做到了每个学生会做一套武术套路,会一种武术器械,每班每周一节武术课。

表2 黄河路第一小学武术特色课程教学内容

水平段	年级	学期	教学内容
水平一	一年级	上期	1.基础类课程:抱拳礼、弓步、马步、拳、掌、勾、武术健身操1—2节 2.拓展类课程:趣味武术健身拳操段前一级
		下期	1.基础类课程:劈叉、正踢腿、冲拳、推掌、武术健身操3—4节 2.拓展类课程:趣味武术健身拳操段前二级
	二年级	上期	1.基础类课程:劈叉、里合腿、侧踢腿、武术健身操5—6节 2.拓展类课程:趣味武术健身拳操段前三级
		下期	1.基础类课程:外摆腿、蹬腿、武术健身操7—8节 2.拓展类课程:少林武术操1—2节(手型变换、罗汉眉)
水平二	三年级	上期	1.基础类课程:仆步压腿、弹踢、侧手翻、行进间正踢腿、行进间外摆腿 2.拓展类课程:少林武术操3—8节(乌龙盘柱、迎面腿、飞脚望月、马步单鞭、跨虎登山、单飞雁)
		下期	1.基础类课程:摆掌、撩掌、穿掌、行进间里合腿 2.拓展类课程:少林武术操串联、功夫扇基本动作(刺扇、劈扇、抖扇、立扇、摆扇)
	四年级	上期	1.基础类课程:行进间外摆腿、并步砸拳 2.拓展类课程:功夫扇组合一段(开立步前刺扇、拉扇推掌、弓步开扇)、功夫扇组合二段(退步弓步开扇、马步开扇、抡臂下刺扇、弓步盖扇、马步抖扇)
		下期	1.基础类课程:武术组合动作(上步搂手马步击掌、弓步双摆掌、弓步钩手撩掌、弹踢推掌、马步击掌) 2.拓展类课程:功夫扇组合三段(歇步亮扇、马步按扇、马步拉扇、弓步砸扇)、功夫扇组合四段(挺身拉扇、跪步按扇、马步撩扇、并步推扇)

水平段	年级	学期	教学内容
水平三	五年级	上期	1.基础类课程:乌龙盘打、原地单拍脚、腾空飞脚、简化少林拳一段 2.拓展类课程:双节棍自编套路一段
		下期	1.基础类课程:少年拳第一套、简化少林拳二段 2.拓展类课程:双节棍自编套路二段
	六年级	上期	1.基础类课程:少年拳第一套强化练习、简化少林拳三段 2.拓展类课程:双节棍自编套路三段
		下期	1.基础类课程:简化少林拳套路强化练习 2.拓展类课程:双节棍整套强化练习

3.教学实施要求

武术教学遵循循序渐进的原则,从基本动作入手,过渡到武术套路的练习,培养学生规范的技术动作。通过知识学习,学生理解武术"拳礼""武德""精气神"等有关内容,在掌握武术基本技术的同时,深入了解武术的内在文化,强调武术运动中的形神兼修、内外合一的精神要求,培养优良品德,弘扬中华民族优秀传统文化。

(二)编写特色课程纲要

武术特色课程是依据《体育与健康课程标准》,根据我校自身特点和学生实际情况编写而成的课程计划,是经过课题组成员多次研讨,集众人之慧编写而成的,例如四年级课程纲要,内容包括课程名称、适用年级、总课时、课程类型、课程简介、背景分析、课程总目标、本学期目标、学习主题/活动安排以及评价活动/成绩评定。

表3 四年级课程纲要

课程名称	《武之炫》
适用年级	四年级
总课时	18
课程类型	学科拓展类
课程简介	1.本课程是以弘扬民族传统文化为基石开发设计的拓展类课程,以武术为纽带,培养学生对传统文化的兴趣。课程设置包括武术基本功、武术套路和功夫扇,课程内容从武术基本功到拳法,再到武术器械,呈螺旋式上升。课程采取课堂普及、大课间推进、活动促进等方式实施,打造品牌课程。课程能够达到培养兴趣、学习技能、增强体质、锤炼意志、健全人格的目标。在学习、活动和比赛中,学生武术素养得到了全面提升,彰显了文武教育的成果

背景分析	2.武术是中华民族的国粹,学校是武术传播的重要阵地。武术作为我国优秀传统体育项目,具有强身健体、健全人格等功能,尤其对青少年的身心健康及全面发展有十分重要的作用。近年来国家出台的一系列关于武术进校园的政策,再次确定了传统武术教育对学校发展的重要性 3.《武之炫》拓展课程能够帮助学生形成勇敢顽强和坚韧不拔的意志品质,同时培养爱国情怀,提高学生的武术运动技能,有益于学生的全面发展。同时,《武之炫》课程也逐渐成为学校特色品牌的中坚力量 4.郑州市金水区黄河路第一小学是省市武术特色项目学校,学生具有一定的武术功底,以及吃苦耐劳、勇于拼搏的优秀品质,学校有专职武术教师和训练馆。根据实际情况,为贯彻实施进一步推进中华优秀传统文化,落实"一校一品"武术特色,结合"文润于心、武化于行"的办学理念,秉承"自信勇敢、勇于拼搏、追求卓越、勇争一流"的宗旨,持续推进武术进校园活动,保证每班每周一节武术课,每个学生能够掌握一种武术套路和一种武术器械,并且体育组教师通过"课堂实践—发现问题—查找原因—改进策略—行动跟进—理论提升"的模式开发课程,为课程实施提供了有力保障,为武术爱好者搭建了成长的平台
课程目标	1.课程总目标:学生通过《武之炫》拓展类课程的学习,并在小组合作学习的模式下,掌握武术基本技能,提高攻防意识,获得传统文化知识,树立自我保护意识,提高自学、自练的能力,增强民族自豪感,并且在学习中与同伴团结互助,共同进步 2.本学期目标: ①在学习中能够了解武术的一些常用术语和练习方法,并通过自学、合作学习掌握武术基本技能,能够真正认识武术、了解武术,对学习武术产生强烈的欲望 ②在练习中,体验学习武术的兴趣,体能技能、自主学习能力、小组合作能力得到提升,各项身体素质全面发展,培养学生终身体育锻炼的意识 ③在活动过程中发展学生的协调、柔韧、灵活等身体素质,增强其学习武术的自信心 ④通过对传统文化的学习,培养学生的爱国主义精神和民族自豪感

学习主题/活动安排(请列出教学进度,包括周次、内容、实施要求)	依据课程目标,结合四年级学生认知基础,特制定本课程本学期的主要内容:

依据课程目标,结合四年级学生认知基础,特制定本课程本学期的主要内容:

周次及课时	内容
第一周:第一课时	武术基本手型、基本步法、基本腿法
第二周:第二课时	武术健身操1—3节
第三周:第三课时	武术健身操4—6节
第四周:第四课时	武术健身操7—8节
第五周:第五课时	武术健身操串联考核
第六周:第六课时	里合腿、外摆腿
第七周:第七课时	单拍脚、并步砸拳
第八周:第八课时	简化少林拳第一段
第九周:第九课时	简化少林拳第二段上
第十周:第十课时	简化少林拳第二段下
第十一周:第十一课时	简化少林拳第三段
第十二周:第十二课时	简化少林拳动作串联考核
第十三周:第十三课时	功夫扇1—8动作
第十四周:第十四课时	功夫扇9—16动作
第十五周:第十五课时	功夫扇17—24动作
第十六周:第十六课时	功夫扇25—28动作
第十七周:第十七课时	功夫扇动作串联考核
第十八周:第十八课时	武林大比拼

实施要求:

1.穿松紧合身的运动服、运动鞋

2.课堂上认真听讲,精神饱满,积极参与小组合作学习

3.在活动中与同伴团结合作,培养吃苦耐劳的精神

评价活动/成绩评定	本课程的评价秉承公平性、多元性、全面性原则,主要以平时课堂综合表现、单元测试的过程性评价与期末考核的终结性评价相结合的方式进行。注重学生的学习效果,时刻关注学生的成长变化,有利于学生全面发展

	评价内容	项目	等级标准	学生评价（30%）	小组评价（30%）	教师评价（40%）
评价活动/成绩评定	过程性评价60分	态度10分	积极参与课程活动，并认真接受教师指导			
		参与10分	每节课按时参加，有事请假，不旷课			
		合作10分	乐于助人，敢于展示和挑战自我，勇于克服困难，积极主动地配合同伴			
		武术健身操10分	能够独立完成组合动作，完成动作质量好，姿势正确，部位准确，动作连贯、自然、协调，有力道，有精气神			
		简化少林拳10分	能够独立完成组合动作，完成动作质量好，姿势正确，部位准确，动作连贯、自然、协调，有力道，有精气神			
		功夫扇10分	能够准确说出动作名称，姿势正确，劲力顺达，手眼身和扇子配合好，有精气神			
	终结性评价40分	舞林大会	能够独立完成组合动作，说出动作名称，姿势正确规范，动作协调、连贯，有力道，有精气神			

主要参考文献	[1]刘艳,王丽.小学武术校本教材多维开发形式探析——以人民北路小学校《熊猫侠变形记》为例[J].武术研究,2020,5(2):75－78. [2]刘兵.略论武术校本课程的开发与实践——以武汉市青山区钢城第二小学为例[J].新课程研究(上旬刊),2018(8):125－126. [3]邵建华.核心素养导向下中华武术精神在小学体育教学中的渗透[J].教育观察,2018,7(24):46－47.
备注	

（三）构建课程体系,促进武术课程有效实施

在"健康第一"指导思想的引领下,课题组教师根据学校情况,构建了武术课程体系,包括武术基础类课程、拓展类课程和社团类课程。基础类课程包括基本步型、手型、腿法、身法;拓展类课程包括武术套路、武术器材;社团类课程包括初级三路长拳、通臂拳、少年规定拳等传统武术套路,初级刀、初级枪、初级棍、初级剑等传统武术器械。

打造的三级体育课程相辅相成、层层递进、互为补充、相互促进,构成了一个完整的体育课程体系,呈螺旋式上升。

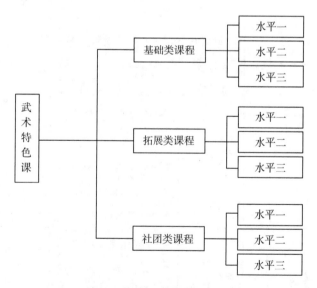

图1　黄河路第一小学武术特色课程体系

（四）加强课堂教学方法指导,提高课堂实效

立足课堂教学,通过课堂加强教学方法指导,保证课程实施的质量和效果,推

动武术特色课程的深度实施,具体措施如下。

1.强调武礼规范,注重武德教育

武术讲求"未曾学艺先学礼,未曾习武先习德"等道德准则,武术家始终把这些准则作为习武授徒的先决条件,同时要求弟子谦虚、自律,不能恃才傲物,以强凌弱。然而小学阶段是学生教育转型的开始,应当把礼仪的养成和培养武术兴趣放在首位,因此在武术课堂中武德教育不能忽视。在课题研究的过程中,课题组成员始终把学生的武德教育放在首位,要求学生掌握"抱拳礼",背诵"武德训",课前要有礼、课下要有礼、互相学习要有礼、师生问好要有礼,整齐叠放自己的衣物,规范自身行为习惯。武德教育对于学生的身心发展有着非常重要的意义。

2.渗透攻防含义,了解中华武术

在武术教学中,教师不应该只一味强调动作规范性,而应该在传授武术技法时,适当加一点武术攻防,使学生在武术练习中体会武术的攻防含义。例如在长拳套路的练习中,动作练习很枯燥,学生在练习时会提不起兴趣,但是如果加入攻防练习,学生的积极性会大大提高,甚至不用教师要求,自己都会去练习体会动作。这样不仅提高了学生学习武术套路的积极性,又为学习攻防实战打下了良好的基础。攻防技术教学是武术课堂教学的重要内容,在课堂中潜移默化地渗透攻防含义,一方面帮助学生在遇到困难时利用所学习的知识及技能进行自我保护,另一方面使学生真正了解中华武术的内涵。

3.制作多样教具,提升参与兴趣

在体育教学中,教具的应用往往容易被教师忽视,很多教师往往认为自己的漂亮的、正确的示范动作和精辟的讲解就是最好的"教具"。其实,一件看似普通的教具,如果运用得当,往往能起到事半功倍的效果。如看似简单的武术图片,有利于培养学生养成自主探究的学习习惯;如用体操垫贴或悬挂在墙上,在体操垫上用粉笔画上人头或人体对准相关部位进行拳法练习,有利于把整堂课的教学重点展示得清清楚楚;还可以自创道具,用废旧的体操垫制作打靶或用稻草制作简易打靶,让学生自制教具进行有效的课堂教学,开展丰富多彩的活动,能够使教材内容游戏化,提高学生的学习积极性。教学中充分发挥学生的主体地位,把"要我学"变为"我要学"的主动探究的理念真正落到实处,综合提高学生的各种体育操作技能。

(五)运用有效的课堂教学策略,提升教学质量

课题组教师在进行武术课堂教学的过程中,多次运用有效的教学策略进行武术课堂教学。在基于学生技能学习的过程中,形成了如下武术课堂教学策略。

1.创新课堂教学，优化教学模式

我校通过开展骨干教师引领课、校本教研研讨课、青年教师展示课等课堂教学活动，实现名师引领、团队合作、资源共享、均衡互补、全员提高。比如，在开展校本教研研讨时，我们一般采取一人多上或多人同上一节课的方式，以课例为载体进行研究，通过"课堂实践—发现问题—查找原因—改进策略—行动跟进—理论提升"的模式，对所研究的主题进行探讨，解决课堂中普遍存在的问题。通过集体备课不断改善教学内容，提高课堂效果，达到优势互补、共同提高的目的。

2.营造课堂氛围，注重小组合作

在课堂教学中，我校体育教师努力为学生营造轻松愉快的学习氛围，让学生在课堂教学中积极开展"小组合作学习"教学模式的实践，让学生在组内与他人沟通、交流，以此给学生充分自由表达的时间和空间，有效拓宽学生参与课堂活动的渠道，在彼此相互合作过程中实现共同提高。

3.组织竞赛活动，加深武术认知

武术课堂可以说是技能学习的场所，而授课教师如何更深入地了解学生的心理以及学习武术的感受，就需要给学生一个可以放下忐忑、展示交流的平台。因此，武术课堂也可以是一场别开生面的交流活动，让学生充分展示自我。学生用自己的语言表述自己学习的感受、收获，和同学、老师分享，拉近师生之间的关系。大多数的武术课堂主要是技能学习，这种形式的教学大大有利于学生的成长和学习。

(六)构建课程多元评价方式，提高学习兴趣

教学评价是学校教育教学活动的重要一部分，教学如果没有实施和评价，无论所编写的教学资料、教案看起来多么完美，都无异于纸上谈兵。我们在课题研究过程中，从以下两个方面对课程评价体系进行了尝试和探索。

1.评价原则

本课程的评价秉承公平性、多元性、全面性原则，主要以平时课堂综合表现、单元测试的过程性评价与期末考核的终结性评价相结合的方式进行。注重学生的学习效果，时刻关注学生的成长变化，有利于学生全面发展。

2.评价措施

(1)武术课堂评价。

依据学校武术特色课程实施的要求，武术课堂的评价从课堂目标、课堂内容、课堂效果三个方面进行，加强教师对课堂的把握和理解，促进师生的共同成长。

表4　武术课堂评价表

评价维度	评价要素	权重	等级		
			A	B	C
课堂目标	学习目标明确,重难点恰当准确	5%			
	情境的创设、任务的提出符合学科和学生的年龄特点,简洁明了	5%			
课堂内容	自主学习:能独立思考、主动探究;能总结提炼学习所得、所获	25%			
	合作(探究)学习:组织有序,同伴分工明确,教师帮扶到位,按时完成小组分配的学习任务				
	思维状态:善于思考质疑,敢于表达,敢于发表自己的见解				
	参与状态:精神饱满,兴趣浓厚,状态良好	30%			
	展示状态:大胆自信,表达简洁,答疑解惑正确,征求意见谦虚				
	交流状态:尊重同学和老师,清晰表达自己的观点,耐心听取别人的意见,评价客观公正				
	教师点拨:及时整理提炼学生生成的问题;适时、适度指导学生的学习活动;矫正纠错、提炼总结,指导适时				
	练习的设计有层次性、针对性和科学性	20%			
课堂效果	采用发展性多元评价,评价适时恰当,激励性、指导性强	5%			
	知识掌握:知识目标达成度好	10%			
	方法运用:掌握解决问题的方法,形成有效的学习策略,养成良好的学习习惯				
	能力形成:学生发现问题、表述问题、解决问题、综合运用等各方面的能力得到提高				
	情感发展:学生学习过程愉悦,思想情感积极向上				
总计					
建议					

（2）学期总结性评价。

学期总结性评价包括过程性评价和终结性评价。过程性评价对学生参与课程的积极程度和投入学习的程度、基本技能的掌握程度、家庭作业记录表完成情况进行评价。终结性评价分为学生评价、小组评价、教师评价。评价等级分为优秀、良好、达标、需努力。

表5　武术课堂学期总结性评价表

评价内容	项目	等级标准	学生评价(30%)	小组评价(30%)	教师评价(40%)
过程性评价60分	态度10分	积极参与课程活动,并认真接受教师指导			
	参与10分	每节课按时参加,有事请假,不旷课			
	合作10分	乐于助人,敢于展示和挑战自我,勇于克服困难,积极主动地配合同伴			
	武术健身操10分	能够独立完成组合动作,完成动作质量好,姿势正确,部位准确,动作连贯、自然、协调,有力道,有精气神			
	简化少林拳10分	能够独立完成组合动作,完成动作质量好,姿势正确,部位准确,动作连贯、自然、协调,有力道,有精气神			
	功夫扇10分	能够准确说出动作名称,姿势正确,劲力顺达,手眼身和扇子配合好,有精气神			
终结性评价40分	舞林大会	能够独立完成组合动作,说出动作名称,姿势正确规范,动作协调、连贯,有力道,有精气神			

（3）"斌斌好少年"评比。

学校作为武术特色学校,充分依托资源,在武术课堂上开展"斌斌好少年"评比活动,积极创设浓郁的武术学习氛围,扎实推进武术课堂建设。武术教师制定"斌

斌好少年"考核等级标准与内容,进行每月一次的"斌斌好少年"考核。在月末进行
"斌斌好少年"评比,并填写申请表,统一进行考核评比,对考核合格的学生颁发等
级证书,制定武术成长手册,记录成长足迹。"斌斌好少年"评比活动,在学校掀起
了学习武术的热潮,受到学生的喜爱和家长的认可。

（七）建构体育竞赛体系,增强学生体质

课题组教师按照学生身体、心理和运动能力的发展规律,选择与基础类课程、
拓展类课程和社团类课程相衔接的武术竞赛项目,在整合各年级武术赛事的基础
上,形成了全校性的武术大联赛。

在竞赛组织方面,注重全员参与。例如全员参与的趣味武术健身拳操、长拳
等。在竞赛策略方面,根据学生的发展需求结合学校场馆设施、器材等,选择性地
选择一些群众基础好、参与度广的武术项目。以年级为组别、班级为参赛单位组队
参加比赛,增加比赛的竞争性,培养学生勇于拼搏的意志品质。在竞赛的多样性方
面,学校不仅举办丰富多彩的校内赛事,还积极参与校外武术赛事,如郑州市中小
学生简化少林拳锦标赛、河南省武术特色学校锦标赛、河南省中小学生武术锦标
赛等。

表 6　武术大联赛

年级	竞赛内容	级别	性质	比赛时间	地点	负责人
一年级	武术基本功大赛	校级	必修	6 月	操场	汪川、安万腾
	段位制考核赛	校级	选修	5 月	习武堂	汪川、安万腾
	武术节	校级	选修	11 月	习武堂	体育组教师
	武术专项运动会	校级	必修	4 月底	操场	体育组教师
二年级	武术基本功大赛	校级	必修	6 月	操场	汪川、安万腾
	段位制考核赛	校级	选修	5 月	习武堂	汪川、安万腾
	武术节	校级	选修	11 月	习武堂	体育组教师
	武术专项运动会	校级	必修	4 月底	操场	体育组教师
三年级	武术基本功大赛	校级	必修	6 月	操场	汪川、安万腾
	段位制考核赛	校级	选修	5 月	习武堂	汪川、安万腾
	武术节	校级	选修	11 月	习武堂	体育组教师
	武术专项运动会	校级	必修	4 月底	操场	体育组教师

年级	竞赛内容	级别	性质	比赛时间	地点	负责人
四年级	武术套路大比拼	校级	必修	6月	操场	体育组教师
	斌斌好少年	校级	必修	12月	教室	体育组教师
	武术节	校级	选修	11月	习武堂	体育组教师
	简化少林拳锦标赛	市级	选修	5月中旬	体育馆	汪川、安万腾
	武术特色学校比赛	省级	选修	10月	体育馆	汪川、安万腾
	武术专项运动会	校级	必修	4月底	操场	体育组教师
五年级	武术套路大比拼	校级	必修	6月	操场	体育组教师
	斌斌好少年	校级	必修	12月	教室	体育组教师
	武术节	校级	选修	11月	习武堂	体育组教师
	简化少林拳锦标赛	市级	选修	5月中旬	体育馆	汪川、安万腾
	武术特色学校比赛	省级	选修	10月	体育馆	汪川、安万腾
	武术专项运动会	校级	必修	4月底	操场	体育组教师
六年级	武术套路大比拼	校级	必修	6月	操场	体育组教师
	斌斌好少年	校级	必修	12月	教室	体育组教师
	武术节	校级	选修	11月	习武堂	体育组教师
	简化少林拳锦标赛	市级	选修	5月中旬	体育馆	汪川、安万腾
	武术特色学校比赛	省级	选修	10月	体育馆	汪川、安万腾
	武术专项运动会	校级	必修	4月底	操场	体育组教师

四、研究成效

我校武术特色校本课程的开展得到了家长以及各界人士的认可，在省市举办的体育活动中屡获佳绩，同时多次参加省市级开幕式展演活动，教师的校本意识得到了增强，武术课程的开发也为学生提供了更广阔的发展空间。

武术特色课程的开发和实施丰富了学校教育，所有参与课题的教师更加深切地体会到，因地制宜、因时制宜、因人制宜打造学校特色课程对于师生发展的重要作用。只有热心关注时代的发展，注重人文的影响，摆正师生关系，一切从学生的发展为根本出发点，才能为学生的发展营造良好的学习氛围，才能更好地实现教学相长，形成学校发展的良性循环，"文润于心、武化于行"的校训才会真正落地生根。

（一）学生的综合素质得以发展

学生通过武术特色课程的学习，掌握了必备的基础知识和基本技能，学习武术的兴趣得到了较大的提高，并且体能技能、自主学习能力、小组合作能力得到提升，同时强健了体魄，个性得到了发展，培养了自信勇敢、勇于拼搏、追求卓越、勇争一流的精神，促进了心理健康发展。学生在课程中增长知识、学习技能、增强体质、享受乐趣、锤炼意志、健全人格，综合素质得到较好的发展。

我校体质健康的数据连续三年稳步提升：2018年我校体质达标测试的优秀率为5.19％，合格率为94.81％；2019年的优秀率为5.80％，合格率为94.20％；2020年的优秀率为8.20％，合格率为91.80％。

（二）教师科研素养得到明显提升

课题组教师通过多种形式进行理论学习和科研探索，激发了自身潜力，促使课题研究更加深入，有效提升了专业理论水平和科研素养，并且培养了创新性思维，提高了自身的学习和研究能力，同时在课程开发与实施方面的能力也得到了一定程度的提升，为后续工作打下了坚实的基础。

经过几年的理论学习和深入研究，体育组教师取得了一些成绩。例如何珍珍、邵琰老师2018年撰写的《小学武术教学策略初探》一文获郑州市优秀教育科研论文二等奖；何珍珍、杨婧老师2018年所授的《武术基本动作》《垫步弹踢》在河南省一师一优课中荣获二等奖；何珍珍老师2019年3月所授的《武术组合动作》获金水区第十四届希望杯优质展示活动一等奖；邵琰老师2019年所授的《武术健身操——旭日东升》获部级一等奖；体育组2018年研究的《金水区"一校一品"武术特色课程教学策略的实践研究——以黄河路第一小学为例》课题获郑州市优秀教育科研二等奖。

（三）课程开发为学生绘制成长蓝图

武术特色课程建设是对武术课程内容的整合，不仅包括基础知识，还着眼于学生综合素养的提升，打破严格的教学模式，围绕"健康第一"的指导思想，以主题课程推进教学，让学生的综合能力得到提升。由此，通过系统规划、整体推进的课程建设思路，深入推进课程，使课程融合达到一致，课程内容达到统一，为学生绘制了更适宜其健康成长的武术特色课程成长蓝图，让每个孩子全面发展的同时尽享教育的幸福，使生命因运动而精彩。

（四）办学特色进一步凸显

课程组在研究过程中，以课堂教学为突破口，从学生的学习内容和教师的教学策略、评价机制等方面进行了有益的探索。通过本课题的研究，学校完善了武术特色课程体系,营造了武术特色校园文化氛围,充分发挥了武术特色课程的育人功能,并和其他学科相互交融,互为补充,进一步凸显学校特色,为学校的可持续发展奠定了坚实的基础。

五、存在的问题及下一步打算

武术特色课程深受学生喜爱,我们将坚持做此课题的研究,在思考和探索中完善自我。在此次的课题研究中,对于研究成果没有进行对比和分析,只是总结出武术特色课程的一系列内容,希望这是可以进一步研究的一个更好的课题。

课程的开发与实施是一个系列工程,回顾学校的《武术特色课程的开发与实施》课程开发与实施的过程,我们清楚地看到如何让课程的开发与实施管理更科学合理,值得思考。任何课程的开发与实施都离不开教师的努力,在课程的开发与实施中,我们也真切地感受到,每位教师的课程开发与实施能力都有待进一步加强,这将是我们今后努力改进的地方。让我们一起为打造具有深厚文化底蕴的武术特色课程这一目标奋进。

参考文献

[1]邱华全.新时代教师在传统文化教育中的角色与使命[J].中国教育学刊,2020(12):92-93.

[2]张静婷.武术课程促进学生体育学科核心素养的形成研究[A].中国体育科学学会.第七届中国体育博士高层论坛论文摘要汇编[C].中国体育科学学会:中国体育科学学会,2018:2.

[3]杨焕峰,马雷.中小学武术教育:传播健康、快乐与文化[J].搏击(武术科学),2006(6):55-57.

[4]李瑞弘.培养激发学生学习武术兴趣之我见[J].山西体育科技,2009(29):73-75.

[5]刘剑.武术课教学方法之探析[J].体育世界(学术版),2011(4):20-21.

[6]李胜达.武术教学策略基本问题研究[J].搏击(武术科学),2008(1):59-61.

(本文为2020年度郑州教育科学重点课题,获科研成果一等奖,课题研究单位:郑州市金水区黄河路第一小学,课题负责人:杨关群,课题组成员:程路、邵琰、何珍珍、丁建行)

第四章

教学策略研究

E-learning 下的新技术辅助初中英语口语教学模式探究

一、研究背景

《义务教育英语课程标准(2011 年版)》明确指出:"语言技能是语言运用能力的重要组成部分,主要包括听、说、读、写等方面的技能以及这些技能的综合运用。听和读是理解的技能,说和写是表达的技能。它们在语言运用和交际中相辅相成、相互促进。学生应通过大量的专项和综合性语言实践活动,形成综合语言运用能力,为真实语言交际打基础。"

根据教育部发展规划,从 2021 年起,统考科目语文、数学、英语 3 门中,在满分 150 分的英语科目中新增了口语考试和听力考试,共计 50 分,将占到总成绩的三分之一,并实行一年两次听说机考。截至目前,在北京、广东、上海、广西等地口语已纳入高考;而在中考方面,英语听说考试已覆盖了全国 10 个省 32 个地市。这就意味着,在未来,英语口语成绩将在英语考试中占很大比重。

现行的人教版初中英语教材,从理论与实践两方面较好地处理了语言结构和语言功能以及获得技能与运用技能之间的关系,大量直接或间接的交际互动内容,为学生提高口语能力提供了机会。但在英语教学实践中,仍存在一些问题。

(1)在学习过程中,大部分学生只重视阅读和书面表达等,忽略了口语能力的提升。

(2)长期以来,教师习惯使用"播放听力材料—做题—讲解答案"这一传统的教学模式,相对单一,效果有限。

(3)课堂口语练习情景创设生硬,缺乏多方位互动,无法与真实生活中的技能需要相连接,易使学生感到枯燥,甚至是厌学。

因此,教师要想有效地开展口语训练,全面提高英语教学质量,就必须革新传统的教学模式和教学方法。

随着各种 App 的出现,新的教学模式应以现代信息技术,特别是网络技术为支撑,使英语教学可以不受时间和地点的限制,朝着个性化和自主学习的方向发展。如何恰当地利用网络资源与学生进行充分互动,则显得尤为重要。在 E-learning 环境下,英语教学可以根据需要创设情境,输入内容,输出活动,总结提升,使学生通过完成各个环节的学习任务来提高自己的口语技能。基于 E-learning 网络教学平台的口语教学模式相比于传统的教学模式,存在着明显的优势。通过 E-learning 平台进行口语学习,学生不仅可以在课堂上跟随老师学习,也可以在课外自主学习,有了更多练习口语的机会。同时通过平台进行学习,学生不用面对说话人,缓解了交流时的紧张情绪,敢于通过平台发表自己的见解,增强了学习的自信心。

疫情使每一个中小学校都开展了"停课不停学"的网课教学。在英语课堂中，同学们根据老师们提问，连麦回答老师的问题；老师们播放英语小视频，练习学生们的听力理解和口语表达能力；在作业布置上，老师们有意识地增加课文跟读以及范文朗读；学生网上提交语音作业，老师们在线批改和评价，这些都进一步提高了学生的听说技巧，弥补了传统教学的不足。

基于 E-learning 背景下的初中英语口语教学，不仅在教学工具、教学资源上更丰富，且更能激发学生的自主意识，培养学生的自主学习能力。同时通过 E-learning 学习，可以提高学生的听说能力，培养学生独立思考的能力和团队协作意识。这对教学模式、教学手段、师生角色的革新以及课程改革都有着重大的意义。

二、研究过程

（一）课题的申报阶段（2020 年 3 月）

本阶段学习《关于组织申报 2020 年度郑州市教育科学课题的通知》，了解课题申报的相关材料，填写立项申报表。

（二）课题准备阶段（2020 年 4 月—7 月）

（1）2020 年 4 月，召开课题组成员会议，共同商讨课题的研究思路，搜集相关的理论和学习资料。

（2）2020 年 5 月，完成早期调查问卷，进行个案分析，做好课题开题报告。

（3）2020 年 6 月，组织市级重点课题开题报告活动，邀请教科所胡主任及相关专家领导给予精心指导，明确方向。

（4）2020 年 7 月，课题组成员进一步精准研讨课题的目标与方向。

（三）课题实施阶段（2020 年 8 月—2021 年 1 月）

（1）2020 年 8 月，通过问卷调查结果，结合学生口语的流利程度，制定符合学情的 E-learning 下的新技术辅助初中英语口语的教学模式。

（2）2020 年 9 月，课题小组集体研讨智慧课堂并优化课前、课中及课后的口语教学模式。

（3）2020 年 10 月，梳理活动过程中的问题，进行中期调查问卷。

（4）2020 年 11 月 5 日，进行第一次课例汇报，总结经验，找出不足。

（5）2020 年 11 月 16 日，进行第二次英语口语课成果展示。

（6）2020 年 11 月 19 日，邀请金水区教育发展中心金鑫鑫主任和张卫平老师指导课题中期工作。在他们的精心指导下，我们调整方案，关注模式探究的成效，并做好过程性资料的收集工作。

(7)2020 年 12 月,课题组成员通过集中和自主学习相结合的方式学习了有关英语口语模式指导与研究方面的书籍、文献和先进的口语课例指导方法和理念,并将课题实践过程中存在的问题进行整理,形成文案。

(8)2021 年 1 月 7 日,课题组成员通过钉钉直播的形式参加了郑州市重点教育科学课题中期研讨会,答疑释惑,收获颇丰。

(四)课题总结阶段(2021 年 2 月—4 月)

(1)2021 年 2 月,收集并整理与课题相关的资料,归纳总结与课题相关的内容,提升课题内涵,形成有效成果。

(2)2021 年 3 月 22 日,进行口语课例展示,效果良好。

(3)2021 年 4 月,召开总结会议,分工合作,完成课题结项报告,提交研究成果。

三、主要做法和经验

(一)课题研究前期,通过问卷调查分析了解初中生英语口语现状和主要影响因素

课题研究前期,课题组发布了《关于初中生英语口语影响因素的问卷调查》,共收到有效答卷 234 份。问卷共 18 个问题、17 个选择题、1 个开放问答题,从学生自身、家庭环境和学校课堂三个维度,对学生英语口语的现状和可能的提高途径进行问卷调查。结果显示,71.79%的同学认为,英语口语很重要,并希望能学好,但受限于家庭环境和课堂教学,口语练习并不充分。因此,探索可行的口语教学模式是很有必要的。

(二)课题研究中期,对 E-learning 下的新技术辅助英语口语教学模式展开实践研究

在对学生的英语口语现状和主要影响因素进行调查分析后,课题组开始重点探究在 E-learning 下的新技术辅助英语口语教学模式。E-learning 下的新技术指的是通过因特网进行的教学活动,E-learning 为学习者提供了一种全新的学习方式,随时随地可以学习。所以,基于 E-learning 网络教学平台的英语口语教学模式可以拓展学习的时间和空间的特点,我们把英语口语教学模式的探究分为三个方面:课前、课中和课后。课题组成员结合教材进度和单元话题,运用学校的"畅言智慧"课堂系统和相关口语练习的应用程序,如"口语 100""英语趣配音"等积极探索设计 E-learning 下的课前、课中和课后三个阶段的英语口语教学模式。

1.课前英语口语教学模式探究

课前,授课教师根据口语课的话题,积极了解学生的学习情况,准备课前预习资料,分层布置预习任务,并通过智慧课堂平板发布。例如在准备"My Family"话题的口语课之前,教师通过平板发布和话题相关的主题词汇跟读训练,为学生在口语课上进行表达做词汇铺垫。学生需要在口语课前完成老师在平板上发布的任务并提交。具体做法和流程如下图:

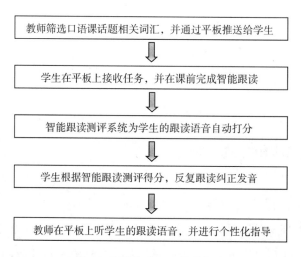

图 1 课前英语口语教学流程

2.课中英语口语教学模式探究

E-learning 环境下的智慧课堂教学模式使得线上线下、课内课外教学同步。课中,课题组积极在智慧课堂环境下进行英语口语教学模式的探究。以培养学生综合语言运用能力为宗旨,通过智慧课堂的互动活动等功能打造高效智能的教学环境。同时,通过创设交互智能的课堂语言环境,探究新型的英语口语教学模式。我们在实践的过程中,具体做法为:

(1)创设情景促进课堂高效互动。

在英语口语教学中,语言情景会对学生的学习效果产生重要的影响。在实践中,我们也发现根据口语课的话题创设有趣生动的情境,不仅可以使学生快速融入口语课堂中,而且还可以引起学生的共鸣。例如,在设计"Trouble & Worries"话题的口语课时,我们在智慧课堂的技术和平台支持下,创设虚拟"心理咨询室",将全班学生进行线上分组,每个小组由一位学生担任心理咨询师的角色,组织小组成员进行线上咨询,讨论互动。

（2）智能小程序促进课堂实时互动。

在教学实践中，我们充分结合智慧课堂平台里的备课资源和智能小程序，逐步优化英语口语教学模式，如计时器、抢答、弹幕讨论、投票、连线、选词填空、思维导图、聚光灯、拍照分享、小组PK、听说专练、听音选词、智能跟读等。同时，还可以进行课堂实录，方便学生课下进行自主复习。我们发现，多种智能小程序和英语口语课堂的融合，使得每位学生都有参与的机会，学习效率大大提高。并且这种在游戏和互动活动中的学习方式，既能激发学生的学习兴趣，加深对知识的理解与巩固，又能在真实语境下培养学生的综合语言运用能力。

（3）多感官调动促进学生英语口语表达。

根据相关研究，多感官的刺激能够促进学生在英语学习的过程中体验、思考和表达，能够帮助学生加强对知识的理解和记忆。在教学实践中，我们充分利用电子白板和智慧课堂平台将抽象的英语知识可视化、直观化，甚至是动起来，全方位调动学生的感官系统。例如，在设计"Everyday activities"这一节口语课时，使用智慧课堂里的"分类"互动小活动辅助两人对话练习。学生可以在平板上选择自己的日常活动，一边手动拖到分类栏里，一边和同学描述自己的日常活动。这样的教学模式尝试，使很多学生避免了在对话时不知道怎么表达的尴尬，同时也使英语口语课堂变得更有趣味性。

（4）趣听英语绘本促进学生英语口语表达。

智慧课堂环境下，平板的投屏功能可以将老师平板上的内容同步投到大屏上，这一功能更加充分地利用了英语学习资源。我们在教学实践中尝试使用有声英语绘本进行课程设计。绘本的特点是故事短小且配图精美，适合在课堂上阅读，原汁原味的英语有声绘本的输入，不但能够让学生感受到英语的魅力，而且可以在理解故事的同时产生思考。

3.课后英语口语教学模式探究

在课后的英语口语教学模式中，我们积极帮助学生选取优质的网络资源，运用新技术练习口语，利用课余时间练习英语口语能巩固课堂知识，丰富课外知识，达到事半功倍的效果。

我们用"口语100"这个软件，每天推送十分钟左右的跟读内容，原汁原味的英语小故事，地道的发音，有趣的内容，让学生们爱不释手。关键是每句跟读，系统都会给出相应的分值及发音不准的单词的标记，学生们可以反复跟读，直到完美。我们充分利用"英语趣配音"，选取合适的资源，让学生们进行配音。例如在新冠肺炎疫情肆虐神州大地的时候，举办网络配音赛"We are all fighters!"，运用语言和文字融为一体的精神力量来给予彼此战胜病毒的力量。同时在微信群里也推送了 "Time with Health""A Letter from the 2020-nCoV to Human"等一些与时俱进的文章让孩子们来练习口语,这些和生活密切相关的具有丰富情感的内容让他们学习情绪高涨,同时更加珍惜亲情,更加热爱生活,热爱伟大的祖国。

4.课例展示

表1　英语口语教学课例展示

课题	**Shopping**
课前	推送预习任务: 教师提前给出"Shopping"话题的句子,学生利用平板跟读,自主预习跟读句子,熟悉本节课的话题。智慧平板系统会对孩子的语音进行测评打分,自动评价机制有助于提高孩子的积极参与度
课中	课堂导入: 播放有关"Shopping"的视频,学生根据视频,回答提出的问题 课中活动: 1.回答问题 (1)买衣服时会注意的因素 (2)服务员礼貌用语 2.听力 (1)听一段对话并填空,学生将答案上传至平板并进行互评,课堂体现了"生生互动、人人有任务"的理念 (2)再次听对话并回答问题 3.听后拓展 (1)根据听力材料编写对话,教师予以指导,体现"师生互动" (2)学生语言输出:对话表演 4.口语精炼 (1)情景再现:假设你想买一条牛仔裤,填写你和服务员之间的对话 (2)展示分享:角色扮演,合作互助 5.口语升华 (1)畅所欲言:小辩论 比较网上购物和实体店购物的优势和劣势 (2)英语趣配音跟读,完善口语表达

课题	Shopping
课后	1.推送任务 人人参与，在平板上上传自己对网上购物和实体店购物的看法 2.推送任务 完成英语趣配音板块 3.在线辅导 教师批改学生提交的口语任务，并给予反馈和建议
反思	教师借助"Shopping"话题，以在 E-learning 下的新技术辅助初中英语口语教学为目标，利用课前口语测评、看视频、听力练习、辩论赛、口语展示、在线辅导跟进等不同的活动，逐步递进，增强学生的口语能力

（三）结合教学实践设计课题中期调查问卷，及时优化 E-learning 下的英语口语教学模式

课题中期，为了解学生在 E-learning 下的新技术辅助口语学习中的进步和困惑，开展了中期问卷调查。此次问卷设计 14 个问题，以选择题形式从口语练习兴趣和方式两大方面搜集信息，共收到有效答卷 311 份。结果显示，学生们对于 E-learning 下的新技术辅助口语学习充满兴趣，认为课程内容丰富生动，练习口语的机会多；学生们的口语作业完成率高。本课题组的教学尝试获得了一定成效，在此基础上进一步优化完善了 E-learning 下的新技术辅助英语口语教学模式。

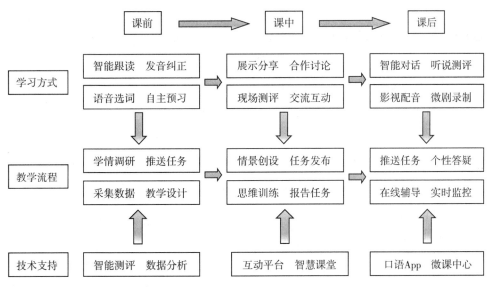

图 2 E-learning 下的新技术辅助英语口语教学模式

（四）开发设计多元化的英语口语评价方式

1. 早读课为学生提供平台,展示口语成果并适时评价

每周有三节早读课,分别在周一、周三和周五。学生们可以到讲台上面向全班同学展示自己的口语,自选内容,自定形式,时间是半分钟到一分钟。在周五的早读课口语展示后,听众会给每一位参与者打分,评选出冠军一名,亚军两名,季军三名,其余的均为参与奖。参与者获得相应积分。

2. 鼓励学生录制"微课",展示自己的英语口语特长

对学生英语口语能力的评价应该是开放性的。在教学实践过程中,为了激发学生的学习动力和潜能,我们鼓励学生根据自己的口语特长进行积极展示。例如,在 2020 年的寒假作业设置中,我们鼓励学生展示自己的英语口语特长,录制 1 分钟左右的"微课"并上传于平板上的班级微课中心。在学生们提交的视频中,有《再别康桥》的英诗配乐朗诵、《静夜思》的英译朗诵,有英文儿歌和英文流行歌曲的演唱,还有学生把自己的寒假生活感受记录了下来进行的题为"My Winter Vacation"的演讲等。学生们在自己的平板上观看全班同学的口语特长展示视频,并推选出优秀作品。在寒假结束返校的第一节英语课上,邀请获奖学生进行现场展演。

3. 探索课堂实时对话式评价,鼓励学生发挥主观能动性

在实践过程中,我们积极探索课堂实时对话式评价,根据学生的实际情况给予相应的评价。例如,我们发现部分学生在英语口语课上不敢开口说英语,就鼓励他们"Have a try. I believe you have your own ideas."同时,教师可以用"Terrific!""Excellent,your oral English is very accurate!"等激励性评价对表现优秀的学生进行鼓励,让学生在英语口语课堂上放松心情,增强自信。

4. 对学生课后的线上任务完成情况进行及时评价

课后,教师会根据本节课的口语训练内容布置课外拓展跟读任务。例如,学生通过"口语100"推送的经典读物展示口语成果,平台会自动打分,我们会一个月总结一次学生的口语得分,平均分超过 90 分的学生,每人可获得一张奖状,并以资鼓励。另外,学生对英语配音兴趣浓厚,所以我们会每周根据口语课话题推送一个趣配音活动,学生完成配音作品后上传于班级平台,老师的及时评价和表扬能激发学生的学习积极性。

5. 举办"讯飞杯"A. I. 英语口语大赛

2020 年 12 月 18 日,我们举办了"讯飞杯"A. I. 英语口语大赛。口语大赛分为三个阶段进行,首先,学生借助平板练习并提交口语音频,通过两轮的海选,最

终选出 20 名优秀学生代表参加年级决赛。英语组教师以及 44 名优秀学生共同担任评委。比赛分为主题演讲、即兴问答两个环节，每人限时两分钟。此次比赛中，学生大众评审团使用平板电脑在现场和评委老师同时进行打分，为信息化技术更好地融入教学活动增添亮色。智慧课堂下的英语口语教学模式的开展，让现代化教育技术手段服务于教学、服务于学生，同时也使英语学习的互动性、趣味性和个性化教学得以实现，极大地提高了学生的英语口语学习兴趣、自信心和自我评价能力。

四、研究成效

（一）E-learning 下的新技术辅助英语口语教学模式，使一些学生对英语口语的兴趣显著提升

课题组成员全部是学校一线英语教师，在平时授课中把 E-learning 下的新技术辅助英语口语教学模式运用到教学实践中，发现学生们学习英语的兴趣高涨，不仅课堂上争先恐后地展示口语，课后也是急不可待地与老师或者同学用英语交流，口语表达越来越流利，越来越精准，更重要的是，学生们的英语成绩也有所提高。

（二）E-learning 下的新技术辅助英语口语教学模式，提升了课堂上学生的英语口语学习投入水平

在教学实践过程中，我们对 E-learning 环境下的英语口语课例进行录像并分析。通过对学生的上课学习状态进行观察，我们发现 E-learning 下的新技术辅助英语口语教学模式真正实现了以学生为主体，学生的学习专注度和投入度都处于较高的水平。例如，在设计"Hero"这一话题的口语课时，老师发起讨论"How can we be everyday heroes?"老师在课上发起讨论互动，学生们可以直接语音输入自己的观点，平板讨论区就像弹幕一样一直更新，学生们在输入自己的观点时也可以评论别人的观点，为别人点赞，所以学生们的讨论热情和投入度很高。互动讨论结束后，老师对获得赞较多的观点进行展示和点评。课后我们对课上的讨论数据进行分析，发现全班每位同学都发表了自己的观点，且大部分学生进行了多次发言，学习投入水平较高。

（三）E-learning 环境下丰富的英语口语练习资源，使学生更积极主动地完成口语任务

E-learning 环境下丰富的英语口语练习资源，如电影配音、《典范英语》故事跟读等，为学生的英语口语学习打开了一个多姿多彩的世界，学生们会更积极主动地完成口语任务。

（四）E-learning 下的英语口语教学模式，实现了师生、生生实时互动，数据引领，精准辅导

在传统的英语口语课堂上，教师和学生的互动，以及学生之间的口语对话互动都是有限的，每次能互动并评价的学生人数很少。而 E-learning 环境下的英语口语教学模式改变了传统口语课堂中评价互动单一的现状。例如基于智慧课堂环境的英语口语课，老师可以发起全班讨论，或分小组进行讨论，学生的参与度大大提高，并且学生可以在讨论的过程中实时互动评价。课后，老师可以实时查看学生的作业动态，学生提交自己的跟读作业后，老师可以立刻在线评价反馈，精准辅导。

五、存在的问题和设想

基于 E-learning 背景下的初中英语口语教学，不仅在教学工具、教学资源上更丰富，且更能激发学生的自主意识，培养学生的自主学习能力。这对教学模式、教学手段、师生角色的革新以及课程改革都有重大的意义。同时，它对学校、教师和学生都提出了更高的要求。

（一）教师使用技术的态度和技术水平会影响英语口语教学效果

教师应学会在教学中充分发挥基于 E-learning 网络教学平台整合各种有效资源，以满足不同学生的英语口语水平。这不仅需要大量的时间、精力，也需要对整合后的资源是否能最大限度地满足口语教学的需要多加思考。鉴于教师个人教学设计能力的局限性和本校自身硬件和软件方面存在的问题，是否能充分发挥 E-learning 背景下的初中英语口语教学模式的优越性还有待思量。

（二）实践周期较短，英语口语的提升需要长时间的练习

本次研究若想体现与传统英语口语教学模式的真正差异，还需要长时间继续跟踪、研究和完善。研究结论的得出也更多依靠对学生的问卷、访谈和教师个人的使用体验、观察和反思，所以在精准度和客观性上有待提升。

（三）E-learning 背景下的初中英语口语教学对教学课堂管控和学生自制力水平等要求较高

在 E-learning 环境下的英语口语教学模式下，学生学习环境更加开放，学习自由度更大。正值青春期的学生容易被网络上的其他信息吸引，导致学习专注力不够，那学习效果当然会大打折扣。教师如何组织学生学习、维持教学秩序与进度，有待进一步研究。

E-learning 背景下的初中英语口语教学的提出和发展不过是近十年的事情。本研究结合本校具体实践，总结和思考对英语口语教学模式的探索，构建智慧的、

科学的具有推广性的初中英语教学模式,并通过三轮课程研究进行完善和总结,取得了阶段性的成果。不可否认,目前虽然还有很多地方需要改进,但问题的出现也是发展的可能。随着技术的不断发展和更新,现在存在的问题也会迎刃而解。作为未来教学的发展方向,在各个学科都具备一定的推广性和实用性,具备广阔的应用前景。道阻且长,行则将至。在新技术辅助下英语口语模式探究有了一定的成效,我们会再接再厉,勇往直前。

参考文献

[1]魏青梅.初中英语口语现状及其教学策略探究[J].英语画刊(高级版),2019(19):111－112.

[2]孟芹.浅谈 E-learning 对高职英语口语教学的辅助作用[J].科技信息(科学教研),2007(30):562＋580.

[3]刘智琪,肖风."英语趣配音"在大学英语口语教学中的应用研究[J].校园英语,2017(14):32－33.

[4]于茜.信息技术环境下初中英语口语教学教案设计[D].沈阳师范大学,2016.

[5]朱芬仙.多媒体技术在初中英语口语教学的应用探索[J].课程教育研究,2018(40):118.

[6]汪远翔.互联网＋初中英语口语教学的研究与实践探索[J].英语教师,2019,19(2):97－99.

[7]张宇.基于大数据平台的初中英语口语教学研究——以翼课网为例[J].英语教师,2019,19(7):156－158.

[8]曹湘洪.新课改背景下的英语教学理念与实践[M].北京:科学出版社,2012.

[9]方培玲.初中英语听力教学策略探讨[J].教育与教学研究,2010,24(4):117－118＋128.

[10]林莉兰.网络自主学习环境下学习策略与学习效果研究——英语听力教学改革实验[J].外语研究,2006(2):39－45＋80.

[11]尤其达.改进"视、听、说"教学的尝试与反思[J].外语界,2005(4):48－51＋65.

[12]教育部基础教育课程教材专家工作委员会.义务教育英语课程标准解读(2011年版)[M].北京:北京师范大学出版社,2012.

(本文为 2020 年度郑州教育科学重点课题,获科研成果一等奖,课题研究单位:郑州市第四十七中学,课题负责人:袁毅梅,课题组成员:黄培、石芮、尹远、孙维维)

核心素养导向的初中历史单元作业整体设计的实践探索

一、研究背景

(一)落实"减负增效"的政策要求

2019年中共中央、国务院印发了《关于深化教育教学改革全面提高义务教育质量的意见》,文件明确指出:统筹调控不同年级、不同学科作业数量和作业时间,促进学生完成好基础性作业,强化实践性作业,探索弹性作业和跨学科作业,不断提高作业设计质量。减"负"减掉的不仅仅是学生课业负担的数量以及学习时长,更应该是教育观念的变革,比如作业观、教师观、学生观等。

(二)培养学生核心素养的育人诉求

纵观全国的中考、高考卷,"立足学科素养"是落实素质教育的中考、高考命题的重要维度之一。历史学科注重考查学生对历史问题的全面、客观、整体认识,关注学生个人对知识的建构、解读、感悟。

单元在课程中处于上下贯通的有力位置,向上呼应整个历史课程标准的课程内容及专题史,向下连接课程中的每一课。进行历史单元作业的整体设计,必须符合核心素养对人才培养的需求。

(三)改善我校作业现状的迫切需要

课题组通过教学观察以及对身边的同事、初中生的访谈,发现目前我校历史作业实施中存在诸多问题,亟待解决。

(1)从教师角度看,历史教师对作业功能认识不足,缺乏正确的作业观。学校曾开展过课时作业的设计,但效果不佳。

(2)从学生角度看,学生基于课时的作业内容获取的是碎片化、零散的知识,不能达到较高的能力层级目标。

(3)从学校角度看,学校重视课程改革,在政史学科上大胆推行单元教学,为推进基于"单元"的作业设计奠定了基础。

2020年我校被评为首批新优质初中,这鼓舞了全体十六中人的斗志。校领导务实创新,提出大单元教学,各学科以备课组形式稳步推进学生作业的变革。政治、历史学科教师勇挑重担,在上学期已经开始尝试单元教学,初见成效,给予了我们进一步推进单元作业的信心。

二、研究过程

本课题研究时间为一年,在郑州市第十六中学2018届九年级进行实践研究。

（一）课题准备阶段（2020 年 3 月—4 月）

（1）组建课题组，从学生、教师层面对我校历史作业的实施现状进行全面的问卷调查。

（2）课题组提出解决我校历史作业问题的办法：在单元教学的前提下进行历史单元作业整体设计。

（二）课题实施阶段（2020 年 4 月—2021 年 2 月）

1.理论研究阶段——核心素养导向的初中历史单元作业的整体设计（2020 年 4 月—8 月）

（1）2020 年 4 月，对核心概念"单元作业""单元作业整体设计"进行界定，论证该课题在我校实施的可行性。

（2）2020 年 5 月—6 月，通过研读理论专著的方式学习上海、北京经验：如何在单元教学和单元作业设计中抓内容主旨和史学思想，如何以单元大概念为抓手进行单元作业的设计，课题组确立了九年级历史学科几个单元的单元大概念。

（3）2020 年 7 月 11 日，邀请市教科所副所长来松涛、科研员刘香雪老师来我校进行开题指导。开题后，结合上海、北京经验和我校的学情，课题组形成符合我校学情的单元作业整体设计的基本理念、策略及下一步实施方案。

2.实践研究阶段——核心素养导向的初中历史单元作业的实践研究（2020 年 8 月—2021 年 2 月）

（1）2020 年 8 月，课题组向学校提交了实践方案。

（2）2020 年 9 月—10 月，邀请市教研员乔二虎来我校观评课，对九年级实施单元教学及编制的单元作业提出建议。之后课题组梳理和完善了单元作业设计的编制流程，开发单元作业评价量表，形成对历史单元作业的过程性评价、档案袋评价方案。

（3）2020 年 11 月 17 日，邀请市教科所副书记王艳荣、科研员胡晨曦老师、中原区教科室主任曹阳来我校进行课题中期指导。之后针对专家的建议调整课题研究重点，加强对跨单元综合性作业的研究。

（4）2021 年，课题组负责人刘晓翠转化课题研究成果，参与命制郑州市 2020—2021 年上学期期末八年级历史试卷。

（5）2021 年 1 月—2 月，学期末结合我校九年级学生的学业成绩，课题组以档案袋评价的方式全面、客观地评价本学期单元作业的实践效果。

（三）课题总结阶段（2021年2月—4月）

（1）2021年2月—3月，课题组成员梳理课题研究过程中的资料，撰写两篇论文发表于CN期刊，推广课题成果。

（2）2021年4月，课题组成员整理课题研究的过程性资料（单元作业案例及学生作业成品等），完成结题报告的撰写和提交，进行成果鉴定及推广研究。

三、主要做法和经验

关于"单元作业整体设计的实践"的研究，相对来说研究时间较短（大多是在2017年之后）。研究方式上多采用理论研究，单元作业实践的效果仍停留在研究者的描述阶段，不得求证。正是基于此认识，课题组采用了行动研究法，在理论学习的基础上进行实践研究。具体的做法和经验如下：

（一）制定方案——核心素养导向的历史单元作业整体设计的实施方案

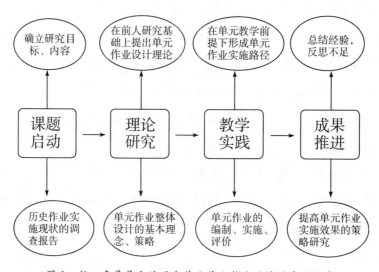

图1 核心素养导向的历史单元作业整体设计的实施方案

（二）理论研究——核心素养导向的初中历史单元作业整体设计的基本理念

自课题立项以来，课题组的教师积极参加各种教学观摩、学习、参观活动，也邀请学科专家参与课题组的观摩活动和研讨活动。在此基础上，逐渐形成了单元作业整体设计的基本理念（如图2所示）。

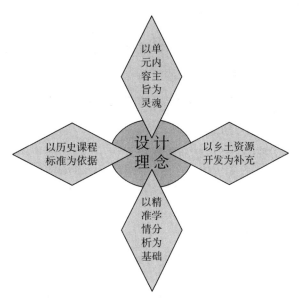

图2　核心素养导向的初中历史单元作业整体设计的基本理念

1.以精准学情分析为基础

在进行单元作业设计时,尤其要关注设计前对学生学习起点的精准分析、作业实施过程中对学生学习反应的精准分析、作业完成后对学生学习结果(单元测试卷等)的精准分析。从分析内容上看,包括学习者的认知水平、思维方式等智力因素和成就动机、情感态度等非智力因素。

2.以历史课程标准为依据

在解读历史课程标准的基础上,从横向梳理初中阶段历史学科的知识结构,突出单元在课程内容结构中的价值;从纵向梳理初中阶段核心知识在各年段的分布情况,不同年段学生所应达到的核心能力的程度。《义务教育历史课程标准》(2011版)中的课程目标(三维目标)存在很大的不足,基于此,我们将初中历史学科的五大核心素养(唯物史观、时空观念、史料运用、历史理解、家国情怀)渗透于初中历史单元作业的设计中。

3.以单元内容主旨为灵魂

从把握历史学科的本质的角度出发,单元作业的设计应以单元内容主旨为灵魂。依照历史课程标准,从课程核心观点细化分解到单元核心观点。在细化、分解的过程中,既要关注单元内容主旨与各课的关系的整体梳理,还要关注单元下各部分历史内容的核心观点。此外,还要从史料证据、理解历史的方法等方面,加强学生对史学思想方法的把握。

4.以乡土资源开发为补充

学生和教师作为课程的人力资源,要因地制宜地开发身边的乡土资源,拉近历史与现实的关系,形成鲜活的历史课程资源。例如我校历史组开发的校本课程资源《发现身边的历史》,对部编版教材内容进行了必要的补充,极大地丰富了课程资源。

(三)实践研究——科学编制初中历史单元作业

1.组建编制团队,编制单元作业流程图

在单元作业整体设计中充分遵循导向性、系统性、科学性等原则,强调在作业编制前对作业的目标、内容、形式、难度、时间等进行整体规划。经过团队多次研讨,最终形成"历史单元作业编制流程图",对单元作业的编制起到了指导作用。

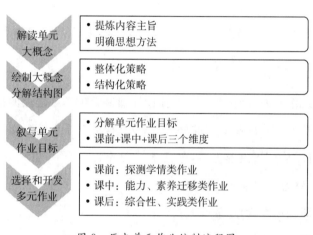

图3 历史单元作业编制流程图

2.完善课程内容,科学制定作业目标

第一步,历史教师在单元教学前,通过问卷调查、访谈等方式了解学情,进行精准的学情分析。

第二步,结合课程目标、课程内容和课程活动建议,整合课程资源(把2017年版部编版教材作为最重要的课程资源,师生共同开发乡土课程资源),制定单元教学目标、单元作业目标。

第三步,制定单元作业目标时,应根据课标内容中要求的知识维度,将单元作业目标表述成具体的、易于操作的三维目标,最终形成单元作业目标设计表。

3.题目归类编排,全面检核提高质量

在筛选题目的时候,可借助单元作业题目属性汇总表来完成对这些问题的思考。对考查的同一个知识点按不同题型归类,对每一题型模块内的试题按难易程度编排顺序,等等。

在题目归类编排完成后,需填写单元作业设计质量评价表来全面检核提高质量。例如,单元作业目标与单元大概念是否保持一致/相关联?作业、试卷的内部结构是够合理?参考答案是否存在争议或者具有开放性?作业、试卷的题量是否合适?作业、试卷的完成时间是否控制在合理范围内?作业、试卷是否考虑到了不同学生的需求?从质性评价的角度,可采用少量文字记录的方式进行统计分析;从量性评价的角度,也可以采用打分的方式进行统计分析。教师可根据自身需要,选择不同的记录方式或两者结合。同时教师可以根据作业整体批改情况和反馈意见,对单元作业的设计进行二次修改和完善。

(四)实践研究——提升历史单元作业的实施质量

作业实施的过程决定了作业设计目的的实现程度。作业设计的质量再高,如果在实施过程中走样,那么也会导致作业效果不佳。在单元作业实施的过程中应关注以下两点:

1.单元作业的布置、检查——重视对学生的指导

(1)我们在备课时,通常把作业设计写入教学设计中,体现明确的作业要求及对学生的方法指导。

(2)对不交作业、晚交作业的情况,教师也要有恰当的处理对策。教师要及时检查作业,发现问题,重视对学生学习方法的指导,帮助、督促学生养成良好的作业习惯。

2.单元作业的批改、讲评——养成统计分析习惯

(1)课前探测学情类作业,比较注重单元内知识的构建,老师可提前挑选那些绘制比较好的知识结构图在课上进行展示,并进行方法上的指导。

(2)课中能力、素养迁移类作业,和单元教学同步推进,通过小组内协作和教师引导共同完成单元内容的学习。

(3)对于跨单元综合性作业,设立小组长,由小组长带领,每周监控小组作业推进情况,采用小组协作方式完成。

(五)实践研究——对历史单元作业的过程性评价、档案袋评价

1.对历史单元作业的过程性评价

在完成一个单元学习后,教师要对学生进行阶段性评价,整理学生的档案袋。对一个单元作业的整体结果采用分数加等级的方式来记录。这些为学期末的综合评价提供了丰富的过程性资料。具体做法如表1所示:

表1　单元作业的过程性评价表

评价指标		单元作业内容		
		课前：探测学情类作业	课中：能力、素养迁移类作业	课后：综合性、实践类作业
教师评价	知识与能力	分数评价	优秀、良好、中等、及格、不及格五个等级	
	过程与方法	作业是否及时完成、作业质量、作业态度、作业习惯等		
	情感、态度与价值观	学科学习兴趣、体现家国情怀、崇尚科学精神等		
小组评价		作业态度、作业习惯等		
档案袋完成情况		历史作品的数量、质量描述		
自我评价		最大收获：		
		期待改进之处：		

2. 对历史单元作业的档案袋评价

对于跨单元综合性作业的客观评价，我们开发了合适的评价工具，并建立了与档案袋内的各项内容相对应的评价指标。

表2　个人成长档案袋内各项评价指标

不同类型的作业	具体的评价指标
搜集、整理历史资料	以展现郑州人民生活的变化系列活动："夸夸我家的老宝贝"为例 1. 整理的资料是否与此学习主题紧密相关 2. 资料形式是否多样（图片、图表、老照片、文献中的史料、视频音频资料、口述访谈等） 3. 历史资料是否准确地标注了出处及来源 4. 对历史资料是否按照一定的方式进行归类整理，是否能区分第一手资料与第二手资料，是否能辨别史料的真伪
历史古迹调查	以对郑州国棉三厂的兴衰历史及原因调查为例 1. 调查主题是否与此学习主题紧密相关 2. 调查方式是否灵活多样（实地考察、口述访谈、查找资料等） 3. 调查过程中遇到问题是如何解决的，是否体现小组的互助合作 4. 调查的结果是否撰写成详细的调查报告

不同类型的作业	具体的评价指标
编写历史手抄报	以庆祝建党一百周年主题手抄报活动展为例 1.手抄报的主题是否鲜明,观点是否正确 2.手抄报的标题是否醒目,内容编排是否有新意 3.手抄报的资料来源是否丰富,语言是否准确、生动 4.手抄报是否注重版面的设计,是否做到美观大方、图文并茂
创作历史文学作品	以体现新中国的外交成就的历史文学作品创作为例 1.作品是否体现此主题内容 2.作品主题是否鲜明,意义是否积极向上 3.体裁形式是否灵活多样(历史剧剧本、诗歌、人物传记等) 4.作品的内容是否具有一定的趣味性;作品中虚构的人物、情节是否合理,是否有一定历史依据
创作历史音乐作品	以庆祝建党一百周年创作的历史音乐作品创作为例 1.音乐作品是否与历史学习主题吻合、贴切 2.音乐作品是否能传达积极向上的正能量 3.音乐作品的曲风、曲调是否易于传唱 4.是否尝试着将历史音乐作品录制成音频或视频在同学间进行分享
撰写历史小论文	以对郑州国棉三厂的调查为基础的历史小论文习作为例 1.题目、内容是否反映此主题内容 2.论点表达是否准确、恰当;论据是否充分,做到论从史出;论述是否清楚、有条理 3.对于史料的选择和处理是否恰当 4.历史结论是否恰当、合理

　　档案袋内评价结果的记录方式包括百分制、等级分制、评语制,记录者要用简明的评价性语言,对学生的优缺点、兴趣爱好、总结反思、今后要注意的事项等进行记述评价。

四、研究成效

（一）理论研究方面

1.发表了高水平的 CN 论文

刘晓翠、宋艳歌撰写的论文《浅谈初中历史单元作业的设计策略》发表于《试题与研究》2021 年第 11 期。

2.形成了一篇科学严谨、成果丰实的研究报告和若干单元作业设计案例

课题组成员齐心协力撰写完成了一篇科学严谨、成果丰实的研究报告，形成了内容丰富、数据详细的过程性材料资源包（包括多个单元作业整体设计案例集、跨单元综合性作业设计案例及学生作业成品集、实践成果调查报告等）。

表 3　单元作业设计案例统计表

案例类别	内容
基于单元大概念的单元复习课教学设计	《封建时代的欧洲》单元
	《夏商周时期：早期国家与社会变革》单元
基于单元大概念的单元作业设计	《新民主主义革命的开始》单元
	《人民解放战争》单元
	《封建时代的欧洲》单元
	《资本主义制度的初步确立》单元
跨单元综合性作业设计案例及学生作业成品展示	新中国的外交成就专题作业案例及学生作业成品
	清明研学活动方案及学生作业成品
	庆祝建党一百周年主题手抄报活动及学生作业成品
	记录家乡变化的历史习作案例、影像记录案例
	河南省博物院研学方案及学生作业成品
	（政史地学科联合）黄河博物馆研学方案及学生作业成品

3.参与命制了一套高质量的郑州市统考期末试题卷

在课题研究期间，课题组的刘晓翠参与了郑州市 2020—2021 年上学期期末八年级历史试卷的命题工作。将单元作业设计理念运用于期末试题的命制中，培养了学生的核心素养，也促使更多的历史教师走向深度教学。

（二）应用研究方面

课题自立项以来，得到了学校领导、市区教体局历史学科教研员的大力支持,经过一次次的理论学习、一次次的激烈研讨、一次次的试课磨课,才得以在我校2018届九年级大胆实践。课题的应用成效可从学校层面、学生层面、教师层面进行梳理。

1.学校层面:让减负增效在学校落地,提升我校品质教育的内涵

2021年3月2日,课题组在对九年级完成了一学期的历史单元作业实践后,从多个维度对九年级的学业成绩(期末考试)进行了统计、数据汇总,并对比分析。从纵向对比来看,此次作业实践在提高优秀和良好学生的历史成绩方面表现显著。为了能更客观地分析本学期的历史学业成绩(期末考试),将此数据与本次考试的其他七个学科进行对比分析。对比两个学期的期末成绩可以看出:九年级的整体成绩有了很大幅度的提高,历史学科在所有学科中优势非常明显,且优秀人数、良好人数、及格人数都超过了其他七个学科,历史学科在中原区的位次上升到第三位。由此可见,单元作业的实践,激发了学生对历史学科的学习兴趣,减轻了学生的作业负担,取得了显著的学习效果。

2.学生层面:培养了学生的核心素养,全面提高学生历史学科的学业质量

课题组于2021年2月4日对参与本次单元作业实践的九年级全体学生进行了问卷调查,共计362人。由教师通过班级所在微信群,用"问卷星"发布网络问卷。在调查中发现:学生在回答第18题时,66.04％和18.87％的同学都明显觉得自己的学习态度变得主动,只有8.68％的同学认为没有变化。学生在回答第19题时,分别有80.38％、72.08％和41.89％的同学认为,学习兴趣提高、学习效果增强、学习负担减轻,仅有4.91％的同学认为学习效果下降。这些数据充分证明,通过本学期实施的历史教学实践成果斐然,改变了之前学生被动做作业的态度,使学生变被动为主动,同时在夯实了历史学科核心知识的基础上,也训练了学科思维品质,培养了学科必备能力,全面提高了历史学科的史学素养。

3.教师层面:改善了作业实施状况,形成了一套科学系统的单元作业设计、实施、评价的操作流程

通过本学期的单元作业实践,消除了课时作业的弊端,改善了作业实施的状况。课题组经过多次研讨,最终形成了一套科学系统的单元作业设计、实施、评价的操作流程。在这个操作流程中,以课程为站位,抓住单元作业设计、实施、评价的三个环节中的关键因素,形成了闭环式发展。作业的多元评价既是作业设计的起点,也是作业设计的终点。在这个闭环内,通过多元的作业评价手段和方式,不断改进、完善作业的设计。

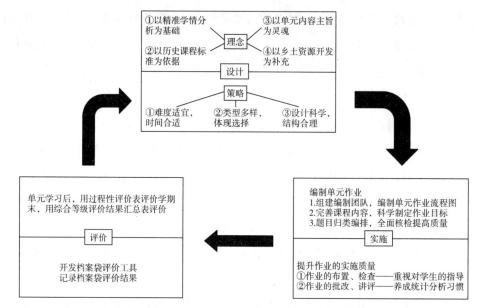

图 4 初中历史单元作业设计、实施、评价的操作流程

五、存在的问题和设想

2021 年 4 月,课题组召开了课题总结会,积极地总结经验、反思不足。我们在理论和实践两个层面做了一些新的、有益的探索,但由于研究能力不足及研究时间的限制,本研究仍然存在一些问题。

(一)单元作业设计方面

(1)在如何提炼单元大概念以及围绕单元大概念进行作业设计(史料的选择、问题的设问等)方面,对教师的专业素养要求较高,还需继续加强学习。

(2)对历史核心素养的培养如何在单元作业设计中更好地落实还需积累更多的实践经验。

(3)针对不同层次的学生,学科核心能力要求也应该体现分层,应具体设计哪些类型的单元作业来满足其发展需求仍需继续探究。

(二)单元作业实践方面

(1)实践教师对作业批改以及对高频错题的统计分析落实较差。

(2)实践教师的作业管理能力需要进一步提高。

(3)如何从学生的非智力因素、智力因素、作业习惯等方面来提高单元作业的实践效果还需进一步探究。

(4)如何调动家庭因素(父母对孩子教育的重视程度、支持程度会对孩子的作业实施效果产生影响)、学校因素(学校的校风校貌、学校图书馆的历史课外读物的数量、历史校本课程的开发等)来共同达到"减负增效"的目的还需努力。

问题就是课题,课题组正是本着实事求是的研究态度,及时总结、反思。这些问题正是下一阶段我们需要在教学实践中不断学习、不断摸索、不断尝试去解决的新课题。

六、结束语

回首课题研究的这一年,有困难,更有成长。相信今后在教育的多元理念指导下,单元作业设计的渐趋完善将会为学生铺就多维的发展之路,带领教育走向多彩的未来。

参考文献

[1]中华人民共和国教育部.义务教育历史课程标准(2011年版)[M].北京:北京师范大学出版社,2012.

[2]郑林,等.基于学生核心素养的历史学科能力研究[M].北京:北京师范大学出版社,2017.

[3]余文森.核心素养导向的课堂教学[M].上海:上海教育出版社,2017.

[4]上海市教育委员会教学研究室.学科单元作业设计案例研究[M].上海:华东师范大学出版社,2018.

[5]上海市教育委员会教学研究室.初中作业设计与实施指导手册[M].上海:华东师范大学出版社,2019.

[6]於以传.中学历史单元教学关键环节例说[M].上海:华东师范大学出版,2019.

[7]杰伊·麦克泰,格兰特·威金斯.理解为先单元教学设计实例:教师专业发展工具书[M].盛群力,等,译.宁波:宁波出版社,2021.

[8]顿继安,何彩霞.大概念统摄下的单元教学设计[J].基础教育课程,2019(18):6—11.

[9]杨冬明.基于大概念的高中历史整体性教学设计路径[J].中学历史教学,2021(2):27—29.

[10]刘晓翠.浅谈初中历史单元作业设计策略[J].试题与研究:教学论坛,2021(11).

[11]王月芬.课程视域下的作业设计研究[D].华东师范大学,2015.

(本文为2020年度郑州教育科学重点课题,获科研成果一等奖,课题研究单位:郑州市第十六中学,课题负责人:刘晓翠,课题组成员:徐海洋、张雪艳、宋艳歌、杨俊生)

"三案一体"在初中英语教学中的建构与实施研究

一、研究背景

"三案一体"是我校教师进行教育教学实践的专业方案,它关注到了学生学习的历程,根据学前、学中和学后,分为预习案、学习案和作业案。"三案一体"的建构和实施能够让老师把握学情,在课堂上精准施策,能够提升学生的思维能力,精准高效评价和反馈。但也对教师的专业素养和能力提出了很高的要求。

我校在"三案一体"的英语教学实践中,由于英语学科的特殊性和教师能力限制,困难重重,难以一体化实施。

1.重练习,轻理论,缺少理论滋养,预习案关键要素不清晰,成为习题集

我校对学生的英语学习现状调查结果显示 80%的学生都可以提前完成预习案,但是在对学生居家自主学习能力调查时发现 40%的学生不知道该如何预习,希望得到预习指导。

2.重"讲",轻"学",课堂变"讲堂",教师缺少学习案的实施路径

部分教师课堂教学形式单一,只关注"教",学生的"真学习"不见发生。

3.重布置,轻评价,作业案设计有待提升

作业案是教学评价的一种形式,对学生的学习目标有指导意义。当前,作业案内容设计不科学,形式和评价单一。

综上所述,预习案、学习案、作业案各自存在缺陷,三者之间的关系又未能打通,未能充分发挥"三案一体"的优势。我们希望通过"三案一体"的建构与实施的课题研究,能够真正发挥其优势,实现教师精准施策、学生学习能力提升的目标。

二、研究过程

(一)课题申报准备阶段(2020 年 2 月—3 月)

(1)学习《关于组织申报 2020 年度郑州市教育科学规划课题的通知》,了解课题申报的相关资料,填写立项申报表。

(2)成立课题组,召开课题组成员会议和学科组会议,明确课题人员的分工和任务。

(3)2020 年 9 月 27 日,课题组全体成员参加了在经开区第六中学报告厅举办的 2020 年度郑州市教育科学课题开题会,进一步明确了课题的研究思路,初步制定方案。

（二）课题实施阶段（2020年4月—2021年3月）

1.发现问题（2020年4月—5月）

在课题实施的前期阶段，教师发展研究中心副主任鲁泽芹通过问卷调查、随机访谈等方法对教师和学生先做了预研究，分析我校英语学科组"三案一体"的使用现状及目前存在的问题及其原因，课题组针对性地制定具体策略。

本次发放对教师的调查问卷15份，回收调查问卷15份，有效问卷15份，回收率为100%，有效率为100%。通过分析，发现老师们在"三案一体"设计和实施中存在问题的原因如下：

（1）教师的教育理论素养有待提升。60%的教师不经常翻阅课程标准，70%的教师不阅读学科教育方面的理论书籍。教师不了解课程标准对不同级别学生的要求，难以从理论上对"三案一体"框架进行完善，不能在设计中真正做好"以学生为中心"。

（2）在课堂的教学实施上，重教师的"教"，轻学生的"学"。45%的教师不会按照学习案的流程实施教学，60%的教师从不进行课堂问题研讨活动。这是因为教师的理念还没有从教师的"教"转变到学生的"学"。

（3）在作业案的设计上，60%的资料都不是教师精挑细选，根据学情进行设计的，资料内容多来自网站下载或资料书。60%的教师布置作业仅仅停留在书面作业上，50%的作业不能做到分层设计，单一的作业呈现形式也难以引起并维持学生完成作业的兴趣，不对作业分层设计，难以适合更多学生的最近发展区。

尽管教师在设计中存在一些问题，但多数学生还是认可接受"三案一体"的。学生的问题表现为：学习缺乏自主性，没有良好的思维习惯，也缺乏多样的学习方法，学习目标不清晰，注意力不集中，课堂活动参与度低，久而久之，学生的思维能力很难提升。

2.理论学习阶段（2020年6月—8月）

从2020年2月起，学校聘请专家组引领教师进行"三案一体"理论学习，先后阅读了鲁子问的《学习方案教学理论与实践》和卢明、崔允漷的《教案的革命：基于课程标准的学历案》两本专著，并解读了《义务教育英语课程标准》。学校邀请专家对我们进行了理论培训，讨论了"三案一体"的关键问题：学习是什么、三案是什么、理论依据是什么、有哪些要素构成、"三案一体"如何统一，帮助学校全体教师对"三案一体"形成共同的认同。老师们经过理论学习，从思想上认同了"三案一体"的有效性，理解了"三案一体"的价值和意义，愿意开始尝试编写并在课堂中应用"三案一体"。

表1 课题组理论学习书籍、论文及其内容

学习书籍、论文	学习内容
《教案的革命：基于课程标准的学历案》	学习学历案的制作历程
《学习方案教学理论与实践》	学习个性化学习方案的设计
《小班化教学背景下初中英语课前预习有效性的策略研究》	学习有效的预习策略
《初中英语导学案的编写与使用研究——以武汉市实验初级中学八年级为例》	学习学习案的课堂教学模式
《初中英语作业多元化设计的实验研究——以山东省淄博第十一中学为例》	学习作业设计多元化
《义务教育英语课程标准》	学习学习目标的续写和课程资源开发实施的建议
《手把手教你做科研》	学习如何开展课题研究

3.尝试编写阶段（2020年9月—11月）

2020年9月，课题组充分地调研和理论学习后，在刘妍老师的带领下进行了"三案一体"的优化设计。老师们同课异构，聚焦于同一课的预习案、学习案和作业案设计，进行研讨修改，付诸班级实践，再次修改，最后达成共识，统一了"三案一体"的理论框架。2020年11月，学校进行了"三案一体"设计大赛，形成了"三案一体"优秀设计案例合集。

4.立足课堂（2020年11月—2021年2月）

课题组自2020年11月起先后进行课堂观摩50多节，邀请省、市、区教研员和名师莅临指导20多次，经过专家观摩和教师反思，形成我校课堂实施路径。

表2 部分"三案一体"课堂观摩及专家点评列表

观摩日期	授课教师	点评专家	地点
11月1日	刘妍	省实验英语教研组组长	305教室
11月3日	罗瑾	省教研员崔秀玲	305教室
11月10日	牛文慧	市教研员黄建军	305教室
11月17日	宋萌	省教研员陶继红	305教室
11月27日	虎妍娜	区教研员李艳霞	305教室

（三）课题总结阶段（2021 年 3 月—4 月）

对积累的实践资料进行汇总和分类，补充完善和归纳总结课题实践的经验和不足，完成结项报告。

课题在实施的过程中，得到了来自郑州市教科所、区教科室的针对性帮助，2020 年 12 月 10 日，在经开区第一幼儿园的中期交流会上，区教科室专家常立钢主任肯定了课题组的前期工作，就如何使三案一体化提出了可行性的建议，明晰了课题组的研究思路。2020 年 12 月 26 日，郑州市教科所张五敏所长到我校指导课题，一一答疑课题组成员的研究困惑，鼓励我们将课题做扎实就是在真正地做最好的教育，并向课题组捐赠了课题指导用书。

三、主要做法和经验

为保障我校英语教学中"三案一体"的实施，课题组主要攻破了以下难题：

（一）预习案——问题前置

要发挥预习案问题前置的功能，就要改变预习案层次设计不清晰，重知识、轻学法指导的现状，经过学科组的多次深度教研，设计思路如下：

1.明确预习目标和学情

2.细化预习内容

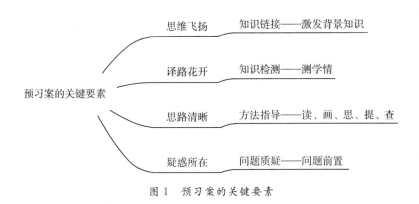

图 1 预习案的关键要素

思维飞扬激发学生背景知识，译路花开检测学生学情，思路清晰给予方法指导，疑惑所在让学生提出问题。预习方法的指导可以概括为以下几个字：读，要求学生大声朗读和默读；画，要求学生画出不明白的单词和句子；思，对不明白的地方进行深思；提，向老师和同学提出疑问；查，培养学生查找工具书和网络资源的习惯。

以八年级上册 Unit 7 的阅读课 Do you think you will have your own robot? 为例，本节课的学习目标如下：

第一,通过阅读,能够使用目标语言描述机器人。

第二,通过略读和精读,理解文章的结构。

第三,通过阅读,能够推断作者观点,预测机器人的未来发展,并用自己的话描述出来。

机器人的形状和功能对于学生来说是比较新的知识,因此需要学生提前对机器人知识有充分的了解,因此,本节课预习案设计如下:

(1)思维飞扬,激发背景知识。

人工智能已经改变了人们的生活,你了解人工智能发展的现状和未来吗？ 未来的机器人会是什么样子,能够做什么,请你通过电影、百度、抖音或其他网络资源查阅一下,并用英语和你的同伴相互分享吧！ 或利用思维导图绘制出你所了解的机器人的形状和功能。(学生通过查找和分享,初步感知了不同种类的机器人的形状和功能)

(2)译路花开,测试学情。

look like humans _____

talk like a human _____

think like humans _____

possible _____ impossible _____

in the shape of a human _____

in the shape of animals _____

in the future _____

simple job _____ boring job _____

again and again _____

学生通过练习,可以注意到描述机器人形状和功能的一些表达,为学生表达创造基础。

(3)思路清晰,给予方法指导。

朗读和默读课文,尝试理解课文信息;画出难以理解的句子和短语,和同学相互讨论;思考画线部分的含义,查阅阅读障碍的单词和短语。

(4)疑惑所在,让学生提出问题。

通过预习,你发现的难点是什么,请写一写吧！

这样一份有趣味性和互动性的预习案,给予学生一定的选择,让学生选择要完成的任务,口述或者动笔绘制,因此适合不同类型的学习者。

学生通过预习,提前了解人工智能的现状和未来,查阅机器人各种各样的形状和功能,如蚂蚁、蛇、马、手臂、人形、鸟等形状;按功能将机器人分为救援类、陪伴类、艺术类、运输类等,学生们的分享异彩纷呈,为学习本节课做好铺垫。

我校是寄宿制学校,能够为学生提供的网络资源有限,因此,教师须有一定的计划性,提前将"三案一体"印制好发给学生,方便学生在家里自主查阅。

(二)学习案的课堂实施——问题研讨

要解决教师重"讲"轻"学"的问题,就要找到学习案有效的课堂实施路径。学习案不仅是课堂教学流程的设计,也是教师和学生的学习抓手。问题研讨以维果斯基的"最近发展区"作为理论支撑,将学习目标转化为若干研讨的问题,教师引导,为学生搭建好脚手架,学生研讨,逐步化解困惑。英语学习案的实施路径是:目标领航—问题情景—学习案引领—问题研讨—教师点拨—评价反馈。

1.目标领航——明确目标

教师通过对学生预习案的检测和评价,结合学习目标,制定学习案要达到的目标,学习案的目标是学习目标的阶段实施,不必呈现在学习案上,教师带着心中的目标实施教学即可。

以八年级上册 Unit 7 这节阅读课为例,本节课的课堂实施目标是通过泛读和精读明晰文章的结构,推断作者对机器人发展的观点,并能够表达自己的观点。

2.问题情景——激发背景知识

教师通过带领学生观察课本图片和标题预测课文内容,并播放学生预习的成果,例如拉小提琴的机器人、送快递的马形机器人、救援机器人、陪伴老奶奶的机器人,激发学生的相关知识背景。

3.学习案引领——自主学习,发现问题

学生根据学习案的任务引领自主学习,需要边读书边动脑,多感官齐下,完成学习案的活动,将困惑记录下来。

以八年级上册 Unit 7 这节阅读课为例,学习案通过 read for general idea, read for structure, read for detail information, read for your opinion 等活动让学生明晰文章结构,掌握表达机器人的形状和功能的单词或短语。

4.问题研讨——让"真学习"发生

在八年级上册 Unit 7 这节阅读课中,问题的研讨集中在学习目标的第三个目标,即推断作者观点,预测机器人的未来发展,并用自己的话描述出来。

What's the different views(观点)regarding the development of robots?

Which side does the writer agree with? Why?

What do you think is the author's attitude toward robots?

A. curious　　　　B. worried　　　　C. unfavorable　　　　D. doubtful

对于需要思考才能得到答案的问题,需要学生在阅读中通过圈、画等自学的方式进行理解。对于需要深度思考的问题,通过问题研讨来解决。小组合作和同伴互助是问题研讨的主要形式。在这个环节中,学生将预习案中的知识背景、课堂中的语言结构结合在一起,更深一步地表达自己的观点。

5.教师点拨——解学生困惑

在小组合作、同伴互助出现问题时,教师作为课堂的促进者,要对学生适时进行针对性的帮助,并对学生的困惑点作关键性指导,解学生困惑。例如,针对学生不能达成共识的困惑点,或者学生在某一个话题上跑偏,教师需将学生的话题向着目标方向引领。

6.评价反馈——当堂检测、交流展示、自我反思

教师精讲结束后,给予学生时间进行理解。学生小组交流或同伴互助,展示学习效果。以八年级上册 Unit 7 这节阅读课为例:设计自己的机器人,画在卡纸上,介绍机器人的形状和功能,以及哪些人会使用到你设计的机器人,小组代表进行介绍,并贴在黑板上。

问题提示:

What do you think robot will be like in the future?

What will your robot be able to do?

Who will be the people to use your robots the most?

此环节须关注学生的个性化,关注学习起点低、学习水平低的学生,以优带弱,不让任何一个学生掉队,为保证小组成员的参与度,需要明确小组内成员的分工。

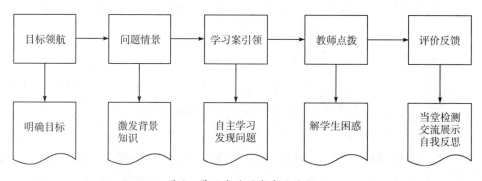

图 2　学习案的课堂实施路径

(三)作业案评价——检验目标达成度

1.作业案的设计要符合学生的最近发展区

我们进行了内容分层化、形式多样化的个性化作业案设计。

以七年级上册 Unit 4 的写作课 Where is my school bag? 为例,本节课的学习目标是学生能够使用本节课的单词和短语描述物品的位置,用 50—60 词描述自己的梦想房间,并养成保持房间整洁的习惯。

我校刘昂老师对本节课的学习案设计如下:

(1) Write down the furniture(家具),school things or other things you know in your dream room.(写下你梦想房间里的物品)

_____

_____

(2)Draw a picture about your dream room. (学生选做①或②)

①Describe at least 4 sentences about where things are in your room by using in,on,under,next to.(用 on,in,under 等介词至少写 4 句话,来描述你梦想房间里物品的摆放位置)

For example:The books are in the bookcase.

②Read two passages about room introduction.(教师出示范文)Then write a passage to introduce your dream room to your classmates.(画出你梦想中的房间,具体到房间内物品的摆放位置,然后写一篇文章向你的同学描绘你梦想的房间)

(3)Clean your own bedroom on weekends,take photos and send them to me.(周末在家整理自己的房间,拍照发给老师)

作业案三个任务的设计凸显"分层设计"的原则。同时,该设计立足于学生的多元化发展,能提高学生的参与度和学习兴趣,使拥有不同能力的学生在完成作业的过程中都能建立起学习的自信心。更重要的是能让学生在绘制自己梦想的房间以及整理自己房间的过程中,渗透英语学科核心素养,实现学生独立自主做事、勤于整理的教育目的。

任务一的设计在于考查学生的基础知识:学生是否掌握本单元的相关词汇。学生在想象自己梦想房间的物品时能否将所学的知识与头脑中的图形相匹配。这一环节为之后的画出梦想的房间理清思路,也为之后的句子或文章写作打下基础。

任务二是绘制梦想中的房间,选做①和②。①针对英语基础薄弱的学生,侧重这部分学生的基础知识以及对物品方位的描述能力。②针对英语基础中上的学生,通过课内阅读以及老师精心挑选的 2 篇有关房间介绍的英文文章,形成写作示范。

任务三的设计联系学生日常生活实际,让学生周末独自整理自己的房间,将所学内容与实践结合起来,养成勤整理、独立做事的好习惯,让学生体验独立做事的成就感,同时体谅父母的辛苦,为父母分担。

前两项作业的设计,结合学生的兴趣爱好,检查了学生对单词拼写、介词使用等基础知识的掌握以及在写作中综合运用语言的能力。

第三项作业让学生周末独自整理自己的房间,教育引导孩子自己的事情自己做,养成物品摆放整齐的好习惯,增强学生的动手实践能力。

作业的选择性为教师带来了评价的难度,我们在研究中采取的实践方法:学生会在教师处申请领取不同的作业案任务,无论是领取到哪种任务,都是学生自主自愿选择的,增加了学生的积极性。如果学习能力较低的学生主动领取任务较难的作业案,教师及时给予鼓励和帮助,帮助学生获取成就感。

2.作业案的评价标准既关注学生知识技能的掌握,又关注学生情感和态度的变化,既关注学习结果,又关注学习过程

课题组设计的评价措施如下:

(1)定性评价和定量评价相结合,丰富评语。教师不仅给出对错和等级,还从态度和情感方面对学生进行评价,用激励性的语言对学生的作业表达积极的期待,总结学生的优点,并利用投屏在课堂展示。

(2)评价方式多样化。课题组通过给予学生"星星"进行评价,每10颗星星可获得一次免周末作业卡,每20颗星星可获得抽得神秘大奖的机会,神秘大奖包括教师陪餐、一张电影票、一本书、一份小零食等。根据不同的主题授予不同的表彰,例如在饮食这一单元,授予学生"金牌大厨"的称号,在旅行与交通的任务主题下授予学生"旅行达人"的称号,在描述房间这一主题下授予学生"收纳家"的称号。

(3)评价主体多元化,师评、自评、和同伴互评相结合。自我评价有利于学生自我反思,同伴互评引导学生先找到同伴的作业案中的至少两个优点。

(4)评价既关注结果,又关注过程,定期为学生举办优秀作业案展览,为学生建立优秀作业档案袋。

综上所述,预习案、学习案和作业案在学习目标的统一下相互联动,相辅相成,预习案实现问题的前置,有效的预习是课堂高效的前提;学习案研讨问题,解决问题,促进学生思维品质的提升;高效的课堂实施是作业案完成的保障,最了解学生学情的是老师,作业案针对性、高效性反馈,实现了学生知识的巩固和迁移,提升了学生的思维品质。

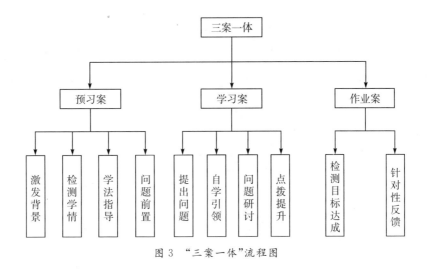

图3 "三案一体"流程图

四、研究成效

在这一年的教学实践中,"三案一体"的建构和实施取得了一定的成效,建构了"三案一体",探索出了"三案一体"的实施路径,转变了学生的学习方式,转变了教师的教学理念,提升了学校的教育品质。

(一)转变了学生的学习方式

"三案一体"的使用转变了学生的学习理念,培养了学生良好的预习习惯,提升了学生的课堂参与度,学习的目标和路径更清晰、更有效。

以下是对我校学生使用"三案一体"的后测分析报告的摘要:

结果表明,"三案一体"在我校得到全部使用,不存在班级、学习能力和水平、男生和女生的差异。80%的学生对"三案"的使用非常满意。使用"三案"以后,学生的具体变化如下:

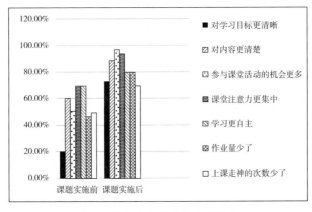

图4 课题实施前后学生的变化

（二）探索出了"三案一体"的实施路径，转变了教师的教学理念

"三案一体"的建构和实施转变了教师"教"的教学理念，给课堂带来了生机。

以下是对教师和课堂改变的分析，结果表明，"三案一体"在我校英语教师中得到应用，使用"三案"后，教师发生的变化如下：

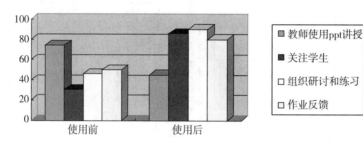

图 5　课题实施前后教师的变化

教师在"三案一体"的建构和实施中逐步转变了教学理念，转变了课堂上以 ppt 为主的上课方式，变得更加关注学生，关注学生的困惑点，对学生的作业及时反馈，对学生的学习过程有了新的认知。

以下是我校一位英语教师（孟彩娟）关于教学转变的切身体会：

"毕业的第一年，教授八年级英语。在'三案一体'实施以前，我备课完全是在备教材，课本密密麻麻，我总认为只要知识点讲到学生一定会掌握。而一次次的考试让我非常失望。考试内容，尤其是考试作文本是我命中的题目，为什么学生还是写不出来？实行'三案一体'问题研讨课堂形态后，我知道了自己的不足，我没有重视课堂教学目标的设定，没有重视分析学生的已知，课堂讲授时间太多，学生亲自动手学习的时间少。我现在懂得了如何让学生明白要掌握的内容，重视学生学习过程的设计，设计合适的路径，通过'三案'逐步达到目的。'三案一体'课题实施的这一年，我参加了区成长教师共同体，主持了一项提升学生注意力的区级课题。这一年，我进步了太多。"

（三）提升了学校的教育品质

我校"三案一体"的建构和实施获得越来越多教育教学专家和兄弟学校的认同。2020 年 12 月 2 日，我校教师发展研究中心蒋凤莲主任在经开区作业建设推进会上，做了题为《立足"三案一体"优化作业设计》的发言，得到一致好评。

五、存在的问题及下一步打算

"三案一体"的建构和实施只有一年的时间，已经取得了明显的成效，但是研究

过程中还存在一些问题。

"三案一体"的设计还需要进一步的细化和深化。下一步将在学习案中加入资源与建议这一块内容,帮助学生更快地形成认知地图。在作业案的设计中,将进行资源拓展的建设,教师需要增加适合学生阅读的资源积累。

课题虽已结项,但课题研究没有终结,在接下来的日子里,课题组将进一步实施"三案一体"问题研究,提升研究的深度,让更多的师生受益。

参考文献

[1]鲁子问.学习方案教学理论与实践[M].北京:中国出版集团现代教育出版,2010.

[2]崔允漷.教案的革命:基于课程标准的学历案[M].上海:华东师范大学出版社,2016.

(本文为 2020 年度郑州教育科学重点课题,获科研成果一等奖,课题研究单位:郑州经济技术开发区第六中学,课题负责人:刘妍,课题组成员:张永战、罗瑾、孟彩娟、鲁泽芹)

小学高段英语单元整合教学设计的实践研究

一、研究背景

教师在教学过程中,要有单元整合的理念,通过单元整合实现教材的最大价值,充分发挥学生学习的主体作用,提高英语教学效率。

结合学情,紧扣单元主题,我们尝试着对学习内容进行增加、删减或者调整,进行了单元整合的教学设计与实践,但是通过观察课堂表现和对学生进行检测,发现学生的学习效果并不是很理想。经过调查及分析,发现问题主要在教学设计方面。

1. 单元整合教学设计中,教学内容缺乏连贯性、循环性

在课堂观察中,老师呈现的新内容很突兀,知识点之间没有过渡与连贯,使得有些学生很迷茫,并不太理解老师提问的问题。

2. 单元整合教学设计中,学习目标缺乏渐进性、整体性

有些学生只是在语言知识方面认知了几个单词或某些句子,而在语言运用、学习能力、思维品质和文化品格等方面,并不知道自己应该达到什么程度的学习目标,也不清楚单元整体目标。

3. 单元整合教学设计中,教学活动缺乏系统性、层次性和递进性

教学活动很乱,一会儿是操练巩固,一会儿又回到了新授环节,重复的教学环节、无意义的教学活动都出现在了教学设计中。

为了解决以上问题,通过深层次思考,反复琢磨,我们最终将课题锁定为《小学高段英语单元整合教学设计的实践研究》。

二、研究过程

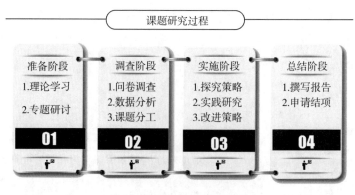

图 1　课题研究过程结构图

（一）准备阶段（2020 年 2 月—5 月）

1.理论学习

表 1　课题理论学习情况记录表

序号	书籍、论文	作者
1	《义务教育英语课程标准(2011 年)版》	中华人民共和国教育部
2	《义务教育英语课程标准(2011 年版)案例式解读:小学英语》	陈静波
3	《基于单元整合的英语整体教学法研究》	陈婕
4	《整体语境下实现语篇"知情相融"的三种策略》	沈路
5	《基于思维导图模式的小学英语单元整体教学》	李春子
6	《加强单元整合,提升英语教学效率》	周莉

2.专题教研

表 2　专题教研记录表

时间	方式	参加人员	研讨内容及结论
2.24	远程研讨	实验学区全体英语教师	内容:单元整合分享与研讨 结论:世和小学周蓉蓉老师提出优化单元整合,整体输出;课题组成员张丹老师建议以大概念意识、词汇课和对话课融合的模块划分等
3.1	远程研讨	实验学区全体英语教师	内容:课题组成员金亚琼老师、郭亚楠老师及世和小学周蓉蓉老师分享了单元整合微课及设计思路 结论:金亚琼老师关注单元主题,把握单元大语境,学习活动符合学生的心理特点;郭亚楠老师借助故事整合本单元内容
4.11	远程研讨	实验小学英语教师	内容:单元整合作业设计 结论:叶艳杰老师说要细化课时目标,课时目标与单元目标要对应

3.撰写开题报告,向区教科室申报研究课题

（二）调查阶段（2020 年 6 月—7 月）

1.问卷调查

对我校高段学生和教师分别做了调查,进一步了解学情和教师备课情况,查找课堂学习效果不理想的原因。

2.数据分析

从调查数据的整理和分析来看,存在一些问题,具体问题见表3。

表3 问题梳理及分析表

调查项目	教师存在的问题
内容整合	约78%的教师还仅仅是教教材,或只是改变学习内容的顺序,内容整合缺少铺垫,出现断层,缺乏连贯性
学习目标和教学目标	约68%的教师不明确自己的教学目的及学生的学习目标
课堂活动	约75%的教师课堂教学活动和环节设计不够清晰

3.课题分工

表4 课题分工表

人员	分工
叶艳杰	课题负责人,负责课题的申报、分工、研究计划的制订和研究报告的撰写
樊颖颖	负责小学高段英语单元内容整合思路与模块设计的策略研究
陈霞 张丹	负责小学高段英语单元目标和课时目标设计的精准性和完整性研究
金亚琼	负责单元整合教学活动模块设计及案例在英语课堂教学中的应用研究

(三)实施阶段(2020年8月—2021年3月)

1.课题研讨

表5 课题研讨与实践记录表

时间	地点	参加人员	研讨内容及结论
10.10	英语办公室	课题组所有老师	内容:单元整合原则的研讨 结论:叶艳杰老师提出单元整合时要有具体的原则,并初步研讨出单元整合依据的四大原则
10.21	英语办公室	课题组所有老师	内容:单元整合教学设计的步骤 结论:陈霞老师提到依据内容整合时遵循的原则,教学设计也要有具体的步骤,初步研讨出教学设计的四大步骤

时间	地点	参加人员	研讨内容及结论
11.5	五楼多媒体	课题组所有老师	内容：金亚琼老师课例研讨 结论：樊颖颖老师提出内容整合只体现出了文本的重组及顺序的调整，少了一些单元大语境
11.15	六三班教室	课题组所有老师	内容：修改单元整合教学设计的步骤 结论：陈霞老师提出设计步骤不够明确，组内老师再次研讨设计步骤，由四大步骤修改为五大步骤
11.23	三楼会议室	常立纲主任、史兆霞校长、杨明副校长和课题组老师	内容：中期汇报 结论：常主任指出，要提炼经验，组织好语言，把课题做扎实，真正研究出一套有价值的整合设计思路

2.根据专家的指导，再次修正研究的方向，并不断付诸实践与调整

（四）总结阶段（2021年4月—5月）

收集、汇总和整理前三个阶段的过程性资料，总结经验和成果，撰写结题报告。

三、主要做法和经验

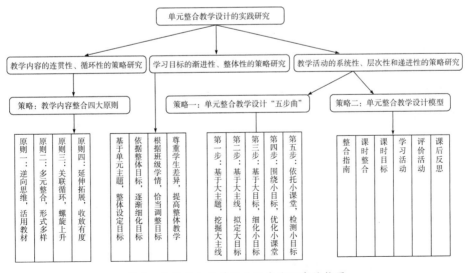

图2　单元整合教学设计的实践研究结构图

（一）单元整合教学设计中，教学内容的连贯性、循环性的策略研究

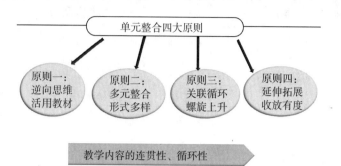

图 3　教学内容的连贯性、循环性的策略研究结构图

1.原则一：逆向思维，活用教材

在 PEP 小学英语教材中，每一个单元都有一个主题，在单元整合的第一步，我们依据学情，围绕主题，从单元内容 Part C Story time 进行逆向思维，设计出一个单元大语境。围绕英语学科素养的要求，构建知识网，挖掘本单元的大主线。

例如：PEP 小学英语六年级上册 Unit 3 My weekend plan，我们进行逆向思维，从 Part C Story time 着手，在本故事中，Zoom 只有计划的理论，而缺少正确的实践，结合英语学科素养，很显然本单元的主题不仅是引导学生制订合理的计划，还需要学生进行正确的实践。依据五六年级学生的学情，不管是在学习还是日常生活中，都要有合理 plan 的意识，会 make a plan，并 do the right action。

最后把本单元的内容整合为了 make a plan，my weekend plan，somebody's weekend 和 my... plan 四个模块，最后落实到 do the right action。

2.原则二：多元整合，形式多样

在多元整合时，要关联到同年级不同版本中的文本以及同版本不同年级中出现的和本单元相关的内容，分析内在的逻辑关系，最后结合课程标准的二级要求和英语核心素养，确定单元主题与主线。比如：单元内整合、单元内与绘本阅读间的整合、单元间的整合等，根据单元内容，选择不同角度，多元思考进行整合，构建形式多样的单元主题"知识网"。

例如：在整合 PEP 小学英语五年级下册 Unit 2 My favourite season 时，我们采用了单元间及功能性相结合的整合，从季节发散到四个季节的天气、景色、颜色、服装、食物、所处的月份以及喜欢的活动。

3.原则三：关联循环，螺旋上升

做好单元内及单元外的内容调整，整合与单元主题相关联的单元，把握单元内容在本册中的地位。之后调整或取舍单元间相关联的内容，使内容更系统、更优

化,使学生对话题的认知呈螺旋上升状态。

例如:PEP 小学英语六年级上册 Unit 3 My weekend plan 的整合内容和学习活动,内容整合不是教材内容顺序的重组,而是围绕"制订并实施计划"这个大语境,整合为四个呈螺旋递进的板块,对应的学习活动也是循环递进的。

本单元从学生以第一人称计划自己的周末生活 my weekend plan 过渡到第三人称 somebody's weekend,让学生能听懂、读懂他人的周末计划,再到能为家人或朋友制订一份合理的出行或活动计划 my... plan,最后从制订计划落实到计划的实施,由理论到实践。

4.原则四:延伸拓展,收放有度

在螺旋递进的基础上,教师需要结合时事政治、历史文化、中西方文化及学生周围发生的事情对教材内容进行有效的补充,也就是对内容进行延伸和拓展。

例如:PEP 小学英语五年级下册 Unit 4 When is the art show? 学习本单元之前,学生在 Unit 2 和 Unit 3 中已经学过有关季节、月份及节日的内容,在此基础上,本单元主题整合为:Special days。结合中西方的节日文化差异以及学情,分别从个人、学校、家庭、国家等不同的角度让学生逐步了解特殊日子的意义,做到延伸拓展恰当。

我们整合设计时,虽说延伸到了西方国家,从家庭拓展到了国家,但没有离开 Special days,做到了收放有度。具体如下:

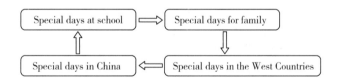

(二)单元整合教学设计中,学习目标的渐进性、整体性的策略研究

表6　学习目标的渐进性、整体性的策略研究

学习目标的渐进性、整体性的策略研究	
1.基于单元主题,整体设定目标	2.依据整体目标,逐渐细化目标
3.根据班级学情,恰当调整目标	4.尊重学生差异,提高整体教学

1.基于单元主题,整体设定目标

依据课程标准对二级的要求和小学英语核心素养的内容,我们在基于主题,挖

掘主线和任务驱动下,从知识技能、学习能力、思维品质和文化品格等方面设定整体性的单元大目标。

2.依据整体目标,逐渐细化目标

结合单元整合的主题模块,细化渐进性的课时小目标。单元大目标进行细化时,要细化到目标匹配的具体课时,课时间的小目标要兼顾到联系性及递进性,避免重复性,要删掉无效的学习活动。

3.根据班级学情,恰当调整目标

同一个年级,不同的班级,有时会存在班级差异化。例如:我校六年级八个班,在家庭环境、家长素质和学生成绩等方面,七班和八班整体都略好些。我们教研时,虽说设定了单元整体目标,细化了课时目标,但在具体实施时,课题组部分老师又进行了二次目标微调。

4.尊重学生差异,提高整体教学

同一个班级的学生,也存在差异。为了保证所有学生都能达到一定的学习目标,提高整体教学效率,在细化学习目标时,要考虑到优秀学生和学习困难学生,二次微调的目标要有层次性,使每位学生都能体会到成就感。

(三)单元整合教学设计中,教学活动的系统性、层次性和递进性的策略研究

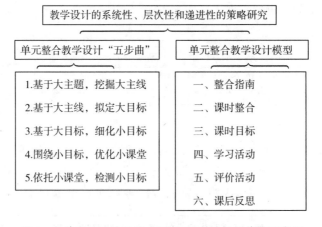

图4 教学活动的系统性、层次性和递进性的策略研究图

1.制定单元整合教学设计"五步曲"

(1)第一步:基于大主题,挖掘大主线。

从 Part C 整合,利用逆向思维,梳理出本单元的大语境,提炼出单元大主题,根据主题和语境,进一步整合每一课时的内容。

例如:PEP 小学英语六年级上册 Unit 3 My weekend plan,起初我们是这样设定本单元的大主题和大主线的:

我们联系到五年级上册第二单元学到的有关在 weekend 经常做的事情,用到的时态是一般现在时。而本单元主题是制订计划,用到的一般将来时,用到的是 be going to/will。先从时间上区分两个时态的不同点,再通过句型直观表达。然后从 My weekend plan 延伸到 somebody's weekend plan,还可以从 My weekend plan 扩展到 My... plan。最后把本单元的主题定为 plan,贯穿整个单元的内容学习。

以下是我们修改过后的主题和主线:

通过实践与研讨,发觉我们初案的设计仅仅是从语言知识方面分析的,忽略了英语核心素养中的思维品质和学习能力的培养。经过研讨,我们进行逆向思维,从 Part C Story time 着手,在本故事中,Zoom 只有计划的理论,而缺少正确的实践,结合英语学科素养,很显然本单元的主题不仅是引导学生制订合理的计划,还需要学生有正确的实践。依据五、六年级学生的学情,不管是在学习还是日常生活中,都要有合理 plan 的意识,会 make a plan,并 do the right action。

最后本单元的大主题和主线为 Make a plan & Do the right action。

(2)第二步:基于大主线,拟定大目标。

有了主题和主线,就有了方向。学习的主体是学生,只有设定了正确的学习目标,才能引导学生向正确的方向前进。拟定单元大目标时,要依托单元大语境,拟定具有整体性和完整性的单元大目标。单元大目标的设定,要符合对学生听、说、读、写、演等综合能力的要求。

表 7　Unit 2 My favourite season 的单元大目标

语言能力	词汇:通过两个课时听说课的学习,学生能够听、说、读、写五个关于季节的单词和四个短语:spring/summer/autumn/winter/season;go on a picnic/go swimming/pick apples 和 make a snowman
	话题:在老师的帮助下,通过小组合作学习,学生能听、说、认、写句型:Which season do you like best? Why? Because...,并能用以上话题询问及回答自己喜爱的季节并陈述原因
	语音:通过学习,学生能读出并能拼写符合 br/gr 发音规则的单词

（续表）

学习能力	能在老师的帮助下，归纳总结 Why 与 Because 的用法
	在小组合作学习下，通过看图编对话的形式，编出和季节有关的对话并能表演出来
思维品质	引导学生观察和发现四季中天气的变化、服装的变化、景色的变化以及活动的变化等，了解一年四季的变化
文化意识	通过学习中国和加拿大气候的不同，了解全球气候差异

（3）第三步：基于大目标，细化小目标。

依据单元大目标和单元内容，结合不同的课型，细化出每一课时的目标，在续写小目标时，我们侧重语言、思维和品格的融合，既要求学生"做事"的工具性目标，也要求学生学会如何"做人"的体验性目标。描述目标时，要做到语言准确，有层次性。

另外，单元大目标进行细化时，要细化到目标匹配的具体课时，课时间的小目标要兼顾到联系性及递进性，避免重复性，要删掉无效的学习活动。

例如：在学习 Unit 3 My weekend plan 的第一课时时，我们是这样细化和描述小目标的：

词汇：通过看视频和听音频，学生能够听、说、读、写词组和句子：take a trip，go to the supermarket，visit my grandparents，see a film，tonight，this morning，this afternoon，this evening，next week。功能：通过学习，学生能正确地谈论或描述自己的活动计划。

（4）第四步：围绕小目标，优化小课堂。

在主线的牵引下，我们围绕课时的学习目标，思考哪一部分学习内容应达到哪一个目标，什么活动是最佳途径。不是因为活动形式新颖就采用，而是根据目标和内容选择活动，优化了我们以前教学的设计思路。

（5）第五步：依托小课堂，检测小目标。

学习目标是否达成，是需要检测的。也就是说，在教学设计中要有检测环节，这也正体现了教—学—评的一致性。在单元整合教学设计时，我们力争做到学中思、思中练、练中提高。

例如，我们研讨 My weekend plan 课堂活动时，会设计出对应的评价活动进行检测。例如,我们用"我会说"(简单说说自己的周末计划)检测语言技能方面的目标是否达成。

2.研讨单元整合教学设计模型

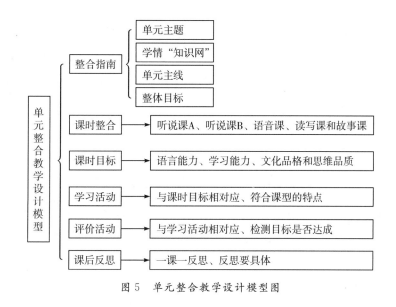

图 5　单元整合教学设计模型图

(1)整合指南。

根据单元整合教学设计"五步曲"中的第一步和第二步,我们的整合指南包括单元主题、建构以学生为学习主体的"知识网"、挖掘单元语境大主线和整体设计目标。

例如:学习六年级上册 Unit 3 My weekend plan 时,我们总结的主题是从 plan 到 Make a plan 再到 Do the right action,本单元是六年级上册的内容,通过整合旧知识和学生现有的知识储备,建构的"知识网"是学生已知的 activities and weekend activities、有关描述平日学习活动或周末活动的词句、学生已经学过的句型或时态、plan 这个词暗示用什么时态和 will 的意思。

(2)课时整合。

根据课程标准的二级要求以及小学英语核心素养的要求,我们围绕听说读写演等综合能力的特点,每个单元我们整合为五个课时,分别是听说课 A、听说课 B、语音课,这三个课时是针对学生的听说能力;读写课针对的是阅读技巧的学习及能力的提高;故事课体现的是听、说和演的综合能力。

(3)课时目标。

课时目标来源于单元目标,又是根据课时内容与特点,从单元目标中提炼出来的。课时目标要做到具体、语言描述详细易懂。

（4）学习活动。

学习活动是为学习目标服务的，所以在设计活动时，要根据课时的具体内容和将要达到的学习目标来选择，而不是根据活动形式的新颖性选择，力争提高学习活动的有效性。

（5）评价活动。

学习目标是否达成，本节课是否有效，是需要检测和评价的，所以，这个环节是检验学生通过参与学习活动，是否达到了预期学习目标。所以，评价活动的设计，是和前面的学习活动一一对应的。

（6）课后反思。

只有反思，老师才能发现课堂中存在的问题并提出改进措施，同时也是为上好下节课做好铺垫。单元整合后的课时之间的关系更是具有循环性和递进性，这就要求老师们一课一反思，反思要具体到某个小知识点或者某一个小活动是否达到了最好的效果。

四、研究成效

（一）依据单元内容整合四大原则，课题组老师能整合出具有连贯性与循环性的内容模块

（1）通过研究本课题，课题组老师首先在备课思路上有了新的认知与转变，知道了如何用逆向思维凝聚单元大主题，明白了用单元大语境作为主线贯穿整个单元内容的学习，确保了内容的连贯性，减少了内容的断层。

（2）通过研究本课题，课题组老师在上课时有了新的转变。在教学中，不再是纯粹地教教材，也不再是对教材的内容顺序进行重新组合，而是由易到难，循序渐进。课堂上少了些断片与无序，多了些孩子们积极参与的场景。

（二）基于单元大目标，课题组老师在细化课时小目标时，既能保证单元目标的整体性，又兼顾到课时目标间的渐进性

（1）通过研究本课题，课题组老师在设定教学目标和学习目标时，明确了自己每节课和每个单元将要达到的教学目标和学习目标，不再随意制定。

（2）通过研究本课题，课题组老师设计的学习目标不再笼统、孤立，有了具体的学习方式，明确了学生在听懂、会说、认出、读懂方面应具体达到什么程度，制定的目标不会再偏低或过高，而是和学情很匹配。

（三）通过单元内容整合教学设计"五步曲"，课题组老师的教学活动具有系统性、层次性和递进性

（1）通过研究本课题，课题组老师的课堂教学活动和环节设计清晰明了。课堂

上,老师不再想起来什么说什么,课堂活动具有系统性、层次性和递进性,提高了课堂效率。通过单元内容的整合与设计,老师更透彻地解读了教材与编者的意图,提高了自己运用教材的灵活能力。

(2)学生听课时也不再迷茫或者无事可做。优秀学生思考问题的思路打开了,思维也比以前活跃了。中等生归纳总结的意识和借助思维导图学习的能力都得到了提高。通过小组合作学习,中下等学生觉得学英语并不是很难了。加强了学生小组合作学习的能力,在英语课堂上,使他们轻松而快乐。

五、存在的问题和设想（下一步研究方向）

在这一年的实践中,课题组虽然做了大量的工作,在理论和实践上进行了一些探索,研究出了单元整合教学设计的"五步曲",但由于我们的科研能力有限,理论素养还有待提高,故存在以下一些问题:

(1)如何引导学生做好课下的复习与预习,使不同层次的学生更适应这种单元整合下的教学形式?

(2)在单元整合的教学下,遵循内容整合和环节设计的递进性和循环性原则,如何设计出更多样的教学活动来激发学生的兴趣?

针对以上两个问题,我们需要多听一些专家的讲座,得到专家的专业引领,使本课题研究的内容和方法进一步完善。因此课题组成员确定了下一步研究方向:

(1)继续以研讨—实践—改进—再实践—总结的研究方针,探索出更多、更佳适合我校高段教学的单元整合思路及策略。

(2)尽可能地摸索出更系统、更多样的单元整合教学模式,以满足不同层次学生的需求。

参考文献

[1]陈婕.基于单元整合的英语整体教学法研究[J].成才之路,2018(6):82.

[2]周莉.加强单元整合,提升英语教学效率[J].小学教学研究,2019(3):75—76.

[3]沈路.整体语境下实现语篇"知情相融"的三种策略[J].江苏教育,2014(5):47—49.

[4]李春子.基于思维导图模式的小学英语单元整体教学[J].知识窗(教师版),2018(2):96.

（本文为2020年度郑州教育科学重点课题,获科研成果一等奖,课题研究单位:郑州经济技术开发区实验小学,课题负责人:叶艳杰,课题组成员:樊颖颖、陈霞、金亚琼、张丹）

小学语文中高学段部编版教材研读及整合策略的实践研究

一、研究背景

小学语文部编版教材自 2016 年 8 月面世以来,就得到了广大教师、家长乃至更多行业的关注。整体翻阅下来,部编版教材给人的感觉是既高大上,又接地气。但在具体的实际教学中,一线教师还是会面临诸多问题。针对问题进行深入分析,我们不难发现背后的一些深层次原因:①教师缺乏对教材的深入研读和细致梳理,不能建构起学科知识体系;②教师缺乏系统的整合意识和相应的经验支撑,不能采取灵活多样的课堂教学策略;③教师缺乏有效的评价策略,不能有效检验学生的学习效果并适时改进。

基于以上分析,本着解决我校中高学段语文学科教学中的实际问题,课题组特提出"小学语文中高学段部编版教材研读及整合策略的实践研究"这一课题,拟定通过研究,尝试构建一套适合我校校情的中高学段语文部编版教材的研读及整合策略,以期让我校中高学段语文教师在日常的教学中教得有趣味、有实效,让学生学得开心、扎实。

二、研究过程

在课题的研究过程中,我们先学习了有关理论及文献,并通过深入研读课标、教材,梳理出了中高学段语文部编版教材"隐在"的知识目标体系,明确了学段目标、单元目标及课时重难点。然后,课题组成员以课堂为载体,进行了大胆的课堂教学实践,并尝试探索了教材板块间的有机整合策略。与此同时,为保证教育教学质量,课题组成员在以上研究任务推进的过程中,及时地跟进过程评价,并依据教师的教学效果及学生的学习效果进行适时改进。

三、主要经验与做法

(一)分析研读部编版教材,梳理"隐在"知识体系

1.系统研读,摸清教材变化

翻阅现行小学语文中高学段部编版教材,我们不难发现这八册教材编写很有规律,与人民教育出版社《义务教育课程标准实验教科书》(以下简称"人教版老教材")相比,虽然编排板块大致相似,但细细读来,却发现两版教材有颇多不同之处。

为更好地理清部编版教材的编排体系,我们针对两版教材,从板块设置、内容安排、学习要求等方面进行了梳理,总结提炼出了两版教材的不同之处。

表1 人教版老教材与部编版教材内容安排和学习要求梳理表

板块设置	人教版老教材	部编版教材
单元导读	内容安排： ①有精美的插图，多和单元人文主题相关 ②单元导语以一段话的形式出现	内容安排： ①有精美的插图，插图也多和人文主题相关，但传统元素更突出 ②单元导读分成了两部分，即人文主题＋语文要素
阅读	(1)内容安排：按人文主题进行单元编排，每册书课文大致在32篇左右 (2)学习要求： ①会有感情地朗读课文，选择自己喜欢的部分背诵 ②能借助课后习题开展相关学习：把握文章的主要内容，理解含义深刻的句子，体会作者表达的感情及其采用的表达方法 ③能借助资料袋、阅读链接，进一步深化对课文内容的理解	(1)内容安排： ①按人文主题和语文要素进行单元编排，每册书课文篇目多则27或28篇，少则23或24篇，六年级下册17篇，数量不等 ②出现了单独的阅读策略单元和专门的习作单元 (2)学习要求： ①能有感情地朗读课文，要求会背诵指定的内容 ②默读课文，能借助批注、表格、列小标题、路线图等方式，提取主要信息，把握课文主要内容。中段要求能体会课文生动、准确、清楚的表达。高段要求学习人物、环境、场面等描写方法，并体会其表达效果 ③中段要求能借助课后资料袋、阅读链接、选做题等，联系生活实际，开展综合性学习。高段强调借助阅读链接，拓宽知识面，加深对文本的理解，并通过比较体会不同的表达方式带来的不同表达效果
口语交际	(1)内容安排：每个单元后面都有一个口语交际，内容和单元人文主题或单元写作相关 (2)学习要求：基于单元课文学习，与同学交流讲述自己的见闻或想法	(1)内容安排：三至六年级共有31个口语交际，包含独白类、对话类及应用类等 (2)学习要求：借助熟悉的生活情境，掌握和交际相关的说话方式和技巧

板块设置	人教版老教材	部编版教材
习作	(1)内容安排：习作出现在每单元的词语盘点后面，与单元的口语交际共同出现 (2)学习要求：立足课文学习，在完成口语交际的基础上，围绕习作主题，写出自己的见闻、感受等	(1)内容安排：除综合性学习单元外，每册书每单元后都安排了一个习作，此外还多了一个专门的习作单元 (2)学习要求：除写作单元外，仍需结合每单元的写作要素，完成专题的习作训练
快乐读书吧	内容安排：在语文园地中以课外书屋的形式出现，推荐了学生要读的童话、科普类读物等	内容安排：每册书专门安排一个快乐读书吧，共8个，内容涉及寓言、童话、神话、科普、四大名著等
语文园地	(1)内容安排：每个单元都有一个园地，内容较固定 (2)学习要求： ①通过交流平台，回顾一个单元的阅读学习方法 ②积累基于单元主题的词语、名言、古诗等内容，并乐于展示	(1)内容安排：除习作单元和综合性学习单元外，将人教版老教材的"成语故事""趣味语文"等内容换成"词句段运用""书写提示"等栏目 (2)学习要求： ①借助交流平台，复习回顾单元阅读策略，回扣单元语文要素 ②在课文学习的基础上，联系生活，结合单元语文训练要素，丰富语言积累，规范语言表达，提升词句段的综合运用能力 ③积累古诗、成语、名篇名句等经典传统文化，增强学生的文化底蕴 ④通过有梯度的书写提示，有效指导学生从写好单字到写好一幅书法作品，进而能初步了解欧颜柳赵四位书法家的作品及用笔特点

2.整理汇总，理清目标要求

在理清中高学段人教版老教材与部编版教材的内容安排和学习要求变化外，为更清楚地理清各个板块的知识在每个年级、每册教科书的分布情况，课题组成员还通过深入研讨，将中高学段各年级各板块的学习目标整理如下：

表2　小学语文中高学段部编版教材各板块知识目标分布表

知识板块	三年级	四年级	五年级	六年级
识字写字	(1)识字:强调借助偏旁开花、扩词、多音词归类、成语归类等方式认识一类字或词 (2)写字:开始学习使用硬笔。注意字的间架结构	(1)识字:强调联系生活,借助换偏旁、去偏旁识字,或是词语归类等方式识字 (2)写字:能用硬笔规范、整洁地在田字格里书写,养成提笔即练字的好习惯	(1)识字:随文识字 (2)写字:掌握古诗硬笔书写的两种行款以及篇章书写的格式要求	(1)识字:随文识字 (2)写字:认识并临摹行书,有一定的书写速度
阅读	(1)朗读:读好角色对话、长句子以及词句间的停顿,体会语言的生动 (2)理解感悟:通过联系生活,边读边想象画面,借助路线图、流程图、关键语句等方法把握课文主要内容 (3)预测策略:学习借助题目、插图、内容等线索,联系生活实际进行预测的方法	(1)朗读:读好人物对话,读好神话人物名字,读正确科技语 (2)理解感悟:通过边读边想象画面,借助问题清单、作批注、串联事件等方法把握文章主要内容 (3)批注策略:学习一边阅读一边批注的阅读策略,圈画相应句子,在写得好、有疑问、有启发的地方,写上自己的批语	(1)朗读:读好角色对话,读出情感变化 (2)理解感悟:①理解题目和关键语句的含义,体会文章蕴含的感情 ②通过查阅资料、想象场景等方法,深入理解课文 ③能初步了解非连续性文本的特点,能从中提取信息 ④在把握文章的主要内容的基础上,体会静态、动态描写的表达效果,借助人物描写方法,体会人物特点和内心 (3)快速阅读策略:借助相关策略,提升阅读速度	(1)朗读:读好短句,读出自己的感受 (2)理解感悟:①联系生活经验,理解文中含义深刻的句子,说出由此想到的人生思考等 ②借助相关背景资料,深入理解课文内容 ③在把握文章主要内容的基础上,掌握人物、环境等描写特点,体会这些描写方法的表达效果 (3)有目的阅读策略:根据不同的阅读任务,采取不同的阅读方法

317

知识板块	三年级	四年级	五年级	六年级
口语交际	(1)讲话要求:重在讲清楚 (2)听话要求:①在听话的过程中,知道什么要追问、怎么追问②会有礼貌地回应③尊重不同的想法 (3)辅助办法:借助实物或图片把人、事、物等讲清楚	(1)讲话要求:重在把握信息 (2)听话要求:①会分场合讲话②会用合适的方式安慰人 (3)小组讨论:①小组发言,会注意场合②会重点记录,有条理汇报 (4)辅助办法:可借助语调、手势表达情感	(1)讲话要求:重在有条理 (2)听话要求:①根据听众反映,调整讲解内容②积极回应别人的发言③能认真倾听,交流时边听边记录 (3)小组讨论:①轮流主持讨论时,能引导每人发言②讨论后,能做小结③尊重别人的观点 (4)辅助办法:借助动作、手势讲故事	(1)讲话要求:重在把握观点 (2)听话要求:①能准确把握别人的观点②设想对方可能的反应,恰当应对③听出别人讲话中的矛盾或漏洞进行反驳 (3)辅助手段:演讲时注意语气、语调,必要时可以加上动作
习作	(1)观察:可以调动五感进行观察,注意事物的变化 (2)想象:发挥想象,写一写自己的想象世界	(1)写事:按照顺序,把一件事情的起因、经过、结果写清楚 (2)写景:按一定的顺序写一处景物,把游览过程写清楚	(1)写物:抓住感兴趣的事物的特点,运用恰当的说明方法介绍一种自己了解的事物 (2)写人:抓住人物特点,恰当运用人物描写的方法,借助具体事例写一个人	(1)围绕中心意思写:会根据主题选材,详略分明地写一篇文章 (2)让真情自然流露:运用直接抒情和间接抒情的方式,写清楚自己印象最深的感受

知识板块	三年级	四年级	五年级	六年级
综合性学习	中华传统节日：①写一写过节的过程②展示活动成果	轻扣诗歌大门：①合作编诗集②举办诗歌朗诵会	遨游汉字王国：①汉字真有趣，重在学习搜集资料的方法②我爱你汉字，学习写研究报告	难忘小学生活：①回忆往事：填写时间轴，分享难忘回忆、制作成长纪念册②依依惜别：举办毕业联欢会，给母校、老师或同学写信
快乐读书吧	(1)阅读童话书籍，感受童话丰富的想象(2)阅读寓言故事，读懂内容，体会寓言蕴含的道理	(1)阅读神话传说，感受神话特点(2)阅读科普读物，探索自然的奥秘，感悟科技的精彩	(1)读相关民间故事，感悟老百姓智慧的结晶(2)借助学过的名著阅读方法，阅读四大名著，体验百味人生	(1)阅读推荐小说，感受小说特点(2)阅读推荐的世界名著，去发现更广阔的世界

3.分析比较，弄清编排特色

在理清中高学段部编版教材各板块学习目标和螺旋分布的知识体系的基础上，课题组成员再次将中高学段人教版老教材和部编版教材进行了分析比较，将两版教材编排特点的异同之处进行了总结整理。

表3　小学语文中高学段人教版老教材与部编版教材编排特点异同表

知识板块	两版教材编排特点异同之处
识字写字	相同之处：识字写字大多数情况下都是随文出现的
	不同之处： (1)部编版教材在识字写字的编排方面更强调梯度和策略 (2)部编版教材更注重随文识字和集中识字相结合

知识板块	两版教材编排特点异同之处
阅 读	相同之处： (1)都要求能正确、流利、有感情地朗读课文 (2)强调借助课文重点语句深化对课文内容的把握 (3)课后都穿插安排了读写结合的小练笔
	不同之处： (1)部编版教材采用非常明显的"双线组元" (2)部编版教材在阅读教学方面更注重知识和能力的螺旋上升 (3)部编版教材中传统文化内容明显增多
口语交际	相同之处：都旨在提升学生的口语表达能力
	不同之处： (1)编排思路不同 (2)部编版教材更注重有梯度的策略指导
习 作	相同之处：都要求学生写纪实作文和想象作文，重视学生的独特感受
	不同之处： (1)部编版教材的习作梯度要求更明显 (2)部编版教材的习作更关注生活经验和生活需求
综合性学习	相同之处：都强调让学生联系生活问题开展综合性学习，强调学生的自主性
	不同之处： (1)编排方式不同 (2)部编版教材在指导学生开展综合性学习活动时，三、四年级的方法指导更具体
快乐读书吧	相同之处：无论有无这个板块，两版教材都强调学生的课外阅读
	不同之处： (1)部编版教材的课外阅读更有文体意识 (2)部编版教材的课外阅读更注重方法引领
语文园地	相同之处：都强调对前一个单元的知识进行总结和回顾
	不同之处： (1)板块内栏目发生变化 (2)部编版教材更强调语文要素的落实

（二）进行教材板块统整，探索有效整合策略

部编版教材的课后习题紧扣单元语文要素，适宜讨论、探究，单元"语文园地"这个板块更是编者立足学段特点，着眼学生发展需求，针对中高年级学生必备的语文素养进行的方法汇总，最能体现编者的智慧。教师如果还是按照单元内容的先后顺序，按部就班地进行教学，会造成单元内容相对孤立，学生的学习就会相对零散、碎片化。如何准确把握教材的编排特点，进行单元整合教学呢？课题组成员在课题研究过程中，以单元主题教学为抓手，进行了一系列整合研究。

1. 统筹前移，夯实学习基础

（1）前移"日积月累"，增强积累实效。

三至六年级共八册教材，"日记月累"栏目共出现了 47 次，内容相当丰富。我们试着将"日积月累"的教学和课文讲解相勾连，在开展课前导入或课后总结时进行"日积月累"内容的引用，使"日积月累"内容和课文学习相结合，相得益彰。

（2）前置"快乐读书吧"，提升阅读实效。

"快乐读书吧"是部编版教材的一个固定内容，三至六年级的教材中都设置了这个栏目。我们尝试在学期初就开展相应的导读课，利用单元课文内容导入，运用"1＋x"的方式，以一课引出一类书，以一类书引出多本书，提前让学生知道一个学期要读的书目，并制订学期阅读计划，引导学生借助课内阅读课以及每天的午读时间共读及自读，这一做法切实提升了"快乐读书吧"的教学实效。

2. 适时穿插，进行多次实践

（1）穿插"习作练笔"，进行读写结合。

习作是学生学习语文的难点，学生在写作时往往有畏难情绪。通过本课题的研究实践，我们发现在开展阅读教学中，立足每篇课文的教学适时穿插"习作练笔"，既可以分解单元习作教学任务，也可以提升阅读教学实效。

（2）穿插"书写提示"，加强书写指导。

三至六年级的教材中一共出现了 16 次"书写提示"栏目，编者给出了螺旋上升的明确要求和指导。但我们深知，要想写好字，养成良好的书写习惯，仅仅靠这些指导和练习还远远不够。"书写提示"栏目只是给教师提供了书写指导具体的要求和训练梯度，要想更好地落实书写目标，还需要教师结合学段的书写要求，把相关训练落实到每节课的书写练习中去。

（3）穿插"交流平台"，落实阅读要素。

"交流平台"渗透了方法的指导，是落实单元语文要素策略的集中体现，是检验

学生对单元学习掌握情况的一个很好的抓手。在实际教学中,我们不能仅仅把这个栏目作为单元学习的总结提炼,更应该结合单元学习,把它有机穿插到每篇课文的学习中去。

3.合理补充,提升语文素养

(1)补充"词句段运用",加强积累运用。

"词句段运用"栏目的内容并不是孤立存在的,而是紧密结合单元课文内容,把本单元比较突出的,有学习和借鉴价值的词语、句子等语言内容,作为样例提供给学生,让学生在语言实践中完成对语言文字的建构与运用。在实际教学过程中,教师需要结合学习训练目标,精选相关的练习内容,适当补充学习内容,帮助学生达到学以致用的目的。

(2)补充"诗词经典",提升文学修养。

部编版教材非常重视学生对传统文化的学习,为了更好地达到系统学习古诗词的目的,我们认为应该结合具体的诗词篇目,关注某一位大家,补充相关篇目,进行对比阅读,或者围绕一个主题进行篇目拓展,还可以结合某一类诗词文体,补充拓展,学习形式与内容情感的表达。这样做,既达到了学生学习古诗词的整体性和系统性,又能更好地丰富学生的语言积累。

(三)立足实际学习效果,夯实过程评价管理

通过对学生学情及身心特点的把握,我们倡导在研究中进行过程评价,尝试构建一套与我校中高学段语文教学相匹配的评价体系,及时检测教师教学及学生学习的效果,夯实过程评价管理。

1.立足课堂,落实课时评价

为准确把握学生课堂学习状态,检测教师课堂教学实效,在单元备课的基础上,课题组成员尝试立足课堂,开展针对课堂教学环节与评价任务相对应的评价实践,力图在每节课运用作业单的形式检测学生的学习效果。

2.基于整合,进行单元评价

在本课题的研究过程中,课题组成员依据单元主题和语文要素进行了单元整合教学。为检测单元目标达成度,我们充分立足学生学情,以读写结合为抓手,推进了单元整合式的评价。

3.依据标准,推进学期评价

依据《义务教育语文课程标准(2011年版)》,在前期梳理教材的基础上,课题组成员立足部编版教材的编排特点,依据学段目标和学生学情,按照教材各版块目标,在立足课堂教学和课外积累的基础上,针对这几个版块从"创意情境""评价办

法""评价标准""评价主体""评价时间""评价地点"等维度设计了评价手册,用以真实记录学生的学习效果,力争让学生的成长看得见。

四、研究成效

第一,课题组成员深入研读了《义务教育语文课程标准(2011年版)》和教育部审定的语文中高学段八册《义务教育教科书》,理清了中高学段部编版教材的知识点、能力点是如何分布的,又是如何有梯度、螺旋上升的,梳理出了"隐在"的知识体系。

第二,课题组成员在明确了学段目标、单元目标及课时重难点的基础上,以课堂为载体,尝试探索了适合我校校情的单元教学整合策略。这一整合策略,可以较大程度提高教师的教学实效,提升学生的实际学习效果。

第三,课题组成员还基于研究过程,开展了基于课时教学、单元教学以及整个学期的不同层次的评价探索,这些评价策略紧紧围绕课题研究的目标展开,更注重过程性和纠偏性,便于教师及时纠偏。

五、存在的问题和下一步设想

在具体的研究过程中,课题组成员勠力同心,按照既定的研究计划开展课题研究,但也不可避免地出现了这样或那样的问题。

第一,因为研究的内容涉及整个小学中高学段部编版教材的研读及整合,研究范围有些大,任务量有些重,在研究过程中我们出现了比较吃力的感觉。

第二,在本课题的研究过程中,所采取的单元整合策略有效提升了教师的整合意识,但是整体来看所采取的整合策略还显得稍微有些生硬,如何进行更有技巧、更有效果的教学整合仍是我们目前需要解决的问题。

第三,在本课题的研究过程中,我们虽然及时跟进了过程性评价,但是这些评价还显得不够有创意,有时候还存在为了评价而评价的现象。

在今后的课题研究过程中,为了能够探索出更加有效的课堂教学策略,更好地将部编版教材使用好,下一步我们将继续以课题研究为抓手,借助2021年新通过立项的郑州市重点课题《小学语文高段单元整合教学策略的实践研究》,立足高段语文课堂,有计划地观看名师教学视频,学习别人行之有效的教学策略,深入探究高段单元整合策略,探索更加新颖有趣的评价方式,力争让教师的教和学生的学都能变得更有实效。

参考文献

[1]中华人民共和国教育部.义务教育语文课程标准(2011年版)[M].北京:北京师范大学出版社,2012.

[2]课程教材研究所.义务教育教科书教师教学用书(语文三年级上册—六年级下册)[M].北京:人民教育出版社,2019.

[3]吴忠豪.从"教课文"到"教语文"——小学语文教学专题行动研究[M].北京:高等教育出版社,2012.

[4]温儒敏.温儒敏论语文教育[M].北京:北京大学出版社,2009.

(本文为2020年度郑州教育科学重点课题,获科研成果一等奖,课题研究单位:郑州市管城回族区阳光实验小学,课题负责人:郑世珍,课题组成员:邵伟杰、魏芳、孟娇、崔志刚)

小学中段语文线上教学激励和评价策略研究

一、研究背景

《中国学生发展核心素养》中提出：学生应具备"能够适应终身发展和社会发展需要的必备品格和关键能力"。线上教学是伴随着信息技术的发展而出现并快速发展的一种教学模式，2020 年的疫情加速了线上教学的发展。学生具备相应的线上学习能力势在必行。

疫情期间，我区所有中小学和教师普遍采用钉钉进行线上教学，并在疫情期、复学后进行了两次阶段性学业水平测试，发现与上学期相比，学生的学习层次出现不同程度的下滑。经过调查，大部分教师在线上教学过程中存在如下主要问题：教师激励手段单一；评价方法相对不足；线上教学质量无法得到保障。通过分析，我们认为存在以上问题的主要原因在于教师对线上教学评价认识不足，缺少有效的线上教学评价策略。

如何提高学生参与线上学习的积极主动性与目标达成程度？关键还在于教师的激励与评价。因此，我们选择了"小学中段语文线上教学激励和评价策略研究"作为研究课题。

二、研究过程

（一）准备阶段（2020 年 4 月—5 月）

（1）通过疫情期、复学后学校的阶段性学业水平测试，我们发现学生线上学习效果差，缺乏兴趣，学习层次普遍下滑。因此，我们决定以此问题为研究形成本课题。

（2）组建团队，邀请岳朝军、范惠霞、王明莉和雷君凡老师加入课题组，并进行合理分工，制定课题总体方案。

（3）学习理论，提高认识，收集准备资料，提交立项申请表。

（二）实施研究阶段（2020 年 6 月—2021 年 1 月）

（1）制定问卷调查，研究学生对现有的线上教学评价方法的看法，并统计调查结果。

（2）用采集到的有效数据，来分析研究不同评价手段和方法策略对学生学习兴趣和成绩的影响。

（3）查阅相关资料进行理论学习，借鉴线上教学相关激励策略和经验做法。

（4）进行案例分析与跟踪，及时交流思想，适时调整研究方案。

（5）形成适合学情与校情的小学中段语文线上教学激励评价策略，并进行习作实践教学。

（三）反思和总结阶段（2021 年 2 月—4 月）

（1）通过疫情期间线上习作教学效果与实施有效激励和评价策略后的线上习作教学效果进行对比分析，对收集到的资料进行整理，提炼概括，对课题的有效性进行验证。

（2）整理并上传相关材料。

三、主要做法和经验

全国著名特级教师于永正说："对于孩子的学习来说，第一是兴趣，第二是兴趣，第三还是兴趣。当孩子们兴味盎然地投入到学习中时，学习就变成了一种特殊的享受，变成了一种精神的需要。"通过将近一年的实践，课题组总结出如下线上教学激励和评价策略：

（一）教学流程一体化

1.教学流程可视化

这里的教学流程，不是指传统意义一节课 40 分钟内的导入、讲学练等课上环节，而是包含了课前预习、课中学习、课后练习三个环节在内的完整的一个教学流程，这是基于线上教学时间短、互动性差、目标达成检测效果差等而进行完善的一个完整的学习过程。线上教学不比学校内的面学，老师有充分的时间指导学生学习。结合我们学校疫情期间的实际安排，语文线上教学每天只有一节课，且不得超过 40 分钟，如何最大限度地发挥这 40 分钟的效能，我们必须在评价和激励上下功夫。

课题组老师根据线上教学的不足，结合实际教学需要，整体设计了一个"认识—迁移—独立运用"的学习过程。具体包括：课前预习—效果展示—评价反馈、课上学习—效果展示—评价反馈、课后练学—作业展示—评价反馈，简称"三学三展三反馈"。整个教学流程可视化，学生有规律可循，一目了然，以便于教师实施激励评价的过程性操作。

2.课型架构能力化

传统的单元授课按部就班，一课一课按规定课时逐步进行。但线上教学因为突破了时间与空间的限制，有了可以无限次回放的优势，因此授课的重点必然放在方法的教授和能力的培养上。这样一来，传统的课型就满足不了线上教学的需要。经过研究实践，课题组结合区内正在进行的语文主题学习实践活动，将线上单元课型整合为单元预习课、精读引领课、略读实践课、组文阅读课四种,加上传统的口语交际课、习作讲评课、单元整理课三种课型,共七种课型。每单元通过大约8个课时的实施,顺利完成本单元的目标教学任务。

所有课型的架构都是基于学生学习能力的培养,让学生学会方法,习得能力。

3.激励评价流程化

教学流程的可视化和自主学习课型的架构,为激励评价的流程化奠定了坚实的基础。无论是哪一种课型,都按照"三学三展三反馈"的教学流程进行操作,进行评价。

(1)课前预习—效果展示—评价反馈。

课前预习环节,主要是以问题(导学案)为抓手,以自主完成目标任务为主线,学生通过自主学习相关文本资料,解答导学案上的思考题与练习题,完成自学任务。然后在组内进行小展示,根据展示情况组内相互检查发现错误,质疑答疑,互教互学,由组长进行评价,反馈组内共性问题。最后在班级群里进行大展示,教师进行点拨与评价。

(2)课上学习—效果展示—评价反馈。

课堂学习环节,主要是指教师针对本节课的教学目标与预习中发现的问题,进行精讲。在这个环节中,学生要通过连线、文字互动、晒课堂笔记等方式展示自己的学习效果,教师当堂进行评价与反馈,以帮助学生加深理解、矫正错误。

(3)课后练学—作业展示—评价反馈。

教师讲得再好,没有经过学生的亲身体验(练习),教学内容必然不会扎根于学生大脑,也无从转化为能力。此环节主要是通过学生完成作业练习来进行达标检测,由教师进行评价反馈来验收教学效果。

教师预留作业任务,学生进行课后练习,然后进行组内小展示和班内大展示。分别由其他组组员、组长和教师进行评价反馈,以期最终达成本节课的目标任务。

"三学三展三反馈"教学流程中,最重要、最核心的就是每一个环节的展示和评价反馈,便于老师及时了解学生的学习情况,这是督促学生进行自主学习、顺利达标的保障。

(二)目标评价一体化

课堂教学目标能否实现,在判断课堂教学质量高低上具有非常重要的作用。因此,我们的做法和经验侧重于用评价任务的情境化与多样化去激励学生达成目标,用目标评价的标准化去引导学生高效学习。以课堂评价去驱动学习,实现目标与评价的整合一体化。

1.评价任务情境化

评价任务是判断学生是否达标的重要手段。为了使学生乐学、主动学,课题组老师每一节课都会根据本节课的教学目标设计一个真实情境的主题性任务,检测通过学生对这个主题性任务的完成程度,评价学生在语文能力上的提高程度。以作文《我的植物朋友》为例,我们设计的情境任务是:春天到了,草长莺飞,万物勃发。如果可以选择一种自己最喜欢的植物交朋友,你会选择谁呢? 快把它介绍给大家吧! 八九岁正是孩子想象力发展的重要年龄,评价任务的情境化则为孩子的想象力发展提供了合适的平台与土壤。

2.目标评价标准化

要想实现高效学习,有了目标和评价任务还不够,在实施的过程中还得让学生明白达成目标评价的标准是什么,即目标评价要标准化。并且在制定评价标准时,一定要让学生积极参与,师生共定。这是因为,一方面,自己参与制定的评价标准自己更容易接受;另一方面,制定评价标准其实就是进一步明确目标要求,学生达成目标有章可依,有度可循。

仍以作文《我的植物朋友》为例,上课过程中学生根据范文进行评价,教师引领学生制定评价标准,评价标准一出来,学生立马就清楚了本篇作文的写作要求,自然会按照这个标准去写,并且完成后也可以按照这个标准去评价和修改。

表1 《我的植物朋友》目标—任务—评价标准一览表

目标	任务	评价标准
1.能从多个角度观察植物,了解植物的信息,制作观察记录卡	春天到了,草长莺飞,万物勃发。如果可以选择一种自己最喜欢的植物交朋友,你会选择谁呢? 快把它介绍给大家吧	1.观察角度不少于3个(看、摸、闻、尝等) 2.植物信息不少于5个(名字、外观、颜色、气味、味道、作用、特点等)
2.能根据信息把植物的基本情况介绍明白,把观察到的和感受到的内容写清楚		3.按照一定的顺序介绍,加入自己的感受 4.符合基本结构,字体工整,页面干净

3.评价任务多样化

对于线上学习而言,学生最不喜欢的作业方式就是作业拍照线上打卡。为了激发学生的学习兴趣,调动学生参与的积极性,课题组针对线上教学设置了多种评价任务,鼓励学生积极参与。仍以作文为例,传统作业就是完成一篇习作练习,并拍照打卡上传。课题组设置的评价任务却多种多样:作文"绘展",要求学生给自己的作文配上合适的插画和图片,像设计师一样设计图文写(画)出来,然后将自己的手绘作文发到爸爸妈妈朋友圈里进行展示,并根据互评效果获得积分;"视频展",要求学生将完成并修改后的作文以录视频的方式进行介绍展示,根据视频长短、介绍流利与否等获得积分。

评价任务多样化,完成任务的难度也各自不同,学生根据自己喜欢的方式自由选择呈现。当然也有学生为了增加积分,几乎完成了所有的评价任务,这样一来,又写又背又展示,目标达成度自然就高了。

(三)学习过程积分化

为了更好地调动学生的学习积极性,激发他们参与线上学习的热情,并能综合考评他们的学习状态,课题组采用的是学习积分奖励策略。结合我们的"三学三展三反馈"教学流程,学生在每一个环节的展示和评价反馈都有积分奖励,根据积分设置不同档次的奖状、奖品鼓励,让学生在积分游戏中掌握知识,培养良好的学习习惯。

1.学习环节积分化

结合"三学三展三反馈"教学流程,学生在课前预习、课中学习、课后练习的每一个环节都有学习成果展示。一个完整的环节固定积分 10 分:课前预习 2 分,根据预习笔记展示情况又分为内容和书写两个积分项目;课中学习 3 分,分为签到、连麦或文字互动、晒课堂笔记三种积分项目;课后练习 5 分,由晒自我总结、晒任务达标两个积分项目组成,其中达标测试又根据课型的不同采用多种展示途径。

表 2　《我的植物朋友》作文课积分表

组员姓名	预学展示		课学展示			练学展示				积分总计
	内容 1分	书写 1分	签到 1分	互动 1分	笔记 1分	总结 1分	背诵 1分	绘展 2分	晒圈 1分	

2.积分管理制度化

首先,我们的积分发放是由组长进行统计的,基本上一节课一统计,只要学生乐于参与,就有固定的积分进项。例如预习积分、课堂互动积分、课堂笔记和课后学习总结展示,这些积分都是固定的,目的在于鼓励学生积极参与课堂。唯一的积分差距在于晒任务达标的展示,这个由教师亲自评价,不存在组长弄虚作假的情况。组长的积分每节一统计,每周一公布"积分银行"的分数,每月一兑换相应奖励。当然也可以积攒兑换,积分一学期有效。

这样的积分制度为不同学习阶段的学生提供了切实可行的不同层次的学习目标,让他们看得到,奖得到,学习变得有序,同时也变得有趣。

(四)奖励实施民主化

因为我们的积分制度是一个"积分—奖励"的过程,所以课题组在实施激励的过程中非常民主,充分激发学生的参与热情。

1.广泛征求意见

在积分制度实施之初,我们利用问卷星广泛征求了学生的意见,听取学生关于积分等级和兑换奖励的建议。通过问卷调查,学生喜欢的奖励积分等级固定在 10 分一个档次,想要的奖励五花八门,涵盖了物质奖励和精神奖励两个层次。最终根据大多数学生的意见,形成了班级积分奖励方案。

2.合理制定等级

本着鼓励为主、积极参与的原则,积分等级由低到高共分为 10 个层次,每个层次 10 分为一档,1—100 共涵盖 10 个积分段。分层设计既兼顾到基础较差的学生,又对优秀学生有一定的带动作用。至少每一位学生都能凭借自己的努力找到自己的位置,并期盼着冲向下一个目标。

3.自主选择兑换

对于学生来说,我的积分我做主。因此,在积分奖励兑换方面,给了学生充分的自由选择权。无论学生在哪一个层级,都有积分兑换奖励的自由。每一个层级的奖励,都分为物质和精神两个层次。不同的层次有不同的奖励,相同的层次奖励也不同,学生可以根据自己的喜好进行选择。

表 3 "积分银行"具体兑换一览表

积分层级	奖励 A	奖励 B
1—10	一根棒棒糖	老师的鼓励卡片

积分层级	奖励 A	奖励 B
11—20	一个中型笔记本	老师的一次陪餐
21—30	一袋美术手工黏土	一次免单作业卡
31—40	一支水笔	一节课自由坐位置的权利
41—50	一盒七色彩笔	一次自由挑选同桌的权利
51—60	一支钢笔	老师给你写一封亲笔信
61—70	一个高级笔记本	老师请你喝一杯奶茶
71—80	一个文具袋	老师送你一本书
81—90	一个小盆栽	老师领你逛一次刘禹锡公园
91—100	一只小仓鼠	老师领你爬一次五云山

（五）评价方式多样化

1.形成性评价与终结性评价相结合

在线上教学的过程中,课题组采用形成性评价与终结性评价相结合的方式,去激发学生的学习兴趣和动机,培养学生自主学习和探究的精神。从课前预习到课上学习再到课后练习,每一个环节都有评价和激励;每一个阶段性学习之后,又及时进行线上限时检测,由终结性评价反馈教学效果,从而更好地指导教学,促进学生的学习。

2.定性评价与定量评价相结合

在学习过程评价中,我们坚持定性评价与定量评价相结合,全面反映学生的学习状态与水平。具体评价方式以"积分"形式为主,由老师组织,引导学生依据"学习过程评价表"中的评价标准,开展自我评价。在此基础上,再组织组长通过对组员日常学习与组内交流的观察记录等多种形式,收集评价信息,以"夸一夸""小标兵"等形式进行教师评价和同学互评活动,目的不在于分数的高低,而是在于评价学生对学习的兴趣、学习的态度等,积极鼓励学生。

3.积极鼓励与正面引导相结合

无论对学生采用哪一种评价方式,均以积极鼓励、正面引导为原则。这也是激励性评价的基本原则。课题组利用钉钉线上评价中的快捷评语功能,及时对学生进行评价反馈。例如,当学生取得好成绩时,送上一句"你真棒""真聪明""真能干";当学生学有不足时,悄悄提醒"再想想""试试看""你能行";当学生退步落后时,及时指点"掉队了""加加油""赶上去"。我们让每一位学生都能体会到自己在某个方面付出了努力就能获得公正客观的评价,让每一位学生都能从激励性评价中感受到老师的殷切期望,从而产生学习动力。

（六）评价主体多元化

1.自评与互评相结合

课题组设计的学习过程积分表,其中预习内容、学习签到、连麦互动以及课后展示里的总结等,这些内容都是学生根据自己的表现,对比其他人的展示进行的自我评价。而预习中的书写、课后笔记展示、课后晒圈等内容则是同学间的相互评价。通过互评学生能很容易发现自己与别人的差距,从而产生看齐的动力。

2.师评与生评相结合

只有学生的评价是不完整的评价,教师的评价对学生学习知识更有引导意义。在上述习作学习过程积分表里,课后练学展示里有两项最重要的评价就来自师评:背诵和绘展,这两项评价是老师以专业的眼光判断学生作文是否达标,给学生提供了针对性的学习指导。

3.家长评与社会评适当参与

虽然自评、互评、师评已经让我们的评价达到了预期目标,但是为了促进家校合力,激发家长对学生学习的关注,家长适当地参与评价也有很大的积极意义。例如作文评价任务中的晒圈一项,就是家长评价与社会评价的完美结合。在一位妈妈晒出孩子的作文展示后,自己先评论说"孩子的字体仍需加大练习",这就给孩子指出了努力的方向;而家长的朋友在评论区里接着说"想象力真丰富! 继续努力!",这就给了孩子正面的鼓励。

评价主体多元化,加强自评、互评,并与他评有机结合起来,使评价成为学生、教师及家长共同参与的交互活动。这样,可以使评价信息的来源更为丰富,评价结果更加全面、真实;同时有利于促进学生的自我评价、自我反思、自我调节、自我完善、自我发展等能力的提升。

四、研究成效

（一）形成了一套行之有效的教学激励和评价策略

从课堂流程到目标评价,从学习过程到评价激励,从评价方式到评价主体,激励评价流程化、目标评价一体化、学习过程积分化、奖励实施民主化、评价方式多样化、评价主体多元化,一套行之有效的教学激励和评价策略极大地激发了小学中段学生参与线上教学的自觉性与主动性,提高了学生的课堂自我规划和自我管理意识,线上学习低效的现状也得到了改善,同时也为其他学科的线上教学激励与评价提供了可以借鉴的范本。

（二）课题组成员教研水平显著提高

经过近一年的研究,课题组成员的教研水平、理论水平、专业素养、协作能力在一定程度上有了显著提高。

（三）学生的自我认知能力增强,学习目标更加明确

经过反复的实践,课题组发现,在钉钉线上作文教学过程中,无论是课前的预习签到、课堂上的连线互动,还是课后的学习成果展示,每个学生心里都会清楚地认识到,本节课要完成什么样的任务才算达标,任务完成到什么样的程度才会得到积分奖励。然后在教学过程中,学生会自觉地、不遗余力地朝着既定的目标前进,上课时的专注力和学习效率逐步提升,良好的学习习惯和学习能力也在潜移默化中得到了培养。

（四）学生参与课堂的积极性显著提高,线上教学的目标达成度明显增高

在线上教学的过程中,我们采用多种多样的展示方式,这种评价方式的多样化增强了学生参与课堂的积极性。比如展示预习资料、晒课堂笔记、分享一堂课的自评总结、晒学习视频等,展示方式的多样化给学生提供了更多的表现自我的机会,增加了课堂的趣味性,让学生充分融入课堂,从心理上对课堂产生浓厚的兴趣,做课堂的主人,每人每节课都有所得。

课堂评价不仅只有师评,还有自评、互评、家长评等,学生可以感受到来自不同角度、不同层级的评价。通过评价,带给自己下一步参与课堂的动力,在评价中受到鼓励与启发,发现自我,明确下一步目标,从而更加积极地成长。

在学习过程中,学生通过晒预习资料、晒笔记、晒总结、晒成果等步骤,一步步、一次次地对学习知识进行回顾,在回顾总结中完善,在完善展示中掌握。通过多重环节的巩固,学生的习作能力明显增强,课堂目标达成度明显增高。

五、存在的问题及下一步计划

（一）存在的问题

1.缺乏理论深度,课题组成员的理论修养仍需加强

在课题研究的过程中,课题组成员也利用多种方式进行了大量的学习,采取了各种各样的方法及措施,做了大量的工作,但策略的提出依然理论性不强,没能形成一个系统的整体。同时,论述中做法居多,经验的提炼缺乏理论深度,语言表达稍显稚嫩。

2.激励性措施单一,需加大调研力度进一步完善

课题组的主要任务是要依据学情,结合学生自身的特点,在线上教学时采取不

同的激励策略,促进学生积极参与课堂,自主学习。但具体到激励手段来说,目前所采用的积分制还比较单一,还有哪些更好的激励方式与手段,依然是课题组需要深入思考的问题。

3.线上教学的有效使用及普及性问题仍需探索

随着疫情的稳定,加上小学教育和小学生自身的特点,线上教学不可能大面积实施。但鉴于其自身具备的某些优点,不可否认它也是未来教育发展的一种趋势。因此,如何将线上教学与线下教学进行整体规划,教学内容如何形成一个系统,依然还需探索。

(二)下一步计划

1.增强理论修养,为课题提供强有力的理论支撑

课题组成员将继续整理搜集有关资料,进行分析,提炼概括,对整个研究过程进行理论指导。

2.完善各阶段措施,在实践中总结反思

结合小学中段学生的特点,扎实系统地研究教材、研究课堂,同时在实践中总结反思,进一步完善各种激励评价措施,使之成为具有借鉴意义的、能够普遍推广的策略和方法。

3.积极探究线上教学与线下教学的有机结合

综合现代社会和科技的发展,未来的教育必然是线上教育与线下教育的有机融合。对学生而言,这也是学习的一条必然之路。课题组将继续探究两者之间的有机结合,使其相互补充,互为支撑。

参考文献

[1]中华人民共和国教育部.义务教育语文课程标准(2011年版)[M].北京:北京师范大学出版社,2012.

[2]李琼.小学生语文核心素养评价[M].合肥:黄山书社,2018.

[3]孙素英,柏春庆,张娜.小学语文有效学习评价[M].北京:北京师范大学出版社,2015.

[4]卢臻,许巧枝,康明达.教—学—评一体化教学:目标与设计[M].郑州:河南科学技术出版社,2017.

(本文为2020年度郑州教育科学重点课题,获科研成果一等奖,课题研究单位:郑州市上街区外国语小学,课题负责人:崔延萍,课题组成员:岳朝军、范惠霞、王明莉、雷君凡)

基于语文核心素养的小学"花瓣式"写作教学策略研究

一、研究背景

美国未来学家约翰·奈斯比特在其著作《大趋势》中曾断言："在这个文字愈来愈密集(Literacy-Intensive)的社会,我们比以往任何时候都更需要读写技巧。"学会写作,是一个人记录、感悟生活和进行创作的必备能力。

可目前写作教学却普遍存在以下困境:

(1)学生对写作抱有恐惧心理,缺乏写作兴趣——不想写。原因是学生对写作目的抱有错误的认知,认为写作是为了完成老师布置的任务,是为了获取好成绩。

(2)学生写作无思路、颠三倒四、文理不通——写不好。原因是学生的听、说、读、写能力比较欠缺,也就是其语文核心素养还没有得到充分的培养,写作如"空中楼阁"。

(3)学生假话作文现象严重,缺乏真情实感——写不真。原因是学生缺乏生活体验,缺乏对生活的观察和感悟。

(4)大部分教师在写作教学方面存在短板——教不好。原因是教师缺乏写作教学策略。

二、研究过程

表 1　课题研究过程

时间	研究过程
	前期阶段
2020 年 3 月—6 月	确定研究方向,成立课题组
	讨论课题整体研究方案;撰写立项申请书,申报立项
	成功通过立项;查阅相关文献,细化研究思路
	撰写开题报告;参加开题论证会议,根据专家评议要点,调整课题研究内容与下一步研究思路;上传中期报告资料
	中期阶段
2020 年 7 月—12 月	研读《中国学生发展核心素养》与《小学语文核心素养》(习作教学之本)
	编写写作情况调查报告(学生版),了解目前学生们的写作困境
	编写写作情况调查报告(教师版),了解目前教师们的写作教学困惑

时 间	研究过程
2020 年 7 月—12 月	课题组教师研究撰写学术论文,更新写作教学理念
	研读《义务教育语文课程标准》与部编版语文教材,明确各年级写作教学目标
	例会研讨"花瓣式"写作教学策略:以思构写、以听诱写、先说后写、读写结合、写作实践、以评促写
	分类分段,研讨"花瓣式"写作教学策略的具体运用:写事篇、写人篇、写景篇
	专家引领,课堂碰撞:启动"夹心教研计划",智慧化提升教师写作教学水平
	梳理成果,撰写中期报告;举行中期报告会;上传中期报告资料
后期阶段	
2021 年 1 月—4 月	写作比拼,组织作文大赛,汇编《新叶》校园文学期刊,参与各级投稿
	收集整理过程性资料,注重成果转化
	撰写结题报告,邀请相关专家指导
	完善结题报告,上传结项资料

三、主要做法和经验

（一）编写写作情况调查报告（学生版），了解目前学生们的写作困境

（1）写作水平:9％左右的学生认为自己的写作水平较差;47％左右的学生认为自己的写作水平一般;36％左右的学生认为自己的写作水平良好;而只有8％的同学认为自己的写作水平优秀。换言之,大部分学生的写作水平还有很大的提升空间。

（2）写作动机:70％左右的学生将写作动机归因为老师布置就写;11％左右的学生每周进行写作;10％左右的学生是兴趣来了就写;而只有9％左右的学生是每天进行写作。换言之,大部分学生的写作动机不强。

（3）写作困境:65％左右的学生在写作文时感觉没有思路,不知道写什么;49％左右的学生觉得写的没意思,没有好词好句;31％左右的学生审题不清、作文离题;29％左右的学生觉得写不够老师要求的字数。简言之,写作无思路、词句匮乏、审题立意不清等是学生写作中的几大"拦路虎"。

（二）编写写作情况调查报告（教师版），了解目前教师们的写作教学困惑

（1）90％以上的教师认同培养学生的语文核心素养与提升其写作能力之间有着非常紧密的联系。

（2）教师们认为学生在以下方面做得不好（按难易程度依次排序）：不知道写什么；心里有话却写不出来；语句不美，文采不够；结构松散，像流水账；拼凑字数，不能写出真情实感。

（3）教师们认为目前在写作教学中主要有以下困难（按难易程度依次排序）：缺少新策略；缺少新材料和新内容；学生缺少兴趣与积极性；教材过于笼统，不会教。

（4）目前，教师们对写作教学主要存在以下困惑：有没有一套完整的习作教学策略可供教师参考；多让学生借鉴优秀篇章到底是好还是坏；如何让学生将写作技巧用于自己的习作中；如何提高学生的积极性，等等。

基于以上结果，我们了解到，目前教师们在写作教学策略和写作技巧、方法、思路，以及语言表达、写作兴趣等诸多方面存在较大的困惑。简言之，大部分教师目前感觉写作教学无章可循。

（三）研读《义务教育语文课程标准》与部编版语文教材，明确各年级写作教学目标

有了明确的目标才能谈实用的策略。通过研读《义务教育语文课程标准》，我们以部编版三、四、五、六年级上册教材为例，确定了三至六年级每篇习作的教学目标。

表 2　各年级习作教学目标

部编版三年级上册习作教学目标		
习作来源	习作题目	习作目标
第一单元习作	《猜猜他是谁》	重点写出人物特别的地方
第二单元习作	《写日记》	坚持写日记，清楚地记录日常生活中的点点滴滴
第三单元习作	《我来编童话》	根据提示词大胆想象，编写童话故事
第四单元习作	《续写故事》	看图续写故事，续写内容合乎故事情节的发展
第五单元习作	《我们眼中的缤纷世界》	观察身边的事物，把印象最深的一件事物或一处场景写下来

部编版三年级上册习作教学目标

习作来源	习作题目	习作目标
第六单元习作	《这儿真美》	通过细致观察,具体生动地介绍一处美景
第七单元习作	《我有一个想法》	通过观察生活中的一些现象,提出自己的想法并清楚明了地写出来
第八单元习作	《那次玩得真高兴》	回想玩得最开心的一次经历,将玩的过程和玩时的心情具体生动地写出来

部编版四年级上册习作教学目标

习作来源	习作题目	习作目标
第一单元习作	《推荐一个好地方》	清楚地推荐自己喜欢的一个好地方,写出这个地方的迷人之处
第二单元习作	《小小"动物园"》	生动有趣地描写出家庭成员的人物形象和特点,力求写出感情
第三单元习作	《写观察日记》	细致地观察一个事物,详细地记录观察变化和过程,并记录当时的观察心情和感受
第四单元习作	《我和_____过一天》	想象自己和一位神话人物过一天,生动有趣地编写这一天的故事
第五单元习作	《生活万花筒》	选择一件印象深刻的事,并按照一定的顺序把事情写清楚
第六单元习作	《记一次游戏》	把一次游戏经历写清楚,记录当时的心情和感受
第七单元习作	《写信》	学习用真挚情感给自己的亲朋好友写封信,注意书信格式
第八单元习作	《我的心儿怦怦跳》	写清楚一件令自己难忘的经历,并记录当时的感受

部编版五年级上册习作教学目标

习作来源	习作题目	习作目标
第一单元习作	《我的心爱之物》	围绕心爱之物,写出自己的喜爱之情
第二单元习作	《"漫画"老师》	写出老师的特点

部编版五年级上册习作教学目标		
习作来源	习作题目	习作目标
第三单元习作	《缩写故事》	把故事缩写成一个简短的故事
第四单元习作	《二十年后的家乡》	按照自己编写的习作提纲，分段叙述，把重点部分写具体
第五单元习作	《介绍一种事物》	从几个方面清楚介绍要写的事物
第六单元习作	《我想对您说》	把要说的心里话写成一封信
第七单元习作	《_____即景》	写出景物变化，写下观察所得
第八单元习作	《推荐一本书》	生动地向伙伴们推荐一本书
部编版六年级上册习作教学目标		
习作来源	习作题目	习作目标
第一单元习作	《变形记》	发挥想象，把"变形"经历写详细
第二单元习作	《多彩的活动》	围绕活动过程、场面、人物表现和体会，写一次活动
第三单元习作	《_____让生活更美好》	把让你觉得生活更美好的原因写具体
第四单元习作	《笔尖流出的故事》	根据情境，创编故事
第五单元习作	《围绕中心意思写》	围绕中心意思，从不同方面或选择不同的事例来写
第六单元习作	《学写倡议书》	写一份倡议书
第七单元习作	《我的拿手好戏》	写自己的拿手好戏
第八单元习作	《有你，真好》	对"你"，表达自己的真情实感

（四）基于语文核心素养，研究"花瓣式"写作教学策略

花有花心和花瓣，花瓣离不开花心，有了花心才有花瓣的盛开；花心也离不开花瓣，当花瓣一片片随风而逝，花心就会枯萎死亡。它们相辅相成，互相供给养分，使花朵能美丽绽放。

在写作教学中，"思"指思想、思路，是写作能力的核心；"听、说、读、写、评"五项能力相辅相成，共同促进"思"的发展。在写作教学模式中，只有将"思"（花心）和"听、说、读、写、评"（花瓣）这六种能力有机结合起来，使它们相互促进、相互汲取语言养

分、共同发展,才能逐步提升学生的综合写作能力,进而培养学生的语文核心素养。

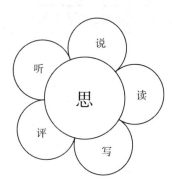

图 1 "花瓣式"写作教学策略

1. 思——以思构写

(1)以思构写——思立意、思思路、思观察、思想象、思情感。

"思"是写作的"花心"。调查结果显示,写作无思路、审题立意不清等是学生写作中的两大"拦路虎"。以思构写是第一位。

对于小学中段学生来说,思立意是指要仔细阅读习作题目要求,围绕要求进行思考,做到不跑题。接着是思思路,思思路是指要在写作之前,理清习作的脉络与结构,做到思路清晰。接下来要根据习作文章类型去思观察、思想象、思情感。例如,在写《这儿真美》时,思观察就成了最重要的一环,只有做到细致观察才能写得具体生动;在写《我来编童话》时,思想象就成了最重要的一环,只有大胆想象,才能写出动人的童话。

(2)以思构写——借助思维导图。

研究表明,思维导图能够帮助学生构思写作思路,明确写作结构。以部编版三年级习作教学为例,发现思维导图能够有效促进学生的思维品质和思维能力的提升,在审题立意、构思写作思路方面具有非常显著的作用。

2. 听——以听诱写

(1)以听诱写——听音乐、听朗诵。

听是说、读、写的基础。听音乐、听朗诵,能够激发写作兴趣。例如教《续写故事》时,教师可以通过有感情地朗诵范文将学生带入故事情节中去,通过朗诵去感受故事中人物的真实情感,才能续写出动人的故事。

(2)以听诱写——"澳式四阶段听写法"。

①"头脑风暴"阶段:教师只给出范文题目,让学生进行头脑风暴,猜测接下来的内容。

②听写阶段:教师范读文本两遍,第一遍学生只听不写,只需把握好文章的思想和氛围;第二遍边听边写,记下关键词。

③创作阶段:学生借助关键词,用自己的话说文本,说给小组成员听。

④评析更正阶段:教师出示原文,让学生对照原文与自己创作的文本,找出自己的不足之处。

3.说——先说后写

(1)先说后写——说词汇、说句子、说语篇。

会说才会写,"说"分为三步:说词汇、说句子、说语篇。说词汇主要是引导学生说丰富的词汇,主要表现为学生在描述同一事物的动作、现象或特点等时能说出同义不同词的词语,并能在固定的语境中推敲斟酌用哪个词语更好。说句子主要是引导学生将句子说正确、说通顺,当出现有语法结构上的错误时,教师要及时纠正,让学生把句子说正确、说通顺。说语篇主要是引导学生将语篇说得有逻辑、结构合理、层次分明。

(2)先说后写——借助看图说话。

教师可充分借助看图说话来让学生进行说词汇、说句子和说语篇的训练。对于中段学生可采用一些故事情节比较复杂的图画进行说话训练。例如在教《续写故事》时,教师可充分利用图画来引导学生先说词汇,再说句子,最后说语篇。说好了才能写好,先说后写,写作教学就会事半功倍。

4.读——读写结合

(1)读写结合——读文本构思、读文本情感、读文本资源。

叶圣陶先生曾说:"阅读是吸收,写作是倾吐。"阅读对写作有着甚为重要的作用。我们认为阅读应该读文本构思、读文本情感、读文本资源。语文是浩瀚的海洋,教师应大力鼓励学生大量地阅读经典、名家作品、诗词名篇,让学生在阅读熏陶中重点读名家的文本是如何构思的、是如何传达情感的,同时要吸收文本资源,积累好词好句、好段好篇,形成自己的写作资源库。

(2)读写结合——借助群文阅读。

教师要充分借助群文阅读来启发学生开拓思维、大胆想象、仔细思辨,从而形成自我的文章。例如在教学《我来编童话》时,教材在本单元安排了大量的童话范文,教师可充分利用这些想象类作文启发学生开拓思维、大胆想象,形成自己的童话故事。

5.写——写作实践

(1)仿写——习得语言。

仿写是写作的初级形式,主要是对句子、段落进行仿写。仿写句子主要是学习句子所用的修辞手法或句式特点;仿写段落主要是学习段落的基本形式与语句的组织方式。仿写可以让学生习得语言能力。

(2)改写——发展语言。

改写是写作的中级形式,主要包括缩写、扩写、续写。缩写是指学生充分把握文本的主干思想,只留下精髓部分;扩写是指学生深入文本、充分想象,运用丰富的词汇与优美的语句把文本写得更具体生动;续写是指学生深入文本、根据故事情节的发展合理想象,让文本更完整生动。

(3)创写——形成个人语言。

在经过了大量仿写、改写之后,教师可根据实际情况进行"道"的指导,包括对文本立意、思路、结构、语言表现以及写作手法等的分析,积极引导学生进行群文阅读,在大量阅读中边思考边积累,取其精华,并与自我语言相融合,最终形成具有个人风格的文章。

6.评——以评改写

(1)以评改写——评立意、评结构、评取材、评语句表达。

评,能让写作之花更加绚烂。评立意主要是指写作能够围绕题目来写,不跑题;评结构主要是指结构要合理、思路要清晰、层次要分明;评取材主要看习作取材是否围绕主题进行;评语句表达主要看字词、标点符号运用是否正确、语句表达是否通顺,并力求做到具体生动。

(2)以评改写——"四步螺旋点评法"。

①生生间回帖评。在习作讲评前,让学生在单页作文纸上自主写作。写完之后,教师将学生作文展示在班级展板上,学生们可以选择自己感兴趣的习作进行回帖式点评。

②小组内朗读评。经过生生间回帖评之后,学生们都对他人的习作有了初步的评价。上习作讲评课时,以4人为一小组(习作水平高、中、低各1、2、1名),小组内朗读,评选出优秀习作。

③小组间交叉评。教师收取小组优秀习作,随机打乱后发给其他小组,之后小组再点评。

④师生间展示评。最后推选出2—3篇优秀习作(尽量风格不同)在全班予以展示,教师带领学生一起点评,让文章成为作品。

（五）分类分段研讨"花瓣式"写作教学策略的具体运用

课题组老师选取了写人、写事、写景类的各年段习作教学例文，具体运用"花瓣式"写作教学策略，下面以写事类为例说明。

1.《续写故事》（三年级）

（1）教学目标。

引导学生观察图画预测故事，想象接下来会发生什么；锻炼学生的语言能力，培养学生的想象力；能够把故事续编完整，并且能尽量做到续编的故事生动有趣。

（2）"花瓣式"写作教学策略的具体运用。

"思"：思考前三幅图画的内容，认真观察；思生活，联系自己的生活经验和生活实际；想象接下来会发生什么故事，有条理地思考。

"听"：听音乐《生日歌》；听习作要求；听前三幅图画的口头描述；听范文；听评价；听别人的习作。

"说"：说前三幅图片的内容；说图中讲了一件什么事；说听了他人习作后的感受；说接下来会发生什么事。

"读"：读习作要求；读范文；读同伴的习作。

"写"：根据图片内容分段书写；根据之前的口头描述，将说转化为"写"，将口头作文物化成文。

"评"：师生共同评价谁的描述更具体生动；评谁的想象更丰富；评谁的故事更完整；评价好词好句。

（3）评价标准。

想象丰富，故事发展合理，按照故事发生的顺序续写；情节完整，续写后故事完整；尽量描述生动形象；过程性评价中注重"思"图片：观察细致，想象合理；注重"说"：将图片内容和续写故事讲出来。

2.《生活万花筒》（四年级）

（1）教学目标。

让学生分享成长中的故事，记录生活中印象深刻的事；能把事情的起因、经过、结果写清楚；写完后读给同学听，请同学说说这件事是否写清楚了，再根据意见修改。

（2）"花瓣式"写作教学策略的具体运用。

"思"：以图表大纲或思维导图的形式思考事情发展的顺序，组织作文结构。

"听"：听习作要求；听范文；听同伴的作文；听同伴给自己作文提出的意见。

"说"：说自己经历的印象最深的事情；说事情发生的过程。

"读"：读书写提示；大声朗读自己的作文；把自己写好的作文读给别人听。

"写"：在学习单上写出自己或感动不已或捧腹大笑或羞愧难当的事情；填写课本上事情起因、经过、结果的表格；书写构思好的作文；参考同学的建议修改作文；给同伴标注好词好句，写评语。

"评"：小组内、跨组、师生评价。评价事情是否按照起因、经过、结果的顺序描述；评价题目是否紧扣作文内容；评价使用的好词好句；评价哪个同学的评价到位、新颖。

（3）评价标准。

能按照一定顺序（起因、经过、结果）把事情写清楚；尝试把事情写具体；过程性评价中注重"思"顺序：按照故事发展的顺序理思路；注重"写"：按照事情发展的顺序分自然段写清楚；注重"读"：乐于读别人的作文，彼此分享。

3.《多彩的活动》（六年级）

（1）教学目标。

用点面结合的方法记一次多彩的活动，写清楚活动的过程；把活动过程中印象深刻的部分作为重点来写，并记录自己在活动中的体会；培养学生互评习作、自主修改习作的能力。

（2）"花瓣式"写作教学策略的具体运用。

"思"：思考生活经历中印象深刻的一次活动；用思维导图的方式思考活动时间、地点、参与人员、活动场面、过程、自己的体会；思考哪些需要详细描述，哪些可以略写。

"听"：听同伴的生活经历；听写作要点；听范文的表述方法；听同伴的作文；听师生的评价。

"说"：说自己印象最深的活动；重点说说自己的体会。

"读"：大声朗读自己的作文；读同伴的作文。

"写"：写思维导图；书写作文；修改自己的习作；勾画评价别人的作文。

"评"：小组内、跨组、师生评价。评价所写的活动是否用点面结合的方法，讲清楚过程，对重要场面进行详细描述；评价是否写出了自己的体会；评价使用的好词好句；评价哪个同学的评价到位、新颖。

（3）评价标准。

用点面结合的方法记一次多彩的活动，写清楚活动的过程；能把活动过程中印象深刻的部分详细来写；能发表自己在活动中的体会；过程性评价中注重"思"的全面和清晰：整体场景、重要场面、人物表现、作者体会等多线贯穿；注重"写"：结构清晰,把重点场景描写精彩;注重"评":会对他人的作文进行书面评价,全面而深刻。

(六)专家引领,课堂实践"花瓣式"写作教学策略

第一步,通过课题组在全校宣传推广阶段研究成果,开启习作教研之旅。

第二步,三年级老师做一个开篇的例子,上习作公开课并集体教研,收集习作问题。

第三步,由教研专家做一次深度的线上讲座《习作教学,教什么》,解决教学问题。

第四步,四年级老师做一次教学碰撞,与兄弟学校老师同课异构讲授并远程教研,完善教学策略。

第五步,由华中师范大学附属小学写作教学专家陶佳喜老师上示范课《创意作文教学研讨课》,讲授教学艺术。

第六步,五、六年级老师做一出精彩的汇报,邀请教研专家参与教研,提升教学水平。

四、研究成效

(一)理论成效

1.形成了基于语文核心素养的"花瓣式"写作教学策略

(1)能够全面培养学生的语文核心素养。它是对写作教学策略的有机整合,以提升学生的写作能力为核心,同时又能够全面地促进学生的听、说、读、写、评与思辨力、想象力、观察力等各种思维能力,从而全面培养学生的语文核心素养。

(2)以评促写,研究出了"四步螺旋点评法"。生生间回帖评、小组内朗读评、小组间交叉评、师生间展示评,这四步点评以学生为中心,注重小组合作学习,点评难度循序渐进,学生在这个过程中逐渐形成了自己对优秀习作的见解,极大地激发了其写作欲望,提升了其点评能力。

2.形成了关于写作教学的论文集

(1)前期论文成果:《小学生"假话作文"有效教学思考》。

(2)中期论文成果:《对比中外写作课程标准浅谈写作教育理念》。

(3)后期论文成果:《基于语文核心素养的"花瓣式"写作教学策略研究》。

(二)实践成效

(1)真正以生为本,化被动为主动,激发了学生们的写作兴趣,提升了其写作能力。同时,学生的思维能力与听、说、读、写、评能力得到提升,培养了学生的语文核心素养。

（2）教师们有了一整套写作教学策略，写作教学更加有章可循。

（3）形成了渗透"花瓣式"写作策略的实践课例，如《我的心儿怦怦跳——难忘之时》《奇妙的想象》等。

（4）形成了学生习作作品集。一大批学生参加了学校作文大赛，作品被选入《新叶》校园文学期刊。

（5）学生作品在郑州市中小学生网上作文大赛中获奖。

五、存在的问题及下一步打算

（一）存在的问题

（1）研究对象数量不够多。本课题的研究范围只限于课题组三位教师所在班级，研究对象数量不够多。

（2）没有关注所有习作类型的作文写作指导。本次研究注重了对于记叙文、写景文和议论文的指导，缺少对说明文等实用性文体的指导。

（二）下一步打算

（1）扩大研究对象。

（2）注重成果的转化与推广。

（3）为学生提供更广阔的舞台，让其更乐于写作。

（本文为 2020 年度郑州教育科学重点课题，获科研成果一等奖，课题研究单位：郑州高新技术产业开发区实验小学，课题负责人：王珂，课题组成员：苗浩、楚真真、陈雅文、杜孝南）

部编版教材下小学高段语文读写结合教学策略研究

一、研究背景

在这个经济发展日新月异的时代,我们每一天都被大量的信息充斥着,如何培养出与时代要求相契合的学生值得每一个教育者深思。根据新课标的相关要求,现代公民不仅要有良好的文学素养,还要具备基本的语言表达能力和理解能力,语文教育应为祖国的现代化建设培养接班人,在《义务教育语文课程标准(2011年版)》中,对小学高段的学生提出了具体的阅读和写作目标。"读"与"写"是我们提高文学修养和表达能力的必修课,阅读是对书面知识的内化吸收,而写作则是对知识的进一步运用和情感的外化表达。由此可见,阅读与写作的重要性不容小觑。

自2019年9月初新学期开始后,部编版教材就逐渐取代其他版本的教材登上舞台,"部编版"顾名思义是指由教育部直接组织编写的教材,是更加能体现新课改理念的质量更高的教材。新教材的使用具有十分重大的意义,也是今后的一个趋势。然而,无论是教师还是学生,对新教材都需要有一个适应过程,尤其是对小学高年级语文教师来说,怎样教学才能发挥出部编版教材的更大价值,使学生在阅读和写作方面有更大的提高,这也是一个亟待解决的问题。因此一套系统且成熟的以部编版教材为依托的读写结合教学策略显得尤为必要!

在日常的读写结合教学实践中,大多数教师并没有妥善协调好阅读与写作的关系,部分教师一味地注重阅读方法的传授而随意占用习作时间,或者随意设计练笔题目,这样不仅实现不了读写结合的实质性效果,还会徒增学生的学习负担,因此,如果读写结合不能有效落实,不管老师多么劳心劳力,学生的写作和阅读水平也很难达到理想效果。

经过课题组成员深层次思考,反复研讨,为了更有效地解决读写结合教学的种种弊端,我们最终将课题锁定为《部编版教材下小学高段语文读写结合教学策略研究》。本研究课题一提出,学校领导就给予了很大的肯定,从人员配备、活动场所选定、研究过程探讨等多方面给予支持。2020年3月我们成立了课题研究小组,以五、六年级的学生为研究对象,开始了研究。

二、研究过程

(一)可行性论证阶段(2020年3月—4月)

(1)建立课题组织,召开课题会议,进行与课题相关的文献资料整理与学习,明确目前国内外的研究现状。

（2）完成核心概念的界定。

（3）以"部编版教材下小学高段语文读写结合教学策略研究"为研究方向，商讨开展课题研究的行动方案，研讨并确定开展课题研究的主要策略。

（二）实践探索阶段（2020年5月—2021年2月）

（1）研究制订详细的执行计划，为后期研究提供具体可实施的方案。

（2）学习教育类相关著作，提升教育管理的专业能力及科研能力，提高课题组成员对课题理论知识的认识。

（3）通过访谈、问卷调查等方式对我校高年级师生进行调查，了解读写结合教学现状。

（4）总结出高年级语文读写结合教学训练中存在的问题，结合部编版教材的编排特点，论证建构小学高段读写结合教学策略研究的合理性。

（5）基于课题内容，分工合作，搜集、整理资料，研读《义务教育语文课程标准》，分析部编版小学语文教材中的读写结合资源及相关文献资料，挖掘教材中读写结合的切入点，构建基于部编版教材的读写结合教学策略研究方案。

（6）积极撰写有价值的总结报告，在日常教学中进行读写结合的实践并提供真实生动的教学案例，在实践中完善课题研究方案。

（三）总结阶段（2021年2月—5月）

（1）对研究成果进行实地验证，以郑州市郑东新区龙子湖小学高年级为对象，对一年来的学业水平进行跟踪调查，对其任课教师进行访谈，检验研究成果。

（2）在课堂教学中获得真实的研究资料，对课堂教学中的读写结合教学案例进行分析，整理出一套成熟完备的针对部编版教材特点的读写结合教学策略。

（3）在校内及区域内推广研究成果，验证研究结果的适用性，并再次反思完善该研究。

三、主要做法和经验

在具体的研究过程中，本课题主要从"教学目标""教学方式""教学内容""教学评价"四个方面来进行小学高段语文读写结合教学实施策略的实践探索。

（一）精准定位教学目标

教师在进行教学设计时应充分重视阅读与写作之间的紧密联系，在课文讲解时，要立足文本，启发学生深入思考，体会作者表达的思想情感，在阅读的同时积累写作素材并灵活运用，达到触类旁通，这就要求我们做到以下三点：

　　一是引导学生关注常用的修辞方法。在小学高年级阶段,课文内涵并不是很深刻,文章的句子又极其优美,这就告诉我们在进行文本解读时要关注文中的好词好句,引导学生体会修辞的表达效果,比如排比句式表示突出强调、比喻句生动形象、反问可以引发读者思考并加强语气、拟人化的语言充满趣味性,引导学生品味语言的精华所在。

　　二是引导学生关注文章的结构。小学高年级的课文简单易懂,层次清晰,使人一目了然。比如非常出名的一篇文章《桂林山水》使用的就是最常用的总分总结构,学完这一课之后,教师可以引导学生参考《桂林山水》的文章结构进行仿写,描写自己家乡的旅游景点,将上课所学的写作手法运用到自己的写作中。

　　三是引导学生关注文章的写作方法。笔者在执教《穷人》一文时,指导学生学习了侧面描写这一写作方法,在文中列夫托尔斯泰把屋外寒风凛冽与屋里的温暖整洁进行对比,侧面烘托了桑娜的勤劳能干,笔者便引导学生用侧面描写的方法写一写自己母亲的勤劳,但是文中不能出现勤劳两个字,比一比谁写得最精彩,学生的积极性明显提高。除了侧面描写,我们还学习了很多写作手法,比如详略得当、虚实结合、前后照应和埋下伏笔等。

(二)丰富教学方式

1.创设学习小组

　　根据新课标的相关要求,在小学阶段我们应当培养学生的自主、合作、探究等能力,而创设学习小组,有助于学生合作探究能力的提高。在新时代的环境背景下,一线教师应注重培养学生的开创意识以及合作精神。简单来说,创设学习小组有以下优点:

　　一是调动学生的积极性。学生对写作存在畏惧心理是普遍现象,一方面是不知道写些什么,另一方面则是篇幅较短,语无伦次。通过小组合作的形式,学生可以发散思维,与成员沟通写作技巧和写作内容。小组合作将会注入一股新鲜的活力,同学们你一言我一语,讨论的热情持续高涨,同时引导学生把关键词和框架记录下来,以便填充和写作。学生的积极性一旦提高,写作热情将会被点燃,或许写作质量不那么高,但一定会摆脱无话可写的尴尬局面。

　　二是激发学生思考,产生头脑风暴。如何跳出狭窄的思维空间,开创更广阔的天地?通过小组合作的方式,学生搜集到更多有用的信息,不但可以用到作文写作中,还能提高自己的文学素养。当一群人围绕一个问题提出不同的观点时,学生就能够更自由地思考,从而产生更多的观点和想法,语言表达能力也会随之提升。

2.创设练笔情境

一线教师在进行写作教学时,一定要创设写作的情境,潜移默化地影响学生的写作。教师可以使用多媒体课件,如图片的烘托、音乐的渲染等,当然也可以借助语言辅助,让学生写出自己的真情实感。通过笔者在本班的实践证明,创设情境有助于学生更好地完成写作。在写作前,教师要给予充分的讲解,打开学生记忆的大门,调动其写作热情,这样会取得良好的效果。

例如,一次习作的要求是请给自己的老师写一封信,虽然这次习作的题目很简单,但是很多同学还是感到无从下手,在教学过程中,笔者通过言语渲染创设情景,让此次习作更加贴近学生的生活实际,比如,采用提问的方式"亲爱的同学们,我们相处的时间剩余不到半年了,回忆小学的美好时光,你感受最深的场景和事情是什么? 回想我们在一起共度的美好时光,你有什么深刻的感受?"通过创设情境,学生的写作热情被点燃了,同时也取得了明显的写作效果。

(三)深度挖掘教学内容

1.因文而异进行读写结合训练

小学高年级教材文体形式丰富,相比低中年级,高年级的文本更趋向延伸性和拓展性,文体意识逐渐增强。而且新课标在文体意识方面对学生提出了更高的要求,作为一线教师,在平常的教学过程中更要潜移默化地向学生渗透文体意识,依据文章的文体采用不同的读写结合方法,因文而异进行读写结合的相关训练,有助于学生打好基础,为更深度地学习做好准备。

以部编版六年级上册教材为例,写景类的文章有《草原》《丁香结》《花之歌》等,教师可以对课文中经典的写景段落进行分析,再选择恰当的读写结合点进行教学。学生在写作时首先要按照一定的顺序对景物进行描写,并恰当地运用修辞手法突出其主要特点,同时融入自己的感情,从而达到融情于景的效果。例如,作家老舍的《草原》中描写草原风光美的句子:

羊群一会儿上了小丘,一会儿又下来……好像回味着草原的无限乐趣。

这段文字描写的是作者老舍首次访问内蒙古大草原的场景,修辞手法的运用给人以身临其境之感。笔者通过分析文本,结合草原图片和语言渲染等方式调动学生练笔的积极性,以"校园的月季"为例,让学生进行描写。效果如下:

学校北边的空地上,生长着种类繁多、颜色各异的月季:有莹白如雪的白月季,有热情如火的红月季……在这些各种各样的月季花中,有的向我们大大方方地展示自己妖娆的身姿,有些却低着头躲在嫩绿的叶子下面悄悄地玩捉迷藏,恰似一个个害羞的姑娘……

　　学生通过借鉴老舍先生对草原的描写手法,对校园的月季展开了生动的描写,同时运用恰当的修辞手法描绘了一幅娇艳欲滴的月季图。对月季进行细致入微的描写必定要经过仔细的观察,学生在写作的过程中又渗透着自己的喜爱之情,给人留下了深刻的印象。

　　2.挖掘单元读写结合点

　　部编版教材六年级下册第一单元的单元主题是"十里不同风,百里不同俗",这一单元对学生提出的要求是:一是体会内容的主次,体会作者是如何详写主要部分的;二是习作时注意抓住特点,写出特点。故挖掘读写结合的训练点如下:

表1　部编版教材六年级下册第一单元读写结合训练点一览表

单元主题	课题	读写结合训练点	具体训练内容	训练方法
家乡的风俗	《北京的春节》	1.通过学习课文,了解各地的民风民俗 2.仿照课文的写法,介绍当地的民风民俗 3.在习作中学会运用重点突出、详略得当的写作手法	按照一定顺序,使用详略得当的写作方法	仿写
	《腊八粥》		仿照让人垂涎欲滴的腊八粥,写一写你喜欢的食物	改写
	《古诗三首》			
	《藏戏》		巧用反问句式的表达方式	仿写

　　以部编版教材六年级下册第一单元为例,教师要在读写结合的基础上把握教材的单元教学,根据学生的身心发展规律,引导学生树立教材整体观,加强课文与课文之间的整合,注重单元设计,使学生的能力得到有效提升,感受语言文字的魅力所在。

　　3.写作资源尽量联系生活经验

　　在我们的周围有着极为丰富的写作资源,这就要求我们在指导学生写作时要联系学生的生活实际,最好是亲身经历并且有所感受的事情,这样写出来的作品才有血有肉,而不只是干巴巴的文字符号。例如,部编版教材六年级上册第二单元"重温革命岁月"中要求学生了解点面结合的写作手法,还列举了具体的例子,例如在《开国大典》一文中写阅兵式的宏大场面就用到了点面结合的方法,课文不但从整体的角度描写了受阅部队的整齐划一、威武雄壮,而且也突出了各个方队的特色,既有整体又有局部。在进行练笔指导时,笔者让学生回忆对日常的哪些活动描写时能用到点面结合的方法,刚开始学生很迷茫,于是笔者又举了具体的事例,比如学校秋季运动会、拓展训练,学生恍然大悟。最后,这一单元的练笔效果还是相当不错的。

上学期,在进行观察日记的写作时,刚开始学生也是手足无措,不知如何下手,笔者就从最基本的观察日记的格式入手,引导学生用心观察身边植物的生长,为了更加贴近学生的生活实际,班里特地水培了两盆芽苗菜,学生每天观察记录,几天后,观察日记就大功告成了,且可圈可点。

9月3日　星期二　晴

今天,我们6·6班要进行一次很有趣的体验。老师从网上买了两种豆子:绿豆和麻豌豆,老师千叮咛万嘱咐,说:"不要做伤害它们的事情,要爱护它们。"买回来要浸泡在水里12小时后换水……

9月4日　星期三　晴

第二天早上我发现昨天小的像小芝麻一样的绿豆一夜之间变大了许多,像是晚上偷偷地把水吸到了自己的身体里,还长出了芽,麻豌豆脱掉了自己的衣服,把圆圆的鼓鼓的黄色的身体露在外面。经过12小时后换了水,我们把一个白色的网格板盖在水上,把豆子放在网格板上,再在豆子上放一张纸,保持纸张湿润。

9月5日　星期四　晴

它们都已经长出了长长的根,聚集在一起像一位老人白发苍苍的头发,第一天泡在水里显得珍贵稀少,浸泡后像茂密的森林。冒出的牙周围有淡淡的粉色,麻豌豆的外壳像带有花纹的石头。

9月6日　星期五　晴

绿豆芽长出了一把"剪刀",像螃蟹的钳子。现在已经长到5—6厘米了,不需要再盖纸了。生长得很快,5天已经从绿豆长成了5—6厘米的绿豆芽。从这件事我懂得了它的生命力很顽强,要无微不至地照顾,它才能茁壮成长。仔细观察大自然,会发现更有趣的事情。正是因为生命来之不易,所以我们才要加倍珍惜啊!

(四)具体细化教学评价

1.丰富读写结合教学的评价用语和评价方式

教学评价作为教学过程中不可缺少的环节,在教学实践中发挥着至关重要的作用。笔者通过调查发现,一线教师在实施读写结合时所使用的评价手段以及评价语言都是极其常规甚至陈旧的,毫无新意可言。这对学生而言,极有可能起不到理想的激励效果,从而导致读写结合的教学效果达不到教师的预期目标。

第一,教师的评价语言应具有多样性。据笔者统计,很多一线教师在面对不同类型、不同水平的读写结合训练时却使用相同的评价语言,比如"你写得真好""你真厉害",这种笼统且不切合实际的评价根本起不了激励作用。教师应根据具体情况做出合理有效的评价。比如,在仿写句子中,学生写得句子是否优美,与例句是否类似或相同,修辞手法是否得到了恰当的运用,这些都可以作为教师评价语言的切入点。再比如感悟类的读写结合训练,教师可以重点关注学生是否联系自身生活实际或者情感体验而进行读后感的书写。教师不但要规范评价用语,还要因文而异进行评价,在激励学生的同时也要提出修改意见,让学生完善自己的作品。

第二,教师的评价方式要具有灵活性。据笔者调查,教师在进行教学评价时大部分都是师生评价,其他类型的评价方式极少涉及,绝大多数评价都是单向的,修改意见不能及时得到反馈,而且还会消耗大量的时间和精力。笔者所在的学校所采用的是自我评价、生生评价和师生评价相结合的方式,学生完成习作之后首先要进行自我评价,包括这篇习作对自己来说难度如何,有哪些出彩和不足之处,哪些是通过努力可以弥补的,学生要对自己的习作水平有初步的认识,才会有提高的可能。生生评价就是让学生与学生之间互相审阅对方的作品,可以采用小组合作或者同桌之间互评的方式,一方面,通过交流学生可以学习别人习作中的优点,另一方面,还可以刺激学生的好胜心,激发学生的竞争意识。师生评价是一线教师采用最多的评价方式之一,在习作评价中,教师可以让师生评价变得更加灵活有趣,比如,教师在学生习作结束后随机抽取一篇,让学生在不知道作者是谁的情况下一起鉴赏或者是批改,发挥集体智慧,这样学生的参与度不仅会大大提高,而且在听取别人修改意见的同时自己也会取得进步。教师在评价过程中要注意营造轻松、民主和有趣的氛围。

2.读写结合训练和评价应体现层次性

第一,在进行读写结合的教学活动中,由于学生的自觉性以及学习能力不同,其学习效果也会有所不同,因此教师不能以相同的尺度去评价所有学生。教师在实施读写结合训练时一定要注意梯度教学,首先是根据学生的学习能力实施分层作业的布置,对于优秀学生,教师应以拔高为主,对于学习有困难的学生,教师要有更多的耐心,鼓励支持他们参与到读写结合活动中来。在设计读写结合题目时也要体现层次性、梯度性,让所有学生都能参与进来,共同体验成功的喜悦。如何设计有梯度的读写训练呢?我们以仿写句式为例进行说明:

例句:茉莉虽然没有牡丹的国色天香,没有梅花的寒梅傲骨,但有它的清新脱俗。

句式一:玫瑰虽然_____,_____,_____。

句式二：丁香虽然没有菊花的＿＿＿＿＿＿，没有樱花的＿＿＿＿＿＿，但有它的＿＿＿＿＿＿。

以上是仿写的举例，针对例句，老师布置了两种作业形式，显而易见句式二要比句式一有难度，对基础不错的学生具有挑战性，但对于学习能力不足的学生来说有可能就是逾越不了的鸿沟，教师要引导他们尝试着去完成，鼓励他们参与学习。

第二，在评价过程中也要注意层次性，针对学习能力强的学生，教师评价时注意引导和拔高，使他们朝着更优秀的方向努力，对于学习困难的学生，教师还是要以表扬鼓励为主，肯定他们付出的同时委婉地提出改进意见，并及时进行修改后的反馈，在平时也要给予他们更多的关注，善于发掘他们身上的长处，增强他们学习的信心和动力，提高他们学习的积极性。在集体反馈时，教师要营造轻松、和谐的氛围，比如让学生先进行小组讨论，再以毛遂自荐的形式进行自我展示。

四、研究成效

（一）学生的阅读能力和写作水平均取得了质的飞跃

1. 阅读能力的提升

经过一个学期的训练，学生的阅读能力有了很大的提升，无论是默读还是精读，都有明显的进步。部编版六年级语文上册第三单元要求根据阅读目的，选择恰当的阅读方法，能快速定位文章具体信息并进行简要概括。在六年级上册第 9 课《竹节人》中，为完成"讲一个有关老师的故事"这个任务，大部分学生都能用很快的速度定位在第 19—29 自然段，并能用自己的话完整地复述出来，默读速度也有了提升。再例如在进行六年级下册第二单元第 5 课《鲁滨孙漂流记》的预习时，老师要求学生用 2 分钟的时间对梗概部分进行概括，平常成绩一般的学生都能在规定的时间内完成，不过在完整性方面还有待进步。

2. 写作水平的提高

通过一个学期的读写训练，学生的写作水平也是突飞猛进，本学期每次进行读写结合后，笔者都会对学生的读写结合作品分门别类进行收集和整理，经过一段时间的对比，笔者明显感受到学生们的进步。

更值得一提的是，为了鼓励学生们积极主动的创作热情，笔者把学生的优秀作文进行了汇编并整理成册——《我们》，按照班级人数打印出来分发给学生，作为我们毕业季的献礼。当学生们手里拿着自己的作品时，一种强烈的自豪感便油然而生。这本作文集不仅是我们努力的真实记录，也是点滴进步的最好证明，它见证了我们的成长。

图 1 　学生作品集 　　　　　　　图 2 　优秀选文

（二）教师的教学实践能力及科研水平有了提高

在课题研究中，每位成员积极参与，利用文献研究法、问卷调查等方式对小学高年级语文的读写现状进行调查并分析其成因，从而提出行之有效的教学策略，在这一过程中参加课题研究的教师提升了理论联系实践、在实践中解决问题的能力，科研水平也有不同程度的提高。

五、存在的问题及下一步打算

（一）学校方面

在课堂上进行读写结合的力度和广度已经明显增加但尚未形成体系，且专题教研的频率太少，虽然有理论的支持和大胆的实践，但仍需完善。

（二）学生方面

部分学生在进行读写结合训练时不够积极主动，如何培养学生主动参与的精神，调动他们的积极性，如何量化学生的读写结合效果，让不同水平的学生得到提高，仍需探索。

"读写结合"之路任重而道远，课题组成员经过长达一年的实践探索，已经取得了令人瞩目的收获和成绩，课题组成员所带的班级成绩在本年级中也遥遥领先。但随着研究的深入，不可避免地会暴露其他新问题，在以后的教学中，课题组成员在加强理论学习的同时也会不断积累实践经验，不断攀登新的高峰。

参考文献

[1]叶圣陶.叶圣陶文集[M].长春:吉林文史出版社,2012.

[2]中华人民共和国教育部.义务教育语文课程标准(2011年版)[M].北京:北京师范大学出版社,2012.

[3]丁有宽.丁有宽读写结合教学教例与经验[M].北京:人民日报出版社,1996.

[4]孙世建,雷燕.单元统整　读写结合——"亲情依依"主题单元课教学实录及评析[J].小学教学(语文版),2016(4):8-10.

[5]金毅.关于小学语文读写结合策略的研究[D].上海师范大学,2011.

(本文为2020年度郑州教育科学重点课题,获科研成果一等奖,课题研究单位:郑州市郑东新区龙子湖小学,课题负责人:杨芳芳,课题组成员:马俊玲、刘晓蕾、李培、王睿)

第五章

师生成长研究

幼儿园幼儿垃圾分类习惯培养的实践研究

一、研究背景

随着社会经济的发展、居民消费水平的提高,我国生活垃圾的生产量逐年攀升,对城市环境造成了很大影响,城市生活垃圾分类能够有效促进垃圾的资源化、减量化、无害化,是解决城市垃圾问题的有效方式,对于环境的改善和城市的发展有重要的意义,因此各城市都相继出台了关于垃圾分类的政策文件,开展生活垃圾分类工作整体部署。幼儿是推动国家发展的未来的接班人,生活垃圾分类投放,既是幼儿作为小公民的一份责任,也是其行为养成教育的重要内容,环保意识应该从小培养。

综合我园幼儿垃圾分类习惯养成情况的调查研究与观察分析,我们发现以下问题:

(1)幼儿对垃圾分类方法、进行垃圾分类的原因以及垃圾再回收利用的认知不足。主要原因是幼儿园垃圾分类教育活动内容单一,多以介绍分类垃圾桶和教授分类方法为主,忽视了对垃圾物品特点属性的认识和对可回收垃圾再利用的方法和用途等内容的了解。

(2)幼儿无法将集体教学活动中获得的垃圾分类经验,形成日常生活中垃圾分类的自觉性行为习惯。主要原因是垃圾分类教育活动的组织形式偏重于集体教学活动,忽视了在幼儿一日生活中的渗透与实践运用。

(3)幼儿的垃圾分类习惯无法在家庭中坚持。主要原因是幼儿园与幼儿家庭、社区之间缺少有效互动和积极融合,忽视了幼儿在日常生活中对垃圾分类知识内容的实践与运用。

二、研究过程

(一)准备阶段(2020年3月)

我们成立课题组,组织成员认真学习领会课题的研究意义,学习相关教育理论,运用文献研究法搜集相关活动资料和案例,分析我园垃圾分类教育活动的开展情况,明确分工,明确研究目标,确定本课题研究计划。因疫情推迟开学时间后及时调整研究计划与方案。

(二)初步开展阶段(2020年4月—6月)

因疫情推迟开学,在延长的假期里,我们设计了幼儿及家庭垃圾分类现状调查问卷(电子版),运用调查法在班级群里开展调查;利用幼儿园微信公众号、微信群等媒介做好垃圾分类宣传教育。在开学初,我们运用行动研究法,以游戏的方式对孩子们的垃圾分类能力进行观察测试与分析。通过调查统计与测试后的全面分析,了解幼儿对于垃圾分类方法的掌握情况和是否有垃圾分类投放意识,完善课题研究计划。

(三)深入实施阶段(2020 年 6 月—2021 年 1 月)

我们设计实施了垃圾分类主题教育活动,运用行动研究法、实验法,以游戏的方式,在集体教育活动的基础上,将垃圾分类教育活动渗透到幼儿一日生活之中,在实施过程中发现问题,及时调整活动内容与教育策略。同时运用案例分析法和调查分析法,对教育活动中幼儿行为案例进行分析交流研讨,开展过程性评价,及时进行阶段性小结。

(四)回顾总结阶段(2021 年 2 月—4 月)

我们再次发放家长调查问卷,了解活动开展后幼儿在家庭中垃圾分类习惯的养成情况,整理相关资料,进行课题结项报告研讨,总结研究经验。

三、主要做法和经验

本研究的主要目的在于对幼儿垃圾分类的习惯培养。行为心理学提出"一个人的新习惯或理念的形成并得以巩固存在至少需要 21 天"的理论,也就是说一个人的动作或想法,如果重复 21 天就会变成一个习惯性的动作或想法,垃圾分类习惯养成也是如此。家庭和幼儿园要在幼儿对垃圾分类相关知识和具体方式方法能够正确熟练掌握的基础上,携手共同培养幼儿垃圾分类的习惯,在一日生活中强化幼儿的垃圾分类意识,使垃圾分类行为成为深入幼儿内心,落实于幼儿日常行动的习惯。

(一)调查分析,掌握幼儿垃圾分类习惯养成的现状

为了使课题研究有据可依,更有针对性,我们在课题开展初期进行了问卷调查和前测观察活动,统计分析相关数据,掌握幼儿垃圾分类习惯养成的现状。

1.做好家庭垃圾分类现状调查统计与分析,了解家庭中习惯养成的现状

我们以了解幼儿家庭垃圾分类现状为主,从垃圾分类态度、家庭中垃圾分类投放现状、垃圾分类知识、对幼儿垃圾分类教育的态度这几个维度着手,设计了《幼儿家庭垃圾分类调查问卷》,并通过问卷星,面向一个小班、两个中班、一个大班的幼儿家长进行发放,共发放 184 份问卷,回收 184 份问卷,有效问卷 179 份,有效回收率约 97.28%。

对问卷进行描述性统计分析,数据见表1。

表1 家长问卷统计数据

对垃圾分类的认识			
在家庭中有必要进行	有意识对垃圾进行分类投放	会将可卖"废品"另外投放	未进行垃圾分类
97.77%	58.1%	20.11%	21.79%
清楚垃圾分类方法	不清楚垃圾分类方法		
72.07%	1.68%		
对幼儿垃圾分类教育的态度认知			
如果家长在家要求对垃圾进行分类,会和孩子一起进行垃圾分类	幼儿曾在家中提到过"垃圾分类"问题	幼儿能够进行垃圾分类	不认可幼儿园开展的垃圾分类活动
100%	89.39%	21.79%	0

从表1中的数据我们发现,家长对垃圾分类重要性的认可程度很高,对垃圾分类方法的了解度处于中等偏上水平,但是只有部分家庭在进行垃圾分类,有一小部分幼儿能够进行垃圾分类。通过问卷调查我们还可以看到大部分家长愿意陪同幼儿一起进行垃圾分类,也愿意与幼儿园配合开展垃圾分类教育活动。家长普遍认可通过开展垃圾分类活动能有效培养幼儿的环保意识,充分认同家庭、幼儿园、社会三位一体的教育理念。

2.活动前对幼儿能力进行观察分析,掌握幼儿对垃圾分类相关内容的认知程度

本课题研究的目标之一在于丰富扩展幼儿关于垃圾分类的相关知识,使幼儿熟知垃圾分类相关知识的基础上,落实其习惯养成。为进一步得到可靠的量化数据,考察幼儿对垃圾分类知识的认知程度,在实施教育活动前,我们对班级幼儿的垃圾分类水平进行了前测。基于幼儿学习与发展的特殊性,我们采取幼儿自主游戏的形式,观察幼儿自主操作垃圾分类投放的玩教具材料,统计正确率,检测幼儿在参与教育活动前的垃圾分类能力水平。通过对幼儿的操作结果分析,了解幼儿垃圾分类经验空白区,以此为基础明确教育目标,设计适应幼儿

发展水平的活动,使得活动的设计与实施更具有目标指向性,且所把握的重难点能够有据可依。

通过前测我们了解到,小班幼儿由于对物品材质不了解,影响了对垃圾分类标准概念的把握,导致不会具体分析不同的垃圾种类,靠主观臆断对部分垃圾进行投放;中大班幼儿对各类物品材质有了较为准确的认知,能够按照物品的某一特征进行分类,能够掌握垃圾分类的基础方法,但是对可回收垃圾具体是如何回收再利用的相关内容不是十分了解,对垃圾分类的最终目的没有清晰的认识。

(二)合理设计开展主题活动,丰富幼儿垃圾分类知识经验,提高其垃圾分类能力

通过前期对幼儿垃圾分类能力和习惯养成情况的调查研究与分析,我们创设丰富适宜的环境,设计开展小中大班相应的垃圾分类教育活动,丰富幼儿垃圾分类知识经验,提高其垃圾分类能力,并在幼儿一日生活中以多种方式渗透教育内容,强化幼儿一日生活中的垃圾分类习惯养成。

1.创设环境,营造氛围,促进幼儿垃圾分类习惯的养成

环境作为一种隐性课程形式,在提升幼儿能力、促进幼儿发展等方面发挥着独特的、潜移默化的作用。在前期调查中我们发现"垃圾站设置不合理""没有足够的垃圾桶"成了垃圾分类未能落实的客观原因。因此,我们请幼儿园后勤人员在每个班级活动室及幼儿园户外场地的合适区域配备了正规的、适合幼儿身高、方便幼儿使用的分类垃圾桶,并张贴相应的指示标识与提醒标志,为幼儿提供了设置合理的垃圾分类投放场所,方便幼儿在一日生活中能随时进行垃圾分类投放。

此外,我们请木工师傅制作了废旧物品分类投放箱,放置于幼儿园走廊内,张贴明显的标志,方便幼儿能够收集生活中的可回收垃圾,如卷纸芯、一次性纸杯、饮料瓶、鞋盒等,为班级环创和美工制作活动提供素材。同时我们在分类投放箱上方布置出垃圾分类主题版面,以图画的形式生动地说明各类可回收垃圾再回收处理后的新功能,让幼儿通过多看、多想、多做理解可回收垃圾的有用之处。

在幼儿园各角落的小景观中,我们利用轮胎、管件、废旧工具等各种废旧物品制作成园丁、小鸭子、长颈鹿、运动小人等生动、美观的装饰物;在幼儿园走廊的互动墙面上和班级区角中,我们利用鸡蛋托、瓶盖、纸箱等废旧材料制作成有趣、易于操作的玩教具;在幼儿园户外场地上,我们绘制了垃圾分类跳房子方格。

多种形式的环境创设为幼儿提供了便于垃圾分类操作的环境,向幼儿展示了

可回收垃圾如何在生活中进行再利用,增加了幼儿对可回收垃圾资源再利用的生活经验。环境的有效创设对幼儿垃圾分类习惯的养成有潜移默化的影响,他们的知识经验能够在直接感知、亲身体验、实际操作中内化为习惯,无论在室内活动中,还是在户外活动时,他们扔垃圾时会主动按类别投放,在生活中他们会关注到家庭中一些可回收再利用的废旧物品,主动带到幼儿园,运用到班级环境创设和区角游戏中。

2.选材适宜,合理安排教学活动,帮助幼儿掌握正确的垃圾分类方法

《3—6岁儿童学习与发展指南》中指出幼儿的学习特点是直接感知、亲身体验、实际操作。因此,在设计教学活动时,我们针对不同年龄段幼儿的认知特点,注重内容的递进和重难点问题的解决。如小班主要以初步形成垃圾分类意识为重点,开展"纸宝宝和塑料宝宝""认识塑料制品""我给垃圾分分类"等活动,通过让孩子们熟悉各种物品的材质以及材质特点,为掌握垃圾分类方法奠定基础;中班以对生活中的常见垃圾能够有意识地进行分类投放为重点,开展"垃圾分类和回收""瓶子的旅行""帮小鱼整理家"等活动,帮助幼儿在故事情境中、在实践操作中掌握正确的垃圾分类方法;大班以了解垃圾分类的环保价值并自觉进行正确的垃圾分类,愿意做小小宣传员,积极宣传垃圾分类为重点,开展"变废为宝小能手""垃圾分类——塑料垃圾的回收再利用""我会扔垃圾""垃圾分类,保护环境"等活动,同时还增加了一些科学实验类的操作性活动,如做再生纸的科学操作,让孩子们在亲身体验中知道纸张的生产过程,强化节约资源的意识。

在进行了科学合理的设计规划与实践后,我们完善了各年龄段垃圾分类教学活动内容,形成了垃圾分类活动案例集,并在活动开展的过程中,及时进行案例观察分析与研讨,改进教育策略,完善教育活动方案,帮助幼儿掌握正确的垃圾分类方法,促使幼儿养成垃圾分类习惯。

3.将学习与操作渗透一日生活,强化习惯养成

在学前教育阶段,幼儿的一日生活皆教育。依据心理学家布朗芬布伦纳的生态系统理论,幼儿垃圾分类习惯的养成,仅通过集体教学活动是不够的。幼儿在通过集体教学活动初涉了垃圾分类知识和间接经验后,需要延伸进行同主题下的区角游戏活动、生活活动、户外活动等强化其习惯养成。

在区角游戏活动中,我们针对不同年龄段幼儿的特点,在班级区角中增添了有关垃圾分类的书籍和操作材料,如各班级的图书区均增加了介绍垃圾分类的绘本;

小班的生活区投放了物品与材质配对卡片、垃圾分类简易操作卡等;中大班的益智区投放了垃圾分类操作卡与记录单、各色垃圾桶模型与不同种类的垃圾卡片等;大班的棋类区还增加了垃圾分类弹球玩具和环保棋,老师利用废旧材料制作了"垃圾分类机"弹球玩具,将垃圾图案画在相应分类颜色的纸球上,幼儿看到颜色就知道这是什么垃圾,通过弹射装置可把纸球弹入相应颜色的垃圾纸杯中,深受幼儿喜爱;大班的美工区里,教师还绘制了垃圾分类宣传海报,并将其张贴在班级分类垃圾桶放置处,对幼儿日常行为进行宣传与督促。幼儿在各类操作游戏活动中,既可以自主巩固垃圾分类知识,还增添了操作的乐趣。

在生活活动中,我们组织中大班幼儿讨论如何做好班级垃圾分类监督工作,幼儿决定在"小小值日生"任务栏目里增加"垃圾分类管理员",以强化幼儿分类投放垃圾的习惯。每天由小小值日生对全班幼儿垃圾分类投放行为进行监督和提醒,管理员会在盥洗、进餐环节、美术活动等幼儿集中投放垃圾的时候做好监督,提醒幼儿将垃圾投放在正确的垃圾桶里。如果过程中出现存在争议的垃圾,管理员则会请老师帮忙,老师会和幼儿讨论该如何投放。

在户外活动中,我们在传统游戏跳房子中融入了垃圾分类的相关知识,在进行户外集体活动时,老师带领幼儿一起玩"垃圾宝宝要回家"的游戏,幼儿扮演垃圾宝宝,老师来做扔垃圾的人,幼儿问"谁是垃圾宝宝?"老师会说出一种垃圾,幼儿就要回到相应颜色的格子里。这样一来,幼儿在巩固与运用垃圾分类知识的同时,体能也得到了锻炼。

将垃圾分类相关内容渗透到幼儿一日生活各环节中,能够让幼儿将集体教学活动中获得的知识经验及时运用到一日生活之中,在不断的实践操作中强化垃圾分类习惯的养成。

(三)家园携手,将幼儿垃圾分类习惯落实于日常,延伸至家庭与社区

为了让幼儿的垃圾分类习惯在家庭中得以延续和坚持,形成有效的家园共育合力,我们设计了幼儿垃圾分类评比卡,请幼儿通过盖章或贴画的形式记录自己每日在家中的垃圾分类习惯养成情况,旨在通过家长提醒、幼儿自己记录的方式,激励幼儿在家也能自主保持良好的垃圾分类习惯。

当活动倡议发送至班级微信群后,家长们纷纷响应,在家中和幼儿一起安排上了分类垃圾桶,首先为幼儿的习惯养成做好物质环境准备。在集中记录的一个月里,老师通过在班级微信群中与家长互动、温馨提示,引导家长陪伴幼儿坚持在家

中进行垃圾分类活动,许多家长还将幼儿在家进行垃圾分类的画面用照片的形式记录下来,分享到班级群中。从回收的评比卡中可以看出,幼儿平均完成率占到了96%,大部分幼儿能够坚持在一个月内进行垃圾分类投放 20 天以上。垃圾分类记录卡为幼儿在家中进行垃圾分类增添了仪式感,使得幼儿有一定的动力自主进行垃圾分类。在日复一日的实施过程中,强化其垃圾分类习惯的养成。此次设计的垃圾分类记录卡,对于孩子在家庭中进行垃圾分类的自我管理、自我监督是较为有效的。

在引领家长合作陪伴幼儿的基础上,我们还动员家长带领幼儿走出家庭,走进社区,建立起家庭、幼儿园与社会三位一体的教育环境。家长带领幼儿在社区中寻找垃圾分类垃圾桶、垃圾分类宣传版面和相关标志;协助社区垃圾分类管理员提醒居民正确进行垃圾分类投放;在社区中做小小环保志愿者,清扫垃圾并进行正确分类投放;等等。积极参与社区活动,可将垃圾分类习惯内化为责任意识。

四、研究成效

本课题聚焦当前垃圾分类这一热点,针对现阶段我国严峻的环境问题,结合出台的生活垃圾分类政策文件,就幼儿垃圾分类习惯养成进行实证调查研究与现状分析,针对幼儿垃圾分类习惯养成的现状与突出问题,开展相应的实践研究,使幼儿养成并坚持良好的垃圾分类习惯,课题研究获得以下成效:

(1)根据各年龄段幼儿的特点与需求,收集幼儿园原有垃圾分类相关教育活动,进行系统的分析、调整、整合与实施,设计完善了一套垃圾分类教育活动方案,教育活动内容更加丰富全面,帮助幼儿在理解物品属性的基础上,深入理解和掌握垃圾分类的相关知识经验;在了解可回收垃圾再利用特点的基础上,对生活中常见的可回收垃圾进行合理收集再利用。通过日常教学活动中老师对幼儿行为的观察记录与分析,我们发现幼儿能够在掌握相关知识经验的基础上,主动在日常生活中进行垃圾分类,已经养成了垃圾分类的习惯。

(2)在幼儿园创设了丰富适宜的教育环境,并将教育内容合理地渗透到区角游戏、户外活动、生活活动之中,使幼儿从直接感知到实践运用,强化了垃圾分类习惯的养成。通过日常观察我们发现,幼儿能够在幼儿园中有意识地进行垃圾分类投放,在各类操作活动中,垃圾卡片分类的正确率也有了明显提高。幼儿已经有了垃圾分类意识,并养成了一定的习惯。

(3)与家庭做好联动,利用卡片记录、宣传引导的方式,带动家长参与其中,使幼儿将幼儿园中养成的垃圾分类习惯,延伸至家庭中、社区中,继续坚持做好垃圾分类。另外,我们进行了活动前后家长问卷的对比分析,结果见表2。

表2　活动前后家长问卷对比分析

类别	内容	活动前	活动后	结果
家长角度	您家里现在能够分类处理垃圾	58.1%	71.1%	上升
	您非常清楚垃圾分类方法	13.4%	28.83%	上升
	您不清楚垃圾分类方法	1.68%	0.61%	下降
	扔垃圾时会自觉按照垃圾属性进行分类	50.28%	62.58%	上升
	扔垃圾时不会按照垃圾属性进行分类	4.37%	1.84%	下降
环境创设	家里是否设置了分类垃圾桶	0	可回收垃圾桶53.37%,有害垃圾桶26.38%,厨余垃圾桶80.37%,其他垃圾桶64.42%,无分类垃圾桶仅占14.11%	上升
幼儿习惯培养	不熟悉每种垃圾的分类	10.61%	4.29%	下降
	幼儿在家能够非常主动将垃圾进行分类投放	21.79%	51.53%	上升
	收获了垃圾分类的知识并养成了习惯		100%	
其他	家长带领幼儿认识了社区中的分类垃圾桶		92.02%	
	家长在家要求进行垃圾分类,会和幼儿一起进行		98.77%	

从表2的数据中我们可以看出,活动过后,幼儿基本掌握了垃圾分类的相关知识,其中大部分幼儿已经养成了垃圾分类的习惯。知识是行动的基础,当幼儿有了垃圾分类的知识储备后,才能有效进行垃圾分类,而只有幼儿在日常生活中有了实践操作,才能够在反复的"做"中养成垃圾分类的习惯。

五、存在的问题和设想

（一）存在的问题

（1）个别幼儿日常垃圾分类习惯需要继续坚持提醒。通过对幼儿日常行为的观察和与家长的谈话，我们发现，还有一小部分幼儿的垃圾分类习惯坚持得不是很好，还需要家长、老师或同伴提醒才能去完成。

（2）垃圾分类活动在幼儿园与家庭中能够落实得很好，但是在社区联动方面，存在断档。

（二）下一步计划

（1）通过指导、实践引领幼儿巩固垃圾分类习惯。持续开展家庭中的垃圾分类记录打卡活动、幼儿园中的"垃圾分类管理员"活动，让幼儿在日常生活中坚持进行垃圾分类。阶段性开展"环保小卫士"评比活动，以激励机制不断激发幼儿对垃圾分类投放行为的关注，通过幼儿的亲身实践，巩固垃圾分类习惯。

（2）增加社会实践内容，加强与社区的联动。如在有条件的情况下带领幼儿参观垃圾处理厂，或者邀请专业人员走进幼儿园并借助视频资料给幼儿讲解相关知识，加深幼儿的直观感受。同时与幼儿园所在社区联系，开展社区垃圾分类的相关阶段性、持续性的活动。

参考文献

[1]韩品品.基于垃圾分类养成教育的幼儿园文明行为培养策略[J].知识窗（教师版），2020（9）：103.

[2]王璐琪，杨洋，张心怡.浅谈环保创新在幼儿园教育中的实施[J].科技风，2020（25）：41—42.

[3]江静.幼儿园班本体验课程的实践探索——以"凝聚微力量一起微环保"班本体验课程为例[J].教育界，2020（34）：71—72.

[4]杨媛媛，杨洁.幼儿"垃圾分类"习惯养成教育的策略[J].教育导刊（下半月），2020（7）：84—87.

[5]杨冬梅.让幼儿在亲历中学习垃圾分类[J].好家长，2020（53）：87.

[6]陆云凤.幼儿园垃圾分类习惯养成教育的路径[J].家长，2020（11）：187—188.

[7]陈娟.幼儿园垃圾分类习惯养成教育的实践研究[J].智力，2020（8）：32—34.

[8]栩然.有趣、有效的家庭环保这样做[J].父母必读，2020（3）：96—98.

[9]李佳芮，赵星.垃圾分类从小做起——幼儿园垃圾分类的践行[J].新教育时代（学生版），2019（33）.

[10]张淼.日本幼儿园垃圾分类行为养成教育探析[J].教育导刊(下半月),2015(10):87—90.

[11]高纬时.看国外怎样做垃圾分类[J].大众科学,2018(1):18—19.

[12]龚宜丹.争做"垃圾分类"小卫士——记中班"垃圾分类"主题活动的探索和思考[J].幼儿100(教师版),2019(12):30—33.

[13]徐桂梅.走多元化的环境教育之路——从《垃圾分类回收》活动看幼儿环境教育的新走向[J].环境教育,2004(3):48—49.

[14]杨玲菊.垃圾不落地 生活更美丽——浅谈幼儿"垃圾分类"环保主题教学活动[J].文教资料,2006(23):171—172.

[15]王建跃,郭玲.国外生态德育经验及其启示[J].学校党建与思想教育,2015(1):94—96.

(本文为2020年度郑州教育科学重点课题,获科研成果一等奖,课题研究单位:郑州市实验幼儿园,课题负责人:甄蕾,课题组成员:刘蕾、蔡文静、袁洋、王辛)

幼儿园大班幼儿自主进餐能力培养的研究

一、研究背景

健康进餐行为既影响着身体健康,也滋养并作用于精神生长。对身体正在生长、心灵还在发展的幼儿来说,进餐行为的这种作用更显著。幼儿能否顺利进餐,是家长最关心的问题,也是教师工作的重中之重。在《3—6岁儿童学习与发展指南》"以幼儿发展为本"的理念引领下,我们站在尊重幼儿主体性的角度,重新审视幼儿园生活环节中幼儿的主体地位,对幼儿生活教育的质量有了全新的思考。为尊重幼儿兴趣与需要,并为其一个阶段的学习生活做好准备,我园尝试开展了大班幼儿自主进餐的活动尝试,并发现了存在的问题,总结如下:

(一)取餐能力较弱

(1)取餐量的把握问题:普遍存在部分幼儿盛得太多却吃不完,造成食物浪费或同组幼儿不够盛两种现象。

(2)取餐时间过长,造成同组幼儿消极等待、进餐时间延长。

(3)取餐动作不熟练,易造成食物倾撒。

(4)争抢现象:会因为谁先盛谁后盛而发生争抢行为。

(二)进餐过程中注意力不集中

进餐时易受周围事物影响,例如自己边吃边玩、东张西望、与其他幼儿聊天玩耍,从而导致进餐的整体氛围受到影响。

(三)偏食现象比较突出

遇到自己喜欢吃的食物会盛很多,遇到不喜欢吃的就盛得很少,或者干脆不盛。

(四)缺乏良好的进餐习惯

(1)进餐时玩筷子、勺子,如把筷子插进嘴里、拿筷子敲餐桌等。

(2)吃饭声响大,餐具不能轻拿轻放。

(3)米和菜混合在一起吃。

(4)撒饭现象严重。

(五)餐后自我服务意识薄弱

(1)餐后的擦嘴、漱口需要老师提醒。

(2)餐后的整理工作:部分幼儿缺乏主动性,需要老师提醒,还有一些幼儿动作生疏,不能将桌面清理干净。

为了解决以上问题,通过多方讨论、反复思考,我园将课题研究锁定为《幼儿园大班幼儿自主进餐能力培养的研究》。

二、研究过程

(一)课题准备阶段(2020年4月—5月)

(1)问卷调查:设计量表,发放问卷。课题负责人通过设计问卷量表,对全园教师进行了问卷调查和访谈,并结合收集到的结果,对现状进行分析。调查的结果与预期基本一致,为研究工作的开展提供了现实的依据和参考。

(2)理论学习:收集资料,为课题研究提供理论支撑。课题组成员以集中学习和自主学习相结合的方式,研究了有关自主进餐指导方面的已有文献和先进的做法经验,为我园开展大班幼儿自主进餐指导提供了方向。

(3)目标确立:开展幼儿园大班幼儿自主进餐能力培养的内容设计与实践。

(4)物质与环境准备:根据已有研究及我园现状,幼儿园配备了幼儿自主进餐所需的餐具、器皿、清洁工具等。

(二)课题实施阶段(2020年5月—11月)

(1)制订课题研究计划,确立课题研究的重点与难点。

(2)对课题进行目标分解,细化分工,明确任务。让相关保教人员均参与到课题研究中,提高保教人员的研究能力。

(3)以课题为引领,推动广大教师从幼儿园一日活动整体教育功能的角度出发,进行深入研究,多形式提高幼儿自我服务能力。

(4)课题中期总结:根据课题阶段性完成情况及过程中遇到的问题,适时调整研究目标、内容和思路。

(5)组织专题研讨活动:通过全园大会、课题组研讨汇报会、年级组教研等多种形式增强不同责任主体成员之间的交流与分享,以切实提升幼儿自主进餐活动的质量,提高教师的指导水平。

(三)总结阶段(2020年12月—2021年2月)

本阶段的主要工作:有序整理本研究的文字、图片、视频资料;汇总研究成果;梳理建立本研究的过程框架,完成结项报告。

三、主要做法和经验

幼儿自主进餐活动不仅是幼儿健康行为习惯的养成活动,更是幼儿园保教合

一、课程游戏化的综合实践,对促进幼儿园管理和课程建设也有重大的意义。在探索这一行为的养成过程中,我们主要从影响幼儿进餐的客观环境和自主进餐主体——幼儿两个方面出发,总结我园在幼儿自主进餐习惯培养中的有效做法。其中,在对幼儿行为培养的研究中我们发现,健康态度有助于幼儿自主控制自己的行为,而健康态度的改善依赖于健康知识的获得。因此,对于幼儿自主进餐习惯培养的方法,我们将从认知、情感、技能三个方面展开。

(一)创设以幼儿为主体的进餐环境,尊重幼儿个体差异

1.提供适合幼儿自主取餐的用具、器皿

在餐具的选择方面,既要考虑便于清洁消毒,又要方便幼儿使用,同时具有美感的餐具,也能对人的食欲起到促进作用。经过综合考虑,我们选择了制作精美的陶瓷分餐器,分发在各个小组的餐桌上,幼儿在自己的座位上,就能使用取餐器皿自主盛饭。

2.幼儿餐具投放体现层次性

实施自主进餐是一个循序渐进的过程,为满足不同发展水平的幼儿的需要,我们在餐具的提供上不要求整齐划一,同时提供筷子和勺子,幼儿可根据自己的需要进行选择,并且根据幼儿的情况在其他时间进行有针对性的手部动作练习。

3.重视环境在幼儿自主进餐中的作用

(1)营造安静、温馨的就餐氛围。

教师不应在进餐前和进餐过程中批评教育幼儿,应在进餐时播放优美舒缓的音乐,创造良好的就餐环境,让幼儿在进餐中心情愉悦,情绪稳定,专注进餐,这对身体的消化和吸收能力是有益的。在幼儿进餐的过程中,教师除了必要的巡视,尽量不在教室内走动及大声说话,减少干扰因素,先吃完饭的幼儿要尽快离开就餐区域,防止影响还在用餐的幼儿。

(2)让幼儿参与环境的准备。

设立值日生,让幼儿加入进餐前的准备环节,每日值日生可协助老师分发餐具,每天一名幼儿播报今日美食。

(3)桌面标识提醒幼儿自我管理。

在取餐过程中,小组幼儿总是争抢餐勺,因谁先盛饭谁后盛饭发生矛盾冲突,发现这一问题后,我们先后经过小组讨论、师生讨论,制定了小组盛饭顺序,但在取餐过程中幼儿往往会忘记约定,争抢现象依然无法解决。之后我们想到了标识的作用,利用在座位上做标识的办法,提醒幼儿盛饭顺序,如在每组六位幼儿的座位上分别贴上数字1—6(汉字或点卡均可),1—6顺序盛菜,6—1倒序盛米,同时进

行。经过尝试,有效解决了争抢现象和消极等待,盛饭秩序有所改善。

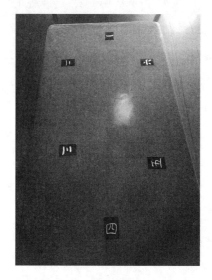

图1　标识餐桌

（4）区角环境的创设及材料投放。

图书是向幼儿传播营养知识非常好的媒介,我们在图书区投放了许多关于饮食的书籍,如《肚子里有个火车站》《神奇的蔬菜》等,让幼儿对食物的营养成分有所了解。

（二）三方一体,共同培养幼儿自主进餐的意识

1.正面引导,师幼共同发现和解决自主进餐过程中的问题

（1）取餐量的适宜性问题。

针对幼儿不能按需取餐问题,我们事先把幼儿日常进餐中的取餐环节拍摄成视频和照片,餐后集体观看,针对视频中存在的问题,大家进行集体讨论,最后达成共识。由于参与了规则制定,大多数幼儿都能自觉遵守。

（2）进餐过程中的安全问题。

针对幼儿在进餐过程中出现的玩筷子、勺子,把筷子插进嘴里等问题,我们利用餐后或课前的时间,组织小朋友讨论分享进餐情况,说一说某些行为可能带来的危险有哪些。教师应多鼓励表扬,少指责批评,运用正面引导的办法,促进幼儿自主进餐好习惯的养成。

（3）进餐礼仪的培养。

中国是礼仪之邦,中国的饮食文化更是源远流长,结合班级幼儿出现的问题,我们集中对进餐礼仪进行培养,如"筷子文化""就餐礼仪""餐桌文化"等,通过视

频、讲解、模仿等方式,使幼儿加深了对用餐礼仪的了解,为其文明行为的养成打下了基础。

2.立足经验,加强幼儿的时间感知和管理能力

大班幼儿在数学领域中,已经学习了认识钟表,我们就引导幼儿关注进餐时间,循序渐进地放手,尝试让幼儿自主掌握进餐时间。第一个阶段:教师提醒的语言由原来的"快到时间了"改为"还有十分钟"等具体时间数字,教师提醒的次数也逐渐减少;第二阶段:实行组长责任制,每组的小组长负责看时间,提醒组内小朋友;第三阶段:幼儿自主掌握进餐时间,无须提醒,让幼儿感觉到自己是时间的主人。一段时间下来,幼儿进餐时间缩短了,进餐过程中也更加专注了。

3.家园合作,共促幼儿对均衡膳食的重要性认知

(1)建立幼儿对饮食营养的初步认识。

如何把营养均衡的理念,不只是输入式地传递给幼儿,而是唤起他们认知自我,追求营养? 我们做了很多尝试,如保健医进班向幼儿讲解营养知识,认识膳食宝塔,丰富幼儿的感性知识等。

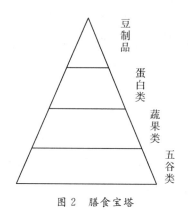

图 2　膳食宝塔

(2)家园配合,让幼儿在一致的教育理念下成长。

在幼儿进餐行为习惯的养成过程中,家长的影响占据着举足轻重的作用,经过调查发现,那些挑食、偏食较为严重的幼儿,往往家庭的饮食结构有问题,所以膳食营养教育就要延伸到家庭而不仅仅是幼儿。保健医在开学初对家长开设专题讲座,每月召开伙委会,帮助家长树立正确的膳食营养观念,得到了家长的积极配合,实现了家园共育,有效帮助幼儿养成良好的饮食习惯。

(三)关注情感体验,培养幼儿良好的自主进餐态度

1.愉悦满足的情绪是进餐活动中幼儿最基本的需求

美味可口的食物是引发幼儿积极情绪的保障。花样繁多、色香味美、营养丰富

的食物,是打开幼儿味蕾的密钥。我园保健医是国家三级营养师,每周制定带量食谱,保证每日三餐的科学性,我园伙房两位大厨均具备较高的烹饪技法,但进餐的主体是儿童,评价膳食的权利也应该交还于他们手中。除了每个学期伙房要进行厨艺大比武外,我们在班级设置孩子爱吃的饭菜评价板块,为幼儿提供了参与评价膳食的机会,选出每周最受欢迎的饭菜。通过多听幼儿的意见和反馈,我园保健医和厨师可适时调整烹饪技法及食谱制定。另外,自主进餐的成功实践也极大地提升了幼儿在进餐活动中的积极情绪体验,促进其行为的转变和提升。

图 3 膳食评价墙

2.体验式教育提高幼儿对食物的兴趣,有助于幼儿爱惜食物

首先,让幼儿参与植物生长的过程,如在幼儿园的种植区,我们陪同幼儿一起种植花生,观察—浇水—护理—收获—分享—品尝,让孩子体会收获、劳动的快乐。其次,组织幼儿到伙房参观和体验,看看伙房的老师们是怎样工作的,观察食物从生到熟的烹饪过程。最后,让幼儿到食品超市、蔬菜水果市场帮助家长采购加工原料等,帮助家长做一些餐前的准备工作,既能丰富幼儿对于食物的认知,也能引发幼儿对各类食物的兴趣,促进幼儿对于进食的热情和主动性。

3.适宜的制度有助于调动幼儿自我服务的积极性

设立进餐小组长,每周竞选一次,以组内投票的方式产生,竞选条件有:进餐习惯良好,不撒饭、不剩饭;餐后能主动整理餐桌,并服务他人;遵守班级常规要求。通过竞选小组长,激发幼儿自我约束和管理的能力,从而养成良好的进餐习惯。

(四)立足一日生活,多形式提升幼儿自主进餐技能

综合利用幼儿园一日生活的教育价值,此外,家庭教育的力量也不容忽视。

1.与自主进餐密切相关的生活活动

(1)动作技能提升类活动。

帮厨:食谱中有需要剥皮的食材,我们组织大班幼儿利用区域活动时间,参与劳动,如剥豆子、剥蒜、剥花生等。幼儿在参与劳动的过程中,不仅提高了手的灵活协调性,也体会到了劳动带来的成就感,感受餐食的来之不易,培养了尊重他人劳动成果的良好行为品质,并且由于参与了劳动,幼儿的食欲也有所增长。

例如:大二班在一次帮厨过程中,所有孩子都参与了剥豆子,进餐前,值日生着重介绍:"今天的炒饭里有胡萝卜、虾仁、青豆,胡萝卜含有大量的胡萝卜素,对我们的视力很有帮助,虾仁含有丰富的蛋白质,能增强我们的免疫力,青豆能清热解毒,特别要说的是,今天炒饭里的青豆全部是咱们班小朋友动手剥的,经过伙房老师们的精心制作,相信一定营养丰富又美味可口。"这一顿饭,孩子们吃得特别好,食量有所增加,掉饭撒饭现象有所改善。

(2)行为养成辅助类活动。

①膳食记录。在保健医入班带领幼儿学习了基本的营养知识后,我们制作了"膳食记录手册",让幼儿运用绘画、图示等方式,记录自己每餐的饮食情况,并对照膳食宝塔,评价当日自己的饮食情况是否均衡,是否需要在某个方面进行补充,周末时把记录手册带回家继续记录一日饮食,以达到引领家长形成家园合力的目的,由浅入深地引导幼儿了解膳食营养知识。

表1 自主进餐记录表

早餐	中餐	晚餐
今日饮食报告:		

②光盘行动。为激励幼儿自主进餐的良好行为,促进其形成自我管理能力,我们制作了评比墙,幼儿如果今天进餐中做到了"光盘",那么就可以把写有自己名字的卡片升级,如果能一路升级到周五,则是本周的"光盘之星",老师会发放奖状作为鼓励。本活动受到了幼儿的重视,提高了幼儿的自我管理能力,有效减少了前文所述就餐问题的发生。

图 4 "光盘之星"评比

③"大带小"帮扶活动。为了锻炼幼儿的自理能力,激发服务他人、照顾幼小的责任心,我们每天安排两个大班幼儿进入一个小班,要一整天和弟弟妹妹在一起,在生活的各个环节对弟弟妹妹进行照料,并做小榜样,活动中我们看到,在自己班里挑食、任性的哥哥姐姐,到了小班不光能吃完自己的饭菜,还能动手喂弟弟妹妹吃饭,帮助老师打扫卫生,看到弟弟妹妹崇拜的眼神,听到弟弟妹妹感谢的话语,脸上都洋溢着灿烂的微笑。

(3)户外活动。

研究表明,体育运动时体内能分泌被称为"快乐激素"的多巴胺、血清素及内啡肽,体育运动和营养一样重要。经过观察我们发现,在保证幼儿每天充足的运动量的情况下,他们的进餐情况也相对较好。我们把早晨入园后的区域活动变成晨间锻炼,幼儿每天早晨入园后,可以直接在户外选择区域进行锻炼。同时在保证户外活动时长的前提下,丰富体育活动的形式与内容。充足的运动量使幼儿食欲增加,进餐专注力有所提升。

2.丰富多彩的游戏活动

(1)竞技比赛。

根据大班幼儿爱挑战这一特点,我们创设了夹花生比赛活动,规则和玩法:用筷子把大盘子里的花生夹进碗中,在规定的时间内,夹得数量多者取胜。在游戏的过程中,锻炼了幼儿的手部动作和专注力,练习了对筷子的使用。

(2)角色游戏。

开设"小厨房""果汁店"等区域,幼儿可盛饭、端饭、洗切水果、榨汁等,练习了手部动作,提高了手部的灵活性。我们还利用幼儿园功能室——休闲吧,让幼儿参与制作饼干、蛋挞的过程,把食育渗透到一日生活中,在直接感知、亲身体验、实际操作中,幼儿不仅增强了动手能力,也增进了对食物的认知和兴趣。

3.有针对性的教学活动

我们在大班健康课程中增加了膳食营养相关内容,如《黑色的食物有哪些》《胖胖和瘦瘦》《食物哪里来》等。另外,语言领域的绘本教学,对幼儿的认知和行为养成也有极大促进作用。

4.家园共育,共促发展

我们通过线上家长会、线下伙委会、微信群等方式,让家长了解和认可幼儿园膳食情况,以大班家长最关心的幼小衔接问题为切入点,号召家长在家多放手,锻炼幼儿的自我服务及服务他人的能力,开展"家庭膳食小主人"活动,制作表格,监督家庭膳食是否均衡,并记录在册。

四、研究成效

一年来,通过对幼儿园大班幼儿自主进餐能力培养的研究,无论是自主进餐的主体——幼儿,还是自主进餐的支持者们——园所的各类参与者及家长,认知和行为都有了极大提高。看到孩子们坐在舒适的餐桌前,伴随舒缓的音乐,井井有条地取餐、进餐,我们倍感欣慰。现从以下四个方面总结我园的研究成效及成果:

(一)幼儿自主进餐行为之改变

(1)大班幼儿自主进餐能力提高了,取餐时争抢的现象减少了,甚至有些幼儿还会说"我吃得快,要不你先盛吧",学会了主动谦让。经过游戏和生活化的训练,用拳头攥着筷子往嘴里扒饭的幼儿少之又少,95%的孩子都学会了正确使用筷子。

(2)幼儿的自我服务意识有所提高,值日生协助老师做餐前整理、餐具摆放等工作,尽职尽责,大多数幼儿能在老师不提醒的情况下,自觉清洁餐桌。由于能做的、会做的事情越来越多,幼儿的自信心和责任感越来越强,在日常生活中自理能力有了明显提高。

(3)挑食、浪费现象明显改善,经过一段时间的尝试,大多数幼儿能做到按需取餐,吃多少盛多少,自己把握进餐量,争做"光盘小达人"。由于对"膳食宝塔"的学习和对自己三餐的记录,幼儿初步建立起了营养观。虽然没有办法一下就解决幼儿在饮食上存在的所有问题,但我们已经使幼儿对健康饮食有了认知,这对幼儿的后续发展也会产生有益影响。

(二)教师理念及指导能力的提升

1.尊重幼儿进餐的自主权

开展自主进餐研究实践的过程中,教师逐步发现,相对于传统进餐,自主进餐有利于培养幼儿的自我认知、自我调控、自我整理等能力。因此,教师一改传统就餐的高控性,将自主权还给幼儿,充分发挥了幼儿的主体性。

2.提高了教师对幼儿自主进餐的指导能力

在自主进餐过程中教师退后,从管理者转变为观察者、支持者,不仅关注幼儿的进餐量、进餐速度,而且关注幼儿使用工具的能力、进餐礼仪、自我管理等。在这个过程中,教师可以发现幼儿在自主进餐过程中的亮点和不足,并开始思考有针对性的解决办法,这样的行动研究激发了教师的思考力和指导力。

(三)"保教合一"实践下园所合力及家园共育能力的形成

1.园所各部门工作目标一致

在确立了阶段目标后,保教部门人员之间充分交流,形成共识,共同协作。定期召开关于"自主进餐"阶段会议,收集各部门的反馈意见,并根据实际存在的问题,及时做出相应调整;保健医、伙房班长、行政主管人员每天实地巡视进餐情况,跟进指导;班级老师记录幼儿进餐情况,并及时向各方反馈;幼儿也在这个过程中走进厨房参与劳动,各方形成了良好合力。

2.家园共育,引领成长

在研究膳食均衡的过程中,我们发现许多家庭的饮食结构存在问题,幼儿园通过开设专题讲座、每月召开伙委会,帮助家长树立正确的膳食营养观念,得到了家长的积极配合,使得幼儿的均衡膳食在各生活空间得到保证。

(四)初步制定了幼儿园大班幼儿自主进餐流程及指导要点

针对教师普遍年轻化、经验不足的现象,结合保教工作要求、本课题研究的实际情况,初步制定了自主进餐流程及指导要点,促进了保育工作的具体化、标准化,为自主进餐常态化、持续性的开展打下基础,同时,具有一定的推广和研究价值。

表2　自主进餐流程及指导要点

自主进餐流程	对幼儿的要求	保教人员工作要点
餐前准备	保持安定、愉快的情绪。认真盥洗,知道餐前洗手,手要保持干净	给餐桌消毒,组织安静的餐前活动,指导幼儿按要求盥洗,准备餐具(餐巾)。领取食物,并将食物妥善放置,保证食物的卫生,以及幼儿的安全

自主进餐流程	对幼儿的要求	保教人员工作要点
教师分发分餐器皿内的食物	值日生分发幼儿餐具和骨碟，其他幼儿认真听报菜谱	使用分餐器皿盛米、盛菜，分发到每桌，指导幼儿正确使用筷子、勺子等餐具
幼儿盛米饭	吃多少盛多少不浪费，提高盛饭速度，盛饭过程不撒饭	巡视要点：让幼儿顾及本桌其他幼儿，要有为他人考虑的意识
幼儿盛菜	盛饭过程不大声说话，避免飞沫，轮流盛饭菜不争抢	巡视要点： 1. 确保幼儿不使用自己的饭勺盛食物 2. 确保有一位老师不离开汤类食物，避免意外
幼儿进餐1	一口米一口菜，不要用米拌菜，不说话，一手扶碗一手拿筷子（勺子），吃饭过程不撒饭	巡视要点：轻声提醒边吃边玩的幼儿，有进步的给予鼓励
幼儿进餐2	食物残渣和骨头等放在中间的骨碟内	巡视要点：不催促、不代劳，鼓励幼儿吃完自己的一份饭菜，酌情分发分餐器皿中剩余的饭菜，及时添加不够的饭菜
幼儿进餐3	保持进餐桌面、地面、衣物整洁，吃完最后一口饭方可离开	巡视要点： 1. 挑食、偏食幼儿：进行有效指导 2. 肥胖幼儿：调整进餐顺序、放慢进餐速度、少盛多次 3. 生病幼儿：进行进餐护理
幼儿进餐4	整理自己的餐位，把自己的餐具轻轻摆放到指定位置，倾倒残渣	巡视要点：保证30分钟的进餐时间，统一班级餐具用后的指定放置位置
饭后常规	漱口、擦嘴，不做剧烈运动，协助老师做擦餐桌等力所能及的事情	巡视要点： 1. 重视漱口，避免含饭入睡 2. 组织不少于15分钟的安静散步活动 3. 做好午睡前的准备

五、存在的问题及下一步打算

大班幼儿自主进餐形式,得到了幼儿的认可,进餐状况得到明显改善,我们将坚持进行此课题,在思考和探索中完善自我,并把此做法推广至全园。本研究中,对多领域渗透和多种活动方式结合的研究不到位,对影响幼儿自主进餐的影响因素的分析不全面,只是总结出指导策略。此外,理论研究基础需要进一步加强。这些都将成为我们研究新课题时努力的方向。

(本文为 2020 年度郑州教育科学重点课题,获科研成果一等奖,课题研究单位:信息工程大学第二幼儿园,课题负责人:陶玲,课题组成员:燕燕、王双、时荣荣、马昭雷)

小学数学教师读懂学生学习基础的策略研究

一、研究背景

（一）问题提出

《义务教育数学课程标准（2011年版）》指出：义务教育阶段的数学课程内容要反映社会的需要、数学的特点，要符合学生的认知规律。……课程内容的选择要贴近学生的实际，有利于学生体验与理解、思考与探索。课程标准的变化从根本上折射出社会发展对人才需求的变化，数学课程要将育人作为深化课程改革的着力点，要从经验教学转向实证教学，读懂学生的学习基础是开展实证教学的出发点和关键。

随着社会的进步，现在的学生能时刻从不同渠道、不同空间、不同时间获取丰富多元的信息，数学学习不再完全依靠校内教师传授。新的数学知识和技能、数学思想及经验方法使每个孩子都具有了一定的知识储备。不同家庭背景、不同生活习惯、不同学习习惯会导致学生在思维方式、技能方法、心理因素等方面不尽相同，学习基础也千差万别。因此，小学数学教师读懂学生学习基础，探寻策略方法，是落实以人为本、促进学生数学学习的必要环节和手段。

然而，在我校数学教学中，教师没有读懂学生学习基础的现象还普遍存在。我们以农业路小学29位数学教师为例，利用问卷星、座谈、个别访谈和纸笔问卷的形式，从教师意识、教师实施及数据处理应用等方面进行了调查。结果表明：

1. 教师对学生学习基础的认识偏差较大

调查中发现教师都认为读懂学生学习基础对学生的学习有一定影响，但对于学生学习基础的定位还偏向于知识基础和学习方法与能力，忽略了学习态度、家庭教育等因素。

2. 教师缺少读懂学生学习基础的方法策略

在调查"教师采用过哪些方法了解学生学习基础？"这一问题时，教师多数会用到提问和访谈，很少用到问卷和预习分析，提问内容的设置也仅仅停留在新旧知识的迁移能力、学生对知识点相关生活经验的了解情况上，问题设置片面。

3. 教师对学生差异性认识不足

一是教师对不同层次学生原有知识经验认知不足。数据显示，本校学生高层次能力指数和小数学习兴趣指数都处在较低水平。结合期末测评质量分析，越往高年级越呈现出两极分化严重的趋势。二是教师对学生成长背景了解不够。学生在习惯养成、思维灵活度和眼界开阔方面都存在差异,这就需要教师读懂不同层次学生的学习基础,制定个性化的有利于学生学习和发展的学习方案,从而提升学生的学科素养。

(二)原因分析

纵观以上种种现象,原因分析如下:

(1)大部分小学数学教师已习惯于原有的备课方法和传统的课堂教学方式,在思想理念上,还是以教师为主体。此外,教师日常工作繁杂,无暇顾及学生学习基础的调查了解,认为学情调查做起来麻烦,分析统计起来烦琐,费时费力。青年教师虽有积极探索的欲望,但是教学经验欠缺,出现了心有余而力不足的情况。

(2)一直以来,本校没有进行过数学教师在读懂学生学习基础方面的尝试,专业书籍的阅读、具体行动的实施,以及相关的研讨交流等甚少。因此,教师在实施中找不到方法,无从下手。

(3)数学教师忽略了学生在学习过程中存在或可能出现的学习困难,认为课堂上学习过的知识,学生就应该理解掌握。另外,教师容易忽略学生的成长背景等因素,默认学生的已有知识储备、学习习惯、学习方式、眼界开阔度和思维灵活度等处在相同层次,因此会制定或实施标准一致的学习起点和要求。

二、研究过程

(一)准备阶段(2020 年 2 月—3 月)

撰写课题申报书,提出课题研究计划,提交立项申请。组建三级研究团队:以五个中级职称主课题团队为主导的一级团队;辐射低中高三个教研组的二级子课题研究团队;子课题研究团队里以骨干为核心的三级研究团队。实行主课题成员分管子课题,教研组长落实监督三级研究团队的管理模式。以低中高分学段申报三个子课题:《读懂学生学习基础,提高低年级学生计算能力的实践研究》《小学数学青年教师如何读懂教材的实践研究》《读懂学生学习基础,提高小学生解决问题能力的实践研究》。

(二)初步实施阶段(2020 年 3 月—4 月)

制订课题实施方案,学习有关读懂学生基础的教学理论知识,更新观念,提高认识。课题组集中研讨,发现研究中存在的问题,及时调整改进研究方案。查阅文献,寻找理论基础和已有研究成果。

（三）全面实施阶段（2020年4月—2021年2月）

实施课题教学，记录课堂实况，撰写教学案例，收集研究资料，进行课题研究交流，总结研究的阶段性成果，进行中期评估和改进。

第一步进行文献研究：收集并学习相关的教育法规、教育理论和他人的研究成果，对本课题的开展进行分析和计划。

第二步进行调查研究：设计调查方案；进行调查；对调查数据进行整理分析，撰写调查报告。

第三步进行实践研究：设计基本框架和操作模式；根据设计出的基本框架和操作模式在教学中实践、调整、改进；总结、提炼研究成果，形成概括性的认识。

（四）总结阶段（2021年3月—4月）

分析整理资料，撰写结题报告，申请结题验收。

（五）推广阶段（2021年5月）

在全校范围内进行推广应用。

三、主要做法和经验

（一）多途径建立读懂学生学习基础必要性的意识

1.理论学习，明确读懂学生学习基础的重要性

通过对《核心素养导向的课堂教学》《课堂教学目标研究》《构建富有数学思想的课堂》《我不只是数学》《数学基本思想18讲》等书籍的学习，认识到只有读懂学生，了解学生的学习情况以及学生的发展需要，教学才能变得更加有效，才能对不同层次的学生进行有针对性的指导。

2.前测调研，探索读懂学生学习基础

课堂的有效性实施对学生高质量地学习数学尤为重要，而提高教学有效性应该从读懂学生开始。我们分年级进行了读懂学生学习基础的调研，目的是通过调研找到学生的学习起点和困难点，根据前测结果及分析来思考对策，设计教学活动并应用到实际教学中。教师应根据不同学生的认知起点不同，在实施教学时进行分层设计、分层指导，让每位学生得到不同层次的发展。

3.前测回馈，体会读懂学生学习基础的必要性

在实际的研究中，借助前期调研，教师读懂了学生的知识基础、能力基础以及思维方式存在差异，能够提前预设指向性明确的问题，把握教学重难点，提高课堂效率，促进学生发展。例如二年级下册《数松果》，在上课之前通过访谈我们了解到

班级的学生都接触过乘法口诀甚至可以熟练背诵,因此把指导学生认识乘法口诀、运用乘法口诀,改为了解乘法口诀的编写作用。对于知识储备较好、认知程度较高的学生,试着让他做一做小老师,提升他们的知识运用能力和语言表达能力,增加了课堂的趣味性,不同层次的学生也都可以得到发展。

(二)多视角、多方位读懂学生学习基础

1.挖掘教材编写意图,定位学生逻辑起点

读懂学生的逻辑起点就是从读懂教材开始,读懂教材的设计意图;读懂学生是否达到了教材所要求的逻辑基础,缺失和不足在哪里。

(1)读懂课程标准。

任何研究都需要理论依据,理论学习能让教师的观念和思想产生冲击,行动发生改变。课程标准是数学课堂教学的依据,教师应熟悉课程的总目标和学段目标,了解教学建议和评价建议,应用于教学实践。

(2)读懂单元结构。

数学的学科知识特点具有连续性和延续性。读懂教材要统揽整个单元或整个学段的目标,把握教材的内容和结构体系时要注意前面的基础和后面的知识延伸,理清本课在整个知识体系中的位置,才能更准确地把握知识目标和教学重难点。例如三年级上册《什么是周长》,首先不难看出本节课是通过认识边线,建立周长概念,学会测量图形周长。学习周长需要具备哪些知识基础呢?读周长的概念时我们发现周长概念中有两个核心词"一周"和"长度",那么如何设计教学活动让学生认识物体表面或图形的周长呢?查阅教材的前后联系,发现虽然本单元是周长的起始课,但在二年级学生已经认识了长方形、正方形、三角形、平行四边形等平面图形,已经学习了厘米、米,学会了度量。在此基础上,我们进行了教学设计的修改,着眼于整个单元,能更好地根据知识结构找到知识定位、学习目标、学习重难点,便于设计后续的教学活动。

(3)读懂课时内容。

学习目标是完成课时学习任务的标准,学生对知识点是知道、理解还是掌握,就要看学习目标制定得是否准确,学习重难点定位是否贴切学生实际。例如三年级上册《搭配中的学问》,教师把找到搭配作为学习目标,忽视了学生在尝试、展示、交流的过程中可以逐步学会按一定的顺序思考和解决问题的现实情况。对教材进行了更为深入的研读,结合实践反思确定本课的学习分为三个层次:能提炼搭配的两类物品→能从两个角度有序搭配→能用多种形式准确记录→能把相同的情况归类,这样有层次有深度的学习更能引发学生的深度思考和学习。

(4)读懂编排顺序。

教师应从"问题串"的设置读懂教材的编排顺序,抓住一节数学课的核心;此外,还要关注课后的每道练习题与哪个目标相对应。明确一个教学目标中学生该干什么,教师该干什么,形成线线相连、环环相扣的教师教和学生学的教学系统。例如二年级上册《课桌有多长》,孩子会看尺子上的读数就是建立了表象吗?不,我们要看知识的连续性。本单元的第一课时《教室有多长》,是让学生利用手中的工具测量教室的长度;学生会用几本书的长度、几个凳子面的长度、几个文具盒的长度去描述教室的长度。其实这就体现了引入统一度量单位的必要性。这样来看,仅仅停留在认识尺子这个层次上是远远不够的,需要把"拃、铅笔的长度、课本的长度、凳子面的长度"这些不同的长度统一起来,从而引入国际统一的长度单位:厘米。教师可以安排测量课桌的环节,既为学生提供了动手测量的机会,也加深了学生对统一测量单位的认识。

(5)读懂教材留白。

教材当中有许多问题并没有直接给出答案或明确地给出定义,这就需要教师能够读懂教材的留白。需要学生体验的、操作的、理解的部分,教师要学会巧妙处理。其实读懂教材留白的目的就是把死板的结果变成学生主动学习的过程,把静态的知识变成动态的数学活动,我们所有的努力都是直接指向学生更好地学,以学生为本去思考去设计,从而达到好的学习效果。

2.利用多样调研方法定位学生的现实基础

读懂学生学习基础,教师能够获得学生学习起点的实证,能较合理地调整学生的学习目标、学习内容及学习流程,有效组合教学资源,让学生更喜欢数学学习,让学习更有效,提升教育教学质量。了解学生学习基础的方式有很多,比如问卷调查、学生访谈、课堂观察、材料分析、网络云家访等。

(1)利用问卷调查读懂学生的已有知识经验。

进入小学前学生在平常的生活过程中已经累积了大量的生活经验,那教师如何在课前精准地了解学生这些已有的知识基础呢?问卷调查是一个非常好的方法。特别是学生在接触一个新的概念之前,有必要通过这种方式来了解学生的学习基础。例如六年级下册《比例尺》,问卷内容:①你知道为什么中国地图有的大有的小吗?②你了解过比例尺吗?③比例尺和比例有什么不同?④你会画线路图吗?从数据分析,学生已经具备了学习本节课的知识储备,部分学生也能带动大家积极思考,探讨图上距离和实际距离的关系,也具备了绘制线路图的能力,能够通过动手操作体会地图的制作过程,体会比例尺产生的必要性。所以,这节课可以让学生通过讨论画线路图的相关问题,进一步理解比例尺的意义。经过这样的调整,学生学习兴趣高涨,参与度高,通过活动不仅了解了比例尺的概念,还学会了利用比例尺解决相关的实际问题。

教师读懂学生已有学习基础、准确定位学习目标和重难点是学生高效学习的前提和保障。教材是死的,学生是活的,对于不同的班级、不同的学生,由于已有知识基础不同,理解能力不同,难点也会各不相同。教师应从学生的实际出发,合理地进行教学活动,才能达到好的教学效果。

(2)学生访谈中读懂学生的生活经验。

访谈是读懂学生的生活经验的重要方法,学生掌握到什么程度、我们在设计后续教学活动的时候还应该在课堂中注意些什么、设计什么样的问题情境更容易促进学生的知识迁移等,这些都需要教师能够读懂学生的生活经验。例如一年级上册《背土豆》,前测:①(左边 5 个梨,右边 1 个梨)你能尝试列出算式吗?说一说表示的含义。②(树上本来有 5 只小鸟,飞走了 2 只)树上还剩几只小鸟?用你喜欢的方法摆一摆、画一画、说一说。教师重点关注学生的思考过程,追问学生为什么这样摆、这样画,了解学生表达是否清晰、完整。③你会将 5 根小棒分给两个小朋友吗?请分一分。目的是了解学生分小棒的方法,能否做到有序、不重复或遗漏。注意追问学生的思考过程,了解学生对整体、部分之间关系的理解程度。分析前测数据,我们了解到大部分学生都能够根据图意列出算式,但是在根据图意合理解释算式意义时,有一部分学生不能够完整地进行表述,还有一部分学生在分小棒时不能有序不遗漏地进行。在本节课教学时,教师应该重点锻炼学生结合图意列出算式并能根据图意合理解释算式的能力,另外,教师还应该有意识地培养学生有序地进行分一分,提高学生的思维能力。

(3)通过观察读懂学生已有的思维基础。

教师可以利用观察法对学生课中、课后的学习情况进行分析,准确把握学生学习状况,及时调整教学方向。还可以用课后询问的方法,对他们在课上出现的问题进行深度了解分析,这些都是读懂学生思维基础的重要方法。读懂学生的思维基础应该贯穿我们的整个教学活动,在教师充分读懂教材的基础上,在课前读懂学生,精准把脉;在课中读懂学生,精彩生成;在课后读懂学生,教学相长。

(4)现代化信息技术助力读懂学生学习基础。

随着信息时代的到来,教师们愈发体会到大数据在教育教学方面的优势。例如,全市绿色评价的大数据统计与反馈,帮助我们了解学生的家庭背景、教育资源储备、学习困难与差异、本校学生在全市全区所处水平,更有利于我们读懂全校学生的综合情况,从校级层面聚焦问题,寻找策略,指导教学。学期初我们会对上学期的学业质量水平进行分析,了解学生上个学期学习的得失,组织学生梳理并制订新的学习计划。在单元起始时,我们会用问卷星进行统计调查,了解学生对本单元知识的兴趣点、疑惑点等,从而更好地实施教学。

3.从多角度读懂学生学习差异

读懂学生的差异化、个性化,能力较弱的学生的需求是什么,能达到的目标是什么;特别优秀的学生的需求是什么,能达到的目标是什么,制定个性化的学习目标,让不同层次的学生得到不同的发展。

(1)读懂学习困难、学习差异。

在实际教学中,教师应读懂学生学习困难点和差异性,把目光放在每一个学生的身上,让学生成为课堂的主人,助力自身成长。例如六年级上册《生活中的比》,生活中你听说过或者见到过"比"吗?能举个例子简单说一说吗?有20%的学生没有听说过"比",有57%的学生对于"比"只停留在比大小、比多少等层面。从以上数据可以看出,学生的知识储备差异较大。学生以直观感觉对比照片的经验还是很丰富的,但对于知识的内核还是比较模糊的。教学中,教师可以让思维活跃的学生带动其他学生来研究,体会"比"产生的必要性。

(2)读懂学习习惯、学习态度。

读懂学生能为教师提供一个更准确的学生起点认知,为教师的有效教学提供方向。教师可以在讲授新课前了解学生的学习习惯、学习态度,为学生的学习奠定情感基础。在教学设计上,教师应根据读懂学生学习基础情况进行有效的教学环节设计,并能根据数据反馈,在课堂上根据学生的个体差异性进行个性指导教学。例如六年级上册《合格率》,用两道试题考查学生的计算和应用百分数的能力。有10%的学生分数与小数的互化计算出错,20%的学生对合格率的意义不太理解,40%的学生不能准确计算并比较,6%的学生计算$35 \div 56$时遇到困难,26%的学生$35 \div 56$计算错误,10%的学生未转化成百分数,直接用分数比较结果,16%的学生从人数上分析、比较、解释。存在以上问题的原因是平时的书写习惯、读题及检查习惯不好,需强化;部分学生对于学习缺乏严谨的态度和责任心,学习积极性不高,学习动力不足。

(3)读懂学习兴趣、学习需要。

研究发现在活动实践类的操作课上学生能根据教师示范正确操作,但是表达活动的过程与结果有所欠缺。这说明教师的教学理念需要进行调整,让学生从兴趣和需要入手,通过实践操作活动,体验知识的产生过程,帮助学生建立表达的需要和成就感。例如五年级上册《探索活动：平行四边形的面积》，学生在探索平行四边形的面积之前，已经认识并学习了平行四边形的底和高，会用割补法比较图形的面积，有一定的活动经验。通过对学生进行课前调查，让他们计算图形的面积，得出以下结果。

图形	结果		
长方形	能正确计算	计算成周长	完全不会
	10	2	1

图形	结果		
正方形	能正确计算	计算成周长	完全不会
	9	3	1

你能通过什么方法，得到这个平行四边形的面积？

探索面积计算方法	结果		
	借助方格纸	动手剪拼	利用公式
	1	10	2

学生虽然有足够的活动经验，但是不能准确描述转化过程，不清楚在剪拼过程中为什么要沿高线剪，不能把已有的活动经验转化为抽象的数学知识。因此，教师将本节课的教学重点放在了平行四边形面积公式的推导过程上。读懂学生的学习需要，适当调整教学活动，课堂中学生不再对知识重复学习，能将已有的活动经验转化为数学知识。

（三）读懂学生学习基础，科学定位学习目标及重难点

通过实践研究，参与教师的教学从"经验"层面逐渐走向了"实证"，深刻认识到了读懂学生学习基础的必要性。教师通过研究掌握了一些读懂学生学习基础的方法策略，学会了在读懂学生的基础上，科学定位学习目标和重难点。例如三年级上册《什么是周长》，课前调查：

1.你听说过周长吗？

A.听说过（8）　　　B.没听说过（7）

2.你从哪里听说的周长?

A.网络上(1)　　B.家长的口中(4)　　C.书本上(3)

3.你知道什么是边线吗?

A.知道(13)　　B.不知道(2)

4.你可以描一描这两幅图的边线吗?

A.正确描出(14)　B.不能正确描出(1)

5.你知道用哪些方法可以测量出这两幅图的周长吗?说说你的想法。

A.会测(7)　B.线+直尺(5)　C.物体在直尺上转动一周(1)　D.方格纸(1)

E.不会测(8)

调查人群层次:优秀学生5人、中等学生5人、学习困难学生5人,共15人。

通过课前调查,教师了解到大部分学生对于"周长"的概念不太理解,但是对于"边线"的认知还是比较明确的,可以正确地描出规则图形和不规则图形的边线。对于如何测量规则图形和不规则图形的周长,有46%的同学会进行测量,而且对于不规则图形的测量会采用"线+直尺"的方法。由此教师对于教学设计进行了一些修改,把"理解周长的概念"作为这节课的重点,同时发展学生的空间观念。

综上所述,教学活动必须建立在学生的认识发展水平和已有的知识经验基础之上,学生学习的过程是在教师的引导下自我建构、自我生成的过程,所以我们要做到读懂学生、聚焦问题、科学定位,从而提高课堂教学实效。

四、研究成效

1.教师意识到读懂学生学习基础的重要性

在教学前我们有针对性地进行了两个读懂活动,读懂学生学习目标和学生学习基础,能根据学习目标、学习内容设计读懂学生学习基础的活动。

2.教师会组织不同形式的读懂学生学习基础的活动

教师会利用试题或错例读懂学生的逻辑起点;会用访谈、动手操作、侧面调查了解学生的活动经验、生活经验。

3.教师会从不同角度读懂学生的学习基础

教师会从学生的逻辑基础、生活经验、操作经验、学习习惯、学习轨迹等角度读懂学生的学习基础。

4.教师会对测试结果进行分析应用

教师能用数据及时调整教学目标、教学重难点、教学活动,逐渐由经验型教师转向实证型教师。

5.教师能关注到各个层次的学生

教师能根据教学效果及时反思总结自己的教学行为,关注不同学生的不同需求,分层设计教学活动。

6.教师能梳理出读懂学生学习基础的有效模式

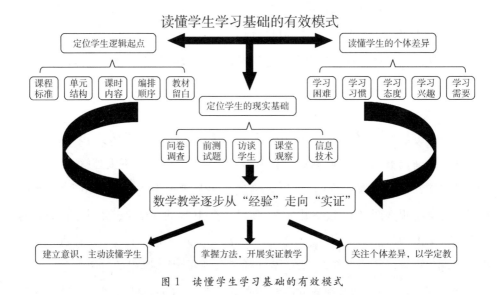

图1　读懂学生学习基础的有效模式

五、存在的问题及下一步打算

(1)教师需要不断学习理论知识,提高教科研能力,转变教学观念,提升专业素养。

(2)现阶段我们的研究更关注典型课例研究,后续我们会从数学学科四大领域、单元和课型上进行实践研究。

(3)把现有的研究成果在全校1—6年级数学学科进行推广应用。

(本文为2020年度郑州教育科学重点课题,获科研成果一等奖,课题研究单位:郑州市金水区农业路小学,课题负责人:刘荣霞,课题组成员:屈园园、许燕、张彩霞、赵丹)

幼儿园数学活动中教师有效提问的行动研究

一、研究背景

通过审视当前幼儿园数学教学集体活动中教师的提问现状,发现教师在数学活动中存在低效或无效提问的情况,影响了教学效果,主要体现在:一是提问内容偏离幼儿生活实际,提问过多、过细、缺乏目的性,提问的内容和提问的对象是没有经过预设的,缺乏情境和激发幼儿积极探索的欲望;二是提问形式单一,个别提问较多,集体提问和同伴讨论较少,幼儿机会不均等;三是留给幼儿的思考时间比较短,对幼儿的回答进行反馈时,仅为回答正确或错误,评价反馈多为重复幼儿的回答或没有反馈,对问题没有深度追问,很难启发幼儿思考。本研究根据幼儿园数学活动中教师提问的问题,立足教学实践,通过课堂观察,找出提高教师有效提问的实施途径和教育建议。

二、研究过程

(一)准备阶段

课题组老师共同研读《数学课堂有效提问论》等书籍,进行名师观摩课堂网络学习,记录名师在活动中提问的内容,对好的提问语言、形式及评价进行学习,确定课题研究方案,制订计划,明确课题组成员的职责和分工。

(二)实施研究阶段

1.设计数学活动有效提问观察记录表,观察教师的提问、幼儿的回答以及教师的理答内容,查找教师在提问中整体存在的问题、不足与困惑。

2.针对存在的问题,寻找能够解决的措施与策略。

(1)课题组老师互相听评课并进行录像和记录,指出同伴课堂中存在的问题,互相研讨并反思。

(2)认真备课,对教学目标和幼儿经验进行分析,预设核心问题。

(3)共同研讨一节数学活动,以课题组刘亚楠老师的"盖高楼"数学活动为案例研讨,整理教师反思,梳理解决问题过程。

(4)整理案例并分析结果,不断进行教案、活动实施的调整,在实践中探索设计有效策略。

(三)总结阶段

课题组成员整理过程性资料,分析总结课题研究情况,汇报课题研究成果,撰写课题研究论文。

三、主要做法和经验

(一)调查分析我园数学组教师有效提问的现状

通过对数学组教师开展的调查发现,我园教师在数学活动中的有效提问的现状:

(1)提问内容缺乏目的性和指向性,提问语言缺乏科学性和简洁性,教师注重幼儿回答,答案忽视数学教育性。

(2)提问封闭型问题较多,开放性问题较少,同时低层次问题和个别提问较多,小组讨论较少。

(3)教师理答时间较短,没有做到耐心倾听;对幼儿的回应方式单一,评价无效不具体,不能激发幼儿思考;在幼儿回答问题后较少进行追问,忽略教育时机。

(二)针对问题,分析和讨论影响教师提问的原因

根据对数学课堂的观察和录像的分析,课题组成员与老师们总结出以下原因:

(1)教师缺乏幼儿园数学活动有效提问的意识和相关的专业知识,没有做到以幼儿为中心,观念存在偏差。

(2)教师在备课时对教学目标把握不准确,不了解幼儿最近发展区,没有形成活动中主要教什么的意识。

(3)由于教师的教学方法和教学经验的影响,提问对象分配不合理,提问没有循序渐进分层次进行。

(4)由于活动时间有限,教师耐心等待幼儿回答的时间较短;为急于得到正确答案轻视探索过程,自己说出答案或是请其他幼儿回答;对幼儿的评价单一,很少通过进一步追问促进幼儿反思。

(三)在实践—研讨—反思—再实践的过程中,提升教师在数学活动中提问的有效性

1.学习专业理论和书籍,转变教师观念

课题组成员通过查阅资料,研读学习,听评课,剖析反思集体教育活动,改变了提问方式。另外,我们了解了针对幼儿数学核心经验学习中的发展性特点,学习了针对数学课堂如何高效地进行提问,把握提问的度以及提问的方法,数学课堂有效提问的内涵特征、目的、策略与方法及有效提问的理答的方式。

2.通过备课和观摩课例,增强教师提问能力

(1)通过课前教研,组织教师认真备课。

根据课题组教师在数学活动中提问时出现的问题,每周进行课题小组教研,对活动中的提问预设、提问的形式与评价反馈,进行准备和预设,确定各环节问题的设计、问题提问形式及提问内容的准确性。

(2)通过课例研讨、教师互评课的形式,对有效问题进行精心设计。

为了进一步了解课题组教师在数学活动中的提问是否具有有效性,通过研讨,课题组决定把对课例的研讨分为两个部分:

①观摩三名优秀教师的数学活动,分别为:小班数学《可爱点点》、中班数学《蔬果配送员》、大班数学《去公园啦》。通过分析三位优秀教师在活动中的有效提问发现这三位优秀教师在进行提问时,指向活动目标内容简洁准确,提问形式多样,理答的时候能够给幼儿预留充足的时间,并且进行有效的鼓励,利用追问的形式帮助幼儿发散思维。

表1 观摩课学习收获表

教师的提问	我学到的
数一数这是几个点子的卡片?	教师语言精练,该问题可帮助幼儿认识点卡
找一找用点卡1来表示的东西有哪些?	引导幼儿将点卡与物体相匹配,语言准确
点卡3也要找朋友呢,你能帮它找到吗?	由易到难,一步步引导幼儿把点卡和物体相匹配
把这些好吃的送给哪张点子卡片呢?	在操作环节,教师提问语言也很简练
这4份糕点一样吗?哪儿不一样?	导入部分,教师引导幼儿仔细观察4份糕点是否相同
怎样记录分糕点的结果呢?	幼儿分组进行讨论,并且在讨论的过程中激发思维
共有几种糕点,分别有几个?	开放性问题,帮助幼儿借助已有经验思考问题

②课题组成员之间进行互评课,活动结束后,上课老师对本次活动中的提问进行自我评价,课题组其他成员对本次活动中教师的提问进行分析、评价。在课题组教师互评课时,发现教师在提问过程中出现语言不明确的现象。

表2 教师提问对比表

教师的提问（观摩课）	教师的提问（课题组互评课）
每种水果有几个？	茄子属于蔬菜还是水果？
5个桃子我们可以用数字几来表示？	如果我去买水果,我不愿意买,为什么？
6可以表示这里的哪种水果？	你来看看,他们是怎么分的,他们分得对不对？
我们来看一看,他分的对吗？	这个是数字几,请大家一起来数一数,看看对不对？
数字6和7还可以表示哪些东西呢？	数字6和7像哪些东西？

（四）通过课例研讨提出有效提问的策略和建议

课题组成员针对刘亚楠老师的中班数学活动"盖高楼",进行了三轮课例研讨,对活动中出现的问题,进行分析研讨,再次进行实践改进,总结出数学活动有效提问的策略和建议。

1.第一轮课例研讨

虽然课前根据活动目标进行问题预设,但发现老师提问还是过于随意、没有目的。随着教师课堂真实活动发生变化,更需要对活动中教师的提问进行评析,分析原因,再次进行实践改进。

（1）提问目的具体,对提问做出假设。

在第一轮的活动中,刘亚楠老师虽然对提问的目的有一定的思考,但是还有很多不足的地方,比如提问目的比较笼统,没有做到根据幼儿的回答逐渐细化调整,缺少验证的追问和总结语言,幼儿没有形成整体感知。

表3 第一轮活动实录表

活动实录	课堂评析
教师:刘老师有些困惑,想请小朋友帮忙,你看这是几层啊？ 幼儿:1层。 教师:1比2? 幼儿:少。 教师:少几啊？ 幼儿:少1。 教师:2比1怎么样？ 幼儿:多1个。 教师:3比2多1个,2比3少1个,请你帮一帮刘老师,5比6怎么样？ 幼儿:5比6多。 教师:多1个还是少1个啊？ 幼儿:多1个。	提问应结合活动重难点,老师这样提问使幼儿处于半知半解的状态,没有突破重难点,本节活动目标没有达成,幼儿没有掌握"×比×多1,×比×少1"的概念

（2）提问语言重复，表述不完整。

在第一轮活动中老师重复性语言比较多，提问时不能清楚地表达自己的意思，因此并没有得到正确的答案。在活动中，教师首先要有明确的目标方向，寻找重难点进行突破。

（3）提问形式力求多样，集体提问与个别提问相结合。

教师进行提问时，应运用多种提问形式相结合的方式，关注幼儿的个体差异。集体提问为每个幼儿提供回答问题的机会；小组提问帮助幼儿在讨论中开放思维。因此，教师应以个别提问为主，集体提问为辅，有效利用小组讨论多种形式进行。

（4）延长提问候答预留时间，对幼儿回答做出有效的评价和反馈。

老师对幼儿回答的评价存在形式化、简单化、模式化的问题，没有根据幼儿的回答给予差异性的有效评价。在数学活动中老师应认识到有效的评价对孩子学习积极性的影响，改变评价语言，给予幼儿表情和神态关注，给予幼儿更多的鼓励，给幼儿提示与引导，使幼儿的能力有所发展。

表4　有效反馈与无效反馈对比表

有效反馈	无效反馈
原来有7栋房子，他是一层一层数，所以要听清刘老师问的问题	哦！你真聪明
不要提醒其他小朋友，要让他学会自己思考用什么方法	都有机会
李思妍告诉我们一个好方法，给楼房编号看几层就在上面贴上数字几	你们都好棒啊
原来楼房可以从小到大、从低到高排列，也可以从高到低排列	好的，请回
我觉得小男孩和小女孩的方法都可以，我们先用小男孩的想法来进行排序	老师喜欢让坐姿端正的小朋友来说

（5）总结活动收获和出现的问题，提出改进措施。

课题组老师在活动结束之后，很快对照视频和记录表进行课例研讨，对活动中的提问进行逐句分析和评价，总结活动收获和出现的问题，提出进一步的改进措施和建议。

表5　第一轮教学措施表

教学措施	
实践收获	开放性问题和高层次问题的提问频率比较高,鼓励幼儿自己去探索解决问题。教师在理答时采用追问、反问等方式,形式多样,幼儿在此过程中不断思考,促进思维能力发展
有待改进	1.问题设置比重不合适,导致幼儿在重难点部分没有得到突破。 2.教师在提问时,表达不清晰、不简练
实施措施	改进一:重新划分问题在各个部分所占的比重,增加重难点部分老师的提问占比,丰富提问的形式,幼儿在此环节不断思考 改进二:精简提问语言,提高提问语言的简洁性和准确性

2.第二轮课例研讨

根据第一轮的情况和反思,老师再次研读《3—6岁儿童学习与发展指南》和《幼儿数学核心经验与指导》,根据活动重难点进行修改,重新设计提问方案,语言更加规范,增加集体提问次数,减少幼儿等待时间。

(1)提问语言不规范、表述不具体。

课题组老师进行教案设计时,精心设计指向清晰、目的性强的问题,提高数学活动的有效性。在数学活动中,教师提问语言不准确、不清晰,会给幼儿带来过多的干扰。课题组老师针对自己的数学活动再次反思,对照学案活动重难点进行修改,确保在孩子能听懂的情况下,语言尽量简练严谨,关注幼儿兴趣,启发幼儿思考。

表6　第二轮活动实录表

活动实录	课堂评析
教师:你是用什么方法知道这栋楼房有7层的? 幼儿:我没有看我就知道,因为前面从1数,一个比一个多。 幼儿:我看到了那些线,1条线下面就有1层。 教师:我们按照线数,1层、2层…… 幼儿:我也是1条线就是1层楼,2条线就是2层楼。 教师:原来你们也是按照线数的。现在我们知道了每栋楼房有几层,那么我们可以用数字表示出来,这样我们就不用再数了,你来吧。来看这些数字,你来摆一摆。	教师在本次提问中缺少逻辑性、层次性和准确性。在给孩子说楼层时教师并不清晰楼层上的编号就是楼层号,没有给幼儿交代清楚,造成提问模糊、不清晰

（2）提问层次偏低，不能很好地激发幼儿思维。

课题组针对如何通过提问形式激发幼儿兴趣，提高幼儿参与度进行了学习和研讨，决定采用关注到每个幼儿发展的组合提问形式，既关注幼儿的个体差异，又能关注幼儿的整体性。教师可以根据幼儿的能力差异，提出不同层次的问题，对问题的难度进行调整。

（3）没有给予幼儿足够的候答时间，没有进行深入追问。

经过调整，教师从多维度评价幼儿，除了关注幼儿回答的结果，关注幼儿的语言完整性、表述的清晰性以及思维的创新性等，还及时对幼儿进行追问。教师的提问并不仅限于教案中预设的问题，结合活动发展情况和幼儿理答，及时进行生成性的提问，帮助幼儿发散思维，并给予幼儿充足的时间回答问题，帮助幼儿充分思考完整表达。

表 7　教师有效追问表

教师的有效追问	达到的效果
你们能够帮他把 7 栋房子排列整齐吗？你觉得 3 栋房子放到哪里更合适？你们看她排的对吗？	通过教师的有效追问，幼儿在课堂中思路清晰，能根据教师的引导思考问题
这栋楼房有几层啊？你是用什么方法知道这栋楼房有 7 层的？现在我们知道了每一栋楼房有几层，那我们可以用数字几来表示楼层数？	本阶段教师主要针对楼层数进行追问，并引导幼儿知道楼层下的编号代表楼层数量，从而扩展幼儿思路
那 1 层楼和 2 层楼比较，怎么样？2 层楼比 1 层楼呢？3 层楼比 2 层楼怎么样？3 层楼比 4 层楼怎么样？	针对有混淆的情况，本次追问可以换成所有的楼层先比多，再比少，以递进的方式进行追问

（4）再次进行研讨、调整，提出改进措施。

课题组开展第二次研讨活动，并以第一次为参照，对活动中的提问进行分析和评价，寻找有待提升的地方，提出进一步的改进措施和建议。

表8　第二轮教学措施表

教学措施	
实践收获	1.老师对于课程目标达成比较满意，80％的幼儿都达成了该活动目标 2.老师的提问语言凸显了数学语言的严谨性，在老师的引导下突破重点
有待改进	1.老师对于难点的突破有待提升，要依据幼儿的具体形象思维进行提问 2.老师应有针对性地进行操作验证，再一次验证幼儿的理解掌握情况
实施措施	改进一：延长难点的讲解及有效提问时间，通过观察、比较，引导幼儿自然而然地找到规律，老师再给予总结概括 改进二：教师既要给幼儿正确的答案，也要适时纠错。在个别指导后，教师在验证环节给予提示

3.第三轮课例研讨

课题组老师结合出现的问题，不断探索研讨，关注提问的目的，注意表述简洁规范、关注生成性提问，启发幼儿思考，形成教育契机；改变提问次数频率，开放提问和封闭提问相结合，关注幼儿整体和个体差异，使提问机会均等；耐心倾听幼儿回答，进行有效追问，给予激励和正面评价，形成良好的师幼互动氛围。

（1）提问关注幼儿数学思维养成和认知冲突点，激发学习兴趣，启发幼儿思考。

课题组老师提前找到幼儿的困惑点，问题设计清晰，层层递进，以"问题串"的形式提高幼儿数学活动有效学习。老师用求助的方式，使每一个幼儿都有发言的机会，鼓励幼儿主动思考，把原有知识与目前学习内容链接起来，形成教育生长点。老师提问紧密结合教学目标和幼儿的可持续发展目标，根据幼儿的实际情况，转换提问语言，促进幼儿会学、主动学。幼儿在老师的提问激发下，自己说出3层比2层多1层。

表9　第三轮活动实录表1

活动实录	课堂评析
教师：我们来观察一下第1栋楼和第2栋楼，它们两个相比较怎么样？谁高？谁低？ 幼儿：2高，1低。 教师：那第2栋楼有几层？ 幼儿：2层，3层比2层多1层。 教师：4层比3层多1层，5层比4层多1层，依次到7层。你们有没有发现一个规律，什么规律？ 幼儿：我们说的后面的数字，比前面的数字多1，前面的数字，比后面的数字多1。 教师：后面的楼层要比前面的楼层高1层，这是不是规律？	调整前两轮活动，老师对多1和少1的混合比较做出调整，逐步从2层和1层的比较过渡到3层和2层的比较，与幼儿共同验证。活动重点分层具体，避免了幼儿思维转换困难的问题

（2）提问形式多样，关注整体和个体差异，具有层次性。

经过研究发现老师的提问形式发生了转变，提倡幼儿小组讨论，均衡进行。开放式提问和封闭性提问相结合，引导幼儿思考、解决问题，给幼儿更多的时间思考，接受幼儿多种多样的答案。反思教学，在活动中观察幼儿的表现，记录幼儿的回答，关注幼儿的注意力，提升学习效果。

表 10　第三轮活动实录表 2

活动实录	课堂评析
教师：一共建了 7 栋楼房，可是你们觉得这样的楼房好看吗？ 幼儿：不好看。 教师：我们来帮帮它，排一排顺序，现在你和旁边的小朋友商量一下，排序的时候，怎么样更漂亮。 幼儿：可以从 1 到 7 进行排序。 教师：怎么排列呢？ 幼儿：从低到高，从矮到高。 教师：你有不同的方法吗？ 幼儿：从 1 到 7，他说的从矮到高也非常好。	先数—不好看—帮助—小组商量—排序，问题从易到难逐层推进，利用"不好看"引发幼儿思考，顺势提出请小朋友帮忙排序，先小组商量关注幼儿的整体，后照顾幼儿的个体差异

对数学活动的提问形式进行思考和转变，不断实现自我突破，关注幼儿的兴趣、思维和注意力及学习方式，提问更加多样，幼儿学习兴趣更高。

（3）倾听并鼓励幼儿提问，营造温馨宽松的教育氛围，生成新的教育契机。

课题组老师也特别重视对幼儿的理答和总结，但是理答能力的提升，并不是一朝一夕就可以完成，教师需要不停地实践，总结教学经验；需要合理把握候答时间，倾听幼儿回答，鼓励幼儿大胆说和主动提问，分析导致出现错误的原因，及时进行纠正。课题组老师针对此类问题进行了反思和自我剖析，根据幼儿的实际回答情况，做出具体适当的有效表扬，找出错误的原因，给予正确的方法引导。

四、研究成效

经过一年的实践研究，本课题取得了以下成效：

（一）设计问题的有效性不断提升

刚开始教师对有效问题的概念和特征不理解，不知道如何设计才属于有效问题。经过每周的教研,学习幼儿数学领域的关键核心经验,观摩名师的数学活动视频,总结、分析、交流,掌握了一些关于问题设计的技巧,在数学活动中,问题设计的有效性也不断增强。

(二)数学课堂的有效性不断提升

数学作为一门比较严谨的学科,提问显得尤为重要。通过对数学活动中问题有效性的研究,发现教师经过实践—反思—再实践—再反思的过程,不断丰富提问形式,注重对幼儿回答问题的反馈,提升问题内容的准确性和针对性,减少教师语言对幼儿的干扰,数学活动课堂中幼儿的经验习得和能力发展不断提升。

(三)课题组教师的专业水平不断提升

在课题实施的过程中,课题组成员每周进行教研,了解不同年龄阶段幼儿的已有经验的发展,专业知识得到了提升。另外,通过不断走进班级,观摩数学活动,然后进行教研,对活动进行分析与评价,教师的观察能力和分析能力都得到了提升。

五、存在的问题和设想

经过实践,数学活动中的有效提问的规范性有了很大提升,但是提问的精准度还需要进一步提升。

(一)教师需要继续提升数学素养

在接下来的研究中,我们将思考如何借助数学听评课的力量培养教师的数学活动提问的语言精准能力,特别是教师如何更有效地备课,使提问简洁、清晰、有效。

(二)教师的总结和反馈需要完善

教师应针对幼儿的回答,给予进一步完善和细致的评价,懂得如何在幼儿回答的基础上,完美总结表达。

(三)在数学活动提问中关注生成性问题

对于数学活动中教师应如何有效应对生成性问题,丰富自身数学专业素养,以更丰富的经验促进幼儿的发展,适时给予幼儿指导,需继续开展下一步课题研究。

参考文献

[1]中华人民共和国教育部.3～6岁儿童学习与发展指南[M].北京:首都师范大学出版社,2012.

[2]温建红.数学课堂有效提问论[M].北京:中国科学技术出版社,2015.

[3]陈勇,骆大云.基于有效课堂的小学数学课堂提问策略研究[M].北京:冶金工业出版社,2020.

（本文为2020年度郑州教育科学重点课题,获科研成果一等奖,课题研究单位:郑州市惠济区实验幼儿园,课题负责人:刘红敏,课题组成员:赵雪、李昊、刘亚楠、万爽）

新媒体环境下初中生课外自主学习模式探究

一、研究背景

(一)自主学习的重要性

"自主学习"一词近年来非常火热,从学校到社会各行各业随处随时可听到人们谈起自主问题。自主指的是一个人作为行为主体对自我进行管理和监控,以道德感、使命感、责任感、理想目标和价值观作为动力基础。面对激烈的社会竞争,拥有自主学习能力可以帮助学习者调动已有知识资源,调整现有策略并以独立乐观的心态寻找最佳应对方法从而达到解决问题的目的。自主学习能力是跟上现代社会发展脚步的必备能力。

(二)新时代信息背景下新媒体与英语课外自主学习结合的必然性

当今社会,互联网科技迅速发展,并逐渐融入教育领域。在此背景下,微课、慕课、各种学习类 App 纷纷出现,它们为学生提供了丰富的学习资源和学习平台。《国家教育事业发展"十三五"规划》中提到,全力推动信息技术和教育教学的深度融合,推进优质教育资源共享。《义务教育英语课程标准》指出英语课程应该依据学生学习的需求,提供贴近时代和学生实际生活的学习资源,积极拓展学生学习和运用英语的渠道。

(三)新媒体环境下初中生英语课外自主学习的现状与问题

为了全面准确地了解学生英语课外自主学习中新媒体的使用情况以及自主学习情况,课题组开展前期设计并发放了调查问卷。调查结果反映我校学生在新媒体环境下英语课外自主学习存在的问题是:

(1)学生缺乏新媒体环境下英语课外自主学习的主动性。

(2)学生缺乏新媒体环境下英语课外自主学习的方法和策略。

(3)学生缺乏新媒体环境下英语课外自主学习的有效模式。

鉴于此,课题组老师一致认为开展新媒体环境下初中生英语课外自主学习模式的实践研究,对学生的自主学习意义重大。希望通过本课题的研究,可以探索出适合初中生利用新媒体进行英语课外自主学习的模式,帮助学生结合时代特点和时代资源调整学习方向,提高学习效率。此外,课题组成员希望结合本校学生情况总结出一套适合大多数中学生广泛使用的课外自主学习模式,使之成为模板范例,使该研究成果能够落地生根。

二、研究过程

（一）研究准备阶段（2020年3月）

用钉钉在线上召开课题组成员会议，商讨课题研究思路，明确任务后进行课题组人员分工。2020年3月，组织课题组成员学习相关理论和资料。高新区英语教研员、英语教研组组长和英语老师组成课题组。

（二）实施阶段（2020年4月—2021年1月）

1.2020年4月

课题组成员制定相关的调查问卷并对八年级的实验班进行调查，了解我校新媒体环境下初中生课外自主学习的现状、问题和亮点。

2.2020年5月—6月

课题组成员根据问卷调查数据以及课题实施方案，在实际教学中进行探索学习和案例分析，及时跟踪并记录数据。

邀请郑州市教育科学研究所专家进行指导，在专家指导下，我们借助本校教师案例，找出了开题报告中存在的问题，并就如何选题、如何研究课题等进行了细致的研究。

3.2020年7月

课题组成员根据课题前期开展情况进行研讨，汇总利用新媒体开展课外自主学习的有效策略和建设性活动。

4.2020年8月

课题组成员以自主学习方式在组内学习有关新媒体自主学习相关资料，结合自己的实际教学和案例分析筛选出有参考价值的方法，不断改进自己的研究并记录下心得体会与反思总结。

5.2020年9月

在实践中，定期召开课题研究座谈会，及时汇报和总结研究情况，整理研究资料并形成阶段性报告，针对研究中出现的新问题及时调整完善下一阶段的研究方案。

6.2020年10月

将初步的研究成果在本校推广，完善其中的实施环节并整理实验资料。

（三）总结阶段（2021年2月—4月）

整理所有的课题资料，总结课题研究实践中的优秀经验和不足之处，整理课题研究成果，完成并提交课题结项报告。

三、主要做法和经验

（一）多渠道增强学生课外自主学习意识

1. 开展英语学习新媒体资源互荐主题班会，激发学生主动性

教学改革要求充分发挥学生在课堂中的主体地位，将课堂归还给学生，从而激发学生的创造性思维。我们在课题开展前期充分发挥学生的才能，让学生积极搜索整理常用的英语学习软件、微信公众号、学习网站以及高效使用方法，例如英语流利说、流利说阅读、不背单词、百词斩，在班会上进行分享交流。同时课题组老师也根据对学生的了解，针对不同学生的学习基础筛选出适合本班各类学生需求的英语课外学习资源，例如爱思英语网、沪江英语网、恩京英语、华尔街英语公众号、初中英语学习公众号以及每日学英语公众号。

2. 展示优秀作业，提高学生学习积极性

方法一：评选优秀作业

（1）每周五由组员评选出本周小组优秀自主学习作业。

（2）评选出的优秀作业在班级内进行为期一周的展示，放置在本班书架，班内同学可进行交流学习。

（3）每月将收集的优秀作业拍成照片制作成优秀作业展板，放置在年级教学楼门前进行展示，扩大交流学习范围，激发学生的学习积极性。

方法二：欣赏口语以及配音小组优秀作业

（1）每周一录下学生的朗读音频，每两周进行一次评比。

（2）软件获赞较高的作品在班内进行展示。

3. 建立自主学习小组，互相监督学习

为了让学生能够长期保持学习积极性，我们在班级内设置了自主学习小组。

第一步：学生根据自身听说读写薄弱项以及自己想要提升的方面进行自主学习小组的结合。班内同学自主结合为听力、口语、阅读、电影欣赏、配音等不同形式的学习小组，组内成员互相监督进行学习打卡。

第二步：以组为单位每周五评选出学习之星，参加班级学习之星的竞选，并在周日班会课上选出一名代表分享自己的学习心得。同时，也结合本校的综合素质评价机制进行能量卡的发放。我们发现学生经常在组内讨论自主学习任务，互相提醒完成今日打卡任务，班级内学习氛围浓厚。

以班内电影欣赏小组为例，6 名英语程度较好的同学自发成立电影欣赏小组，

每周选定一部影片进行观看学习。首先组内进行分工,每人整理大约5分钟精彩片段的台词;接下来将每人整理出的台词确定为周一至周五的学习任务;每天根据个人学习安排抽时间进行文本学习,可以学习新单词的用法,也可以学习生动地道的表达;周五放学后在教室里分享自己本周的学习笔记,选出本组比较优秀的同学参加周日的班级学习之星竞选。

4.发动学生搜集学习资源,提高学生课堂学习热情

第一步:课题组成员根据单元学习内容确定学习主题,由学生借助多媒体搜集相关话题资料。

第二步:从学生发送的资料中选取适合单元主题教学的资料,并融合进课堂,从而进一步鼓励学生寻找更加贴近教材和生活的学习资源,丰富教学资源,促进教学相长。

例如,在学习八年级下册 Unit 8 A country music song changed her life forever,关于西方文化以及音乐的阅读文章时,班内学生把自己在课外自主学习时积累的音乐分享给大家,并且在班级内演唱了歌曲 Five Hundred Miles,用英语向班内同学简单介绍了歌曲背后的故事,这一活动极大地激发了学生英语学习的热情。

5.开展分享展示活动,用评价促进长期落实

为保证英语课外自主学习能长期坚持进行,我们制定了自主学习小组评价鼓励机制,主要做法如下:

(1)每周五中午开展自主学习评价会,评选优秀自主学习之星和优秀学习小组。

(2)设立打卡机制,小组成员每天进行学习打卡,每周五进行统计。

(3)评选优秀学习资料,如阅读小组同学晒出阅读记录和读书笔记。

(4)宣传奖励。在校内报纸上刊登优秀学习小组的资料和学习方法介绍,或者由班主任在班级群内分享并发朋友圈进行宣传。

通过这些评比,学生对本周自己的学习做了完整的梳理和总结,找到了自己与别人的差距。评价机制是调动学生自主学习积极性、激发学生学习兴趣的重要保障,能推动新媒体环境下英语课外自主学习有效落实。

(二)多策略指导自主学习方法

1.研究课例,引领自学

课题组成员设计出了听说读写等不同的自主学习课型课例,并精心设计自主

学习学案,指导学生进行不同课型的自主学习。课题组成员按照课例讲课,同组教师共同听课、评课,并且不断调整优化自主学习学案。在自主学习策略课上,教师注重引导学生学习不同课型的学习方法,为接下来的课下自主学习打下基础。以下是听说课的自主学习设计思路(表 1),以 Cheer up your Christmas trees 听说课为例(表 2)。

第一步:出示学习材料以及学习目标。

第二步:出示本节课学习目标分解以及步骤分解。

第三步:带领学生进行每个步骤的学习,老师进行评估。

第四步:组内分享总结自己的学习所得以及学习困难点。

表 1　听说课的自主学习设计思路表

环节	教师行为	学生行为	设计意图
预测学习目标	引导学生观察题目和图片,预测听力内容	通过已知信息预测本节课的学习内容和目标	培养学生在学习之前为自己制定学习目标的习惯
核对学习目标	展示本节课分层学习目标,引导学生核对并且调整自己的学习目标	检查自己的目标存在哪些问题,调整自己的目标	引导学生制定合理并且适合自己的学习目标
分解学习目标并且分步骤进行学习	出示具体学习步骤,并且阐释每个步骤的作用	完成具体的学习步骤	了解借助哪些方法可以更加有效地学习听力材料,提高英语素养
检测学习成果	教师再次出示学习目标、问题或者检测题	学生回答问题,并且对照课前目标进行反思	引导学生依据学习目标检测自己的学习成效
反思总结,记录问题	答疑解惑,并对学生的学习过程进行评价	记录问题,向老师或者同学寻求帮助	帮助学生养成反思总结的好习惯

表 2　听说课的自主学习学案

	Cheer up your Christmas trees **听说课学案**
	预测学习目标 Learning Goals： 1. Get main idea of this passage. (Find how many ways does the passage mention) 2. Get the detail information. (How to decorate Christmas trees) 3. Retell the listening material by using your key words. (Practice your spoken English)
Step 1 分解任务 1	How many ways did you hear? What are they? (you can just speak a key word) Christmas is coming! It's time again for families around the world to decorate their Christmas trees. They will use colorful lights and bulbs. But there's another kind of decoration—_____, _____ and _____.
Step 2 分解任务 2	Listening again and fill in the blanks. People like these paper-cut decorations because they are _____ and _____. You can find lots of patterns（图案）_____. You can just print them out and cut them. Even kids can do it. In fact，I made my first paper-cut decorations when I was in elementary school（小学）. I made _____ and _____ along with my classmates.
Step 3 分解任务 3	Retell 1. Circle the key words you may use and make a mind map for the material. 2. Introduce the three ways with the help of your mind map and key words.
Step 4 学习成果检测	Review and make notes.

在课题组老师的带领下，学生逐渐掌握听力练习的基本步骤以及学习目标，能够在课下利用新媒体独立完成学习任务。除此之外，我们针对阅读课、口语课等不同课型也设计了学习方法指导课，为接下来的课外自主学习模式研究打下了基础。

2.方法引路，培养自主

掌握正确的方法是学生从被动学到主动学的关键。课题组老师从带领学生运

用自主学习方法入手,给学生充足的时间让他们自己领悟。我们采用的指导方法有:

(1)合理利用新媒体资源查找资料。根据课题组前期整理出的资源表,学生可以利用软件解决单词障碍。比如学生在学习动物单词 panda、tiger 以及表示国家和大洲的地理词汇 South Africa、America 等时,可以利用带有配图的百词斩进行学习。借助图片将发音和词义联系在一起,解决了本单元词汇音义难记忆的问题,帮助英语学习困难学生有效解决了在单词记忆方面的问题。

(2)指导学生单词、语法、听力、口语、阅读、写作六种课型常用的学习方法。如进行自主听力练习,听前不看文本内容,大胆预测,即使在听不懂的地方也根据已获得信息大胆猜想。听力至少听四遍,一听过程中快速记录下关键信息点或者不同的信息模块;二听弥补第一次听力未捕捉到的信息空白,对整个文本内容更加了解,根据速记笔记复述或者写出材料内容,打开材料核对,找出未听清、未听懂的句子做上标记;三听把所看所听结合起来尽量详细完整复述听力材料;四听对照文本边听边看边跟读,深度熟悉文本,同时训练自己的跟读语速与听力朗读一致,提高听力灵敏度。

例如,在学习七年级下册 Unit 8 Section B 的听力部分时,先让学生在课前根据图片以及本单元所学知识预测内容。一听让学生在关键部分以箭头代替 turn left,turn right 等词汇,听后补充完整;二听主要帮助程度较弱或者笔记未补充完整的同学补充答案,程度较好的同学则可以核对答案,保证听力的准确性;三听学生根据自己的程度丰富听力材料,根据听力材料在旁边补充重点句型,比如 Where is the…/Can you tell me how to get to… ,从而帮助学生为听后的复述做准备。

(3)指导学生在每种课型自主学习时都要边学边思考,提高理解、概括、总结、分析的能力。将学习方法融入每节课当中,潜移默化进行渗透。此处以一篇阅读为例:"In our city there is a big zoo. There are a lot of different animals in it. There are some tigers and lions. They like eating meat and they eat much meat every day..."在学生阅读第一段时就标注出自己所猜测的文章大意,阅读其他段落时标注出段落大意,这种边读边思考并且做标注的方法可有效避免读后忘记文意。

(4)每种课型学习后都要落实到知识的积累上,不注重积累的自主学习是走不长远的,任何形式的学习模式只有建立在逐渐扩大的知识量上,才能有效快速地吸收输入,正确完整地创造输出。

（5）指导学生学会摘录，如在阅读过程中摘录精彩语句、语段，可提高欣赏能力，加强相关话题语句的积累。

在典范英语、课外新闻材料甚至是平常所做的阅读理解题目中，学生都会进行圈点勾画。圈出自己根据文意猜测出的生词；画出学习过的句型；点出自己学习过的重点词汇；标注上好的句型可以应用到哪一类作文当中，将学习过程与实际运用联系起来。例如，对于典范英语中 whisper 一词，学生根据图片以及当时的故事情节、上下文语境，猜出意思是"小声说话"。dash off 是一个比较陌生偏僻的短语，同样可以用这种方法猜出意思。

（6）指导学生将脑海中一闪而过的想法、学后的心得、思考后的困惑一一记录下来，形成自己的点滴体会，带来学校与同学分享探讨，解决疑惑，共同进步。

例如，学生在学习完八年级关于新加坡的文章之后，提出如下问题"能否在介绍城市的文章中打乱顺序，按照自己的顺序排列这篇文章的段落？""如果换一所城市能否按照这个顺序写？比如北京""城市的名称如何记忆？""中国城市的英文名称是如何制定的？"，学生们的知识面也在思考过程中不断拓宽。

3.小组合作，长期坚持

为了能够让学生更好地坚持，我们充实学习小组的学习内容，让自主学习小组发挥更大的作用。课题组教师每周一发布一篇文章以及音频，不同的小组根据自己的小组特点进行学习目标的制定。小组成员根据本组学习目标进行自主学习，也可与组内成员结伴学习，完成本周任务。组内评选出优秀学习之星，在班会课上进行分享，与班内同学交流。各组组长进行点评，总结优秀学习方法，课题组教师最后可以根据实际情况进行评价总结。

4.系统学习，体现自主

要培养学生的自主学习能力，就必须为学生提炼总结出完整的自主学习系统，帮助学生总结出系统性的学习方法和学习步骤。课题组教师为学生提供了以下几个方面的指导，让学生真正实现自主学习：激励自我；制定目标；科学充实地参与学习过程；检测巩固；梳理总结；思考困惑；自我调控评价。

（三）多举措构建学生课外自主学习模式

1.初步拟定课外自主学习模式，并在课堂上初步实践

经过前期准备，课题组教师根据学校实际，初步形成了教师引导型课内自主学习模式（图 1）和学生初步自主学习模式课堂步骤（表 3）。

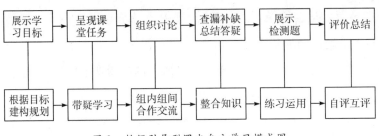

图 1　教师引导型课内自主学习模式图

表 3　学生初步自主学习模式课堂步骤

步骤	环节说明
展示学习目标	课题组教师帮助学生确立教学目标并制订学习计划
呈现课堂任务	课题组教师帮助学生找到重要学习内容,并根据目标进行逐步分解
开展学习过程	课题组教师教授学习策略,并指引学生使用学习策略进行自主学习、合作学习
检测学习结果	通过课堂检测,检查学生学习结果,进行查漏补缺
评价总结	课题组教师引导学生进行同学间、小组间的评价以及自我评价,并指导学生从不同的方面开展评价

在研究过程中,课题组采取案例研究方法,每位老师选取不同课型进行课例研究,具体步骤如下:确定课例题目和班级;按照教师引导型自主学习模式,先行备课,拿出备课初稿,以备课组为单位进行说课讨论,提出修改意见;备课组内说课、磨课,在不同的班级试课,反思再实践。

该阶段,学生的自我学习模式没有完全建立起来,因此教师仍然起主导作用,引导学生开展学习过程,并做课堂总结;引导学生在课堂内容学习中不断实践自主学习的环节,为课后自主学习的开展做铺垫。

2.逐渐形成课外实践自主学习模式,引导学生完全自主

该阶段,学生的学习从课堂转向课外,学习内容也不再统一,而是根据各学习小组的实际情况进行分类学习。以下为课外实践阶段学生完全自主的模式图(图 2)以及课堂步骤(表 4)。

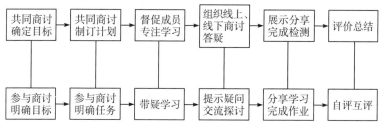

图 2　学生完全自主的模式图

表 4　学生完全自主学习模式课堂步骤

步骤	环节说明
制定学习目标	小组商讨确立本组一周学习目标
呈现学习任务	小组成员共同商讨,确定学习任务
开展学习过程	自主学习,提出疑问并与组员交流探讨
检测学习结果	分享学习,完成作业
评价总结	自评和互评,评价自己的学习过程和学习结果

在课外自主学习阶段,课题组老师的角色淡出学生学习过程,旨在培养学生的自主意识和自我学习能力。该阶段重点从引导学生自主学习到让学生互相监督自主投入课外学习,帮助学生尽快适应新的学习模式,明确自己的努力方向。在这一模式中,学生的任务是大致分析学习材料与学习需求,确定学习目标;围绕学习目标设置有助于目标达成的学习活动和学习任务;组内加强协作,彼此监督,抵制外在诱惑,专注投入学习;有效自主选择和运用学习策略;回顾梳理学习内容,整体消化吸收,评估学习过程和效果。

四、研究成效

经过一年的探索实践,本课题取得以下成效:

（一）有效提高了学生英语自主学习积极性

真正的教育应该是能够激发学生自主学习积极性的教育。课外自主学习模式的探究充分发挥学生的自主性和积极性,在这一过程中,学生不仅收获了知识层面的内容,在学习方法以及学习积极性方面也都有明显改善,更好地促进了课内英语学科的学习。

（二）为学生提供了切合自身实际的课外学习方法和策略

课题组教师针对不同课型对学生进行了学法指导，在日常教学活动中渗透学习理念和方法，让学生在课外自主学习时能够有效选取适合自己学情的学习资源，制定学习目标，分解学习步骤，在小组互助学习模式下开展学习活动和评价。

（三）探索出适合我校学情的课外自主学习模式

课题开展后期学生能够有条理地选取、整理、学习知识，并进行检测，互相督促。这一学习模式为学生课外自主学习提供了有效指导，不仅能够促进学生英语学科的学习，对于学生其他学科学习状况的改善也有一定的帮助。

（四）丰富了课题组教师的教学资源，提高了课堂的趣味性

课本内容具有一定的滞后性，对于热爱新鲜事物的中学生来说没有足够的吸引力。发动学生的力量寻找丰富的学习资源，运用到课堂当中，极大地提高了课堂的趣味性，对于学生也是一种肯定和鼓励。学生在课堂中有了成就感，课题组教师也能不断获取有时效性的学习资源，丰富教学内容，与时俱进，促进教学相长。

（五）提高了学生的综合语言运用能力，培养了学生的核心素养

学生借助新媒体进行课外自主学习，不但扩大了他们的课外阅读量，而且提升了他们的综合语言运用能力，充分发挥了学生的主观能动性，让学生从表层学习走向深度学习，从而培养他们解决问题的能力，使英语核心素养落地生根。

五、存在的问题及下一步打算

（一）存在的问题

（1）学生在利用新媒体进行课外自主学习时，因为自控能力较弱而影响了学习效率。

（2）学生进步不平衡，不同学生需要改进提高的部分各不相同。

（3）家长对于让孩子使用新媒体进行自主学习心存疑虑，没有与学校的教学改革实验达成共识。

（4）利用多媒体进行学习需要使用电子设备，对于学生的视力有一定的影响，尚没有找出平衡二者的办法。

（5）课题组教师获取并且选择资源的水平有待提高。

（二）下一步打算

（1）加强课题组成员的理论学习，提供更多的分享交流机会，提升理论水平。

（2）课外自主学习模式有待优化和丰富。在实施过程中，一些课型的指导方法不够具体规范，还需要进一步优化。

（3）探索科学有效的评价方式，而不是用纸笔测试检测学生的学习成果。重在检测学生的学习能力以及其他方面的提升。

参考文献

[1]郭清顺，苏顺开．现代学习理论与技术[M].广州：中山大学出版社，2007.

[2]约翰·哈特利．数字时代的文化[M].杭州：浙江大学出版社，2014.

[3]郝贵生．论学习方式的现代化[J].天津师大学报（社会科学版），1994(5):23－27.

（本文为 2020 年度郑州教育科学重点课题，获科研成果一等奖，课题研究单位：郑州中学，课题负责人：董园园，课题组成员：魏玮、吴丹、刘杨、孟童童）

提升初中青年教师教学能力的策略探究

一、研究背景

青年教师是一个学校未来教学质量的保证,郑州市第五十八中学自建校以来,非常重视青年教师的培养工作。近几年,随着郑州市城市框架的拉大,在高新区教育局的大力支持下,学校办学规模逐年扩大,每年新进教师也在增加。我校是区属的一所寄宿制公立初中学校,目前,学校教师发展中心管理着近三年入职的青年教师 50 余人,年龄在 22—27 岁,大部分刚从师范院校毕业,除却毕业前的实习经历,没有任何工作经历,小部分有短期的工作经历,他们怀揣着教书育人的伟大理想踏进教师行列。

（一）问题和原因分析

在教学最开始的三年是个人专业成长很重要的阶段,因此,青年教师教学能力的有效培养与稳定成长是一个值得研究的重要课题,是关乎学校可持续发展的重要因素。尽管学校想方设法引进专家对青年教师进行培训指导,市教育局安排针对青年教师的岗前培训,但是青年教师的教学能力仍然有一些共性问题亟待解决。

1.钻研和组织教材的能力有待提高

要想上好课,必须要先备好课,青年教师不能很好地把教材知识融会贯通转化为自己的知识;在解读课标方面欠佳,不太明确教学内容的重点及要求;不能准确把握教学目标、教学内容和学生实际之间的内在联系,因此上课效果不佳。

2.了解和研究学生的能力需要加强

青年教师不善于根据学生的外在表现了解学生的个性和心理状态。

3.语言表达能力需要提升

青年教师基本上都能运用发音准确的普通话进行教学,但是语言简练明确、内容具体、合乎逻辑和流畅表达等方面需要不断尝试总结提升。

4.说课水平需要提升

青年教师入校以来,需要参加校级说课比赛、区级说课比赛。说课的环节与内容表述不清,更无法说得明白、说出亮点。青年教师如若想快速脱颖而出,不仅需要掌握说课的内容,更要掌握说课的技巧。

（二）本课题相关的研究现状综述

青年教师是一所学校的新生力量,为学校的师资队伍注入了新鲜血液,高水平的青年教师决定了一所学校未来 10—20 年的发展水平。在教学最开始的三年,如何有效提高青年教师的教学能力是我们研究的重点。

1.国外与本课题相关的研究现状

通过搜集资料、查阅文献,发现国外涉及青年教师教学能力培养的策略很少,并没有找到单独罗列青年教师培养策略的文献、资料。基于中国国情,此研究在中国有特别的研究价值和意义。

2.国内与本课题相关的研究现状

教师的课堂教学能力一直是教育界的研究热点。但是在研究对象上,研究高校青年教师教学能力培养策略的居多,研究初级中学的很少。

3.学校的校情

结合实际情况,我校制定了青年教师培养策略,大部分青年教师能很快适应教师这一职业,在课堂教学中不断积累经验,在说课比赛活动、青年教师汇报课活动、同课异构活动等教学活动中收获经验,不断成长。

二、研究过程

(一)筹备和开题阶段(2020 年 3 月—4 月)

1.课题准备

课题组成员对我校青年教师进行访谈,了解我校青年教师在教学方面的困惑和希望得到的帮助。

2.建立青年教师成长档案

对青年教师进行信息统计,收集基本功、读书分享等各方面的材料,为青年教师成长做跟踪记录。

3.专业培训

对课题组成员进行培训,学习一些先进的、科学的青年教师培养的成功经验,借鉴并探索本课题研究的重点、难点以及突破方向,切实为青年教师的发展提供助力。

(二)实践研究阶段(2020 年 5 月—2021 年 2 月)

(1)课题组成员通过跟踪听课,观察青年教师在课堂教学流程、课堂管理方面的进展,形成相应的过程性材料。在学校内进行开题后,再到区教科室统一做开题报告。

(2)6 月 28 日,课题主持人参加郑州市高新区 2020 年市级重点课题开题报告会,针对专家的点评和建议,课题组成员进行了研究和讨论,并对开题报告和研究内容进行了完善和修改。

（3）组织青年教师汇报展示课活动,从备课、磨课到最后汇报展示课,总结出青年教师上好一节优质课的培养方案。

（4）多次组织青年教师参加校内说课比赛活动,通过学科组初赛选拔、校级决赛、教研组指导等活动,提升青年教师的说课水平,形成组内个人准备—师文引领—校级优秀说课展示的梯级成长之路。

（5）11月12日,高新区教研室陶玲华和杨苏娟两位老师参加了我校市级重点课题的中期走访活动。本次中期报告会中,主持人汇报了课题研究进展,专家对课题进行了中期评估。

（6）组织青年教师开展读书分享活动、"两笔一画"基本功大赛、听评课活动、录课反思活动、约课活动等。

（三）结题阶段（2021年3月—4月）

1.课题结项材料的收集与整理

梳理在研究中对青年教师的成长真正有用的培养方式,摒弃一些不好的做法,优化青年教师培养方案,修订青年教师培养手册,增加青年教师听评课活动、录课反思活动,规范青年教师成长三年目标。

2.对课题研究进行深度总结

多次召开总结报告会,课题组成员进行讨论,形成系统的研究报告;找专家对课题结项材料进行审核,修订并完善课题结项报告。

三、主要做法与经验

（一）提高教师钻研和组织教材能力的策略

1.加强职业培训,尽快担起新角色

新进青年教师进入学校从事教育工作,面临着身份和职能的转变,学校应开展入职培训,进一步促使青年教师尽快完成身份的转变,了解国家教育方针和学校教育教学理念,从而更好地做好本职工作。

为了使新入职教师尽快融入学校这个大家庭,进一步规范教师教育教学行为,提升教育教学能力,2020年新入职教师来到学校,教师发展中心就制定了详细的岗前培训方案。

2.构建备课、教研多级交流平台,提升青年教师对教材与命题的理解

（1）师徒结对共备课。

新教师一到学校,课题组黄老师就为每一位新教师配备了一位德才、能力出众

的师父。开展师徒一对一结对活动,充分发挥学校骨干教师和优秀教师"传、帮、带"的作用,加快青年教师专业化成长。

(2)开展课标解读教研活动,在教研中提升青年教师钻研教材、组织教学的能力。

组织青年教师定期参加校本研修活动,开展以学科组为单位的课标式案例解读教研:依托课例研读课标、观摩名师课堂、专家讲座等,充分运用教研平台,提升青年教师对教材的理解能力,提升教学能力。

(3)以评促教,通过考试提升对教材的理解。

组织青年教师以考试的形式进行本年级上一年期末考试,并对试卷中的重难点知识进行梳理分析,使他们更好地把握教材与考试命题方向,更好地把控课堂的重难点,更深刻地理解教材,为备课和有效教学做好铺垫,确保收到良好的课堂教学效果。

(4)参加新优质初中共同体教研,准确"把脉"中考方向。

我校青年教师定期参加新优质共同体举行的教研活动,通过该教研活动明确中考命题的方向。

(5)听优秀教师的展示课,提升教学水平。

先听后教,以教促教,以听"同头课"和其他优秀教师的课来提升青年教师的教学能力。加强对新教师的示范引导,促使青年教师专业发展。

(二)提升青年教师了解和研究学生的能力

青年教师刚开始上课时,不擅长观察学生的学习状态,也不会根据学生的外在表现探知学生的心理活动。课题组老师邀请专家对青年教师进行了一系列的培训,帮助教师与学生沟通,便于教师更好地了解学情,形成融洽的师生关系。

1.邀请名班主任进行培训

青年教师承担班主任工作,增加了和学生沟通交流的机会。优质的班主任培训,能让青年教师更好地了解学生在学习生活中的心态变化,"把脉"学生心理,有针对性地解决学生学习或生活上存在的心理问题,助力学生全面发展,从而更好地构建和谐的师生关系。学校每月进行一次班主任培训活动,引导青年教师快速融入学校。

2.开展师德师风教育讲座

为积极贯彻习近平总书记提出的"四有好老师"理念,引导教师做好学生的引路人,工会主席张伟彩为新入职青年教师进行了"师德师风教育讲座"。

3.阅读心理书籍,诊断学生心理

学校领导给青年教师推荐了许多书籍,青年教师可以通过阅读心理方面的书籍,在短时间内提升自己,快速了解学生。

4.诊断课堂,使青年教师在课堂上关注学生

课堂是教学成败的关键,也是师生交流的广阔平台。在课堂上通过不同的视角观察学生:学生回答问题,课堂上师生语言、眼神的交流,都能够让青年教师多方面了解学生。观察课堂,表扬优秀课堂,帮助青年教师在课堂上了解学生的心理动态和变化,及时评价每一堂课的做法也成了帮助青年教师成长的一大法宝。

5.利用课下时间和学生沟通

(1)课下沟通有助于教师了解学情。

对于刚入职的青年教师,课下沟通也是建构良好师生关系、了解学生心理的有效方法。青年教师利用课间、课外活动,走进学生心灵,与学生聊生活,从不同方面更好地把控学生的心态变化,积极引导学生更乐观、更向上。

(2)批改作业,从作业情况掌握学生心理变化。

学生的作业情况也可以反映学生的心理状态,教师给予鼓励性、指导性的评语,学生会根据老师的评价做出改变,青年教师也能从侧面掌握学生的心理状况。

6.家校交流,形成合力

第五十八中学设有家长接待室,每年会有家长接待日,学校会组织青年教师定期召开家长会,青年教师也会和家长进行单独的沟通交流,从家长的反馈中了解学生,从而诊断学生心理,并及时制定对策。

(三)全面提升青年教师的语言表达能力

入职以后,部分青年教师能准确表达自己的想法,上课时激情四射,神采飞扬,而且语言生动,上课效果较好。但是仍有很大一部分新教师语言平淡,感染力较弱。课题组教师采取了一系列措施,提高了青年教师的语言表达能力。

1.开展组内目标讲解活动

针对青年教师语言表达不生动、没有抑扬顿挫的问题,课题组教师结合各教研组组长,开展青年教师语言关的练习活动。

2.开展"三全"阅读活动,提升教师的语言表达能力

自2020年学校开展了"全学科阅读,全员阅读,全过程阅读"即三全阅读的活动,学校的每一位老师都感到受益匪浅。

3.多次开展青年教师读书分享活动

(1)2020年11月26日,全校青年教师在博雅报告厅参加了读书分享会。此前,教师们已经把董校长赠予的6本书读了一部分,并写了读书感悟。

(2)2021年2月25日上午,在录播教室举行了新学期青年教师会暨读书分享活动,由教师发展中心主任黄想安主持,全体青年教师参加本次活动。

(3)2021年4月8日下午,青年教师和二次读书分享活动在二楼录播教室进行,全体青年教师参加本次活动。

4.语言与文字相结合,提升教学基本功

(1)开展"两笔一画"基本功大赛,提升教学基本功。

为全面提高青年教师说普通话、写规范汉字的教师素养,每年会组织青年教师开展"两笔一画"基本功大赛。("两笔一画"指钢笔字和粉笔字,外加板书设计简笔画。)

(2)语文教师的基本功之一是写文章,组织活动时,会让青年教师撰写新闻稿,促进青年教师文字表达能力的提升。同时还鼓励青年教师写文章或论文投稿发表,发表文章在考核时会有相应的加分。

5.录课、观课,反思自身语言表达上的问题

教师发展中心为青年教师配备录播支架,青年教师可以随时录下自己的随堂课。通过课后观看,发现自己的问题,在接下来的课中有意识地尝试改变,达到录课反思的目的。

(四)通过形式多样的说课活动,提升青年教师的教学能力

1.开展形式多样的青年教师说课活动

(1)新入职教师说课活动。

9月29日,教师发展中心黄主任安排新教师先入班听课,进行观摩学习。9月30日,学校组织全体新入职教师分文理科进行说课比赛,新教师尽展风采。

(2)云说课活动。

2020年暑假,每一位青年教师自行准备一节课,再利用郑州市网络空间平台进行在线说课,上传自己的说课课件和本人录制的说课视频。之后,由本组备课组长、教研组组长和教师发展中心主任进行评课,青年教师能看到他们对自己说课的评价,帮助提升说课水平。

(3)线下常规说课比赛。

每学年课题组成员黄老师都会组织全校青年教师进行说课比赛,以提升大家的教学水平。青年教师利用寒假进行准备,2021年春天一开学,第一轮说课比赛开始。青年教师先在学科组内说课进行筛选,每组依照成绩选出1—2位优秀选手,最终有18人进入决赛。4月7日,全校的青年教师说课决赛分文理科进行,由教研组组长和相关领导组成的评委团进行打分。全体青年教师学习与观摩。

(4)周末领导审课活动。

第五十八中学西校区青年教师少,领导多,师父大多在校本部,因此开展了周末领导审课活动。每位新入职青年教师周日下午返校进行说课,说完后领导对所说的内容进行评价,教师再行修改,便于本周新课的讲授。此项措施针对西校区校情开展,取得了令人满意的效果。

2.说课活动从不同方面提升了青年教师的教学能力

(1)青年教师备课能力相对薄弱的情况得到改善。

青年教师在准备说课的过程中需要不断补充新的教育理念;需要更新各种教学观念;需要尝试采用较先进的教学方法和手段;而且需要充分了解授课的内容;需要对所说的课时进行研究和解读。这一系列的准备工作都要求青年教师查阅大量的资料和素材,这样一来,就在很大程度上提升了青年教师的理论水平和知识储备,帮助他们尽快掌握备课技巧。

(2)青年教师语言总结和归纳能力得到提高。

说课展示需要用准确简练、条理清晰的语言把各个环节清晰地表达出来,除了需要一定的理论水平做支撑外,还需要较高的语言总结归纳能力,确保说课时的语言干脆利落,不拖泥带水,同时要对自己为什么这么设计有独到的见解。

(3)青年教师的教学方法更加科学有效。

说课中除了要研读课标、把握教材的地位和作用外,更核心的内容是说教学过程,说清楚如何确立教学重点,如何突破教学难点,这就需要青年教师选取科学有效的教学方法和教学手段进行说课,这一过程中青年教师会在教学方法的选用上不断推敲、不断斟酌,因此能快速成长,少走弯路,较快掌握对教学方法的选择和使用。

(4)青年教师在说课的过程中认清自己的角色。

青年教师刚刚走上工作岗位,需要一个从学生到教师角色的转换,说课能缩短这一过渡时间。通过说课,他们能够快速将自己定位,因为说课中要分析学情,根据教学内容确立重难点,选定科学有效的教学方法,确保解决学生的疑难问题,达到较为理想的授课效果。

四、研究成效

(一)青年教师优质课有突破

通过有计划地培养、持续地学习与锻炼,青年教师不辜负学校的信任与厚望,珍惜机会,坚持学习,不断充电;对待教学工作认真负责,谦虚好学,在自己的工作岗位上,逐步走向成熟,在课堂教学方面取得了喜人的成绩。

2020年诸多青年教师的教学设计能力崭露头角,在优质课上陆续获奖,具体如下:

表1 青年教师获奖情况

序号	姓名	优质课成果
1	刘兆	获市"一师一优课"活动三等奖
2	刘相各	获区优质课一等奖
3	孙圆圆	获省"一师一优课"活动一等奖
4	王丽	获市优质课二等奖
5	邓丰乐	获区信息技术融合微课三等奖
6	苏婧婧	获区信息技术融合优质课三等奖
7	史张欢	获区信息技术融合微课一等奖;市二等奖
8	潘悦	获区优质课一等奖

(二)以比赛促成长

每年组织青年教师进行说课比赛。通过师徒结对活动,集体备课、说课比赛,促进青年教师的语言表达、教学水平等的提升。

表2 2020年青年教师说课决赛结果

序号	姓名	平均分	名次	获奖等次	指导教师
1	安丹丹	90.6	3	二等奖	张红丽
2	邓奥霞	88.6	6	三等奖	叶晓娟
3	邓丰乐	87.8	7	三等奖	毛俊霞
4	杨淼	90	4	二等奖	邵帅杰
5	凌会	83	10	三等奖	李茜
6	彭银花	91	2	一等奖	唐冉
7	任静	94.6	1	一等奖	黄想安
8	宋柯	87.8	7	三等奖	郑晓燕
9	苏婧婧	89	5	二等奖	张辉
10	周慧春	85.6	9	三等奖	张玲玲

表3 2021年青年教师说课决赛成绩排名

文科				
姓名	分校	名次	奖项	指导教师
苏婧婧	A8	1	一等奖	张辉
陈洋	智美	2	二等奖	王毅卓
段文秀	B7	3		叶晓娟
张小楠	智美	4		孟胜兰
张子扬	B8	5		谢彗娜
王跃	智美	6	三等奖	郭苗苗
李雨晴	B8	7		张玲玲
徐源皓	A8	8		张琳琳
朱晓霞	智美	9		张辉
胡可慧	A8	10		朱玉霞
白永恒	A7	11		张丹
理科				
姓名	分校	名次	奖项	指导教师
刘连心	智美	1	一等奖	刘晓焕
任紫薇	智美	2	二等奖	雷芳芳
路蒙伟	B8	3		苏丹丹
山静芳	B7	4	三等奖	刘志国
马越洋	A7	5		金银凤
刘豪	B7	6		李茜
潘悦	B7	7		付祥

通过每年两次的说课比赛,青年教师理清教学思路,把握课堂基本流程,巧妙处理教学重难点,合理设计学生活动。我校所有青年教师能在短短的几个月快速成长起来,大部分青年教师能够一年内站稳讲台;两年有形,能灵活自如地开展各种学习活动;三年有招,能想办法引导学生上课,慢慢有一定的创新想法。

(三)建立青年教师成长档案

(1)在青年教师的培养过程中,每学期发放青年教师发展手册供青年教师填写成长过程。课题组在研究过程中发现有些内容并不适合我校青年教师,反而增加了许多负担,因此我们改版升级优化了青年教师成长手册。

(2)青年教师的说课比赛、读书分享、约课等活动的积分,在教师发展中心都有存档,每个人的成长都有迹可循。

(3)三年青年教师学习结束,我们会收集师父对徒弟的指导方法和经验,将徒弟的三年成长轨迹形成文字,留下痕迹,集结成《师出名门》手册,每年一本。

(四)形成我校青年教师三年梯次培养目标

(1)我们在组织青年教师开展活动及教研实践中逐步形成了一套适合我校青年教师成长的培养方案。

(2)在对青年教师培养中,结合前几年的经验和学校的发展需要,根据青年教师自身成长需要,拟定了我校青年教师三年梯次成长(培养)目标,从总体目标、教学设计、语言规范、中考命题、课题研究和说课水平六个方面对青年教师的成长进行要求。

(五)青年教师的教学能力初见成效

我校的青年教师培养机制使一批青年教师脱颖而出,成为我校教学标杆。

1.本部师徒结对初见成效

2020—2021学年上学期期末考试中,我校共有58位教师获教学质量优秀奖,其中青年教师有18位,占比31%。

2.西校区青年教师审课初见成效

针对2020年新入职的青年教师,西校区采取每个周末审课的方法提升他们的教学水平,制定了相应的审课制度:采取无生授课的形式,每个人在周日下午返校时进行说课,说这一周的上课内容,由校领导点评。

五、存在的问题和设想

针对青年教师的培养工作,课题组成员和教师发展中心结合出台了一系列制度和措施。纵然如此,也有一些困惑和疑虑,需要慢慢克服和解决。

(一)存在的问题

(1)青年教师人数较多,有些问题无法细致落实。

(2)部分青年教师对于教学重点、难点和考点的把握不是特别准确,教学方法和管理学生方面的技能有待加强。

(3)还需要尽可能多地为青年教师提供学习和展示的机会,多邀请名师引领,对他们进行学科教学方面的指导和帮助。

(4)还需要为青年教师提供更多的优质教学资源。

（二）设想

如果将来进一步研究本课题，我们将在青年教师班级管理方面、本学科专业成长方面进行研究。我们下一步将为青年教师提供以下帮助，全力提升教师专业素养。

1.开展有针对性的指导

在青年教师汇报课或校级公开课活动中，教研组组长和同学科教师针对该青年教师教学中的问题进行深度剖析，找出解决与对应的方法，针对性更强，对教师成长更有利。

2.转换培训方式

开展"微培训"，解读"微案例"，多做一些"短、平、实、易"的"微报告"，针对教学和班级管理中存在的问题，提出解决办法，切实解决教育中的"微问题"，可以由本校教师主讲，也可外聘老师，方式可以为线上或者群内讨论等形式，以此来提升教师的职业素养。

3.借助名师平台引领教师成长

名师工作室主持人可以吸纳一批有想法、愿干事、想成长的青年教师为成员，带领这些人走向优秀和卓越。在培养新教师的路上，课题组成员还在不断探索，争取提升全校的师资力量。

参考文献

[1]董国平.构建科学有效的培养培训模式　促进青年教师更好更快地成长[J].基础教育参考,2019(22):33—35.

[2]朱腾.青年教师的专业成长从"五个点"开始[J].教书育人,2019(35):48—49.

[3]王艳华.青年教师教学能力提升之我见[J].科教导刊(上旬刊),2017(22):67—68.

[4]鄢显俊.课堂教学能力是高校教师的首要职业能力[J].中国大学教学,2016(3):71—75.

[5]苏强,王国银,谭梓琳,等.高校青年教师教学能力提升的逻辑生成[J].教育研究,2018,39(4):121—126.

（本文为 2020 年度郑州教育科学重点课题，获科研成果一等奖，课题研究单位：郑州市第五十八中学，课题负责人：金银凤，课题组成员：黄想安、商丽云、杨文娟、刘晓焕）

正面管教视角下小学生厌学行为的预防和矫正研究

一、研究背景

（一）研究问题

1.宏观意义

小学生厌学问题成了阻碍学生教育中不可忽视的问题，也一直是家校亟待有效解决的问题。正面管教起源于美国，实践证明正面管教在师生关系、亲子关系以及个人良好的行为习惯等方面产生了积极的影响。因此，正面管教被认为是真正帮助教育者与孩子之间形成良性关系的有力纽带。

2.现实问题

作为六一小学四年级年级长，课题主持人在年级管理中发现部分学生在校期间出现频繁迟到、不写作业的情况。通过对该年级的 7 个班主任教师进行访谈，发现每个班级都存在学生厌学的情况，具体表现在以下 3 个方面：

（1）缺乏学习动机，自我行为约束能力差。许多学生出现了不写作业、上学迟到、不穿校服的问题。

（2）学习态度不端正，对成绩无所谓。学生在课堂上说话，对学业成绩无所谓，认为自己能力不足，自暴自弃。

（3）学习注意力不集中，缺乏良好的学习习惯。许多学生出现了上课走神、不知道课下作业是什么、考试时看错题的现象。

在网络大发展的环境下，小学生厌学的原因呈现出了时代的特性以及年级的特殊性，寻找相对应的解决措施成为当前亟须解决的问题。

（二）原因分析

通过问卷调查和教师访谈，出现以上问题的原因总结为以下几个方面：

（1）对学习的最终目的和学习的意义认识不足。许多学生认为学习就是为了家长而学，找不到学习的最终意义。

（2）学习自我认同感低，自暴自弃。许多学生自信心不足，认为自己做不好，做事缺乏毅力，学习上遇到困惑就退缩。

（3）学生自我管理能力差，缺乏自律性，抗干扰能力弱。许多学生由于缺乏良好的行为习惯，容易被干扰，学习效果不佳。

课题组旨在通过借助正面管教理念，从课题组成员班级管理实践中预防和矫正学生的厌学行为。

二、研究过程

(一)第一阶段:准备阶段(2020年3月—5月)

(1)商讨选题进行申报,并制订研究计划。

(2)依据调查原因,进行深度剖析,归纳整理出小学生厌学的主要原因,收集正面管教相关案例及研究材料,以便准确把握研究的内容与方向。

(3)通过反复研讨,组织开题工作。

首先,分析课题以及实施课题开展的情况,结合课题的开题报告举行学习研讨交流活动。

其次,组织课题组成员深度学习,认真研读正面管教相关书籍,在理论指导下更加明确课题方向。

最后,召开课题会议,明确分工,使研究有序进行。

表1 课题研究分工表

课题组成员	负责内容
李红红	①制订研究计划;②安排课题相关活动;③总结问题;④撰写研究报告
罗路丝	①进行班会、访谈实践;②总结活动反思;③整理活动资料
史珂	①进行班会、访谈实践;②总结活动反思;③整理活动资料
李翠翠	①问卷分析;②收集整理文献资料;③整理分析活动案例
常雯瑶	①梳理活动资料;②搜集理论资料;③形成书面材料

(二)第二阶段:逐步研究阶段(2020年6月—9月)

(1)2020年6月—8月:以我校四年级在校学生为样本,通过问卷和访谈分析出本校四年级学生厌学情况,撰写调查报告,为进一步运用正面管教工具进行研究提供实践基点。

(2)2020年8月—9月:在本阶段的研究中,组织课题组成员进行了多次理论学习以及课题研讨,梳理总结归纳出小学生产生厌学行为的原因。

(3)通过主题班会课、日常课堂观察,发现、总结实施中存在的问题并不断改进,逐步积累好的经验与做法,课题组成员在教学实践后撰写教学随笔、教学反思等。

(三)第三阶段:深度研究阶段(2020年10月—12月)

郑州市教科所王海燕主任对课题研究的目标和内容进行了深度梳理,帮助课题组进一步明确课题研究的主要内容,理清研究路径,明确预期结果。根据以上情况对结果做进一步研究分析,查漏补缺,再次进行实践、观察、总结和反思,逐步探索出正面管教视角下小学生厌学行为的预防和矫正策略的雏形。

(四)第四阶段:结题总结阶段(2021 年 1 月—4 月)

1.梳理课题研究过程,完善经验,形成结论

(1)梳理课题研究过程中的主要经验和做法,特别是小学生厌学的预防和矫正策略。

(2)在小学生厌学矫正策略的梳理中,对成员研究的案例和反思进行有效提炼。

2.撰写研究报告

课题组成员深度分析课堂教育实践案例,积极参与教科室组织开展的关于市课题研究报告撰写的培训会,整理课题研究成果,并写出较为详细的分析报告,完成书面结题报告。

三、主要做法和经验

课题组以四年级学生为对象,研究其厌学行为,课题组成员之间分工明确,相互配合,按照研究计划有序开展研究活动,运用正面管教理念分别探索小学生厌学的预防策略和小学生厌学的矫正策略。

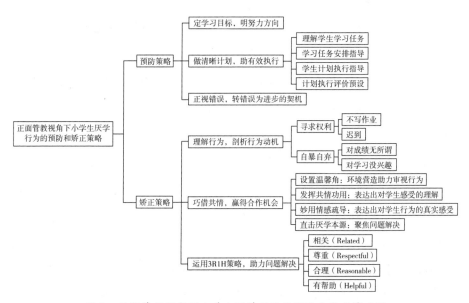

图 1　正面管教视角下小学生厌学行为的预防和矫正策略图

(一)正面管教视角下学生厌学行为预防策略

美国心理学家简·尼尔森所指出的正面管教强调在学习方面要让孩子参与学

习规则的制定,从而找到价值感和归属感;面对错误,引导学生把错误看作是自己进步的契机,在一种没有威胁的、民主的环境中找到问题的解决方法,提升学生解决问题的能力。

解决厌学问题不是等学生出现明显的厌学行为表征的时候再着手,应当在平时的班级管理中及时关注学生的学习状态,对于可能出现的厌学行为要做到防患于未然。

从正面管教的角度实现厌学行为的有效预防,可以从以下 3 个方面着手:

1. 定学习目标,明努力方向

帮助学生树立明确的学习目标,引导学生思考自己的学习兴趣,明确自己的梦想是什么,在此基础上,教师要支持每个孩子的兴趣和梦想。

表 2   教师引导学生确立目标的步骤

确立目标的步骤	问题 1:兴趣是什么
	问题 2:将来的梦想是什么
	问题 3:实现梦想需要做哪些准备
	问题 4:思考学习和梦想之间的关系

课题组成员在四年级的 7 个班召开了"新学期,新目标"的主题班会,每个学生根据自己的兴趣和特长,对新学期进行了规划,为新学期的学习树立了明确的方向。班会后每个班随机访谈了 15 名学生,这 105 名学生中有 86% 的同学认为树立明确的目标能够为他们的学习提供方向和动力。

2. 做清晰计划,助有效执行

梦想的实现需要切实可行且严谨的计划,教师要引导学生对学习做一个详细的安排,按步骤去逐步实现目标。学习计划的制订过程要有教师的参与,由学生和教师共同制订。教师的参与体现在对学生的心理指导、学习任务安排的指导、计划执行的指导、计划执行结果的评价预设等方面。

教师对学生的心理指导指教师对学生所要完成的学习任务要理解。当学生感受到被理解的时候,对将要完成的任务更容易接受。教师对学习任务安排的指导指的是引导学生怎样在安排任务的时候兼顾学习和娱乐,使学习计划体现劳逸结合,多方面发展。教师对学生计划执行的指导指的是通过协商建立约定,就学习任务怎么具体执行达成一致意见,比如明确学习任务完成时间、完成地点,为学生计划安排提供建议。教师对学生计划执行结果的评价预设,即学生要对自己的计划安排承担后果,当任务没有完成的时候,应当怎样以最好的方式去解决,以便自己变得更好。

表3 教师参与学生学习计划中的角色定位

学习计划内容	教师参与角色
学习内容	表达理解
学习任务安排	引导科学安排,劳逸结合
学习计划执行	建立一致约定
学习计划执行的评价	和善而坚定,学生自己承担后果

案例:四七班小轩同学最近上课状态不佳,作业不按时完成。班主任李红红老师找其了解以后,发现孩子不记家庭作业,学习无规划。李老师和小轩在温馨角聊天了解到,小轩觉得作业太多不想记,不想写。李老师对他写这么多作业表示理解,觉得写如此多的作业肯定很累。接着,李老师给小轩浏览了自己每天的工作计划,并引导小轩对每天的学习进行安排,制订清晰的计划,并约定好每天晚上8点和李老师沟通计划达成情况。同时李老师和小轩共同商议,如果没有完成计划内容,需要补上未完成任务,并对未完成任务相关知识点进行强化练习。这样制订明确的计划逐步帮助小轩调整学习状态,提高学习效率。

3.正视错误,转错误为进步的契机

"错误是最好的学习机会"是正面管教关于失败和错误的一个重要的理念。学生在执行学习任务的过程中并不会顺利,肯定会遇到挫折和错误。正面管教主张把错误当作自己进步的机会,从中去明确问题,寻找解决问题的方法,为学生弥补错误提供机会。当学生为挫折寻找解决方案时,厌学情绪就不容易产生。教师对学生不指责、不批评,建议学生对每一单元的检测进行分析,学生通过总结寻找解决方案,这是一个正向努力的过程,在此过程中学生不会产生厌学情绪。

表4 教师运用正面管教理念帮助学生正视错误

错误类型	教师的引导语	学生努力的方向
考试失利	你遇到了一次失败,让我们总结一下你从中学到了什么?	通过试卷分析,找到弱势,有针对性地解决问题

（续表）

错误类型	教师的引导语	学生努力的方向
单词/短语听写错误	怎么解决能够让你下次不再出现类似的问题呢？	及时订正,听写,减少错误出现的概率
因为迟到1次被扣分	你肯定很难受,怎么去提升自己呢？	订闹钟；提前五分钟从家出发
……	……	……

（二）正面管教视角下学生厌学行为矫正策略

当学生频繁出现明显的厌学行为表征,如不写作业、注意力不集中等的时候,教师依然要和善而坚定,把学生当前遇到的厌学问题当作他们成长的机会,通过理解、沟通、共同制定解决方案,帮助学生矫正厌学行为。

1.理解行为,剖析行为动机

美国儿童心理学家鲁道夫·德雷克斯曾说："丧失信心是所有不良行为的根源。"一个有行为不良的学生是一个丧失信心的学生。当学生缺乏自我归属感的时候,通常会选择寻求关注、寻求权力、报复以及自暴自弃四种错误行为。

厌学行为表现为不写作业、迟到、不穿校服、上课走神等,背后的行为理念是寻求权力,该行为背后的信念是只有我说了算,或者由我来控制,不要强行来支使我。其实这一行为背后的密码是"给我选择""让我来帮忙"。

另外,厌学行为所表现出来的学习态度不端正、上课说话、对成绩无所谓,背后的行为理念是自暴自弃,该行为背后的信念是因为我没有办法归属,我不完美,所以我要让所有的人对我不抱任何希望。其实这一行为背后的密码是"不要放弃我""让我看到如何迈出一小步"。

无论是寻求权力还是自暴自弃,都是因为种种原因导致的失望情绪或者是信心缺乏。因此理解学生厌学行为背后的原因,能帮助我们有针对性地矫正学生的厌学行为。课题组成员在班级管理中遇到类似问题,尝试对学生厌学行为进行分析,找出行为背后的密码,为教师解决问题提供明确的方向。

表5　学生厌学行为动机分析

厌学行为表现	行为分析	厌学原因
不写作业	寻求权力	被老师、家长安排任务

厌学行为表现	行为分析	厌学原因
迟到	寻求权力	迟到被惩罚
不穿校服	寻求权力	不穿校服被批评
上课走神	寻求权力	不认真听讲被批评
对成绩无所谓	自暴自弃	认为自己不优秀
上课不愿学习	自暴自弃	认为自己学不学无所谓
考试马虎对待(不看题,胡乱写)	自暴自弃	认为自己不一定会考好
……	……	……

2.巧借共情,赢得合作机会

当教育者对学生的厌学行为进行剖析后,怎样与学生进行有效沟通是问题解决的关键。共情能让学生感受到你对他的理解,会慢慢放下心中的戒备。随着教育者对其逐步关爱,学生会更愿意合作。当厌学行为被理解的时候,他们会更容易听取意见,做出行为改变。教育者首先应当为沟通提供合适的环境,其次是共情和理解,最后是让学生关注解决问题。

(1)设置温馨角:环境营造助力审视行为。

正面管教理念认为学生对自我行为的思考,需要一个没有责备、羞辱或者痛苦的环境,实现对自我行为的审视。与学生有效沟通需要营造一个和谐、尊重的环境,这种没有威胁的环境有助于学生思考自己的行为,明确自身存在的问题,提出针对性的解决措施。

课题组成员与具有厌学行为表现的学生沟通时秉承正面管教理念,注重营造和谐、民主的环境。实践发现,当老师与学生单独面对面沟通的时候,学生的情绪能够迅速冷静下来,较少出现沟通期间情绪激动的现象。

表 6　沟通地点的选择

温馨角选择	共同特点
阅读角	安静、温馨、和谐
图书馆	
梦想教室	
校园亭	

（2）发挥共情功用：表达出对学生感受的理解。

和学生有效沟通，要用和善的语气表达出对学生感受的理解。也就是说教师要进行换位思考，站在学生的角度去表述，这不是一种宽恕学生的行为，只是代表对学生感受的理解。

比如，当学生学习遇到困难的时候，教师可以这样沟通："看来你学习遇到困难了，出现了畏难情绪，提不起精神""老师在学习的时候也有过这样的情况""学习不像想象中那么有意思，后来我慢慢体会到，好好学习能够让我们在未来有更多选择的机会"。当教师站在学生的角度去思考、去共情的时候，已经开始走进学生的内心，这个时候更容易让学生正视问题，解决问题。

（3）妙用情感疏导：表达出对学生行为的真实感受。

在共情的基础上表达出对学生厌学行为的感受，学生感知到了你的关心和担忧，更容易静下心来和你合作解决问题。因此，教育者对厌学学生要从关爱的角度去表达内心对于学生行为的看法，让学生产生老师在为我着想、为我担忧的感觉。

比如学生不想上学，想在家玩游戏，教师可以这样引导："你不想来学校上学，想在家好好玩游戏。老师担心你在家玩腻了，想回到校园，你要追上其他人的学习进度是会有点累的。"教育者和厌学学生沟通，要基于关爱，与学生实现有效沟通。温柔的话语和关心比言辞命令更容易让学生接纳，问题的解决也会更加顺利。

（4）直击厌学本源：聚焦问题解决。

当学生遇到问题的时候，传统的教育方式通常会教育学生应该做什么或者不要去做什么，教育者掌握着问题解决的主动权。而正面管教把问题解决的主动权交给了学生，学生和教育者之间是合作的关系。前面与学生的沟通已经打下了情感基础，学生更愿意去解决自身的问题。教育者此时要引导学生主动寻找问题的解决办法，必要时可以给予帮助。如果解决办法是学生自己探索出来的，不是强加的，更具针对性和契合自身特点，那方法更容易被学生接受。

3.运用 3R1H 策略，助力问题解决

当学生愿意合作解决问题时，问题怎么解决至关重要。正面管教强调在问题解决的过程中不寻求责备，只寻求问题的解决方法。正面管教解决问题使用 3R1H 策略，可以帮助学生以正确的方式寻找解决问题的方案，3R1H 即相关（Related）、尊重（Respectful）、合理（Reasonable）和有帮助（Helpful）。相关（Related）指问题的解决方法要与学生行为直接相关，比如学生没写作业，让他去扫地就不相关。尊重（Respectful）强调无论最后的解决方法是什么，双方全程要保持尊重的态度。合理（Reasonable）主张问题的解决方案要合理，不应加入惩罚。有帮助

(Helpful)指的是问题的最终解决方案要有助于学生变得更好。

学生厌学行为问题的解决不主张用传统的惩罚或者批评的方式,这种解决问题的思路治标不治本,只是暂时的。采用正面管教的方式解决问题,更容易被学生接受,学生配合度较好,同时也锻炼了学生解决问题的能力及责任感、使命感。课题组成员在解决厌学问题时,运用3R1H策略,选择一个对学生最有帮助的方案,提高了问题解决的效率,学生状态调整良好。

表7　正面管教理念纠正厌学行为案例

厌学问题表现	正面管教解决方案
扰乱课堂秩序,顶撞老师	向老师道歉;任职纪律监管员
不写作业	让其帮忙,转移其注意力;提供有限选择;运用班会
考试随意	认真读题3遍,圈画关键词;对考试成绩进行分析
不听写单词	找出闪光点;设置成功机会;鼓励积极尝试
不穿校服	设置校服日闹钟;任职礼仪检查员
……	……

案例:六班的小明是潜能生,思维敏捷,但不愿意学习,课下也不和同学交流,上课听写生字、词语,常交空白纸。班主任袁凯歌老师运用正面管教的理念和他沟通。首先夸奖他总是在同学下去做课间操的时候,随手把灯关上,节约用电。然后,圈出作业中字体规范的部分进行言语表扬,对于其听写错误的词语进行示范,并鼓励其订正获得进步。后来,小明词语听写进步很大,有时候还能够听写全对,袁老师抓住教育契机及时表扬,小明的学习状态慢慢由被动变为主动。

四、研究成效

通过运用正面管教对学生厌学行为进行预防和矫正,六一小学四年级学生的学习态度呈现出良性发展,越来越多的学生目标明确、情绪稳定、自我价值感增强,在期末学业测评中成绩有明显提升。可见正面管教理念对小学生厌学行为的预防和矫正有积极的效果。

(一)在教师的引导下,学生学习目标明确,自我管理能力提升

一年来,课题组成员在班级管理中运用正面管教对学生的厌学行为进行预防和矫正,再次进行问卷调查,显示80%的学生认为老师对于其学习的和谐参与指导是很有帮助的。比如,有学生认为老师对他的行为是理解的,并没有站在对立

面,同时学生也感受到了老师的关爱。这样学生更易于接受老师的建议,更容易做出改变。学生迟到、不穿校服、上课说话的情况越来越少。

由此可见,当教师对学生表达出理解和关爱,并让学生明显感受到被关爱和理解的时候,行为问题更容易得到解决。学生通过树立明确的目标,制订精细严谨的学习计划,学习任务安排劳逸结合,学习中自我管理能力和调控能力得到提升。

(二)学生自我价值感和归属感获得提升,受挫能力增强

针对自暴自弃的学生,课题组成员通过肯定其努力,为其制造成功的机会,帮助其提升自我价值感和归属感。对于学习中的任务,鼓励学生进行积极的尝试,并引导学生正视错误,把学习、生活中的错误当作自己成长的机会。

教师言传身教帮助学生成长,及时发现学生的闪光点,无形中提升了学生的自我价值感。比如,通过访谈很多学生说:"老师并没有因为我的错误而批评我,反而和我一起分析错误,一起寻找解决问题的方法,帮助我提升,我喜欢老师这种温柔的教育方法。"

教师在学生学习中的积极参与有效提升了学生的自我价值感,增强了学生的抗挫折能力。

(三)学生问题解决能力提高,责任感提升

针对寻求权力的学生,课题组成员通过赋予其某些责任,为其提供了成长的机会,帮助其提升管理能力。学生在约束他人的同时,自己的行为也得到了调整,责任感得到了提升。

另外,面对学生的厌学问题,教师采用 3R1H 策略,没有惩罚,有效地帮助学生成长,助力学生各方面能力得以发展。访谈中,有学生提到,老师运用 3R1H 策略来引导他们寻找解决问题的方法,让其在没有负罪感和愧疚感的和谐、尊重的氛围中,更关注怎么解决自身存在的问题,通过努力寻找对自身有益的解决方案,他们解决问题的能力提升了。还有学生提到,3R1H 策略为其解决问题提供了清晰的思路,对于自身生活中出现的问题,他们尝试运用 3R1H 策略来自己解决,助力自身提高问题解决能力,帮助自己变得更好。

五、存在的问题和设想

(1)通过研究,四年级 7 个班当中,70％的学生学习状态良好,学习目标明确。但还有一部分学生,仍然存在厌学行为,这就需要老师使用正面管教理念继续进行矫正。

(2)课题研究聚焦的对象是四年级,影响范围有限,且课题组成员需要考虑研

究成果如何持续和强化。随着学生步入五年级,如何持续运用正面管教理念预防和矫正学生厌学行为是课题组面临的问题,如果在全校实行正面管教是否具有可行性也需考虑。

(3)课题组成员为了检验正面管教在厌学矫正方面的效果,通过班会、访谈、问卷调查等方式进行实践。但是实践过程中,由于课题组两位成员回家歇产假,剩余老师心有余而力不足。因此,课题研究还不太深入,还需要继续运用正面管教理念进行实践,继续矫正学生的厌学行为,形成更翔实、丰富的案例,总结更具凝练性、系统性的策略。

参考文献

[1]简·尼尔森.正面管教(修订版)[M].北京:北京联合出版公司,2016.

[2]简·尼尔森,琳·洛特,斯蒂芬·格伦.教室里的正面管教[M].北京:北京联合出版公司,2014.

[3]李薇.正面管教让孩子"正面"发展[J].中小学德育,2017(7):69-70.

[4]温锦玉.错误是最好的成长机会——运用正面管教理念处理班级"失窃案"的个案及反思[J].中小学德育,2014(10):61-62.

[5]施英.从正面管教看厌学的预防和矫正[J].江苏教育,2018(8):12-14.

(本文为2020年度郑州教育科学重点课题,获科研成果一等奖,课题研究单位:郑州经济技术开发区六一小学,课题负责人:李红红,课题组成员:罗路丝、史珂、李翠翠、常雯瑶)

高中学生史料实证素养培养策略研究

一、研究背景

在《普通高中历史课程标准(2017版)》(以下简称"新课标"),史料实证素养被描述为:"史料实证是指对获取的史料进行辨析,并运用可信的史料努力重现历史真实的态度与方法。历史过程是不可逆的,认识历史只能通过现存的史料。要形成对历史的正确、客观的认识,必须重视史料的搜集、整理和辨析,去伪存真。"新课标在附录1部分把史料实证素养划分为4个水平,在学业质量水平部分又依照学生要达到的4个不同层级对史料实证素养进行了阐释。全国的教育专家、历史学者以及一线历史老师投入了大量的工作,研究如何落实培养学生史料实证素养,出现了一大批有效指导高中学生史料实证素养培养的成果。课题组成员通过学习这些理论成果,丰富了自己的历史专业知识,提高了教育教学技能,同时发现,这些理论成果更多是围绕教师如何进行史料实证教学设计展开的,针对学生史料实证素养培养的研究还较为欠缺。联系我校实际,我校师生在史料实证素养培养方面存在以下问题:

学生对搜集史料的途径与方法认识不清,对史料的类型认知较少,史料搜集与分类的能力不足。

学生面对史料时缺乏辨析意识和能力,不能围绕历史问题判断史料的真伪与价值,对史料作者意图、史料主观性等缺乏辨别意识,造成理解偏差,提取历史信息的能力极为有限。

学生史料互证的意识不强,很少运用史料对历史和现实生活中的问题进行探究,缺乏以实证精神来看待历史问题和现实问题,导致考试时面对此类问题错误率极高。

教师对史料实证素养学习深度不够,在落实培养学生史料实证素养过程中缺乏实践探索和理论支撑。

鉴于以上现实问题,课题组成员依据自己对新课标的解析,结合专家教授的历史学科理念,选定本课题开展研究。

二、研究过程

(一)课题论证开题阶段(2020年4月—6月)

(1)在主持人晋晓东老师的带领下,成立课题组,进行课题研讨,选定课题方向为《高中学生史料实证素养培养策略研究》。

（2）深入学习理论，阅读有关学生史料实证素养培养方面的书籍，提高教师史料实证素养培养的理论水平，为下一步的研究打下基础。

（3）课题组成员在研究新课标的基础上，结合我校学生的实际问题，撰写郑州市教育科学研究课题开题报告，申请开题。

（二）课题研究实施阶段（2020 年 7 月—2021 年 3 月）

1.完善论证研究开题阶段（2020 年 7 月）

（1）进行问卷调查，精确把握学生在史料实证素养方面存在的问题，结合郭华教授的深度学习理论，撰写开题报告。

（2）课题组成员在开题报告会上认真听取胡远明主任对本课题的指导意见，把课题分解为三个子课题。

（3）详细计划三个子课题的实施时间段和操作要求，研讨并汇总自己所负责的子课题在实践前的各项准备。

2.子课题《高中学生史料搜集与分类能力培养的策略研究》研究实施阶段（2020 年 8 月—9 月）

（1）由李莉老师负责，课题组全部成员配合，一起开展子课题一《高中学生史料搜集与分类能力培养的策略研究》的研究工作。

（2）积极参与各项历史教育教学活动，学习经验做法，听取校内外历史学科专家的指导意见，修订研究策略。

（3）明确推进时间和实践内容。每周召开一次研讨会，对上一周的研究内容进行总结，对本周研究内容进行部署。

（4）李莉老师主持，曹碧佳老师配合，进行主题讲座的准备、实施和修订。汇总过程性材料，撰写研究报告。

3.子课题《高中学生史料辨析能力培养的策略研究》研究实施阶段（2020 年 9 月—12 月）

（1）2020 年 9 月第四周，全面开始子课题《高中学生史料辨析能力培养的策略研究》的研究工作。

（2）课题组成员共同研讨，胡惠明老师为主要负责人，选取适合开展史料实证教学的课程展开教学设计。

（3）开展理论学习，学习内容主要有魏恤民教授编辑的《史料实证的教学设计与学业评价》等。

（4）整理研究过程性材料，反思问题，撰写中期报告，召开中期报告会。

(5)开始对本子课题进行研究汇总,撰写研究报告,进行结题。

4.子课题《高中学生实证精神培养的策略研究》研究实施阶段(2021年1月—3月)

(1)晋晓东老师为主要负责人,开展理论学习,提高开展关于培养学生史料实证精神的理论水平,并选取教材中适合实证精神培养的章节,进行教学设计研讨。

(2)课题组成员在实验班进行教学实践,汇总实践过程中的材料,针对实践中的问题,对所提策略进行修订,再在其他教学班级推进课题组提出的策略。

(3)课题组针对本子课题进行资料汇总,撰写结项报告。

(三)课题总结结项阶段(2021年4月)

(1)整理三个子课题的研究过程性资料,对课题研究中的经验、结论、反思进行归纳和总结,撰写课题结题研究报告。

(2)填写郑州市教育教学项目结项鉴定审批书,进行结项鉴定。

(3)推广课题研究成果。

三、主要做法和经验

课题组教师在指导培养学生史料实证素养过程中,依据深度学习理论,按照三个子课题内容分别展开实践,形成了如下策略:

(一)《高中学生史料搜集与分类能力培养的策略研究》

课题组成员经过对新课标中史料实证4个水平层级的研读,结合课程目标中有关史料实证的叙述,发现史料搜集与分类是让学生达到"了解"的程度,集中表现在史料实证素养的水平1和水平2中。为此,课题组成员经过研究和实践,运用以下策略培养学生的史料搜集与分类能力,获得显著效果。

策略一:利用纠错本,分类汇总史料实证类典型试题、典型史料。

现在的高中历史试卷中都会有史料实证类试题渗透,而我校学生都有历史纠错本,平时对历史试题进行纠错,这本身就是一种历史知识学习的积累。课题组成员经过研讨后,倡导学生在纠错时把考查史料实证素养的典型试题进行汇总,归结为第一类;把试卷中出现的非文字史料类试题进行汇总,归结为第二类。经过长期积累,每个学生都会有针对性极强的试题集和史料集。学生积累的过程本身就是他们不断重复史料搜集和分类的过程,而错题本又是学生在学习中经常翻看的材料,因此又一次熟悉了史料搜集与分类的方法。

课题组成员首先做出了示范演示。老师以高考试题为对象,对2013年以来全国卷高考试题选择题中出现的史料实证类试题进行分类汇总,在课堂上给学生呈现出来做示范。然后要求学生仿照老师的归类办法,对遇到的史料实证类典型试题进行分类汇总,写出自己对试题的认知。

在学生进行史料分类汇总时,我们也是采用老师示范的办法。为了避免学生在收集史料时书写麻烦,我们鼓励学生直接把史料试题粘贴到纠错本上,学生必须对每个试题、每段史料有手写的文字说明材料,以便以后翻阅时能快捷准确地理解材料内容。

经过实践,同学们逐渐形成了收集史料实证类试题和史料的习惯,每个学生都积累了部分的典型试题和史料,提高了历史纠错本的利用效率,学习历史的积极性也被调动起来。在收集典型试题和史料的过程中,同学们在不断地重复史料搜集与分类的原则方法。他们不仅仅达到了新课标所要求的"了解"层次,更是在学习中反复"实践"了史料的搜集和分类方法,学习效率有了极大提高。

策略二:以新版教材为依托,结合其他版本教材内容,提取教材中的史料,融入课堂教学设计,丰富课堂教学的史料类型,培养学生的史料搜集与分类能力。

课题组成员发现,现行的不同版本高中历史教材都使用了相当数量的史料。新一轮的历史教学改革中,高中历史新教材已经在其他省份试行,内容中呈现了更多的史料。历史学科专家李惠军、李晓风、黄牧航等教师在全国范围内针对新教材培训设计了很多示范课,运用了大量有价值的史料。在这样的背景下,课题组成员经过商讨,决定对新教材内容进行研读,把新教材中收录的史料融入我们现在进行的历史教学中。

例如,我们把新教材中的历史地图摘录编辑,融入我校现在使用的人教版老教材的教学实践中。在进行人教版老教材必修一第 3 课《从汉至元政治制度的演变》课堂教学设计时,我们对应呈现了新教材中唐朝前期疆域和边疆各族的分布图(669 年)、北宋辽西夏对峙图(1111 年)、金南宋西夏对峙图(1142 年)三幅历史地图信息。地图里包含了唐朝的疆域、唐朝地方制度、宋朝疆域、宋政权与其他少数民族政权对峙情况等信息。我们设定的学习目标为:通过阅读展示历史地图信息,了解历史地图是历史研究中重要的史料;从历史地图中提取唐宋时期统治疆域、统治制度、民族关系等信息,并结合教材叙述,分析唐宋政治制度设立的原因。在教学实践中,学生一下子被我们呈现的高清历史地图吸引,按照老师对历史地图信息提取的办法指引,学生全面地提取出地图中有关唐宋制度的信息,对应教材叙述,对唐宋制度有了直观的认知,顺利地完成了预设的学习目标,教学效果非常好。

（二）《高中学生史料辨析能力培养的策略研究》

课题组成员经过研究，认为史料辨析能力应该包含提取史料的有效信息、判断史料的价值、辨析史料的真伪、辨析史料的主体性几个方向。为此，课题组成员运用以下策略培养学生的史料辨析能力，经过实践收到极好的效果。

策略一：以追问史料的形式组织课堂教学，提升学生的史料辨析能力。

课题组成员经过理论学习，发现平时的课堂教学设计缺乏逻辑性，学生史料辨析能力不足，面对史料不知如何去展开辨析。鉴于我们所面临的现实问题，课题组成员提出在教学设计中以追问的形式进行课堂教学设计，用问题链引发学生对史料的信息提取、价值、真伪、主体性等方面展开辨析。

基于以上考虑，我们编制了针对史料进行追问的一般性问题：

①这是什么类型的史料？是一手史料吗？

②史料的作者（创建者）是谁？什么时候创建的？

③你是否对史料的出处和作者有所了解？

④你认为作者为什么要创建这个史料？

⑤这个史料说了什么？没说什么？

⑥你知道与这些史料相矛盾之处吗？是什么？

⑦你如何解释这些矛盾的地方？

⑧你认为其他人会有怎样的解释？

⑨你在现实中遇到过类似的情境吗？你是如何做的？

立足于这些基础问题，我们在每节课进行史料教学设计的时候选择微调，做到针对史料辨析内容四个方面的其中之一进行追问。

在追问的实践过程中，我们要求杜绝群问群答的现象，尽力做到有针对性地与学生进行单独交流。学生在学习的过程中思维不断被启发，对历史史料的认识不断向深层次推进，拓展了学生看待历史史料的角度和深度。同时，学生在这一过程中也在观摩老师的做法，对史料辨析的基本概念有了更深入的认识。

策略二：利用语法句读关系进行缩句训练，提升学生提取文字史料有效信息的能力。

学生在学习过程中的最大问题就是史料信息提取能力不足。课题组成员经过研究，提出利用语法句读关系，开展学生对史料的缩句训练，来提升学生文字史料的信息提取能力。

课题组成员首先选取较为经典的文字史料进行汇总，把文字史料分为古代文言文、现代文和外文翻译文字史料三类。针对三类文字史料展开设计，以周为单位,每周进行一类文字史料的缩句训练。关于古代文言文史料,我们要求学生对文言文中的独字进行组词训练来理解字的意思;对现代文史料,我们要求学生严格依据中文语法结构,找出文字的主谓宾关系,在理解主谓宾的基础上,逐一增加定语、状语等其他语句成分,结合中国人的说话语境和心理进行解读;对外文翻译文字史料,我们组织学生找出其主谓宾,对外文语法结构和中文语法结构进行比较,把外文翻译文字中语法结构不适于中文的部分进行分解,换成熟悉的中文语法结构,对句子重组。在这之后,我们进行了以下四个方面的过程性训练。

(1)普及标点符号的基本用途。我们要求学生在面对任何文字信息的时候,先不考虑试题的方向和材料叙述的内容,都以句读关系对史料进行分解,从而使学生眼中的史料有明确的层次性。

(2)进行缩句训练。提取每句话里面的主谓宾词语,形成最为简洁的缩句内容,在材料上用不同颜色的笔标注出来,特别是提到的时间、转折词语,都要标注出来。

(3)进行扩句训练。缩句之后,要求学生再把每句话中的定语类限定词逐步加到句子中,通过这一过程理解限定词和主谓宾的关系,理解句子间的逻辑关系。

(4)围绕设问中的核心词语,整合前三步解读,联系史料的出处和作者,最终整理出史料中关于问题的有效信息,进行文字叙述。

经过实践操作之后,学生在面对文字史料时,形成了基本的阅读方法和思维,一定程度上消减了学生提取历史有效信息时的恐惧心理,在面对其他类型史料信息的提取时,学生的自信心更加充足,提取历史有效信息的能力有了极大提升。

(三)《高中学生实证精神培养的策略研究》

从新课标中史料实证素养 4 个水平层级的划分来看,实证精神更多体现在水平 3 和水平 4 之中。经过研讨并实践,我们最终形成了以下培养学生实证精神的有效策略。

策略一:构筑史料叙述与教材叙述之间的矛盾,引发学生的求证思考,培养学生的实证精神。

课题组成员首先对现在使用的教材内容进行研究,结合其他专家在讲座中提到的相关现行教材叙述的问题,从教材的导言、图片、学思之窗、历史纵横、本课要旨、学习延伸等部分出发,寻找教材自身叙述的不足之处。然后进行集体研讨,判断是否适合构筑史料叙述与教材叙述的冲突情境。在进行冲突情境构建之后,在教学过程中设计连续性问题引发学生对史料和教材叙述的探究性认识。最后我们会选取一个班级去进行试验教学,课题组成员全部参加听课。在课后对这一教学环节中暴露出的问题进行整改修订,最终形成完整的教学设计环节,在其他班级教学中推行。

例如,课题组成员在进行必修一第 24 课《开创外交新局面》时,我们引用了薛伟强老师《以中国现代外交为例的专题教学设计》里面关于是否是黑人兄弟把我们抬进了联合国的研究。我们先给学生呈现了有关"非洲黑人兄弟把我们抬进了联合国"的相关原始资料,结合学生以前学习的知识,大部分学生都赞同这一观点,之后我们出示了摘编自薛伟强教授的资料。

表 1　1971 年 10 月 25 日联合国大会表决票数统计表

地区	亚洲	非洲	欧洲	拉丁美洲
票数	19	26	24	7

最终,学生在这一环节的学习中,不仅认识了自己的认知错误,还理解了用史料和史实支撑自己观点的历史研究方法,非常直观地体会到了实证精神在历史学习中的重要性,激发了学生学习历史的极大兴趣。

策略二:开展以"辨别影像史料真伪、主体性"为主题的教学设计,培养学生的实证精神。

影像史料内容广泛,包括画像、雕塑、摄影照片、漫画、历史地图等,大量应用于历史教学和考试中。每当在课堂上呈现此类史料时,学生学习历史的积极性就会很高,但同时主观地认为这些史料反映的信息都是真实的,对这些史料作者背后的主观性缺少判断。针对学生的这一问题,课题组成员经过研究,提出在课堂教学活动中设计以影像史料为依托,辨别史料真伪和史料主体性的环节,让学生逐步认识到自己见到的史料未必都是真实的;不论是真实的史料还是虚假的史料,背后都有史料作者的主观性体现,最终达到提高学生历史学科实证精神的目的。

首先,我们多渠道搜集影像史料,从史料的真伪与史料作者的主体性两个方面对史料进行分类。其次,我们结合教材知识点展开教学设计,以问题链的形式引导学生逐步深入思考史料的真伪与史料作者的主观意图。再次,我们选取一个班级进行实践教学设计,根据观察所得课堂教学情况,对教学设计进行修订。最后,我们在其他文科班级实践修订后的教学设计内容,汇总学生的反馈情况。

通过这样的环节设计,我们成功地对教材内容进行了深度挖掘,在很多课程中使用了同学们熟知的伪史料,并且在伪史料以及真实史料的使用过程中,对作者主观意图做了清晰解读。我们在课堂学习中不断地让学生接触实证精神在历史研究中的应用,这对学生培养实证精神起到了极大的促进作用。

四、研究成效

（一）学生会运用所学史料分类的相关知识去观察生活、学习中遇到的问题

经过教学实践，很多学生会主动地以史料分类的方式来进行历史教材的阅读，去观察生活中遇到的史料信息。学生特别喜欢翻出自己以前见到的史料，与老师进行探讨，学生与老师之间的话题变多，交流时间延长。在此过程中，老师又潜移默化地向学生传达着史料分类与搜集的方法与途径，由此形成一种良性的学习氛围。在这样的氛围下开展历史学习，学生接收信息的效果更好，老师的教学也没有之前那样疲惫。

（二）学生提取史料信息的能力提高，解题能力也大幅度提升

经过一年以来的实践努力，学生对文字史料信息提取的技巧掌握得非常牢固，对历史地图类史料信息的提取能力也有了明显提升，这直接提升了学生的得分能力，使得学生面对历史试题时的畏惧心态大为降低。特别是学生在面对高考历史全国卷第42题时，改变了以前不敢写、不知道怎么写、写了都不对的现状。学生学会从实证的角度思考问题，对历史史实的综合运用的准确性不断提高，做开放性试题的经验越来越多，得分能力逐步提高，史料实证素养水平稳步上升。

（三）学生会尝试用实证精神去看待历史学习和生活中的现象

课题组成员在进行史料的辨析和实证精神的培养时，除了让学生认识史料辨析的方法、运用实证精神去看待历史之外，还设计了"你是否被史料的作者所欺骗？你是否被史料的内容或史料的呈现方式所欺骗？你最近一次被现实中纷乱的信息所欺骗是什么时候？"等类似的问题。学生受到这些问题的启发，在面对历史学习和现实生活时，也经常用类似的问题互相诘问。由这些最为初级的问题出发，学生逐渐有了证据意识，并且开始从证据出发来看待历史学习和生活中的现象。他们并不知道这意味着什么，但是每当课题组成员听到他们类似的谈话交流时，就明白了课题研究与实践是有效果的。历史的学习就是要他们成为这样的人，用实证的精神去看待这个世界的过去、现在和未来。

五、存在的问题及下一步打算

本课题是从学生面对的实际问题出发，结合史料实证素养水平层级的要求开展的，研究周期短，没有系统性地对史料实证素养展开研究。所使用的策略更多的是针对学生面对的实际问题，在史料实证素养培养的体系化、史料实证素养培养的过程性评价与终结性评价方面用力不足。新课标中历史学科核心素养有五部分内容,我们在进行研究过程中只是针对史料实证素养展开研究,在进行整节课的教学设计时,很多次遇到了史料实证素养培养环节设计和其他几大素养培养设计冲突的问题。徐蓝教授在对新课标的解读中特别提到过,要纵向地考虑每个核心素养的不同水平层级,也要横向地考虑不同学科素养在同一水平层级的呈现。结合实际的教学设计,要达到综合的学业水平质量要求,课题组成员在这个方面的研究有限。以上内容是我们将来准备继续研究的课题方向。

参考文献

[1]徐蓝.基于历史学科核心素养的课程结构与内容设计——2017版《普通高中历史课程标准》解读[J].人民教育,2018(8):44—52.

[2]瞿建湘.开放的41题:高素养的大舞台与测量的尺度边界[J].中学历史教学,2016(9):59—61.

[3]於以传.史料教学应充分关注证据价值及论证逻辑[J].历史教学问题,2013(4):127—130.

[4]中华人民共和国教育部.普通高中历史课程标准(2017版)[M].北京:人民教育出版社,2018.

[5]魏恤民.史料实证的教学设计与学业评价[M].广州:广东高等教育出版社,2020.

[6]於以传.中学历史单元教学关键环节例说[M].上海:华东师范大学出版社,2019.

[7]黄牧航,张庆海.中学历史学科核心素养的教学与评价[M].北京:人民教育出版社,2020.

[8]何成刚.史料教学的理论与实践[M].北京:北京师范大学出版社,2015.

[9]刘月霞,郭华.深度学习:走向核心素养[M].北京:教育科学出版社,2018.

(本文为2020年度郑州教育科学重点课题,获科研成果一等奖,课题研究单位:巩义市第一高级中学,课题负责人:晋晓东,课题组成员:李莉、胡惠明、张晓燕、曹碧佳)

后　记

经过紧张的组稿、编辑以及校对工作,《区域教育发展新样态实践研究》终于与大家见面了。本书择优选取了 2021 年郑州市教育发展课题、部分教育科学研究重点课题一等奖研究成果,反映了 2021 年郑州教育的改革发展新样态,展示了中小学教师教育实践的探索过程,体现了科研工作者对郑州教育发展的践行和思考。这是一本凝结了郑州市中小学教师辛勤劳动汗水的成果集,是一本展现郑州市教育科研人奋进与拼搏的成果集,是一本闪烁着郑州所有教育人梦想与荣光的成果集。

2021 年,郑州市教育科研工作继续秉承"引领主流,驱动发展"的科研理念,锐意进取,开拓创新,教科研工作取得了长足的进步。一年来,我市中小学教师的科研意识和科研能力进一步提高,教科研对教育教学工作的促进作用进一步凸显,这些都归功于郑州教育科研人的共同努力和付出。

教育家李镇西说:"教育科研的目的是什么?是为了得奖吗?是为了提升学校的档次吗?是为了学校的知名度、美誉度吗?都不是。我认为……学生的改变,教师的提升,学校的发展,就是我们的教育科研成果。"

为进一步推动我市教科研事业的深入开展,促进教科研对教育教学工作的实践价值,我们将继续以科研为抓手,积极探索教育发展热点、难点问题,积极破除中小学教师的科研"神秘感",增强教师的科研自信,从而促进教师专业素养提升。在此,我们认为今后教科研工作应体现在以下几个方面。

(一)有助于区域教育发展创新

开展教育科学研究不仅能够切实推动教育实践,还能够为深化教育改革提供科学依据,在探索规律中,不断推动教育的创新与发展。郑州教育面临新的挑战,教育科研要积极关注新问题,探索新路子,聚焦重难点问题,不断助推区域教育发展创新。

(二)有利于中小学教师科研意识的形成

教育家李镇西说:"带着一颗思考的大脑从事每一天平凡的工作,就是教育科研。"教科研让中小学教师在日常教育教学工作中，逐步形成了问题意识、反思意识，使他们意识到，教师应带着一种科研的思维方式，不断地审视自己的日常教学工作，自觉地改进教学手段，在自己成长的道路上"苟日新，日日新，又日新"。

（三）有益于课堂教学质量的改进

课题研究就是从聚焦问题到问题解决的整个过程，就是教师不断学习、实践和形成经验的过程。对于中小学教师而言，教科研就是聚焦教育教学问题并解决问题的一个过程，是相对简单易行的一种行动研究方式，因此教科研有益于提高课堂教学质量。

（四）有助于教师专业素养的提升

苏霍姆林斯基认为："只有善于分析自己工作的教师，才能成为得力的、有经验的教师。在自己的工作中分析各种教育现象，正是向教育智慧攀登的第一个阶梯。"从"经验型"教师向"科研型"教师转变，是新时代教师的成长需要。中小学教师要在教育教学工作中积极参与科研实践，努力学习科研理论，以科研促进课堂教学改进，这也有助于中小学教师自身专业素质的提升。

（五）有利于科研的交流与共享

每所学校的文化不同，特色各异，教科研的选题、内容以及最终成果也都各不相同。各课题组不仅要在学校内部充分交流，更要走出学校，实现校际或跨区域科研交流。这样，才能通过校际或跨区域科研过程互动，最终实现科研成果互通有无，促进区域教育整体发展。学校要通过营造良好的教育科研环境，建立合理的激励机制，使教育科研成果的数量和质量得到增加和提高，促进学校内涵式发展。

本学年的市级重点课题的研究、管理和指导工作即将告一段落，我们对市教育局领导、有关处室负责人的关怀表示感谢，对所有的教科研工作参与者表示感谢，对课题协调员的过程性指导表示感谢，对书稿的提供者表示感谢，对成果集的编辑和校对人员表示感谢。

由于时间紧、任务重，汇编中难免会有疏漏和不足，敬请各位批评斧正。

编　者

2021 年 11 月